EinFach Deutsch
Unterrichtsmodell

Gesellschaft auf der Bühne

Vom bürgerlichen Trauerspiel
bis zum postdramatischen Theater

Von Eva Schnell
und Josef Schnell

Herausgegeben von
Johannes Diekhans

Schöningh

Baustein 3: Theater in Zeiten von Krisen – dramatisches und postdramatisches Theater der Gegenwart

3.1	Gegenwartstheater und Deutschunterricht – eine Einführung		
3.2	René Pollesch: Heidi Hoh arbeitet hier nicht mehr	R. Pollesch: Heidi Hoh arbeitet hier nicht mehr: S. 41–45 R. Sennett: Die Kultur des neuen Kapitalismus (Auszug) K. Dörre: Ende der Planbarkeit? (Auszug)	Textarbeit Szenisches Spiel Schreibauftrag Zusatzmaterial 4, 5, 6, 9 Arbeitsblatt 14 Arbeitsblatt 15
3.3	Kathrin Röggla: wir schlafen nicht	K. Röggla: wir schlafen nicht: 1. Bild, 2. Szene; 3. Bild, 3. Szene	Textarbeit Szenisches Spiel Arbeitsblatt 16 Arbeitsblatt 17 Zusatzmaterial 4, 9
3.4	Dea Loher: Klaras Verhältnisse	D. Loher: Klaras Verhältnisse: Szene 2; Szene 5	Textarbeit Szenisches Spiel Schreibauftrag Arbeitsblatt 18 Arbeitsblatt 19 Zusatzmaterial 9
3.5	Igor Bauersima: norway.today	I. Bauersima: norway.today: Eingangsszene	Textarbeit Schreibauftrag Arbeitsblatt 20 Zusatzmaterial 11, 10
3.6	Lutz Hübner: Hotel Paraiso	L. Hübner: Hotel Paraiso: 1. Szene; 3. Szene	Textarbeit Szenisches Spiel Schreibauftrag Arbeitsblatt 21 Arbeitsblatt 22 Zusatzmaterial 1, 10, 12
3.7	Yasmina Reza: Der Gott des Gemetzels	Y. Reza: Der Gott des Gemetzels: S. 25–30; Textauszüge zu Véronique und Alain	Textarbeit Schreibauftrag Arbeitsblatt 23 Arbeitsblatt 24

Gesellschaft auf der Bühne

Baustein 1: Frauen und Männer im bürgerlichen Trauerspiel und im sozialen Drama

1.1	Zeitverhältnisse im Spiegel der Kommunikationsverhältnisse – eine Einführung		
1.2	Friedrich Schiller: Kabale und Liebe	F. Schiller: Kabale und Liebe: I, 4; III, 4	Textarbeit Schreibauftrag Arbeitsblatt 1
1.3	Friedrich Hebbel: Maria Magdalena. Ein bürgerliches Trauerspiel	F. Hebbel: Maria Magdalena: III, 2; III, 4	Textarbeit Schreibauftrag Szenisches Spiel Arbeitsblatt 2
1.4	Henrik Ibsen: Nora oder Ein Puppenheim	H. Ibsen: Nora: II, 4; III, 5 (Auszüge)	Textarbeit Schreibauftrag Tafelskizze Arbeitsblatt 3 Arbeitsblatt 4 Zusatzmaterial 1
1.5	Gerhart Hauptmann: Vor Sonnenaufgang	G. Hauptmann: Vor Sonnenaufgang: Loth (I, II, III, V – Auszüge); IV	Textarbeit Schreibauftrag Arbeitsblatt 5 Arbeitsblatt 6
1.6	Ödön von Horváth: Geschichten aus dem Wiener Wald	Ö. v. Horváth: Geschichten aus dem Wiener Wald: I, 4	Textarbeit Szenisches Spiel Schreibauftrag Arbeitsblatt 7

Baustein 2: Geschichte und Politik im Gegenwartstheater

2.1	Das Geschichtsdrama und seine Funktion – eine Einführung		
2.2	Bertolt Brecht: Der aufhaltsame Aufstieg des Arturo Ui	B. Brecht: Der aufhaltsame Aufstieg des Arturo Ui: 8. Bild; 16. Bild	Textarbeit Arbeitsblatt 8
2.3	Friedrich Dürrenmatt: Romulus der Große (Fg. 1980)	F. Dürrenmatt: Romulus der Große: 3. Akt	Textarbeit Arbeitsblatt 9 Zusatzmaterial 7
2.4	Heiner Müller: Germania Tod in Berlin	H. Müller: Germania Tod in Berlin: Brandenburgisches Konzert 1 und 2	Textarbeit Szenisches Spiel Arbeitsblatt 10
2.5	Elfriede Jelinek: Wolken.Heim.	E. Jelinek: Wolken.Heim.: Szene 4; Szene 5 F. Hölderlin: An die Deutschen	Textarbeit Szenisches Spiel Arbeitsblatt 11 Arbeitsblatt 12 Zusatzmaterial 5
2.6	Botho Strauß: Schlusschor	B. Strauß: Schlußchor: III. Teil (Auszug)	Textarbeit Szenisches Spiel Arbeitsblatt 13 Zusatzmaterial 8

Bildnachweis:

S. 9: o.: © Jörg Metzner; u.: Foto: Andreas Pohlmann – S. 16: Verlagsarchiv Schöningh – S. 22: akg-images – S. 27: © picture-alliance/akg-images – S. 36, 61: bpk, Berlin – S. 45: ullstein bild – S. 52: Foto: Bettina Stöß – S. 5, 118: Foto: Thomas Aurin – S. 57: Foto Arno Declair – S. 59: © picture-alliance/ZB – S. 63: Foto: Andreas Pohlmann – S. 65: © Lalo Jodlbauer – S. 70, 84: dpa – S. 77, 89, 114, 131, 143, 150, 171: picture-alliance/dpa – S. 98: Ruth Walz/Interfoto – S. 105: © picture-alliance/ZB – S. 107: Augusta Raurica, Romulus der Große, Foto: Susanne Schenker – S. 109: Rolf K. Wegst – S. 112: © ddp images/Michael Kappeler – S. 123: © picture-alliance/ Erwin Elsner – S. 137: ullstein bild-Klar – S. 160: © S. Fischer Verlag GmbH, Frankfurt am Main 2004 – S. 163: © Reinhard Werner, Burgtheater – S. 167: Foto: Barbara Aumüller – S. 170: © picture-alliance/dpa

© 2011 Bildungshaus Schulbuchverlage
Westermann Schroedel Diesterweg Schöningh Winklers GmbH
Braunschweig, Paderborn, Darmstadt

www.schoeningh-schulbuch.de
Schöningh Verlag, Jühenplatz 1–3, 33098 Paderborn

Das Werk und seine Teile sind urheberrechtlich geschützt.
Jede Nutzung in anderen als den gesetzlich zugelassenen Fällen bedarf der
vorherigen schriftlichen Einwilligung des Verlages.
Hinweis zu § 52a UrhG: Weder das Werk noch seine Teile dürfen ohne eine
solche Einwilligung gescannt und in ein Netzwerk gestellt werden.
Das gilt auch für Intranets von Schulen und sonstigen Bildungseinrichtungen.

Auf verschiedenen Seiten dieses Buches befinden sich Verweise (Links) auf
Internetadressen. Haftungshinweis: Trotz sorgfältiger inhaltlicher Kontrolle wird
die Haftung für die Inhalte der externen Seiten ausgeschlossen. Für den Inhalt
dieser externen Seiten sind ausschließlich deren Betreiber verantwortlich.
Sollten Sie dabei auf kostenpflichtige, illegale oder anstößige Inhalte treffen, so
bedauern wir dies ausdrücklich und bitten Sie, uns umgehend per E-Mail davon
in Kenntnis zu setzen, damit beim Nachdruck der Verweis gelöscht wird.

Druck 5 4 3 2 1 / Jahr 2015 14 13 12 11
Die letzte Zahl bezeichnet das Jahr dieses Drucks

Umschlaggestaltung: Jennifer Kirchhof
Druck und Bindung: westermann druck GmbH, Braunschweig

ISBN 978-3-14-022499-4

Vorwort

Der vorliegende Band ist Teil einer Reihe, die Lehrerinnen und Lehrern erprobte und an den Bedürfnissen der Schulpraxis orientierte Unterrichtsmodelle zu ausgewählten Ganzschriften und weiteren relevanten Themen des Faches Deutsch bietet.
Im Mittelpunkt der Modelle stehen Bausteine, die jeweils thematische Schwerpunkte mit entsprechenden Untergliederungen beinhalten.
In übersichtlich gestalteter Form erhält der Benutzer/die Benutzerin zunächst einen Überblick zu den im Modell ausführlich behandelten Bausteinen.

Es folgen:

- Vorüberlegungen zum Einsatz der Materialien im Unterricht
- Hinweise zur Konzeption des Modells
- Ausführliche Darstellung der einzelnen Bausteine
- Zusatzmaterialien

Ein besonderes Merkmal der Unterrichtsmodelle ist die Praxisorientierung. Enthalten sind kopierfähige Arbeitsblätter, Vorschläge für Klassen- und Kursarbeiten, Tafelbilder, konkrete Arbeitsaufträge, Projektvorschläge. Handlungsorientierte Methoden sind in gleicher Weise berücksichtigt wie eher traditionelle Verfahren der Texterschließung und -bearbeitung.
Das Bausteinprinzip ermöglicht es dabei den Benutzern, Unterrichtsreihen in unterschiedlicher Weise und mit unterschiedlichen thematischen Akzentuierungen zu konzipieren. Auf diese Weise erleichtern die Modelle die Unterrichtsvorbereitung und tragen zu einer Entlastung der Benutzer bei.

 Arbeitsfrage

 Einzelarbeit

 Partnerarbeit

 Gruppenarbeit

 Unterrichtsgespräch

 Schreibauftrag

 szenisches Spiel, Rollenspiel

 Mal- und Zeichenauftrag

 Bastelauftrag

 Projekt, offene Aufgabe

Inhaltsverzeichnis

1. Vorüberlegungen zum Einsatz der Materialien im Unterricht 10

2. Zur Konzeption des Unterrichtsmodells 13

3. Die thematischen Bausteine des Unterrichtsmodells 15

   Baustein 1: Frauen und Männer im bürgerlichen Trauerspiel und im sozialen Drama 15
   1.1 Zeitverhältnisse im Spiegel der Kommunikationsverhältnisse – eine Einführung 15
   1.2 Friedrich Schiller: Kabale und Liebe. Ein bürgerliches Trauerspiel 16
   1.2.1 Vorüberlegungen 17
   1.2.2 Im Zentrum der Erarbeitung: Standesunterschiede als Kommunikationshindernis 18
   1.2.3 Weiterführende Erarbeitungsideen: Die Schaubühne als moralische Anstalt 21
   1.3 Friedrich Hebbel: Maria Magdalena. Ein bürgerliches Trauerspiel 22
   1.3.1 Vorüberlegungen 22
   1.3.2 Im Zentrum der Erarbeitung: Kommunikationsverhältnisse zwischen den Geschlechtern 24
   1.4 Henrik Ibsen Nora oder Ein Puppenheim. Schauspiel 27
   1.4.1 Vorüberlegungen 27
   1.4.2 Im Zentrum der Erarbeitung: Noras Ausbruch aus der Rollenfestlegung 31
   1.4.3 Weiterführende Erarbeitungsideen: Zum Ausgang des Stücks; Entwurf einer Fortsetzung 35
   1.5 Gerhart Hauptmann: Vor Sonnenaufgang. Soziales Drama 36
   1.5.1 Vorüberlegungen 36
   1.5.2 Im Zentrum der Erarbeitung: Die Frau als Opfer von familiärer Gewalt und von wissenschaftlichen Theorien 40
   1.5.3 Weiterführende Erarbeitungsideen: Vergleichsmöglichkeiten mit anderen Szenen aus Baustein 1 44
   1.6 Ödön von Horváth: Geschichten aus dem Wiener Wald. Volksstück 45
   1.6.1 Vorüberlegungen 45
   1.6.2 Im Zentrum der Erarbeitung: Die Frau zwischen Selbstbestimmung und Rollenkonformität 48
   Arbeitsblatt 1: Friedrich Schiller: Kabale und Liebe I, 4; III, 4 52
   Arbeitsblatt 2: Friedrich Hebbel: Maria Magdalena III, 2; 4 55
   Arbeitsblatt 3: Henrik Ibsen: Nora II, 4 57
   Arbeitsblatt 4: Henrik Ibsen: Nora Schlussszene 59
   Arbeitsblatt 5: Gerhart Hauptmann: Vor Sonnenaufgang: Alfred Loth 61
   Arbeitsblatt 6: Gerhart Hauptmann: Vor Sonnenaufgang: Helene und Loth in der Laube 63
   Arbeitsblatt 7: Ödön von Horváth: Geschichten aus dem Wiener Wald 65

   Baustein 2: Geschichte und Politik im Gegenwartstheater 68
   2.1 Das Geschichtsdrama und seine Funktion – eine Einführung 68
   2.2 Bertolt Brecht: Der aufhaltsame Aufstieg des Arturo Ui 70
   2.2.1 Vorüberlegungen 71

2.2.2 Im Zentrum der Erarbeitung: Arturo Uis Reden: Arturo Ui und die Macht   74
2.3   Friedrich Dürrenmatt: Romulus der Große (Fassung 1980). Ungeschichtliche historische Komödie   77
2.3.1 Vorüberlegungen   78
2.3.2 Im Zentrum der Erarbeitung: Romulus' Verhältnis zur Macht   80
2.3.3 Weiterführende Erarbeitungsideen: Mythen und Politik; Pathosvokabeln   83
2.4   Heiner Müller: Germania Tod in Berlin   84
2.4.1 Vorüberlegungen   84
2.4.2 Im Zentrum der Erarbeitung: Zwei exemplarische Szenen   85
2.5   Elfriede Jelinek: Wolken.Heim.   89
2.5.1 Vorüberlegungen   89
2.5.2 Im Zentrum der Erarbeitung: Zwei exemplarische Szenen   94
2.5.3 Weiterführende Erarbeitungsideen: Diskussion über den Umgang mit Hölderlin   97
2.6   Botho Strauß: Schlusschor   98
2.6.1 Vorüberlegungen   98
2.6.2 Im Zentrum der Erarbeitung: Unterschiedliche Geschichtsauffassungen   101
Arbeitsblatt 8: Bertolt Brecht: Der aufhaltsame Aufstieg des Arturo Ui   105
Arbeitsblatt 9: Friedrich Dürrenmatt: Romulus der Große   107
Arbeitsblatt 10: Heiner Müller: Germania Tod in Berlin   109
Arbeitsblatt 11: Elfriede Jelinek: Wolken.Heim. Szene 4/Szene 5   112
Arbeitsblatt 12: Elfriede Jelinek: Wolken.Heim. Szene 4 – Methoden der Zitatmontage   113
Arbeitsblatt 13: Botho Strauß: Schlusschor   114

Baustein 3: Theater in Zeiten von Krisen – dramatisches und postdramatisches Theater der Gegenwart   116
3.1   Gegenwartstheater und Deutschunterricht – eine Einführung   116
3.2   René Pollesch: Heidi Hoh arbeitet hier nicht mehr   118
3.2.1 Vorüberlegungen   118
3.2.2 Im Zentrum der Erarbeitung: Postdramatisches Theater am Beispiel einer Szene   119
3.2.3 Weiterführende Erarbeitungsideen: Dramatisches und postdramatisches Theater   121
3.3   Kathrin Röggla: wir schlafen nicht   123
3.3.1 Vorüberlegungen   124
3.3.2 Im Zentrum der Erarbeitung: Selbstdisziplin und Arbeitssucht – zwei exemplarische Szenen   126
3.3.3 Weiterführende Erarbeitungsideen: Das Phänomen der Arbeitssucht; Rögglas Gesellschaftskritik   129
3.4   Dea Loher: Klaras Verhältnisse   131
3.4.1 Vorüberlegungen   131
3.4.2 Im Zentrum der Erarbeitung: Unterschiedliche Lebensentwürfe   133
3.5   Igor Bauersima: norway.today   137
3.5.1 Vorüberlegungen   137
3.5.2 Im Zentrum der Erarbeitung: Virtuelle und reale Kommunikation   138
3.5.3 Weiterführende Erarbeitungsideen: Die Entwicklung der Beziehung; Fake   141
3.6   Lutz Hübner: Hotel Paraiso   143
3.6.1 Vorüberlegungen   143
3.6.2 Im Zentrum der Erarbeitung: Gestörte Familienbeziehungen   145
3.6.3 Weiterführende Erarbeitungsideen: Perspektiven auf Kathi   149
3.7   Yasmina Reza: Der Gott des Gemetzels   150

3.7.1 Vorüberlegungen   150
3.7.2 Im Zentrum der Erarbeitung: Umgang der Eltern mit dem Streitfall   154
3.7.3 Weiterführende Erarbeitungsideen: Diskussionen über die moralischen Positionen von Véronique und Alain   156

Arbeitsblatt 14: René Pollesch: Heidi Hoh arbeitet hier nicht mehr   157
Arbeitsblatt 15: Leben im globalisierten Kapitalismus (Sennett; Dörre)   159
Arbeitsblatt 16: Kathrin Röggla: wir schlafen nicht – der betrieb   160
Arbeitsblatt 17: Kathrin Röggla: wir schlafen nicht – runterkommen   162
Arbeitsblatt 18: Dea Loher: Klaras Verhältnisse, Szene 2   163
Arbeitsblatt 19: Dea Loher: Klaras Verhältnisse, Szene 5   165
Arbeitsblatt 20: Igor Bauersima: norway.today   166
Arbeitsblatt 21: Lutz Hübner: Hotel Paraiso – Exposition   167
Arbeitsblatt 22: Lutz Hübner: Hotel Paraiso – Kommunikationsprobleme   169
Arbeitsblatt 23: Yasmina Reza: Der Gott des Gemetzels   170
Arbeitsblatt 24: Yasmina Reza: Der Gott des Gemetzels   172

4. Zusatzmaterial   173

Z 1: Kreative Methoden des Umgangs mit dramatischen Texten   173
Z 2: Fragebogen zu Theateraufführungen   174
Z 3: Schauspielkunst   175
Z 4: Postdramatisches Theater   177
Z 5: Performance   178
Z 6: Regietheater   179
Z 7: Geschichtsdrama   180
Z 8: Geschichte und Gedächtnis   181
Z 9: Das unternehmerische Selbst   182
Z 10: Adoleszenz, Suizid   183
Z 11: Fake, Fantasie, Fiktion, Authentizität   184
Z 12: Die vier Seiten einer Nachricht   185

5. Literatur   186

Gegenwartstheater

Szene aus: Igor Bauersima, norway.today. GRIPS-Theater, Berlin, 2002

Szene aus: Gerhart Hauptmann, Vor Sonnenaufgang. Mannheim und München, Thomas Ostermeier

„Vielleicht liegt ein Ansatz für das Theater überhaupt in dem Wort gegenwärtig. Denn, was bedeutet das: gegenwärtig?
Gegenwärtig heißt: in der Gegenwart gegeben, geschehend, ihr angehörend. Das Theater muss ein Seismograf sein, es muss das Singen der Erdbebenspalten übertragen, das Zittern auf den Lippen vor dem entscheidenden Wort, den Ausbruch des Fiebers im Körper, bevor er zu glühen beginnt. Aber es muss ihn auch zum Glühen bringen, die Katastrophe beschleunigen, um sie aufzuhalten. Damit das Theater gegenwärtig ist, müssen es auch die sein, die es machen, die dafür schreiben, die es kritisch begleiten."

Albert Ostermaier: Von der Gegenwart des Möglichen. In: Heinz Ludwig Arnold (Hg.): Theater fürs 21. Jahrhundert edition text+kritik, München 2004, S. 222

Vorüberlegungen zum Einsatz der Materialien im Unterricht

Gegenwartstheater

In seiner Festrede zur Eröffnung der Salzburger Festspiele 2009, die unter der Überschrift „Die Lichtprobe" publiziert wurde (zugänglich über das Internet bei verschiedenen Adressen), beschäftigte sich Daniel Kehlmann kritisch mit dem zeitgenössischen deutschsprachigen Theater. Seine Attacke auf das ‚Regietheater' fand Zustimmung, bei Theaterleuten rief sie aber eher ein Achselzucken hervor: Man fragte sich, ob es denn überhaupt ein anderes als das Regietheater geben könne, jede Theateraufführung sei schließlich Regietheater. Kehlmann untermauerte seine Kritik mit der Behauptung: „Und unterdessen bleibt der Großteil der interessierten Menschen, die einstmals Publikum gewesen wären, daheim, liest Romane, geht ins Kino, kauft DVD-Boxen mit den intelligentesten amerikanischen Serien und nimmt Theater nur noch als fernen Lärm wahr, als Anlass für wirre Artikel im Feuilleton, als Privatvergnügen einer kleinen Gruppe folgsamer Pilger, ohne Relevanz für Leben, Gesellschaft und Gegenwart." Die Statistiken des Deutschen Bühnenvereins liefern dafür keinen Beleg, im Gegenteil, auch die Theaterbesucher der so zahlreichen und oft hervorragenden Bühnen erkennen darin nicht die von ihnen erlebte Wirklichkeit. Bekanntermaßen ist die deutsche Theaterlandschaft in ihrer Vielfalt einzigartig. Und das Schultheater ist heute außerordentlich lebendig und findet großen Zuspruch. Kehlmann, so ist anzunehmen, wollte provozieren. Dass sein Verhältnis zum Theater jedoch nicht allein vom Ressentiment gegen das sogenannte Regietheater bestimmt ist, zeigen die Gedanken am Schluss seiner Rede, die erkennen lassen, dass ihm das Theater sehr wohl etwas bedeutet: „Etwas, was jeden Abend [auf der Bühne] passiert, passiert gerade in dem Moment zum ersten Mal und nie wieder genau so; es wird Gegenwart und ist doch pure Wiederholung; Figuren stehen vor uns und tun es doch nicht, sodass wir Zeugen sind bei einem Ereignis, das nicht wirklich geschieht, und zwar in einer Spontaneität, wie sie nur nach langen Proben möglich wird."

Theater ist also Gegenwart, Präsenz, Vergegenwärtigung: In diesem Sinn ist alles Theater Gegenwartstheater. Peter Szondi schrieb in seiner „Theorie des modernen Dramas": „Indem das Drama je primär ist, ist seine Zeit auch die Gegenwart." (Szondi 1963, S. 17) Doch hier soll es nicht nur um Gegenwart in diesem gattungsspezifischen Sinn der Bühnenpräsenz gehen. Gegenwartstheater im engeren Sinn meint zweierlei: zum einen das Theater, das in der Gegenwart – heute – entsteht und zur Aufführung gelangt; der Zeitrahmen dafür reicht etwa von den Achtzigerjahren des vorigen Jahrhunderts bis heute. Gegenwartstheater in diesem Sinne ist ‚modernes Theater', meint also auch seine modernen Formen. Die Auswahl der Texte zeigt, dass es in diesem Unterrichtsmodell vor allem um das aktuelle Theater geht, um das Theater heutiger Autorinnen und Autoren. Der Rückbezug auf das bürgerliche Trauerspiel und das soziale Drama **(Baustein 1)** ist perspektivisch angelegt und verweist auf die zweite Bedeutung des Wortes Gegenwartstheater: Theater, das die Probleme der jeweiligen Gegenwart thematisiert. Dies war der große Modernisierungsschub durch das bürgerliche Trauerspiel in der zweiten Hälfte des 18. Jahrhunderts, der sich im naturalistischen Theater wiederholte. Immer geht es in diesen Dramen um die Benachteiligten und Verlierer, fast immer sind dies die Frauen und Töchter. In allen fünf Dramen des 1. Bausteins geht es also nicht um die Erarbeitung eines epochenspezifischen Gattungsbegriffs, sondern um die Erkundung der Entwicklung dieser Thematik, die bis in die Gegenwart ihre Bedeutung nicht verloren hat. Dass es auch in den ‚Geschichtsdramen' des 2. Bausteins um Gegenwart geht, wird zu zeigen sein.

Der Begriff Gegenwartstheater hat also drei Facetten, die alle für das vorliegende Unterrichtsmodell relevant sind: Präsenz, Theater unserer Zeit und Gegenwart als Thema von Dramen. – Zu den didaktischen Fragen im Zusammenhang mit dem Theater der Gegenwart sei auf die Einführung zum 3. Baustein verwiesen.

Theater und Gesellschaft

Gegenwartstheater ist überwiegend Gesellschaftstheater, das gesellschaftliche Missstände aufgreift und Aufklärung betreibt; dabei ergreift es Partei für diejenigen, die am meisten unter den jeweiligen gesellschaftlichen Machtstrukturen leiden. Die Bühne ist ein begrenzter Raum, die Gesellschaft ein weites Feld, ein schwer bestimmbares Großphänomen, diffus, dynamisch, in ständigem Wandel begriffen und nur in Teilbereichen in Form von statistischen Tabellen oder Grafiken abbildbar. In den Gesellschaftswissenschaften kann sie mithilfe von Theorien und Hypothesen beschrieben werden. In immer neuen Versuchen wird sie in den Sozialwissenschaften und den Medien definiert, zum Beispiel als Überflussgesellschaft, Spaßgesellschaft, Erlebnisgesellschaft, Leistungsgesellschaft, Zweiklassengesellschaft oder Risikogesellschaft – was durch je eigene Erfahrungen und Beobachtungen überprüft, bestätigt, korrigiert und diskutiert werden kann. Doch die Gesellschaft, um die es im Theater geht, kann nicht analytisch (im wissenschaftlichen Sinn) präsentiert werden, sondern nur durch das Leben und Erleben der Figuren in ihren Lebensbezügen – in Beziehungen, in der Familie, in Schule und Ausbildung, am Arbeitsplatz, in der Politik. Sie wirkt auf die Psyche in Gestalt von sozialen Rollen, Leistungsanforderungen, Statusfragen, Glücksbildern, Schönheitsnormen, beruflichem Druck, Konkurrenz, Unsicherheit, bis hin zu dem meist medial erzeugten Bedürfnis nach unverwechselbarer authentischer Individualität.

Das hier anvisierte „Gegenwarts-Gesellschaftsdrama" (als Begriffsprovisorium) umfasst unterschiedliche Dramentypen – dazu gehören das Geschichtsdrama, die comedy of manners (Gesellschaftssatire bzw. -komödie im Unterschied zur alten Typenkomödie), das bürgerliche Trauerspiel, das soziale Drama, das naturalistische analytische Milieustück, das Zeitstück, politisches Theater und Dokumentartheater; als neueste Variante kommt das postdramatische Theater dazu, das die heutige gesellschaftliche und ökonomische Dynamik mit ihren psychischen, mentalen und politischen Auswirkungen thematisiert.

Die Bretter „bedeuten" die Welt (oder die Gesellschaft); die Erweiterbarkeit des engen Bühnenraums liegt in der menschlichen Fähigkeit begründet, das auf der Bühne Dargestellte zu generalisieren, sich emotional und/oder intellektuell auf das Spiel symbolischer Repräsentation einzulassen. Es gibt unterschiedliche Methoden, die Gesellschaft auf die Bühne zu bringen: Erweiterbar ist die Bühne bereits seit der Antike durch die Präsentation oder Aufdeckung von Vorgeschichten, durch Botenbericht und Mauerschau; hinzu kommt die Einbeziehung der Außenwelt durch Begleithandlung im Nebenraum, auf der Straße, im Radio, durch Telefonanrufe oder Videoeinblendungen. Auf den Bühnenbrettern kann ein Panorama von unterschiedlichen politischen Gruppierungen durch repräsentative Vertreter gezeigt werden. Das Theater will aber nicht nur Probleme aufzeigen, sondern es will das Bewusstsein der Zuschauerinnen und Zuschauer schärfen, freilich (im Regelfall) ohne Lösungen anzubieten.

Vom bürgerlichen Trauerspiel zum Gegenwartstheater

Gegenwarts- bzw. Gesellschaftstheater beginnt mit dem bürgerlichen Trauerspiel. Zum ersten Mal betritt der Bürger die Bühne jetzt als tragischer Held und nicht länger als komische

Figur – eine Folge der Politisierung, der Aufklärung und des wachsenden Selbstbewusstseins des Bürgertums im Vorfeld der Französischen Revolution. Die Ständeklausel, die nur Personen von Stand tragische Dignität zusprach, musste abdanken. Lessings „Emilia Galotti" und noch schärfer Schillers „Kabale und Liebe" enthalten neben der politischen Anklage gegen absolutistische Willkür den kritischen Blick auf die bürgerliche Gesellschaftsschicht, der die Autoren selber angehören; letztlich sind es neben dem Gegensatz der Stände die engen bürgerlichen Normen, die die Katastrophen herbeiführen, weil sie unreflektiert verinnerlicht werden. Diese frühesten modernen Dramen enthalten im Motiv des Scheiterns im Kampf gegen die feudale Ordnung gleichermaßen eine politische, eine gesellschaftskritische und eine psychologische Komponente. Sie sind realistisch in der Abbildung der gesellschaftlichen Wirklichkeit – durch mimetische Verwendung der Alltagssprache und den Verzicht auf Verse und Mythologie. Das Ziel ist die Erregung von Mitleid in einem bestimmten Sinn: Das Mitleid gilt hier dem Mitmenschen und Mitbürger; Protagonist und Zuschauer sind auf gleicher Augenhöhe; der Zuschauer erkennt seine eigenen Schwächen im Versagen der Protagonisten. Heute existiert das bürgerliche Trauerspiel nur mehr als historisches Genre. In der Literaturwissenschaft besteht die Tendenz, es dem sozialen Drama zuzurechnen (Theo Elm). Auch dieses hat seit den frühesten Beispielen (Lenz: „Der Hofmeister" und „Die Soldaten", der Gretchentragödie im „Faust") Wandlungen erfahren, die mit den gesellschaftlichen Umbrüchen im Zuge der Industrialisierung und der Entwicklung besonders der Naturwissenschaften zusammenhängen. Seit dem frühesten Prototyp des sozialen Dramas, Büchners „Woyzeck", wird das Mitleid auf die rechtlose Unterschicht gelenkt; die ursprüngliche karitative Bedeutung des Begriffs wird zur Verstärkung politischer Forderungen eingesetzt. Gegen Ende des 19. Jahrhunderts entsteht neben den sozialen Anklagestücken das analytische naturalistische Drama; gleichzeitig wurde Büchner wiederentdeckt. Die Instanz des Über-Ichs, das in den genannten bürgerlichen Trauerspielen von Lessing und Schiller bereits gestaltet wird, wird in der um 1900 entstehenden Psychoanalyse erforscht und wissenschaftlich beschrieben. Das Theater der Jahrhundertwende weist übrigens mehr psychologisierende als soziale Dramen auf. Hier geht es um das Leiden an oder den Kampf gegen rigide Normen, es geht um die Doppelmoral in der Gesellschaft und um widernatürliche Konventionen in den Institutionen Familie, Schule und Justiz, auch um Ideologien, die sich in den Köpfen breitmachen. Im sozialen und psychologischen Drama bleibt es nicht bei naturalistischen Abbildungen; expressionistische und groteske Elemente treten hinzu, auch Formen der Montage. Die alten restriktiven Rollenbilder, die normativen Lebensläufe und verbindlichen Modelle von Partnerbeziehungen lösen sich in der zweiten Hälfte des 20. Jahrhunderts auf – einen kräftigen Schub bewirken hier die „68er". Doch die Befreiung von den einengenden Normen bedeutet nicht das Verschwinden des Über-Ichs. Es tritt heute in mutierter Form auf, schwerer erkennbar, scheinbar weniger gewaltsam. An die Stelle des Neurotikers, des im ‚stahlharten Gehäuse der Hörigkeit' gefangenen, angepassten und den inneren und äußeren Zwängen unterworfenen Subjekts, ist ein neuer Sozialtypus getreten: das „unternehmerische Selbst", ein neoliberales Leitbild, kritisch auch als flexibler Mensch bezeichnet. Hier verbinden sich die Profitinteressen der globalisierten Wirtschaft mit dem modernen individuellen Bedürfnis nach selbstbestimmtem Ausleben der eigenen Aktivität zu einer neuen Form von Selbstausbeutung. Die seit dem bürgerlichen Trauerspiel thematisierte ‚Pathologie des Sozialen' (Axel Honneth) wird im Gegenwartstheater in zeittypischen Erscheinungsweisen verhandelt. Waren es damals die geschlossenen Verhältnisse, ist es heute oft die überfordernde Offenheit und existenzielle Unsicherheit, die sich aller Planung entziehende Zukunft, die auf die Dramenfiguren einwirken. Auch die ‚Mitte' der Gesellschaft ist heute kein sicherer Ort mehr – Abstiegserfahrungen und -ängste sind längst die Bürotürme hochgestiegen; das Prekariat ist als nie auszuschließende Möglichkeit ubiquitär. Soziale Dramen spielen sich heute auf allen gesellschaftlichen Ebenen ab, bis hinein ins Top-Management.

Zur Konzeption des Unterrichtsmodells

Das Unterrichtsmodell, in dem sechzehn Theaterstücke präsentiert werden, will mit dem Gegenwartstheater, und das heißt, besonders auch mit aktuellen Stücken, vertraut machen und dazu anregen, solche Texte nicht nur als Lesetext, sondern als Spielvorlage in den Deutschunterricht einzubeziehen. Beschäftigt man sich mit dem Theater, sollte man immer die Theaterpraxis im Auge behalten – als kreativen Umgang mit Texten (vgl. Zusatzmaterial 1), als Besuch einer Theateraufführung. Manche der Stücke sind für die Schülerinnen und Schüler leicht zugänglich, andere sind sperriger, anspruchsvoller. Durch die Art der Präsentation mit entsprechenden Informationen und durch die Auswahl von Kernstellen wird der Zugang erleichtert. Wenn die Gelegenheit besteht, eine Aufführung, auch als Videoaufzeichnung, anzuschauen, ist das der günstigste Fall, aber leider ist das nicht der Normalfall. Oft sind es Zeitgründe, die davon abhalten, moderne Stücke vollständig zu lesen. Sehr viel leichter zu organisieren ist die Einbeziehung einer Szene aus einem modernen Stück zum Vergleich mit einem älteren, sei es thematisch oder/und in Bezug auf die Form des Theaters. Falls sich die Gelegenheit bietet, ein aktuelles Stück auf einer Bühne anzusehen, könnte man als Vor- oder Nachbereitung sich mit einem der hier vorgestellten vergleichbaren Stück im Unterricht befassen und dabei mit den Formen, etwa des postdramatischen Theaters, vertraut machen.

Der Umgang mit modernem Theater erfordert – wie jeder Umgang mit Kunst und Literatur – auch analytische Kompetenz; sie soll geschult und entwickelt werden, immer mit dem Bewusstsein, dass es sich bei einem Textbuch nicht primär um einen Lesetext, sondern um eine Aufführungspartitur handelt; folglich ist dem Performativen immer (wenn auch mit den eingeschränkten Möglichkeiten des Klassenzimmers) Rechnung zu tragen. Auch wenn nicht bei jedem Text eigens darauf eingegangen wird, sollten die vielfältigen kreativen Möglichkeiten (vgl. Zusatzmaterial 1) eingesetzt werden. Außerdem bieten die Zusatzmaterialien Informationen über das moderne Theater.

Was das Theater leisten kann, hat der oben erwähnte Daniel Kehlmann am Schluss seiner Salzburger Rede gesagt: „Die Wahrheit auszusprechen, also über unsere von Konvention und Gewohnheit eingeschnürte Natur, die Wahrheit über das eine kurze Leben, das wir führen. Und über die unzähligen Leben, die wir darüber versäumen und denen wir nirgendwo anders begegnen können als in unserer Fantasie und in der Kunst."

Die drei Bausteine

Der **1. Baustein** blickt zurück auf die Tradition des ‚dramatischen' Theaters; an Dramen aus verschiedenen Epochen werden die problematischen Beziehungen zwischen Frauen und Männern vor dem Hintergrund sich verändernder gesellschaftlicher Verhältnisse untersucht; im Mittelpunkt stehen die Kommunikationsverhältnisse. Im bürgerlichen Trauerspiel wie im sozialen Drama des 19. und 20. Jahrhunderts stehen häufig Frauen (Töchter) im Zentrum des Geschehens, überwiegend als Opfer. Verfolgt man die Entwicklung, stößt man auf inhaltliche wie formale Veränderungen. Inhaltlich bedeutet Ibsens „Nora" einen Wendepunkt, weil hier die Frau ihre traditionelle Rolle verlässt. Formal zeigt sich der Wandel des Theaters im Naturalismus. Gerhart Hauptmanns „Vor Sonnenaufgang" besteht noch aus fünf Akten, enthält aber keine Unterteilung in Szenen; der Dialekt spielt eine wichtige Rolle bei der Darstellung der sozialen Verhältnisse. Horváth gibt in den „Geschichten aus dem Wiener Wald. Ein Volksstück" die traditionelle Form nahezu ganz auf. Das stumme Spiel, auch als Zeichen der Sprachlosigkeit, gewinnt an Bedeutung. Es geht um die folgenden Stücke:

Friedrich Schiller: Kabale und Liebe; Friedrich Hebbel: Maria Magdalena; Henrik Ibsen: Nora oder Ein Puppenheim; Gerhart Hauptmann: Vor Sonnenaufgang; Ödön von Horváth: Geschichten aus dem Wiener Wald.

Der **2. Baustein** wendet sich dem Thema Geschichte/Politik zu, und zwar den Totalitarismen (Nationalsozialismus und Kommunismus) des 20. Jahrhunderts sowie ihren Folgen. Die Stücke setzen sich mit Geschichtspolitik auseinander, deshalb sind sie auch Gegenwartstheater: Brecht befasst sich im ‚Arturo Ui' mit Hitler (noch vor dem Krieg und vor dem Holocaust); Dürrenmatt verulkt – vordergründig – den Untergang des römischen Imperiums, hat aber Imperien des 20. Jahrhunderts im Visier („Romulus der Große"); Heiner Müller thematisiert das Verhältnis der deutschen Geschichte zur Revolution („Germania Tod in Berlin") – sie alle befassen sich mit der Gegenwart. Das gilt auch für Elfriede Jelineks Dekonstruktion des deutschen Idealismus und seines Fortlebens, seiner unguten Instrumentalisierung im 20. Jahrhundert („Wolken.Heim"). Botho Strauß nimmt den Fall der Berliner Mauer zum Ausgangspunkt einer dramatischen Reflexion über die Geschichte („Schlusschor"). Brechts berühmte Formulierung am Schluss von „Der aufhaltsame Aufstieg des Arturo Ui" – „Der Schoß ist fruchtbar noch, aus dem das kroch" – mag heute nicht mehr die Rolle spielen wie in den 60er- und 70er-Jahren; sie bleibt aber virulent als Appell zur Auseinandersetzung mit der Geschichte, für deren Analyse nicht mehr so leicht auf einfache ideologische Raster zurückgegriffen werden kann. Die in diesem Baustein vorgestellten Stücke negieren solche Raster – auf unterschiedliche Weise.

Der **3. Baustein** ist ganz dem (aktuellen) Gegenwartstheater gewidmet – in seiner dramatischen und postdramatischen Gestalt; worin die Unterschiede bestehen, wird an den Stücken erarbeitet, und so werden Grundlagen zum Verständnis zeitgenössischer Theaterformen gelegt. Zentrale Themen werden vorgestellt – die moderne Lebens- und Arbeitswelt, die mit dem Schlagwort der Globalisierung eher verstellt als enthüllt wird (René Pollesch: „Heidi Hoh arbeitet hier nicht mehr"; Kathrin Röggla: „wir schlafen nicht"; Dea Loher: „Klaras Verhältnisse"); die Selbstfindungsprozesse von Jugendlichen in der Internetkultur (Igor Bauersima: „norway.today") oder in problematischen Familienbeziehungen (Lutz Hübner: „Hotel Paraiso"); die Schwierigkeiten ‚moderner' Eltern, die sich mit hohem Reflexionsaufwand an Erziehungsproblemen abarbeiten und dabei immer wieder in den Niederungen der ganz ‚normalen' Handlungs- und Verhaltensmuster landen (Yasmina Reza: „Der Gott des Gemetzels").

Die thematischen Bausteine des Unterrichtsmodells

Baustein 1
Frauen und Männer im bürgerlichen Trauerspiel und im sozialen Drama

1.1 Zeitverhältnisse im Spiegel der Kommunikationsverhältnisse – eine Einführung

Die Merkmale des bürgerlichen Trauerspiels, das am Beginn der Geschichte des sozialen Dramas steht, sind hinlänglich bekannt: Die Protagonisten sind Bürger (oder ‚bürgerlich' denkende und fühlende Menschen), die nun in Abkehr von der Ständeklausel für würdig befunden werden, Personen einer Tragödie zu sein. Das bürgerliche Trauerspiel ist eine Gattung, in der sich der Emanzipationskampf der bürgerlichen Gesellschaft manifestiert. Die Bürger sind Opfer, aber durch ihre moralischen Qualitäten (ihre Tugend) fühlen sie sich dem Adel überlegen; sie definieren sich durch ihre Tugend. Es handelt sich um eine im Kern gesellschaftskritische Literatur; und es ist Gegenwartstheater in dem Sinn, wie Peter Szondi davon spricht, dass das Drama der Neuzeit Vergegenwärtigung ist und sich als und im Dialog abspielt: „Der soziale Dramatiker versucht die dramatische Darstellung jener ökonomisch-politischen Zustände, unter deren Diktat das individuelle Leben geraten ist." (Szondi 1963, S. 63)
Warum stehen Frauen so häufig im Mittelpunkt des bürgerlichen Trauerspiels bzw. des sozialen Dramas – von „Emilia Galotti" bzw. Luise in „Kabale und Liebe" über Ibsens „Nora" und Helene in „Vor Sonnenaufgang" bis zu Marianne in den „Geschichten aus dem Wiener Wald" und Klara in „Klaras Verhältnisse"? „Die Gattung des bürgerlichen Trauerspiels ist also maßgeblich an den Produktions- und Domestikationsverfahren weiblicher Psychen beteiligt." (Schößler 2003, S. 22) Und: Das soziale Drama zeigt „über zwei Jahrhunderte hinweg eine bedrückende Sozialgeschichte der Frau." (Elm 2004, S. 19) Am Schicksal von Frauen werden Probleme und Defizite der Gesellschaft sichtbar; außerdem werden die Geschichten aus einer Mitleidsperspektive dargestellt, die Frauen sind Opfer von Verhältnissen, für die sie nichts können. Das Mitleid ist bekanntlich der Angelpunkt von Lessings Dramentheorie, das Theater soll die Mitleidsfähigkeit/Empathiefähigkeit (der Zuschauer) verbessern, denn der mitleidigste Mensch ist der beste Mensch. Dieses Ziel schließt aber nicht aus, dass die Verhältnisse, in denen die Frauen zu Opfern werden, kritisch gesehen werden, sodass die Notwendigkeit ihrer Veränderung einsichtig wird; das schließt auch Kritik am Bürgertum ein. Ibsens „Nora" zeigt einen Wendepunkt, denn Nora findet sich nicht ab, sondern sie handelt selbstständig, um ihre Situation zu verändern, wenn auch ihr weiteres Schicksal offenbleibt. Auf der Bühne wird die weibliche Identität verhandelt, und zwar häufig am Leben und Sterben der Töchter. Deren Leben ist dadurch charakterisiert, dass es am meisten vorbestimmt und am stärksten eingeschränkt ist, die Töchter haben letztlich keine Wahl-

möglichkeiten für ihre Lebensgestaltung, außer dass sie mitbestimmen können (und das gilt schon als Fortschritt), welchen Mann aus ihrem Stand sie heiraten. Am Beispiel der Mütter, die meist eine untergeordnete Rolle spielen, wird gezeigt, wie wenig verlockend die Zukunft der Ehefrau und Mutter aussieht. Die Idee der Selbstverwirklichung kann für einen Mann wie Ferdinand (in „Kabale und Liebe") leitend werden, für eine Tochter aus einer bürgerlichen Familie wäre sie völlig abwegig, für Söhne/Männer aus bürgerlichen Verhältnissen ebenfalls, doch ihnen bleiben gewisse Wahlmöglichkeiten, nicht nur bei der Wahl einer Ehefrau, sondern auch hinsichtlich einer Karriere. In Schillers Stück zeigt sich am Sekretär Wurm, dem Erfinder der Intrige, dass die von ihm angestrebte Karriere ins Verderben führt, vor allem auch für die anderen Personen.

Um im 21. Jahrhundert die Lebensverhältnisse des 18. und 19. Jahrhunderts zu verstehen, bedarf es von Seiten der jugendlichen Leserinnen und Leser einiger Anstrengungen, das heißt, es sind zusätzliche Informationen über die gesellschaftlichen Verhältnisse erforderlich und sie müssen lernen, dass moderne Denkweisen nicht einfach auf jene Zeit übertragen werden können. Das schließt nicht aus, dass man Gesichtspunkte zur Beurteilung des Handelns und Verhaltens der Gegenwart entnehmen kann, dabei aber mitbedenkt, welche Einschränkungen zeitbedingt waren. So impliziert der moderne Identitätsbegriff eigentlich Wahlmöglichkeiten, die in der ständischen Gesellschaft, zumal für Frauen, nicht bestanden. Seine Verwendung ist dennoch sinnvoll, weil man gar nicht umhin kann, die historischen Lebensverhältnisse aus einer kritischen Metaebene zu betrachten; man darf diesen Begriff nur nicht normativ verwenden.

Im ersten Baustein werden an Dramen aus verschiedenen Epochen die problematischen Beziehungen zwischen Männern und Frauen vor dem Hintergrund sich verändernder gesellschaftlicher Verhältnisse untersucht, und zwar vor allem anhand der Kommunikationsverhältnisse. Dass es sich um eine zeitübergreifende Thematik handelt, wird durch die Bezugnahme auf Dramen aus der Gegenwart sichtbar, die im 3. Baustein behandelt werden. Es geht um folgende Dramen:
- Friedrich Schiller: Kabale und Liebe (1.2); (Arbeitsblatt 1)
- Friedrich Hebbel: Maria Magdalena (1.3); (Arbeitsblatt 2)
- Henrik Ibsen: Nora (1.4); (Arbeitsblatt 3/4)
- Gerhart Hauptmann: Vor Sonnenaufgang (1.5); (Arbeitsblatt 5/6)
- Ödön von Horváth: Geschichten aus dem Wiener Wald (1.6); (Arbeitsblatt 7)

1.2 Friedrich Schiller: Kabale und Liebe

Friedrich Schiller, 1759 als Sohn des Wundarztes und späteren Offiziers Johann Kaspar Schiller und seiner Ehefrau Elisabeth Dorothea in Marbach geboren, wollte eigentlich Theologie studieren, musste aber auf Geheiß des Herzogs Karl Eugen 1773 in die „militärische Pflanzschule" in Ludwigsburg (die spätere Hohe Karlsschule nach der Verlegung nach Stuttgart) eintreten; ab 1775 studierte er dort Medizin. Schiller erhielt eine gute Ausbildung, musste aber ein streng diszipliniertes Kasernenleben führen und eine Uniform tragen. Im Rückblick beklagte er auch die Erfahrungsarmut, was zu der selbstkritischen Äußerung führte, er habe in den „Räubern" nur eine ausgedachte Wirklichkeit dargestellt. Die Erstaufführung der „Räuber", der Schiller 1782 ohne Erlaubnis in Mannheim beiwohnte, war ein großer Erfolg. Da der Herzog ihm das „Komödienschreiben" verbot, floh Schiller mit seinem Freund Andreas Streicher. 1783 schrieb er „Kabale und Liebe" (ursprünglicher Titel: „Luise Millerin"), das 1784 wiederum in Mannheim aufgeführt wurde, zwei Tage nach der Uraufführung in Frankfurt/Main. Die materielle Situation blieb für Schiller jedoch prekär, daran sollte sich auch lange Zeit nichts ändern. 1788 wurde er als Professor für Geschichte nach Jena berufen.

1.2.1 Vorüberlegungen

Weibliche Identität als Thema

Der ursprünglich von Schiller gewählte Titel „Luise Millerin" verweist darauf, dass es in diesem ‚bürgerlichen Trauerspiel' um das Schicksal einer Frau geht. Dass die ständische (die Historiker sprechen von stratifikatorischer) Gesellschaft sehr weitreichende Auswirkungen auf die Menschen hat und zu tiefgreifenden Kommunikationsstörungen zwischen den Ständen führt (führen kann), zeigt Schiller eindringlich in „Kabale und Liebe"; dieser Aspekt steht im Zentrum der folgenden Überlegungen, er wird anhand von zwei wichtigen Szenen (I, 4 und III, 4) herausgearbeitet.

Inhalt

Ferdinand, der Sohn des Präsidenten (des höchsten Regierungsbeamten im Herzogtum), hat sich in Luise verliebt, die Tochter des Musikus Miller, bei dem er Musikstunden nimmt; sie erwidert seine Liebe, auch wenn sie ihre Ängste wegen des Standesunterschiedes kaum verbergen kann. Diese Liebesbeziehung kollidiert mit dem Interesse des Präsidenten, der seinen Sohn mit der Mätresse des Herzogs, Lady Milford, verheiraten will: Sie soll dadurch zum Schein vom Hof entfernt werden, denn der Herzog wird heiraten, doch der Präsident möchte durch die Heirat seines Sohnes seinen Einfluss sichern, da die Mätresse auch künftig dem Landesvater nahe sein wird. Der Sekretär des Präsidenten, Wurm, möchte Luise heiraten, ihr Vater hatte ursprünglich seine Zustimmung in Aussicht gestellt, inzwischen möchte er aber seiner Tochter die Entscheidung überlassen. Wurm denkt eine Intrige aus, die sowohl den Interessen des Präsidenten wie seinen eigenen nutzen soll, denn er hofft dadurch, dass er Ferdinand durch Eifersucht von Luise abbringen kann. Dazu wird ihm vorgespiegelt, Luise habe ein heimliches Liebesverhältnis mit einem anderen Adligen. Luise und ihre Familie werden bedroht, die Intrige nicht aufzudecken, die insofern erfolgreich ist, als Ferdinands Wut sich gegen Luise richtet und er entschlossen ist, sie (und sich) zu töten. Als sie das Gift, das Ferdinand ihr verabreicht hat, schon getrunken hat, fühlt sie sich von dem Schweigeeid entbunden und sagt Ferdinand die Wahrheit. Sterbend vergibt Ferdinand seinem Vater, der die Hauptschuld auf Wurm schiebt; er werde sich dem Gericht stellen.

Zwei Welten – Adel und Bürgertum

Luise, die Tochter des (klein-) bürgerlichen Stadtmusikers Miller, ist sozusagen dreifach gebunden: durch ihr Geschlecht, durch den Stand und durch die Religion; der Ort dieser dreifachen Bindung ist die Familie. Als Tochter ist sie vor allem dem Vater unterworfen bzw. verpflichtet; sie soll/kann heiraten, sogar einen Mann nach ihrer Wahl, aber er muss zu ihrem Stand gehören, sodass ihre Wahl darin besteht, ja oder nein zu sagen – sie hat also keine aktive, sondern eine überwiegend passive Rolle, sie muss gewählt werden. Die Religion verpflichtet sie zur Tugend, über die der Vater wacht. Die bürgerliche Ordnung ist durch Pflichten definiert. Die Frau hat eine untergeordnete Rolle, was an Luises Mutter besonders drastisch sichtbar wird, denn sie wird von ihrem Mann außerordentlich grob behandelt. Daraus kann man auch ableiten, dass diese Rolle für eine Tochter nicht erstrebenswert sein kann. Mit der Familie verbinden sich Pflichten, Gebote und Verbote, Verpflichtungen. Luise ist als Tochter mehr (Besitz-) Objekt als selbstständig handelndes Subjekt.
Der junge Adlige Ferdinand von Walter lebt in einer anderen Welt, in der familiäre Bindungen nur eine untergeordnete Rolle spielen – man kann sie nutzen, wenn es um die Beförderung der eigenen Karriere geht, sie schaffen jedoch keine wirkliche Vertrautheit oder Geborgenheit: Vater und Sohn begegnen einander auf Distanz. Ferdinand betrachtet die Karriere und die Machtausübung des Vaters mit Abscheu und nicht als nachahmenswertes Lebenskonzept. Er

hat studiert und strebt nach Selbstverwirklichung („Mein Ideal von Glück zieht sich genügsamer in mich selbst zurück." I, 7), das Verhältnis zum Vater verlangt eine gewisse Loyalität, die aber im Konfliktfall aufgekündigt werden kann. Aufgrund seines Standes und seines Geschlechts hat er eine überlegene, übergeordnete Position, daraus resultiert ein starkes Selbstbewusstsein. Das Leben und Handeln im öffentlichen Raum sind von der Ehre bestimmt, die gebietet, was zu tun oder zu lassen ist (z. B. die Mätresse des Herzogs nicht zu heiraten). In der bürgerlichen Welt gilt: „Wer gegen den Vater oder gegen den Landesherrn aufbegehrt, verstößt gegen die göttliche Ordnung als Ganze." (Koschorke 2000, S. 154)

Die empfindsame, leidenschaftliche Liebe zwischen Ferdinand und Luise scheint zunächst alle geltenden Normen der beiden Stände außer Kraft zu setzen und eine Ordnung des Herzens, des Gefühls an ihre Stelle treten zu lassen, jedenfalls in der subjektiven Vorstellung der beiden Liebenden. Im Konfliktfall, beim direkten Zusammenstoß mit der gegebenen Ordnung, erweisen sich die realen Verhältnisse mit ihren Standesunterschieden, die mehr in den Menschen verankert sind, als sie es sich vorstellen, als mächtiger als die Liebe. Das trifft noch mehr zu, wenn man sich in einer Situation der Bedrohung befindet; Luise hat dieses Bewusstsein, Ferdinand bleibt es im Grunde fremd. Die Unterschiede manifestieren sich als Kommunikationsbarriere, die als solche nur wahrgenommen werden kann, wenn man in der Lage ist, die Perspektive des Anderen/der Anderen einzunehmen. Das lässt sich in den beiden Szenen I, 4 und III, 4 erkennen.

1.2.2 Im Zentrum der Erarbeitung: Standesunterschiede als Kommunikationshindernis

Friedrich Schiller: Kabale und Liebe (Arbeitsblatt 1, S. 52)

- *Beschreiben Sie, welche Bedeutung nonverbale und verbale Elemente in den beiden Szenen haben.*

- *Untersuchen Sie, wie sich die Beziehung zwischen Luise und Ferdinand sprachlich darstellt.*

- *Versuchen Sie zu erklären, wie es zum Konflikt kommt und welche Ursachen er hat. (Dialoganalyse oder Verfassen eines Subtextes)*

Die Regieanweisungen, die sich an die Schauspieler, aber mehr noch an die Leser richten, zeigen, dass es sich um ein hochemotionales, existenzielles Geschehen handelt, das körpersprachlich zum Ausdruck kommt, aber auch der verbalen Unterstützung bedarf. Luise kennzeichnet ihre Position dadurch, dass sie eine Metaebene einnimmt, indem sie die Situation und die Beziehung reflektiert, was von Ferdinand als fehlende Liebe gedeutet wird: Er, der sich in einer überlegenen, übergeordneten Position befindet (aufgrund seines Standes und seiner Persönlichkeit), kann der Geliebten nicht folgen, denn in seinem Bewusstsein überwindet die Liebe die ‚irdischen' Fesseln des Standes. Er kann sich nicht in Luise hineinversetzen, begreift deshalb ihre Ängste nicht; in seinem Bewusstsein gibt es nur die beiden Möglichkeiten Liebe und Nichtliebe. Luises Aussagen über die Bedrohung sind für ihn fast bedeutungslos, sie muss sich nur ihm anvertrauen und an ihre Liebe glauben. Seine hyperbolische, übertreibende Rede signalisiert allerdings, dass er ohne Verankerung in der Realität lebt. Aus Luises Sicht ist Ferdinand verblendet, aus seiner Sicht fehlt es Luise an Liebe. Ihren Pflichtbegriff kann er nur als Vorwand verstehen, weil ihm die bürgerliche Werteordnung vollkommen fremd und unverständlich ist, er kann sich nicht an Luises Stelle denken. Deshalb ist es gerechtfertigt zu sagen, dass die Standesunterschiede eine unüberwindbare Barriere darstellen, und zwar nicht allein aus äußeren, gesellschaftlichen Gründen, sondern weil das

Denken und Fühlen so sehr vom Stand geprägt sind, dass man die eigene Weltsicht nicht wirklich verlassen kann. Was Ferdinand als „kalte Pflicht" abtut, ist für Luise Grundlage der bürgerlich-familiären Lebenswelt; die Liebe ist im Vergleich damit nur ein subjektives, ichbezogenes Glück, das wohl Verlockung und Versuchung ist, gegen das sich aber Vernunft und Tugend zur Wehr setzen müssen. Ferdinand kann darin nur Liebesverrat sehen, was Luises Schmerz vergrößert, aber ihre Entscheidung nicht verändert. Das Ergebnis der Szenenanalyse (I, 4) kann im Folien- oder Tafelbild festgehalten werden.

Verbale und nonverbale Kommunikation

Ferdinand		Luise	
Sprachl. Äußerung	**Körpersprachl. Ausdruck**	**Körpersprachl. Ausdruck**	**Sprachl. Äußerung**
	• Fliegt auf sie zu →starke Hinwendung	• Sinkt entfärbt … →leidende Zurückhaltung	
• Du bist blass →Ausdruck von Sorge		• Fällt um den Hals →Zuneigung	
• liebt mich meine Luise noch →Liebesvergewisserung	• Handkuss		• es ist nichts →zögerndes Dementi
		• stummes Ansehen	• das bürgerl. Mädchen in der Sprache der Liebe →Metaebene; Andeutung des Problems
→Zurückweisung der Sorgen Luises wegen des Standesunterschiedes		• fasst seine Hand	• Verstärkung der Sorge: Angst vor der Zukunft/ Trennung
		• lässt seine Hand los	
→heftige Zurückweisung; rhetor. Fragenkaskade			→Angst vor Ferdinands Vater
→Versicherung seiner Furchtlosigkeit; hyperbolische Bilder seiner (All-)Macht	• zärtliche Umarmung	• drückt ihn von sich, will fort →Ausdruck des Widerspruchs	→Aufforderung zum Schweigen; Ellipsen als Ausdruck starker Erregung
	• hält sie auf		
→Fragen des Unverständnisses			• Feuerbrand im Herzen →Verzweiflung; Ellipsen
	• folgt ihr sprachlos	• stürzt hinaus	

Die Begegnung, die in einer melancholischen Stimmung beginnt, endet mit Luises Verzweiflung und Ferdinands Fassungslosigkeit; all seine wortmächtigen Liebesversicherungen führen dazu, dass Luises Ängste bis zum Äußersten wachsen, Ferdinand erreicht also das Gegenteil dessen, was er bewirken möchte. Eine Verständigung erweist sich als unmöglich. Für Ferdinand geht es einzig um die Liebesgewissheit, er möchte Luise von der Stärke seiner Liebe überzeugen; doch für sie geht es um die Möglichkeit der Liebe unter den Bedingungen der gesellschaftlichen Kluft, die die beiden trennt. Für Ferdinand setzt die Liebe die ständische Ordnung außer Kraft; Luise, die sich der gesellschaftlichen Unterlegenheit des eigenen Standes bewusst ist, kann davon auch in der Liebe nicht absehen. Nicht die Stärke oder Schwäche der Liebe verhindert die Verständigung, sondern die gesellschaftliche Kluft.

In dieser Szene werden Luises Gründe nur angedeutet; in III, 4, vor dem Hintergrund einer stark veränderten Situation, die sichtbar bedrohlich geworden ist, wird deutlicher, was die beiden Liebenden unterscheidet und trennt. Es geht nicht darum, dem Aristokraten Ferdinand fehlende Empathiefähigkeit vorzuwerfen. Das wichtigste Ziel des Unterrichts muss sein, die Einsicht zu vermitteln, dass es Verstehensbarrieren gibt, die letztlich gar nicht von den Akteuren zu verantworten sind, sondern in ihrer Sozialisation und Psyche ihren Grund haben. Der Argumentationsgang kann in seinen wesentlichen Schritten im Tafelbild festgehalten werden:

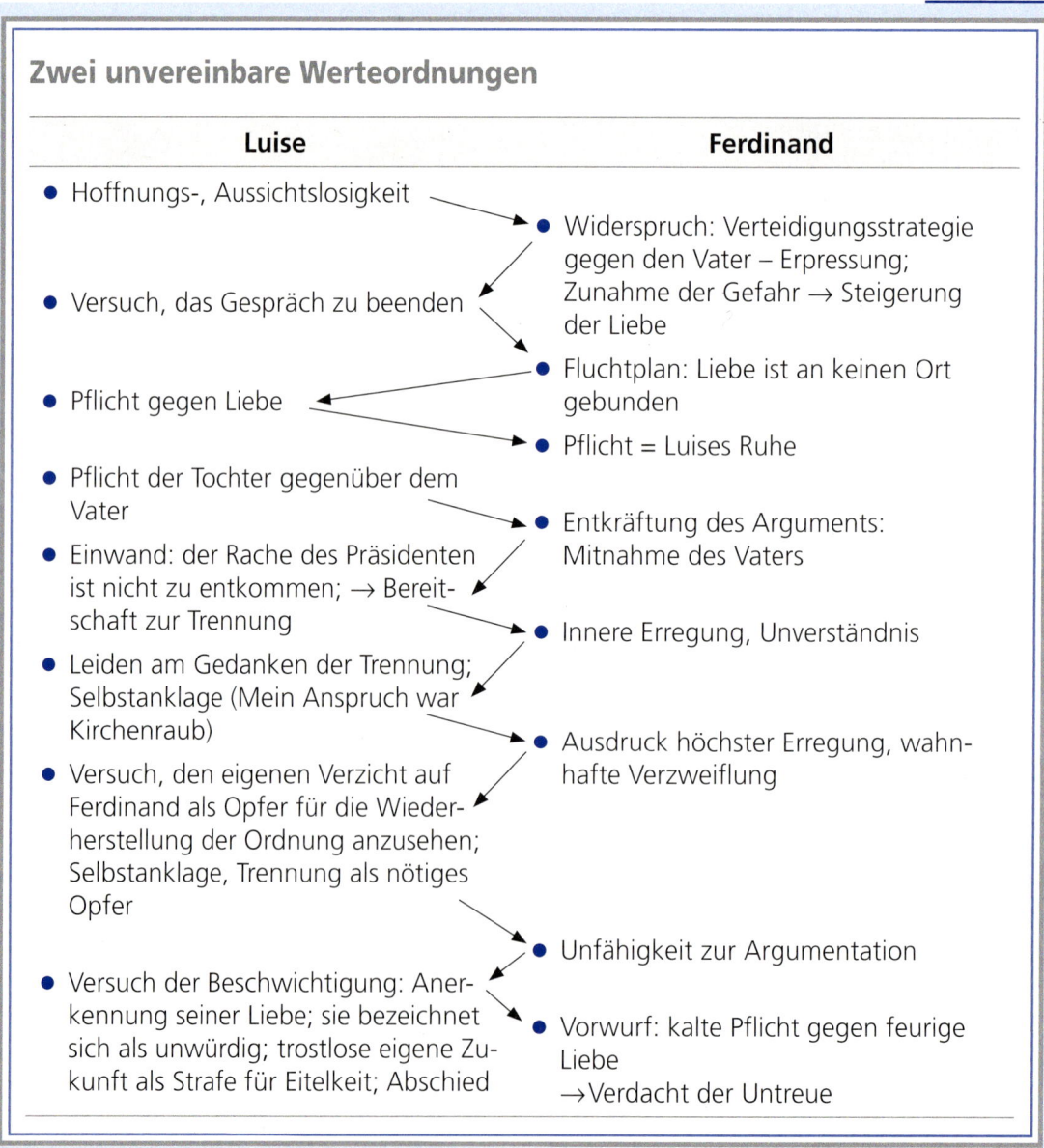

In der Unmöglichkeit des Verstehens, die sich in dieser Szene zeigt, liegt auch ein Grund dafür, dass die an sich leicht durchschaubare Intrige so wirkungsvoll ist. Luise ist aus innerer Notwendigkeit bereits auf Distanz zu Ferdinands ‚Liebes- und Lebensprojekt': Die Verpflichtung gegenüber dem Vater kann sie der Liebe nicht unterordnen, beides ist unvereinbar. Sie versucht mit ihren Mitteln, Ferdinand die Situation verständlich zu machen, indem sie ihre Bereitschaft zum Verzicht als eine Art heroisches Opfer darstellt. Da aber Ferdinand ihren Konflikt nicht versteht, muss ihm der Opfergedanke noch unverständlicher erscheinen; so kommt er zu seinem Verdacht – nur eine andere Liebe, also Untreue, ist ihm als Erklärung zugänglich; das heißt, er bleibt innerhalb seiner Liebesvorstellung außerhalb der ständischen Gesellschaft. Denn für ihn hängt der Ausweg allein von seiner Stärke ab, alles andere ist untergeordnet. In seiner Vorstellung spielt der Ort keine Rolle, der fantastische, poetische Charakter seiner realitätsfernen Vorstellung kann ihm gar nicht bewusst werden. Es ist ihm offensichtlich unmöglich, sich in Luises Denken hineinzuversetzen; ihre Zurückweisung kann er nur als Kränkung auffassen, auf die er mit Wut reagiert.

1.2.3 Weiterführende Erarbeitungsideen

Die Schaubühne als moralische Anstalt

„Wenn sie [die Schaubühne] die Summe der Laster weder tilgt noch vermindert, hat sie uns nicht mit denselben bekannt gemacht?" – sagt Schiller in seinem Aufsatz „Die Schaubühne als eine moralische Anstalt betrachtet" (1784). Die „Laster", also das Böse, die menschlichen Fehler, manifestieren sich im Gegensatz der Stände: „*Kabale und Liebe* ist demnach ein Stück, das über die Unmöglichkeit der Liebe in einer ständisch gegliederten Gesellschaft handelt." (Schiller 1999, S. 161) Blickt man auf Ferdinands Sprache, kann man den Eindruck gewinnen, dass seine Liebe ein „Wolkenkuckucksheim" (Kaiser 1984, S. 21) sei; doch noch entscheidender ist die Unmöglichkeit der Kommunikation in existenziellen Fragen, die Unmöglichkeit des Verstehens zwischen den Ständen. Schiller stellt die kleinbürgerliche Welt der Millers keineswegs als der adeligen überlegen dar: Luises Vater ist von den Verhältnissen geprägt, von den Abhängigkeiten, die sein Leben bestimmen; dass er über seine Tochter wie über einen Besitz verfügt, ist Teil des Familienverständnisses, resultiert aber auch aus seiner Not. Daraus kann man kaum eine Ähnlichkeit zwischen Bürgertum und Adel ableiten, wie etwa Theodor Elm meint: „Das ist das Ensemble, in dem sich Bürgertum und Adel tatsächlich in einem Punkt treffen: im Entwurf des Menschen als Ding – als Ding, das man besitzen kann." (Elm 2004, S. 100) Die besitzergreifende Liebe des Musikus Miller ist Folge seiner prekären Lebensverhältnisse; die besitzergreifende Liebe Ferdinands ist Ausdruck seiner Selbsteinschätzung sowie seiner Unfähigkeit, sich in Luises Welt hineinzuversetzen. Schiller belässt es nicht bei der Darstellung der individuellen Konfliktsituationen, sondern zeigt sehr deutlich die Verbrechen, die Skrupellosigkeit und Unmenschlichkeit des politischen Systems, ohne das System als solches explizit in Frage zu stellen: „Aber es ist kein Tribunal, das hier über die Geschichte abgehalten wird." (Schiller 1999, S. 161) Das Negative, Unmoralische erscheint nicht als zwangsläufige Folge des politischen Systems – wenn das Rechtssystem funktionierte und die obersten Repräsentanten ihrer Verantwortung gerecht würden, käme es nicht zu den Exzessen. Das lässt andererseits dem Zuschauer alle Fragemöglichkeiten offen, bis zur Infragestellung des absolutistischen Systems deutscher Spielart, in dem der ‚Landesvater' alles andere als ein Vater ist.

1.3 Friedrich Hebbel: Maria Magdalena. Ein bürgerliches Trauerspiel

Christian Friedrich Hebbel wurde 1813 als Sohn eines Maurers in Wesselburen geboren und wuchs in sehr ärmlichen Verhältnissen auf, sodass er keine weiterführende Schule besuchen konnte; durch ausgedehnte Lektüre eignete er sich ein breites Wissen an. Eine in Hamburg lebende Schriftstellerin, Amalia Schoppe, die durch Gedichtveröffentlichungen in Zeitungen auf ihn aufmerksam geworden war, ermöglichte ihm durch ihre Unterstützung, dass er nach Hamburg ziehen konnte, wo ihn die Näherin Elise Lensing, mit der er später zwei Kinder hatte, jahrelang versorgte. 1838 hörte er Vorlesungen in München, dort lebte er bei dem Tischlermeister Anton Schwarz, der das Vorbild für Meister Anton in der „Maria Magdalena" wurde. Ein Reisestipendium des dänischen Königs ermöglichte ihm 1843/44 Aufenthalte in Paris und Rom. Das Eheversprechen, das er Elise Lensing gegeben hatte, löste er nicht ein. Er ging nach Wien und heiratete 1846 die wohlhabende Burgschauspielerin Christine Enghaus. So konnte er materiell unabhängig leben und sich dem Schreiben widmen. Seine Frau sorgte schließlich für eine Aussöhnung mit Elise Lensing. Hebbel starb 1863 in Wien.

Werke (Auswahl): Herodes und Marianne (1848); Agnes Bernauer (1851); Gyges und sein Ring (1854); Die Nibelungen (1861); ferner schrieb er Gedichte und hinterließ ein umfangreiches Werk mit Tagebüchern und Briefen.

1.3.1 Vorüberlegungen

Hebbel und das bürgerliche Trauerspiel

In der Ständegesellschaft des 18. Jahrhunderts hatte das bürgerliche Trauerspiel den Gegensatz von Adel und Bürgertum zur Voraussetzung. Die Bürger definierten sich u. a. durch ihre moralischen Qualitäten, im Sprachgebrauch der Zeit war das die Tugend, in der Terminologie des Soziologen Pierre Bourdieu könnte man vom symbolischen Kapital sprechen. Daraus konnten sie ihr Selbstwertgefühl und ein Überlegenheitsbewusstsein gegenüber dem Adel ableiten. Im bürgerlichen 19. Jahrhundert hatte der Adel zwar weiterhin Macht und Einfluss, aber er bildete für das Bewusstsein des Bürgertums nicht mehr den maßgeblichen Bezugspunkt: „Mit der ‚Maria Magdalena' hat sich das bürgerliche Drama, einst Organ des Emanzipationskampfes, gegen das Bürgertum selbst gekehrt." (Eloesser 2003, S. 111) Hebbel äußerte sich in seinen Tagebüchern so: „Es war meine Absicht, das bürgerliche Trauerspiel zu regenerieren und zu zeigen, dass auch im eingeschränktesten Kreis eine zerschmetternde Tragik möglich ist, wenn man sie nur aus den rechten Elementen, aus den diesem Kreise selbst angehörigen, abzuleiten versteht." (Guthke 1976, S. 96) Deutlicher noch in einem Brief an Auguste Stich-Crelinger: „Wenn dies Stück daher […] ein partielles Verdienst hat, so dürfte es darin liegen, dass hier das Tragische nicht aus dem Zusammenstoß der bürgerlichen Welt mit der vornehmen, woraus freilich in den meisten Fällen auch nur ein gehaltloses Trauriges hervorgeht, abgeleitet ist, sondern ganz einfach aus der bürgerlichen Welt selbst, aus ihrem zähen und in sich selbst begründeten Beharren auf den überlieferten patriarchalischen Anschauungen und ihrer Unfähigkeit, sich in verwickelten Lagen zu helfen." (Guthke, S. 96) Man begegnet in Hebbels Trauerspiel einem Ausschnitt aus der Gesellschaft, die durch zwei Pole charakterisiert ist: „Das „bürgerliche Trauerspiel in drei Akten" gestaltet den Übergang von älteren, statischen zu neueren, dynamischen Lebensformen um die Mitte des 19. Jahrhunderts als eine Umbruchsituation, die eine furchtbare gesellschaftliche Vernichtungsmechanik hervorbringt." (Kaiser 1983, S. 53) Zum einen repräsentiert der Tischlermeister Anton, der Vater der Hauptfigur Klara, die alte, ständische gesellschaftliche Ordnung, die sich vor allem durch ihre ständische Ehrbarkeit definiert und dadurch abgrenzen möchte von unteren Ständen, die ausgeschlossen werden. Die neue gesellschaftliche Gruppe orientiert sich nicht am Herkommen, sondern definiert sich durch Leistung, Aufstieg, Karriere; Bildung und Ausbildung schaffen dafür die Voraussetzung. Eine der negativen Begleiterscheinungen dieses gesellschaftlichen Wandels ist das Konkurrenzdenken, das Rücksichtslosigkeit befördert und oft auch belohnt; Gefühle, Mitmenschlichkeit werden zurückgestellt und dem Aufstiegsstreben untergeordnet. Prototyp des berechnenden Karrieristen ist Leonhard, der Verlobte Klaras. Wenn Meister Anton am Schluss des Dramas hilflos äußert, er verstehe die Welt nicht mehr, macht er deutlich, dass er die gesellschaftlichen Veränderungen nicht begreift und nie begriffen hat. „Hebbel hat mit Scharfblick die sozialgeschichtliche Situation seiner Zeit ins Bild gesetzt: die Versteinerung der Ehrbarkeit handwerklicher Lebensformen, den Traditionsbruch, der sich als Generationenkonflikt darstellt, die Dysfunktionalität des ‚symbolischen Kapitals' der Ehre, dessen Akkumulation die Rationalität eingebüßt hat." (Frühwald 1983, S. 83) In der Welt Meister Antons bezieht man Anerkennung aus dem Gefühl der Rechtschaffenheit und Zugehörigkeit; die soziale Kontrolle ist sehr ausgeprägt, sie gibt vor, was man tun darf und vor allem, was man um jeden Preis zu unterlassen hat. Pflichterfüllung, Anpassung, (weibliche) Tugend, Frömmigkeit (die sich im Kirchenbesuch zeigt), Verzicht, Selbstverleugnung, Lustfeindlichkeit, Nächstenliebe, Dankbarkeit sind die maßgeblichen Werte.

Der Titel „Maria Magdalena" spielt auf die biblische Erzählung von der Sünderin an, über die Jesus sagt: „Ihr sind ihre vielen Sünden vergeben, weil sie (mir) so viel Liebe gezeigt hat." Lukas 7, 36–50; dort wird ihr Name nicht genannt, aber man geht seit dem 6. Jahrhundert davon aus, dass es sich um Maria aus Magdala handelt. Wiederum steht eine Frau im Zentrum der tragischen Handlung. Die Frau hat sowohl in der alten, patriarchalischen wie in der sich entwickelnden neuen Ordnung eine abhängige, untergeordnete Position; abhängig ist sie vom Vater, aber auch vom Ehemann. Klara wird vom Vater unter einen tödlichen moralischen Druck gesetzt, vom Verlobten wird sie instrumentalisiert und verlassen, vom Jugendfreund Friedrich, dem Sekretär, den sie eigentlich liebt, wird sie zugunsten einer obsoleten Vorstellung von Ehre (sie führt zum Duell) im Stich gelassen; ihre Lage erscheint ihr am Ende so ausweglos, dass sie die Selbsttötung wählt. Die Frau ist Opfer der Verhältnisse, ihr Schicksal zeigt die Unmenschlichkeit der alten wie der entstehenden neuen Ordnung; ein Ausweg wird nicht sichtbar. Eine Alternative kommt erst mit Ibsens „Nora" auf die Bühne; außerdem bietet sich eine Bezugnahme auf Dea Lohers „Klaras Verhältnisse" an (Baustein 3), ein Stück, das nicht optimistischer ist als Hebbels Trauerspiel, das aber andere Perspektiven diskutiert.

Inhalt

Meister Anton, ein Tischler, hat es durch Fleiß und Disziplin zu einer eigenen Werkstatt gebracht, die er zusammen mit seinem Sohn Karl führt. Mit seiner Frau, dem Sohn und der Tochter Klara lebt er in bescheidenen Verhältnissen. Klara ist so gut wie verlobt mit Leonhard, der eine Stelle als Schreiber/Kassierer beim Bürgermeister anstrebt; eigentlich liebt sie immer noch ihren Kindheits- und Jugendfreund Friedrich, der jedoch seit seinem Studium an einer Universität nichts mehr hat von sich hören lassen. Nach seiner unerwarteten Rückkehr ist Leonhard eifersüchtig auf ihn, den Studierten, und er bedrängt Klara, mit ihm zu schlafen – als Beweis ihrer Liebe. Sie gibt schließlich nach und wird schwanger, was sie in Angst versetzt, denn Leonhard lässt sich nun einige Zeit nicht mehr sehen; wie sich später herausstellt, bemüht er sich mit üblen Machenschaften darum, die besagte Schreiberstelle zu bekommen: Es gelingt ihm, weil er den favorisierten Mitbewerber vor dem entscheidenden Bewerbungsgespräch betrunken gemacht und außerdem um die ‚bucklige' Nichte des Bürgermeisters geworben hat. Klara ist entsetzt, als er ihr stolz diese Geschichte erzählt; aber sie ist auch darauf angewiesen, dass er nun, da er eine Stelle hat, bei ihrem Vater um ihre Hand anhält und sie heiratet. Er erwartet eine Mitgift von 1000 Talern; beim Gespräch mit Klaras Vater erfährt Leonhard, dass Meister Anton das Geld seinem früheren Meister gegeben hat, als dieser sich in einer Notlage befand. Nach dessen Tod hat er den Schuldschein vernichtet. Leonhard ist enttäuscht und sein Interesse an der Heirat schwindet, ohne dass er das offen zu erkennen gibt. Die Situation verändert sich plötzlich, als Klaras Bruder Karl beschuldigt wird, einem Kaufmann, für den er eine Schreinerarbeit ausgeführt hat, Schmuck gestohlen zu haben: Der Gerichtsdiener, der Meister Anton hasst, weil dieser ihn einmal gedemütigt hat, führt Karl triumphierend durch die ganze Stadt ins Gefängnis. Die Hausdurchsuchung bei Meister Anton erbringt keinerlei Beweis. Als die Mutter, die gerade von einer schweren Krankheit genesen ist, von der Anklage erfährt, stirbt sie – sie hatte Karl, der ein lockeres Leben liebt und deshalb häufig mit seinem Vater im Streit ist, immer verteidigt. Nun beschwört Meister Anton seine Tochter, wenigstens sie solle ihm keine Schande machen; er schwört, er würde sich sonst umbringen. Leonhard nimmt die Beschuldigung Karls zum Anlass, die Verlobung mit Klara zu lösen, was er ihr schriftlich mitteilt: Er könne nicht in eine Familie einheiraten, zu der ein Dieb gehöre. Nach wenigen Tagen stellt sich heraus, dass Karl unschuldig ist; die geistesgestörte Frau des Kaufmanns hatte den Schmuck auf dem Dachboden versteckt. Die verzweifelte Klara wendet sich nun an Leonhard, er möge sie heiraten, denn sein (vorgeschobener) Grund für die Auflösung der Verlobung bestehe nicht mehr (vgl. Arbeitsblatt 2). Doch Karl bleibt dabei, er könne sie nicht heiraten: Klara habe in den acht Tagen, die seit dem Erhalt des Briefes vergangen sind, nicht dagegen protestiert und im Übrigen sei er nun (behauptet er, obwohl es nicht stimmt) anderweitig gebunden. Sein maßgeblicher Grund ist die verlorene Mitgift. Das von Klara sehr emotional geführte Gespräch, bei dem Leonhard kalt und zynisch bleibt, endet damit, dass sie ankündigt, sie werde sich das Leben nehmen; er glaubt es nicht, er ist nicht fähig zu erkennen, in welcher verzweifelten Lage sie ist, weil sie sich schuldig fühlen würde, wenn ihr Vater sich, wie angekündigt/angedroht, das Leben nehmen würde. Durch einen Zufall kommt es noch zu einer Begegnung zwischen dem Sekretär Friedrich und Klara (er will ihr offiziell mitteilen, dass ihr Bruder frei ist); die beiden lieben sich, aber Friedrich weiß von ihrer Verlobung mit Leonhard, von dem er nichts hält, die er jedoch respektiert. Von Klara erfährt er, in welcher furchtbaren Lage sie sich befindet aufgrund der Auflösung der Verlobung und der Drohung ihres Vaters, sich umzubringen (wenn sie ihm Schande machte – und das ist der Fall, da sie unverheiratet schwanger ist). Statt ihr beizustehen, gilt sein erster Gedanke der Ehre; er will Leonhard zum Duell fordern, und so bleibt Klara allein mit ihrer Not. Der aus dem Gefängnis entlassene Bruder will die Familie verlassen und zur See fahren, um dem verhassten Vater zu entkommen. Klara sieht nun im Selbstmord den einzigen Ausweg und stürzt sich in einen Brunnen. Friedrich hat Leonhard im Duell getötet, er selbst scheint lebensgefährlich verletzt zu sein; nun hat er Schuldgefühle, weil er Klara nicht beigestanden ist. Meister Anton klagt seine Tochter an – sie habe ihm nichts erspart; er ist nicht in der Lage einzusehen, dass er Klara in den Tod getrieben hat.

1.3.2 Im Zentrum der Erarbeitung: Kommunikationsverhältnisse zwischen den Geschlechtern

Friedrich Hebbel: Maria Magdalena (Arbeitsblatt 2, S. 55)

■ *Gestörte Kommunikation oder taktisches Verhalten?*
Verfassen Sie eine begründete Stellungnahme, in der Sie auf die beiden Personen eingehen (PA).

■ *Diskutieren Sie die Ergebnisse anschließend im Plenum.*
Vorgeschlagene Arbeitsschritte: Untersuchung des Gesprächsbeginns; Analyse der Argumentationen; These zum Verhalten Leonhards: Ist er kalt-berechnend oder psychisch unterentwickelt und empathieunfähig?; Auseinandersetzung mit Klaras Verhältnis zu ihrem Vater; Deutung der beiden Szenen.

Die beiden Szenen sollten mit verteilten Rollen vorgetragen werden, dabei können sich die Schülerinnen und Schüler einen ersten Eindruck von den Personen verschaffen: Leonhard erscheint als der Kalte, Gefühlsunfähige und Klara als die Verzweifelte. Vieles wird nach dem ersten Lesen unverständlich sein, sodass eine genaue Lektüre zur Klärung des Verständnisses unbedingt erforderlich ist; dazu lassen sich Fragen stellen, die man eventuell der Lerngruppe zur Verfügung stellt:

Fragen zum Verständnis der Personen und ihres Verhaltens

- Ist **Leonhard** einfach nur berechnend?
- Lässt er keine Gefühle zu oder hat er keine?
- „Die Figur liegt in der Mitte zwischen teuflischer Niedertracht und spießbürgerlichem Normalmaß." (F. Hebbel: Maria Magdalena, interpretiert von Edgar Hein. München 1989, S. 63) – eine plausible These?
- Könnte man in ihm den Repräsentanten einer (neuen) gesellschaftlichen Ordnung sehen oder ähnelt er eher einer Karikatur?
- Was treibt **Klara** zu ihrem hochemotionalen Auftritt?
- Hat sie wirklich den Wunsch nach einer Heirat mit Leonhard? Wie ist ihr widersprüchliches Verhalten zu erklären, wenn sie einerseits Leonhard auffordert, sie zu heiraten und andererseits deutlich ihre Abneigung und Verachtung zum Ausdruck bringt?
- Gegenüber Leonhard zeigt sie – durch ihr Reden – Stärke: Was bedeutet es, dass sie sich gegenüber dem engstirnigen Rigorismus des Vaters, der ohne jedes Mitgefühl erscheint, so unterwürfig verhält, obgleich sie seine moralischen Normen gar nicht teilt?

Hinweise zu den vorgeschlagenen Arbeitsschritten:
Der Gesprächsbeginn: Leonhard hatte die Verlobung schriftlich gelöst, hatte es also nicht gewagt, sich direkt an Klara zu wenden. Der Inhalt des Briefs wird nicht vollständig mitgeteilt (→ mögliche Gestaltungsaufgabe); die Beschuldigung des Bruders wird als entscheidender Grund für die Auflösung des Verlöbnisses genannt. Leonhard ist überrascht und verlegen, er möchte von sich aus nicht über den Brief sprechen und versteckt sich hinter der Funktion/Rolle des Kassierers.
Klara geht darauf nicht ein und gibt ihm einfach den Brief zurück. Es ist eine für sie in jeder Hinsicht demütigende Situation, die sie durch Direktheit und Entschiedenheit zu überspielen versucht.
Nachdem Leonhard den Brief noch einmal gelesen hat, dessen Inhalt er ja sehr genau kennt – er verschafft sich eine Pause, in der er sich eine Erwiderung überlegen kann – erklärt er den Inhalt für vernünftig, ohne auf das eigentliche Thema, ihre Beziehung, einzugehen: Er gibt sich sachlich und blendet jedes Gefühl aus, von seiner Verantwortung gegenüber Klara ist keine Rede. Dadurch zwingt er sie, wenn sie das Gespräch nicht abbrechen will, sich deutlicher zu erklären. Leonhard hat die Taktik gewählt, sich hinter seiner Rolle zu verschanzen. Damit signalisiert er von Anfang an, dass er nicht bereit ist, von seiner Haltung abzugehen. Ein Gespräch ist damit unmöglich, sie reden nicht miteinander, sondern aneinander vorbei. Im Tafelbild können die Hauptpunkte der Argumentation festgehalten werden:

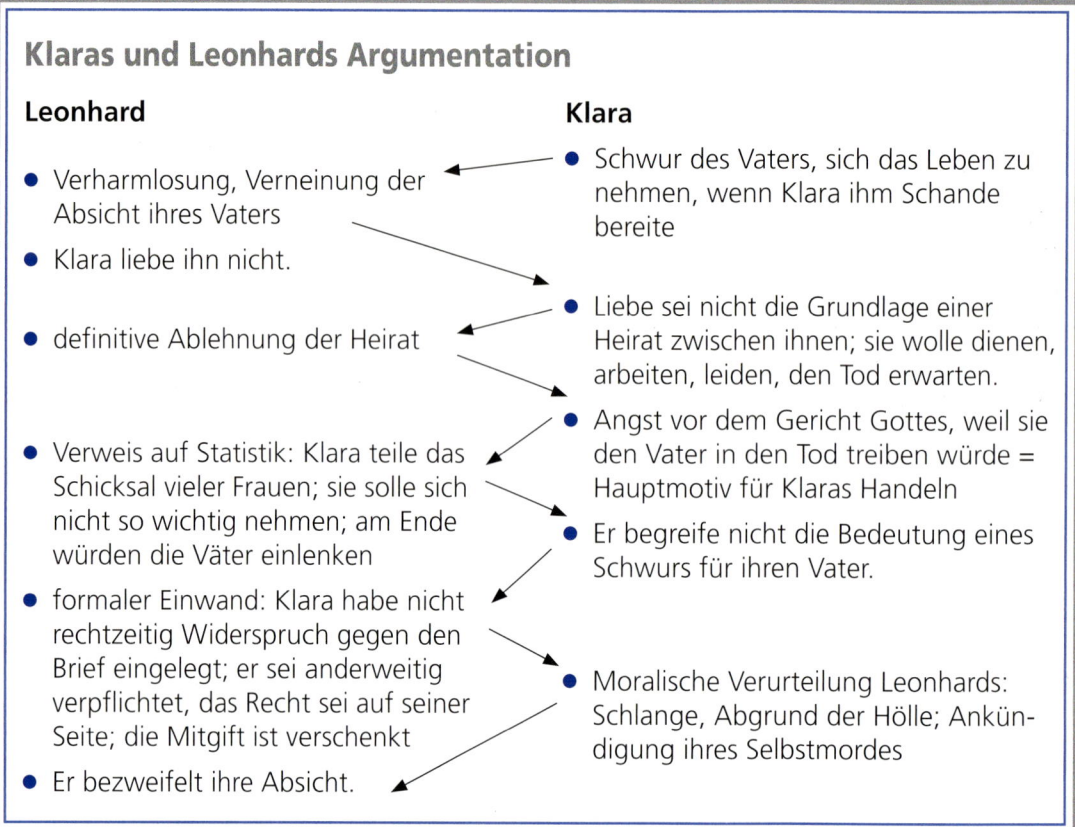

 Leonhard versteckt sich hinter seinem Amt; er argumentiert formal-rechtlich; er zeigt keinerlei Gefühl; sein Reden ist kalt und zynisch; es fehlen ihm die elementaren Voraussetzungen für eine menschliche Kommunikation: Achtung, Mitmenschlichkeit, Zuwendung, Verständnis, Ehrlichkeit. Klara ist in einer verzweifelten Lage, denn sie muss den Vater ihres Kindes bitten, sie zu heiraten, obwohl sie ihn verabscheut; sie kann die Heirat eigentlich gar nicht wünschen, deshalb zeichnet sie das Schreckbild einer Ehe mit einem ungeliebten, hassenswerten Mann; sie demonstriert damit ihre Ausweglosigkeit; indirekt klagt sie auch die ‚Werteordnung' ihres Vaters an sowie den Gott, der für diese Ordnung in Anspruch genommen wird.

Leonhard handelt zynisch und unmenschlich; man gewinnt den Eindruck, dass er seelisch verkümmert ist, ohne dass es dafür eine andere Erklärung gibt als die Gesellschaft, in der Konkurrenz und Egoismus herrschen. „So weist Hebbels Drama in zwei Richtungen: nämlich mit dem moralerstarrten Meister Anton zurück in die bürgerliche Vergangenheit und mit dem wertneutralen Aufsteiger Leonhard […] in die Zukunft einer Gesellschaft, die ihr altbürgerliches, ihr ständisches Selbstverständnis verliert. Sie hat keine allgemeinverbindliche Wertvorstellung mehr, unter der sie sich als Einheit sammeln könnte." (Elm 2004, S. 153)

Dass Klara die Selbstmorddrohung des Vaters zur alleinigen Richtschnur ihres verzweifelten Handelns macht, zeigt die andere Seite einer grausamen, unmenschlichen gesellschaftlichen Ordnung, in der die eigene – vermeintliche – Unbescholtenheit zum höchsten Wert ernannt wird. Auffällig ist auch hier (wie in älteren bürgerlichen Trauerspielen) der Unterschied zwischen den Frauen und Männern: Die Männer sind ichbezogen, empathieunfähig, formalistisch bis zum Zynismus, hölzern-ungeschickt, ehrversessen, karriereorientiert; die Frauen sind in allem das Gegenteil – liebes- und leidensfähig, aufopferungsbereit, den Vätern gegenüber geradezu unterwürfig-selbstverleugnend. Heute würden wir darin – kritisch – die Tendenz zur Verklärung der weiblichen Opferrolle sehen, was in der folgenden Aussage zum Ausdruck kommt: „Als Tochter und gehorsame Magd im Hause ihres Vaters verstummt sie, sie gewinnt ihre Sprache gegenüber dem Absoluten. In ihrer metaphysischen Vereinsamung wächst sie herauf zu einem hohen tragischen Selbstbewusstsein." (Hein 1989, S. 55) Über diese These könnte im Plenum diskutiert werden. In diesem Zusammenhang kann man sehr wohl erwähnen, dass Hebbel Frauen tatsächlich auch ausgenutzt hat für seine literarische Karriere. Sicher will Hebbel die patriarchalische Ordnung nicht verteidigen, aber der von ihm gewählte Titel verstärkt den Eindruck der Verklärung der (leidenden) Frau.

Man kann in diesem bürgerlichen Trauerspiel den tiefsten Pessimismus sehen; man kann es aber auch so lesen, dass die das Handeln der Menschen leitenden Normen in ihrer Destruktivität und Fragwürdigkeit gezeigt werden, sodass damit die Aufforderung verbunden ist, über eine menschliche Gesellschaft und die sie begründenden Werte nachzudenken. Eine solche dialektische Lektüre kann das Stück in der Gegenwart, sofern sie von kulturellen und religiösen Gegensätzen und Konflikten bestimmt wird, in einem andern Licht erscheinen lassen.

1.4 Henrik Ibsen: Nora oder Ein Puppenheim

Henrik Ibsen (geboren 1828 in Skien/Norwegen, gestorben 1906 in Kristiania, dem heutigen Oslo) verlebte seine beste Zeit in Deutschland. Hier lebte er 17 Jahre (zwischen 1864 und 1891, unterbrochen von längeren Aufenthalten in Italien); in diesem „freiwilligen Exil" entstanden seine realistischen Gesellschaftsstücke, durch die er zu internationalem Ruhm gelangte. Von entscheidender Bedeutung dafür war „Nora oder Ein Puppenheim" (1878), das zweite dieser modernen Dramen. „Mit seinem Insistieren auf Wirklichkeitsillusion und psychologischem Realismus wurde er ein Wegbereiter des Naturalismus auf der Bühne." (Hemmer 2009, S. 23) Die Freie Bühne (gegründet 1889 durch Otto Brahm) stärkte Ibsens Position als Avantgarde-Schriftsteller. Seine zwischen 1877 und 1882 entstandenen Stücke (außer „Nora" sind dies: „Stützen der Gesellschaft", „Gespenster" und „Ein Volksfeind") werden von einigen Literaturwissenschaftlern als realistische Problemdramen bezeichnet, von anderen als „kritischer Realismus" oder einfach als „moderne Gegenwartsdramen" (Hemmer S. 213 f.). Auch in den darauf folgenden Stücken, die fast alle an deutschen Bühnen uraufgeführt wurden, kehrte er nicht mehr zu den mythischen Stoffen seiner früheren Werke (Z. B. „Peer Gyut", 1876) zurück. Weitere berühmte Dramen, die bis heute gespielt werden: Die Wildente (1884), Rosmersholm (1886), Die Frau vom Meer (1888), Hedda Gabler (1890), Baumeister Solnes (1892), John Daniel Borkmann (1896).

1.4.1 Vorüberlegungen

Henrik Ibsen und seine Bedeutung für das moderne Drama

Wie alle realistischen Künstler strebte Ibsen danach, in seinen Figuren die Probleme der zeitgenössischen Gesellschaft zu verkörpern. „Das Individuelle soll das Allgemeine illustrieren, man soll den sozial repräsentativen Typus durch das charakterisierte Individuum hindurch erahnen." (Hemmer 2009, S. 215) Ibsen selber empfand sich durch das seine Kindheit überschattende Erlebnis des sozialen Abstiegs seines Vaters als Exponent der kollektiven Erfahrungen seiner Zeit. Sein gesellschaftskritischer Ansatz „resultiert […] aus einer sich in konfliktreichem Wandel befindenden bürgerlichen Gesellschaft. Hier liegt der eigentliche Grund für die Angst, die Ibsens Menschen empfinden: die Angst vor Veränderung, die Furcht vor dem Chaos, das das Neue hervorrufen kann." (Hemmer S. 32) Daraus erklärt sich Ibsens Aktualität bis heute. Diese Angst vor dem Absturz erfasst auch Nora und ihren Ehemann Helmer. Ibsens berühmte Definition des Dichtens als „Gerichtstag halten über sich selber" spiegelt den für jeden Realisten grundlegenden Selbstanspruch an Authentizität. Darüber hinaus will er durch seine Stücke auch den Anstoß zu gesellschaftspolitischer Erneuerung geben. Schriftsteller müssen, so seine Überzeugung, für die Sache des Fortschritts vorangehen, indem sie Kritik üben an allem Gestrigen, das die Freiheit der Entwicklung des Einzelnen hemmt. So stellt er die konservativen, stagnierenden, spießbürgerlichen Züge seiner Zeit aus, um das ans Licht zu bringen, was den einzelnen daran hindert, ein Mensch zu sein – Fassadenmoral, autoritäres Verhalten, verinnerlichte Kontrollmechanismen, vor allem das bestehende Machtgefälle zwischen Männern und Frauen. Ibsens Grundthema ist die Selbstverwirklichung des Menschen; erforderlich dazu ist, die „Lebenslügen" zu erkennen und sich daraus zu befreien. Den Anstoß dazu bietet häufig eine von außen in die festgefügten Familienbeziehungen eintretende Person, in der „Nora" ist es ihre ehemalige Freundin Frau Linde. Dadurch kommt es zur Konfrontation mit Geschehnissen aus der Vergangenheit, die die Protagonisten einholen. Formal ergibt sich daraus eine analytische Dramenstruktur.

In Deutschland wurde lange um die Durchsetzung Ibsens gekämpft. Das erste seiner realistischen Gesellschaftsdramen, „Stützen der Gesellschaft", aufgeführt 1878 an drei Berliner Bühnen, war ein Fanal. Paul Schlenther sprach von dieser Aufführung als von der „größten Kunstoffenbarung" seit der neunzig Jahre zurückliegenden Aufführung von Schillers „Kabale und Liebe" (Rühle 2000, S. 31). Das zweite Ibsen-Ereignis, das wiederum mit „Kabale und Liebe" verglichen wurde, war die Aufführung des Stücks „Gespenster" am Residenztheater Berlin 1887, mit dem auch die „Freie Bühne" im Jahr 1889 eröffnete.

„Nora" steht zeitlich zwischen diesen beiden Großereignissen des Theaters. In Deutschland wurde das im Jahr 1879 entstandene Stück erstmalig 1880 inszeniert, zunächst, in der Flensburger Aufführung, mit verändertem Schluss (Nora bleibt bei ihrer Familie), dann in München mit dem Originalschluss, der es zu einem Skandalstück machte. „Nora" ist ein Beispiel für engagierte Literatur für die Emanzipation der Frau.

Man muss die seit den 40er-Jahren des 19. Jahrhunderts mit zunehmender Schärfe umkämpfte Frauenbewegung im Auge behalten, wenn man die damalige Brisanz des Stücks begreifen will. Die Frauenrechtlerinnen kämpften für die rechtliche, politische und menschliche Gleichstellung der Frau: für das Frauenwahlrecht, das Recht auf höhere Schulbildung und den Zugang zur Universität, damit zu akademischen Berufen, ferner für die Befreiung der Frau von der Festlegung auf die Rolle als Ehefrau und Mutter; es war eine gesamteuropäische Bewegung. Im 19. Jahrhundert vollzog sich eine tiefgreifende gesellschaftliche Transformation, die das persönliche Leben des Einzelnen betraf. „Diese verborgene Revolution vollzog sich innerhalb einer erstaunlich kurzen Zeit. […] Innerhalb von weniger als einer Generation hatten die meisten überkommenen Ansichten über die soziale Ordnung und die Rolle der Geschlechter ihre Gültigkeit verloren." (Blom 2008, S. 281) Mit gut ausgebildeten Frauen würde plötzlich eine Konkurrenz auf dem Arbeitsmarkt auftreten, die die Zahl der vorhandenen besseren Arbeitsplätze zu halbieren drohte. Es ist daher kein Wunder, dass die große Mehrheit der Männer eine entschiedene Abwehrposition einnahm. So wurde mithilfe biologischer Theorien die Aufzucht der Kinder und die Familienarbeit als einzige der Natur des „Weibes" entsprechende Existenzform erklärt, was als wissenschaftlich erwiesene Wahrheit offiziell in den großen Lexika verbreitet wurde (vergl. Frevert 1995). Die Reaktion der Männer beschränkte sich nicht auf Rechtsverordnungen, Verbote und die Weigerung, die Forderungen der Frauenrechtlerinnen auf der Ebene der Politik überhaupt zu thematisieren, sondern äußerte sich auch in Form von wütenden, hetzenden und höhnischen Pamphleten und Verunglimpfungen und einer aufgeregten Inszenierung von Männlichkeit, die man heute psychologisch als Ausdruck tiefsitzender Ängste erklärt, vor allem der Angst vor dem Verlust der Superiorität auf allen gesellschaftlichen Feldern. Den Höhepunkt des aufgeregten Geschlechterkampfs bildete das im Jahre 1900 erschienen Buch „Über den physiologischen Schwachsinn des Weibes" von Paul Julius Möbius. – Ibsen ergreift – als Mann – Partei für die Ziele der Frauenbewegung. „Dass [„Nora"] ein Produkt männlicher Beobachtungs- und Imaginationskraft [war], darin lag ihre Chance. Von einer Autorin den bürgerlichen Theatern des deutschen Kaiserreichs übergeben, hätte sie wohl kaum überlebt – es darf spekuliert werden." (Giesing 1984, S. 1) Der als widernatürlich empfundene Schluss des Stücks wäre geeignet gewesen, die gesamte Frauenbewegung nicht nur lächerlich zu machen, sondern sie moralisch zu diskreditieren. Lange Zeit als moralisch anstößiges Stück geschmäht, ist „Nora" zum klassischen Drama der Frauenbewegung geworden und erlebt noch immer zahlreiche Inszenierungen.

Inhalt

Die Ehe der Helmers gerät plötzlich in eine Krise – nicht wegen Untreue oder Ehebruch der Frau wie in den einschlägigen Romanen des 19. Jahrhunderts, sondern durch einen Akt der fürsorglichen Liebe Noras zu ihrem Mann. Ein fast zurückgezahlter Kredit, den sie vor einigen Jahren ohne sein Wissen aufgenommen hatte – damals war es einer Ehefrau noch untersagt, ohne Wissen des Mannes Geld zu leihen –, um ihm einen Genesungsaufenthalt zu finanzieren, droht plötzlich seine Karriere zu ruinieren. Denn der Kreditbeschaffer hat herausgefunden, dass sie dazu eine Unterschrift gefälscht hat. Nun droht er zur Durchsetzung eigener Interessen, die Sache publik zu machen. Als Noras Mann es erfährt, erweist er sich als kalter Egozentriker, unfähig anzuerkennen, was seine Frau für ihn getan hat. Nora erkennt, dass er nicht lieben kann, dass sie nichts ist als sein Püppchen und dass sie menschlich verkümmern muss, wenn sie weiter lebt wie bisher. So verlässt sie ihn und die Kinder, um ein Mensch zu werden. Nur wenn er sich ändert, erklärt sie ihm, könne sie zurückkehren; dies jedoch ist höchst unwahrscheinlich. Durch diesen Plot wird in aller Schärfe die Unmenschlichkeit der geltenden gesellschaftlichen Normen demonstriert. Denn beide, Helmer und Nora, repräsentieren das damals verbindliche Bild von Mann und Frau und die damals übliche Beziehung zwischen Ehepartnern.

Die Einschätzung des Schlusses ist wertabhängig. Aus wertkonservativer Sicht endet das Stück als Tragödie, da drei kleine Kinder ohne Mutter zurückbleiben. Noras Schritt wird moralisch verdammt. Aus gesellschaftskritischer und feministischer Sicht endet das Stück mit der Emanzipation Noras. Im Verlauf der Ereignisse erwacht sie zum Bewusstsein ihrer selbst und befreit sich von ihrer unreifen Vorstellung von Ehe und Liebe. Als sie wegen der Erpressung in höchste Existenznot gerät, klammert sie sich an die Hoffnung auf „das Wunderbare", dass ihr Mann sich in beschützender Liebe ihrer annimmt. Als dies nicht geschieht, gibt sie ihren Traum und ihre Lieblingsfloskel vom „Wunderbaren" auf zugunsten einer anderen, einer modernen Konzeption der Ehe als gleichberechtigte Partnerschaft in gegenseitiger Wertschätzung, die sie „das Wunderbarste" nennt, eine wegen der Wortähnlichkeit etwas irritierende Bezeichnung. Beunruhigend bleibt aber für alle Deutungen das völlig ungewisse weitere Schicksal Noras, was mehrere Autorinnen zu Fortsetzungen inspiriert hat (s.u.). Der Zeitrahmen der Handlung umfasst die drei Tage des Weihnachtsfests. Die sich zuspitzenden Ereignisse wurzeln in der Vergangenheit, doch das Stück erschöpft sich nicht in der Analyse; vielmehr wird die Vorgeschichte in eine spannende Bühnenhandlung übergeführt, die Nora zunächst an den Rand des Suizids und dann zur Einsicht führt, dass ihre Ehe sich nicht aufrechterhalten lässt, wenn sich im Denken ihres Mannes nichts ändert.

Im ersten Aufzug wird nach der Darstellung der Normalität des Zusammenlebens von Torvald und Nora Helmer die Vorgeschichte aufgedeckt, die ihr von Beginn an als scheinhaft erkennbares eheliches Glück zu gefährden droht. Die Eingangsszene zeigt den Status quo der Familie Helmer: die fröhlich von den Weihnachtseinkäufen zurückkommende Nora, die die ihr vom Ehemann angetragene Rolle mitspielt: als sein „Eichkätzchen", seine „Lerche, die da zwitschert", sein „lockerer Zeisig", also das Püppchen, dem gönnerhaft zugestanden wird, auch Geld für Unnützes zu verschwenden. Eine kleine Trotzhaltung ihrerseits – sie nascht heimlich ein paar Makronen – macht deutlich, dass sie sich nicht völlig mit dieser Rolle identifiziert. Einen Hinweis auf die Folgehandlung gibt auch ihr Weihnachtswunsch, für den Helmer kein Verständnis hat: Sie wünscht sich Geld, über das sie frei verfügen kann. Der Anstoß der Handlung geschieht durch einen plötzlich auftauchenden Besuch, in diesem

Fall eine ehemalige Schulfreundin Noras, die in die Stadt gekommen ist, weil sie Arbeit sucht (I, 3). Diese Frau Linde bittet Nora darum, sich bei Helmer, der vor kurzem zum Direktor der Aktienbank befördert wurde, für sie einzusetzen, was Nora auch umgehend tut (I, 7). Verglichen mit der Lebensleistung der Frau Linde, die diese auch mit der stillen Verbitterung der Entsagenden zur Schau stellt – sie hat gearbeitet, um ihre Mutter und ihre jüngeren Geschwister zu versorgen – hat Nora ein sorgenfreies Luxusleben gehabt, und ihre überschwängliche Freude über die Beförderung ihres Mannes bestätigt dieses Bild. Doch die Überlegenheitsattitüde der Frau Linde bringt Nora dazu, von ihrer Leistung zu berichten, die sie bis dahin geheim halten musste, weil sie das Selbstbild ihres Mannes empfindlich gestört hätte: Vor acht Jahren hatte sie ihm einen dringend benötigten Genesungsaufenthalt im Süden finanziert. Sie schwindelte ihm vor, dass sie das Geld von ihrem damals gestorbenen Vater geerbt habe, der hinterließ ihr jedoch nichts. Das Geld stammte aus einem Kredit, den sie ohne Helmers Wissen aufgenommen und durch sparsames Haushalten und heimliche Schreibarbeiten fast abbezahlt hat. Dieses Ereignis holt sie jetzt ein: ein zweiter Besucher tritt auf den Plan (ab I, 4), dem es ebenfalls um die Arbeitsstelle an Helmers Bank geht. Es ist Krogstad, Noras einstiger Kreditbeschaffer. Helmer will ihm die Stelle kündigen, weil er fürchtet, dieser ehemalige Duzfreund könne sein Ansehen als Bankdirektor untergraben. Krogstad macht Nora klar, dass er sie erpressen wird, wenn Helmer Frau Linde einstellt und ihn entlässt. Er hat herausgefunden, dass Nora die Unterschrift ihres Vaters kurz nach dessen Tod gefälscht hat, weil sie ihn als Bürgen für den Kredit brauchte (I, 10).

Im zweiten Aufzug (er spielt am ersten Weihnachtstag) geht es zunächst um Noras verzweifelten und vergeblichen Versuch, die Kündigung Krogstads zu verhindern und danach um ihre angsterfüllten Hinhalteversuche. Noras Bitte, die Entlassung Krogstads zurückzunehmen (II, 4), löst bei Helmer eine Trotzreaktion aus – er lässt diesem auf der Stelle den Kündigungsbrief zustellen. (Diese Szene wird im Arbeitsblatt 3 analysiert). Daraufhin macht Krogstad seine Drohung wahr: Er wirft das Schreiben an Helmer, das diesen über die Rechtsverfehlung Noras informiert, in den Helmerschen Briefkasten (II, 8). Nun beginnt Noras Angsttrip. Sie glaubt, sie habe Helmers Karriere zerstört. Da Krogstad, wie Frau Linde herausfindet, für 24 Stunden verreist ist, bleiben ihr nur noch 31 Stunden als Lebensfrist. Dann, so glaubt sie, müsse sie ins Wasser gehen, wenn nicht das Wunderbare sich ereignet, dass Helmer ihre Liebe erkennt und ihr verzeiht. Nora, die keinen Briefkastenschlüssel besitzt, versucht verzweifelt, Helmer daran zu hindern, den Briefkasten zu öffnen. Zuerst versucht sie durch erotische Verführung den Hausfreund der Helmers, Dr. Rank, als Helfer zu gewinnen, gibt das aber auf, als Rank ihr sagt, dass er nur noch kurze Zeit zum Leben hat (II, 7). Dann drängt sie Helmer, mit ihr den Tanzauftritt für das am nächsten Abend anstehende Maskenfest einzustudieren – eine Tarantella im Kostüm eines neapolitanischen Fischermädchens (II, 11). Ihr wildes Tanzen lässt den Zuschauer ihre ganze Lebensangst spüren, die der pedantisch sie korrigierende Helmer nicht bemerkt.

Im dritten Aufzug (er spielt spätabends am 2. Weihnachtstag nach der Heimkehr vom Maskenfest) kommt es zur Beinahe-Katastrophe. Im letzten Moment gibt Nora ihren Suizidplan auf und beschließt stattdessen, Helmer und die Kinder zu verlassen. Die Dramatik der äußeren Handlung wird durch verschiedene kleine Wendungen abgeschwächt: Frau Linde informiert Nora, dass sie in früheren Jahren mit Krogstad verlobt war und verspricht Nora, diesen umzustimmen (II, 9); sie äußert diesem gegenüber ihren Wunsch, das alte Verhältnis wiederherzustellen (III, 1), sie beruhigt Nora, dass von Krogstad keine Gefahr mehr drohe, dringt aber darauf, dass Nora mit ihrem Mann reden müsse (III, 2) – sie will Nora dazu bringen, sich ihrer Situation bewusst zu werden und eine Klärung der Beziehung zu ihrem Ehemann herbeiführen. Dadurch wird Nora vom größten seelischen Druck entlastet, sodass sie das Verhalten Helmers und die ihr zudiktierte Rolle distanzierter wahrnehmen kann. In der Schlussszene (III, 5, dazu Arbeitsblatt 4) öffnet Helmer den Briefkasten, findet Krogstads

Brief und stellt Nora mit heftigen Vorwürfen zur Rede, die er wieder zurücknimmt, als unmittelbar darauf der entlastende Brief Krogstads eintrifft, indem er den Schuldschein zurückschickt. Helmer entlarvt sich in den Extremzuständen von Schreck und Entlastung als Egozentriker ohne Liebe, der in der Männlichkeitsrolle gefangen ist. Nach dem ersten Brief verbietet er Nora, die Kinder zu erziehen, die Ehe soll nur zum Schein aufrecht erhalten bleiben. Nach dem zweiten Brief behandelt er sie wie ein hilfloses Kind und baut sich noch aufdringlicher als sonst als Beschützer auf. Damit wäre das „Wunderbare" eingetreten, doch Nora hat diese Vorstellung hinter sich gelassen. Sie nötigt ihn zu einer Aussprache, es ist „eine Abrechnung": Sie erklärt ihm, warum sie nicht mehr mit ihm zusammenleben kann. Sie hat erkannt, dass sie ein unentwickeltes, in künstlicher Abhängigkeit gehaltenes Puppenwesen ist. Sie will Helmer und die Kinder verlassen, um sich selber zu erfahren und zu erziehen. Sie will nicht mehr eine Puppe sein, sondern ein Mensch werden, indem sie sich selbst ihren Lebensunterhalt verdient. Eine Rückkehr schließt sie nicht aus, bindet diese aber an das „Wunderbarste": dass Helmer sich ändert. Dann verlässt sie ihn – „unten fällt dröhnend eine Tür ins Schloss."

1.4.2 Im Zentrum der Erarbeitung: Noras Ausbruch aus der Rollenfestlegung

„Nora" ist eine lohnende Lektüre. Das Stück gehört zu den Klassikern der Bühne und wird häufig aufgeführt. Es empfiehlt sich als Zusatztext zu den Romanen Fontanes, zu den bürgerlichen Trauerspielen (außer den hier vorgestellten auch zu Lessings „Emilia Galotti") und zu modernen Texten, die weibliches Rollenverhalten thematisieren. Auch zu den in Baustein 3 präsentierten Stücken bietet es sich als Referenztext an. Selbst wenn die einstige emanzipatorische Wucht heute verringert ist, bleibt die Figur der Nora aktuell, weil sie sich entwickelt, weil sie ihre Identität sucht und dieses Erwachsenwerden als Pflicht gegenüber sich selber empfindet – ein Gedanke, den zu diskutieren sich lohnt. Das Verhalten Helmers tritt heute in veränderter, weniger karikaturhafter Form auf. Weniger wegen seines aufgesetzt männlichen, am obsolet gewordenen Begriff der Ehre orientierten Verhaltens als wegen der psychischen Defizite, die durch den Druck des herrschenden Rollenbildes und die gesellschaftliche Stellung entstehen. In seiner leitenden Position im Finanzsektor muss er sich permanent gegen Konkurrenzdruck behaupten, und so ist seine Selbstinszenierung als Herr im Haus zu seiner zweiten Natur geworden, mit der er Bedrohungsängste kompensiert. Seine Starrheit und sein automatisiertes Dominanzverhalten entsprechen der Männerrolle seiner Zeit. Auch Nora ist in diesen Vorstellungen gefangen – sie hat seine Bedürfnisse nach Überlegenheit verinnerlicht und erkennt nicht die juristische Geringfügigkeit ihrer Gesetzesübertretung; ein Scheinproblem droht sie in den Selbstmord zu treiben. Menschliche Verkümmerung als Folge der geforderten Überanpassung an die Gesetze des Arbeitsmarkts ist ein weit verbreitetes Phänomen und wird in den Medien heute vorwiegend empathisch, unter dem Stichwort Burnout verhandelt. Die in Baustein 3 vorgestellten Stücke von Dea Loher und Kattrin Röggla kreisen um das Problem der Selbstüberforderung durch die harten Spielregeln der außer Kontrolle geratenen Wirtschaft. „Die psychologischen Triebkräfte haben ihren Ursprung also in ideologischen und gesellschaftlichen Gegebenheiten und sind isoliert von diesen schwer zu verstehen." (Hemmer 2009, S. 39) Ibsen ist mehr als nur Individualpsychologe. Es geht ihm um die lebensvernichtenden gesellschaftlichen Zwänge, denen die Einzelnen ausgesetzt sind. Was das Stück besonders interessant als Unterrichtsstoff macht, ist der im Schluss angelegte Appell zu kreativem Arbeiten (siehe dazu auch Arbeitsblatt 4 und Zusatzmaterial 1).

Einstieg

Vor der Lektüre empfiehlt sich eine Reflexion über Kosenamen, da Helmer seine Frau fast nur mit den Kosenamen „meine kleine singende Lerche", „mein lustiges Eichkätzchen" oder moralisch tadelnd als „lockerer Zeisig" anspricht. Hier empfiehlt sich ein anonymes Verfah-

ren über eine Zettelabfrage: Schreiben Sie Kosenamen (für einen Mann/eine Frau) auf, die Ihnen aufgefallen sind/die Sie als nett/als befremdlich empfinden. Helmer nennt Nora nur selten bei ihrem Namen, und wenn, dann „meine kleine Nora" oder warnend: „Nora, Nora!". Sie spricht ihren Mann immer mit seinem Vornamen Torvald an.
Im Tafelanschrieb werden die Bezeichnungen notiert und ausgewertet:

Helmers Kosenamen für Nora

Kosenamen	Konnotationen
„meine Lerche"	• kleine, possierliche, hübsche Tierchen
„mein Eichkätzchen"	• die Frau als Besitz
	• Rolle der Frau: den Mann erfreuen, amüsieren, entlasten
	• Definition der Frau: Kindlichkeit, Unselbstständigkeit, Unmündigkeit, Unterlegenheit
	• implizierte Selbstdefinition des Mannes: Überlegenheit
	• Notwendigkeit der Kontrolle der Frau durch den Mann wegen ihres Leichtsinns
„lockerer Zeisig"	

Eine dringende Bitte Noras an ihren Mann (Nora II, 4) (Arbeitsblatt 3, S. 57)

■ *Veranschaulichen Sie das Verhältnis von Helmer und Nora durch eine grafische Darstellung.*

■ *Untersuchen Sie das Gesprächsverhalten von Nora und Helmer.*

■ *Wie beurteilen Sie Noras Verhalten?*

■ *Was wäre ein glücklicher, was ein unglücklicher Schluss des Stücks?*

Bedeutung der Szene für die Handlung

Es handelt sich um eine handlungsentscheidende Szene. Wenn Helmer Noras Bitte entspräche, wäre die Gefahr der Erpressung abgewendet, Helmer erführe nichts von ihrem Rechtsverstoß, Krogstad würde Ruhe geben, um seine Stellung zu behalten. Wenn Helmer ihre Bitte zurückweist, bringt Krogstad Noras illegales Geldgeschäft ans Licht – und genau das tritt dann ein. Ob Helmer damit objektiv kompromittiert und als Bankdirektor untragbar wäre, lässt sich heute nicht mehr eindeutig feststellen. Zumindest würde er sich in seiner persönlichen Autorität geschwächt fühlen, da Noras Geldgeschäfte beweisen, dass Helmer seine eigene Frau nicht unter Kontrolle hat. Seine persönliche Unsicherheit zeigt sich bereits in seinem Motiv für die Entlassung Krogstads; er befürchtet, dass dieser ihn aus Versehen duzen könnte (Z. 77). Nora klammert sich an die Hoffnung, dass sich die Erpressung abwenden lässt. Zum dritten Mal tritt Nora als Fordernde auf. Anders als in der Eingangsszene, in der sie ihrem Ehemann statt einem Weihnachtsgeschenk etwas Geld abluchst, geht es in dieser Szene um einen Wunsch von existenziellem Gewicht. Noras Bitte ist riskant: Nach der Bitte um die Einstellung Frau Lindes ist es das zweite Mal, dass sie sich in seine Geschäfte einmischt, und das könnte sein Misstrauen wecken. Sie darf nicht verraten, was eigentlich auf dem Spiel steht. Also muss sie taktisch geschickt vorgehen. Zusätzlich ist ihr Handlungsspielraum begrenzt durch Helmers betont männliches Selbstkonzept, das sie nicht antasten darf, was aber bereits dadurch geschieht, dass sie es überhaupt wagt, von ihm eine berufliche Entscheidung zu verlangen. Helmers Weigerung, ihre Bitte ernst zu nehmen, treibt Nora im Folgenden an den Rand des Selbstmords. – Gleichzeitig beleuchtet diese Szene Helmers Schwäche. Seine Lieblosigkeit, seine Unfähigkeit, Nora als Person zu sehen und zu achten, erklären sich mit seinem Kampf um Selbstbehauptung, der ihn dazu bringt, sich beständig der eigenen Überlegenheit zu versichern, indem er seine Frau zur Puppe herabstuft. Gleichzeitig verhindert dieser Druck jede menschliche Entfaltung – in seinem trotzigen „Jetzt erst recht" erscheint Helmer als psychisch unreifer Mensch.

Die grafische Darstellung dient als Einstieg in das Gespräch über diese Szene. Zwei Ergebnisse sind denkbar: zum einen die äußere Überlegenheit Helmers durch den gegebenen Status und die entsprechende Machtdemonstration. Zum anderen die (innere) Überlegenheit Noras – sie zeigt Mut, Beweglichkeit und Intelligenz. In der Auseinandersetzung ist Helmer der Schwächere. Er ist starr, verfügt über keine rhetorischen Mittel außer dem zwanghaften Automatismus seiner Überlegenheitsbekundungen. Die Annahmen werden am Text überprüft. Die Ergebnisse werden im Tafelbild festgehalten:

Noras und Helmers Verhalten im Gespräch

Nora

- Bewusstes Spielen der ihr zugeschriebenen Rolle der Kindfrau (1–17)
- Nach der Zurechtweisung durch Helmer: Anführen von Gründen: Krogstads Einfluss, seine Gefährlichkeit (33–38)
- Umfunktionierung seiner Anspielung auf ihren unzuverlässigen Vater (41–47)
- Sie insistiert und wiederholt ihre Bitte. (53–57)
- Sie fragt nach. (74)
- Sie kritisiert die Unsachlichkeit seiner Erklärung (81) und wiederholt sie trotz seiner Gereiztheit mit offenen Worten. („kleinliche Rücksichten") (81 f.)
- Sie wiederholt ihre Bitte zum 3. Mal. Sie erweckt nicht Helmers Misstrauen.

Helmer

- Ungalante Zurückweisung ihres schmeichelnden Rollenspiels (15)
- Aufbau einer Drohposition (21)
- erziehende Zurechtweisung, Hinweis auf einen Charakterfehler (30)
- Demonstration seiner moralischen Überlegenheit (48–52)
- Trotzreaktion (58)
- Gekränktheit, Überreaktion (87)
- Triumph über seinen Sieg („So, mein kleiner Trotzkopf) (104)

Fazit: Noras Verhalten

- intelligenter als ihr Mann: Sie verfährt taktisch, argumentiert, insistiert, verfügt über mehr Register
- Überlegenheit trotz ihrer Angst
- Mut: Sie trotzt seinem herrischen Verhalten.
- geschickt bis auf ein unbedachtes (ehrliches) Adjektiv („kleinlich")

Sie ist ihm überlegen – das kann er nicht ertragen.

Der Ausgang der Handlung ist hier noch völlig offen. Mögliche Ausgänge des Stücks:
- Krogstad macht die Sache publik – Helmer ist erledigt.
- Helmer verstößt Nora, reicht die Scheidung ein.
- Helmer bekennt sich zu Nora, stellt sich hinter sie – aus Liebe.
- Helmer erkennt ihre Motive an (Sorge, Liebe).
- Helmer durchschaut die Unterschriftsfälschung als Bagatellproblem.
- Helmer ergeht sich in Vorwürfen, Nora beantragt die Scheidung.
- Krogstad nimmt die Drohung zurück, die Ehe der Helmers ist gerettet. […]

Zu diskutieren wäre: Was wäre der schlimmstmögliche, was der bestmögliche Ausgang? (Die beste aller Wendungen wäre die, die Nora als „das Wunderbare" und am Schluss als „das Wunderbarste" bezeichnet: dass Helmer sich wandelt, dass er nicht nur fähig zu Liebe und Dankbarkeit wird, sondern auch bereit ist, sie als gleichwertig anzuerkennen. Für Nora ist es nur eine ferne Utopie). Wahrscheinlich kommen die Schülerinnen und Schüler nicht auf den Ibsenschen – irritierenden – Schluss, dass Nora einfach davongeht. Was sicherlich klar wird, ist, dass eine Rettung dieser Ehe, so wie sie ist, kein Happy End wäre.

Die Schlussszene (Auszüge) (Arbeitsblatt 4, S. 59)

- *Suchen Sie den Wendepunkt in der Szene und beschreiben Sie Helmers Verhalten vorher und danach.*
- *Entwerfen Sie eine ‚ungehaltene Rede' Noras.*
- *Skizzieren Sie in wenigen Sätzen, wie das Stück enden sollte.*
- *Entwerfen Sie (nach der Lektüre des Schlusses) eine Fortsetzung der Geschichte.*

Den Wendepunkt bildet der zweite, der entlastende Brief (Z. 80). Die Frage ist, ob Helmer sich ändert. Äußerlich tut er es: Er wandelt sich vom strafenden zum beschützenden Ehemann, aber er ändert nichts an der Rollenverteilung. Entlarvend ist sein Freudenruf „Ich bin gerettet!" (Z. 81). An der Tafel kann festgehalten werden:

Helmers Reaktionen auf die Briefe

Reaktion auf den ersten Brief:
- Ihre Liebesbekundung: „alberne Ausflucht", „Komödie" (Z. 16, Z. 21)
- Rolle des strafenden Vaters
- sich überschlagende moralische Verdammungen (Z. 28 ff.)
- selbstgerechte Selbstvorwürfe (Z. 39)
- übersteigertes Bild der Katastrophe (Z. 43 ff.), einseitige Schuldzuweisung (Z. 50)
- Ignorieren ihrer Notsignale (Z. 53)
- äußere Demütigung: er reißt ihr den Schal herunter, sie steht im Maskenkostüm da (Z. 61)
- Plan: Vertuschung, Aufrechterhalten des Scheins (Z. 64–75)

Reaktion auf den zweiten Brief:
- „Ich bin gerettet!": Blindheit für Noras Angst (Z. 81)
- kleine Mitleidsfloskel (Z. 84)
- Ignorieren ihrer ernsten Selbstaussage (Z. 92)
- sofortige Abwehr allen Mitgefühls (Z. 93)
- Umbau seiner Rolle vom strafenden zum vergebenden Vater (Z. 98)
- Herabstufen ihres Liebesbekenntnisses zu einer bloßen Pflichterfüllung (Z. 101), Betonung ihrer Kindlichkeit, Abwertung ihres selbstständigen Handelns als Unselbstständigkeit (Z. 102)
- Befestigung der Rollendefinition von Mann und Frau: Ein Mann liebt die Frau, weil sie von Natur hilflos ist (Z. 107)

1.4.3 Weiterführende Erarbeitungsideen

Zum Ausgang des Stücks

In einigen der ersten Aufführungen, darunter der deutschen Erstaufführung, wurde das Stück mit einem Schluss gespielt, „der die dramatische Idee ins Gegenteil verschiebt." (Bänsch 1991, S. 46) Nora geht dort nach ihren letzten Worten nicht fort, sondern bleibt da. Wie Bänsch ausführt, ist nicht ganz geklärt, ob diese Änderung durch den Übersetzer oder die Hauptdarstellerin bewirkt wurde, die sich weigerte, den Originalschluss zu spielen. Neben der vorauseilenden Befürchtung eines Skandals spielte auch der fehlende Urheberrechtsschutz für ausländische Autoren eine Rolle. In diesem – vom Autor nur widerstrebend abgeänderten – Schluss appelliert Helmer mit sentimentalen Worten an ihre Muttergefühle, und beim Anblick der schlafenden Kinder gibt Nora ihren Entschluss reumütig auf. Im Theater der Jahrhundertwende bewirkte es, „sicherlich effektvoll ausgespielt, den Triumph der patriarchalischen Familie, und das heißt auch: Noras Niederlage gegenüber der ethischen Norm, zu deren Verfechter Helmer sich aufwirft". Ibsen opfert „unter dem Druck der Theaterpraktiker seine Hauptfigur. Damit wird aber auch der untergründige Anstoß zu Noras Selbstbefreiung, ihr inneres Selbstbefreiungspotenzial, Problem jeder Interpretation des Stücks, in seiner natürlichen Rechtlichkeit verdunkelt." (Bänsch S. 47) – Der Originalschluss ist in der Tat irritierend. Im 19. Jahrhundert sorgte er für Proteste aller Art – anfangs gab es ohnehin nur erbitterte oder süffisante Verrisse des Stücks. Selbst Theodor Fontane, der später mit „Effi Briest" ein indirektes Plädoyer für die Befreiung der Frau von der Bevormundung durch Erziehung, Ehe- und Scheidungsgesetze und obsolete Rollenzwänge schrieb, bezeichnete Nora als „die größte Quatschliese", „die je von der Bühne herab zu einem Publikum gesprochen hat" (an Friedrich Stephany 11.3.1898). (Sprengel 1984, S. 73) Noch 1923 nannte Ludwig Marcuse Ibsen einen „schlechten Psychologen", „wenn er der Nora nicht ansieht, dass sie selbstverständlich bei Mann und Kindern bleibt". In der Berliner Erstaufführung wurde, ebenso wie in der ersten Stummfilmfassung, das Stück mit zwei Schlussvarianten versehen. „Noch 1956 hielt ein schwedischer Regisseur […] Noras erzwungenen Verbleib im Haus für die bessere Lösung." (Giesing 1984, S. 6 f.) Erst 1969 erkannten westdeutsche Theaterkritiker, dass dazubleiben eine regressive, viel schlimmere Schlussvariante wäre. Eine besondere Lösung findet der Regisseur Thomas Ostermeier in seiner Inszenierung an der Berliner Schaubühne 2002: Er lässt das Stück damit enden, dass Nora Helmer erschießt; 2003 wurde diese Inszenierung in einer Fernsehadaption im Theaterkanal des ZDF ausgestrahlt.

Entwurf einer Fortsetzung

Wohin geht Nora? Wie lebt sie außerhalb ihres einengenden, aber beschützenden Puppenheims? Wie kann sie als Frau ohne jede Ausbildung überhaupt ihren Lebensunterhalt bestreiten? Wie lange hält sie das aus? Gerade in der Dunkelheit des Schlusses liegt die Provokation des Stücks. Die Frage, wie es mit Nora weitergeht, beschäftigte die Rezipienten von Beginn an und gab bis in die heutige Zeit Anstoß zu verschiedenen Fortsetzungen des Stücks (u. a. von Esther Vilar, Elfriede Jelinek, Marie-Luise Könneker). Michaela Giesing fand bei ihrer Recherche zur Rezeption des Stücks zahlreiche Vorschläge für eine Fortsetzung der Handlung: Die zeitgenössische Kritik, die lange kein gutes Haar an diesem Stück ließ, erging sich in satirischen Vorschlägen wie Noras Rückkehr „in längstens sechs Wochen" (Anzengruber), Prophezeiungen von der Einlieferung Noras in eine Heilanstalt oder ins Irrenhaus. Daneben ersannen die Rezensenten allerlei „kreative" Formen der Kritik, neben Plädoyers für Helmer gab es auch Parodien von Gerichtsverhandlungen und von psychiatrischen Gutachten und breit ausgemalte Schilderungen ihres Elends außerhalb des Puppenheims. Noch heute irritiert der Schluss, da damals einer Frau ohne jede Ausbildung praktisch keine beruflichen Möglichkeiten offenstanden. Das höchste der Gefühle wäre irgendeine schlecht bezahlte Büro-Hilfsarbeit. 1977 gab Elfriede Jelinek in ihrem Stück „Was geschah, nachdem Nora ihren Mann verlassen hatte oder Stützen der Gesellschaft" eine pessimistische, ernüchternde Antwort auf die Frage, wie es mit Nora weitergeht: Nora findet Arbeit in einer Fabrik als ungelernte Arbeitskraft, erfährt dadurch keine Persönlichkeitsentwicklung, flüchtet sich in die Arme eines anderen Mannes, erfährt sexuelle Ausbeutung durch die Stützen der Gesellschaft und kehrt am Ende reumütig zurück in das Helmersche Puppenheim. – Der Schluss ist notgedrungen ambivalent und unbefriedigend – beim Weiterdenken musste dem damaligen Publikum die absolute Chancenlosigkeit der Frau bewusst werden, die Unmöglichkeit realer Emanzipation. Wie der Kampf um die Einrichtung und Finanzierung von Kita-Plätzen zeigt, ist die alte Frauenfrage bis heute nicht zur allgemeinen Zufriedenheit gelöst. Wenn der offene, beunruhigende Schluss des Stücks als Anstoß für produktives Arbeiten genutzt wird, erfüllt das die Intention des Autors. Dieser widersetzte sich allen Aufforderungen zur Selbstinterpretation. „‚Sie kann vielleicht zu ihrem Mann und ihren Kindern zurückkehren, sie kann aber auch als Zirkuskünstlerin umherziehen'", so soll Henrik Ibsen auf die Frage nach Noras Zukunft geantwortet haben. […] Früher jedoch hatte Ibsen dargelegt, was er vom Rezipienten erwarte. Er hatte […] zur Aufgabe des Zuschauers erklärt, die Lösung mitdichtend zu finden, – jeglicher für sein Teil.'" (Giesing 1984, S. 7)

1.5 Gerhart Hauptmann: Vor Sonnenaufgang

Gerhart Hauptmann, (1862–1946) erlebte seinen literarischen Durchbruch als „wirklicher Hauptmann der schwarzen Realistenbande" (Theodor Fontane, 1889). In der Zeit des wilhelminischen Kaiserreichs wurde er von offizieller Seite mit Prozessen überzogen, dennoch wuchs er schnell in die Rolle eines Repräsentanten, der von vielen literarischen Gruppen für sich reklamiert wurde, der letztlich aber doch sehr eigenständige Wege ging. Er stammte aus bescheidenen Verhältnissen, genoss nur eine unzureichende Schulbildung und arbeitete in der Landwirtschaft und als Bildhauer, bis ihm durch eine reiche Heirat die Existenz als freier Schriftsteller ermöglicht wurde. Er gehörte schon um die Jahrhundertwende zu den erfolgreichsten deutschen Theaterdichtern. Sein Bild ist vor allem durch seine naturalistischen Stücke geprägt, die jedoch nur einen Teil seiner immensen literarischen Produktion ausmachen. Zu diesen naturalistischen Stücken gehören: Vor Sonnenaufgang (1889), Die Weber (1892), Der Biberpelz (1893), Fuhrmann Henschel (1898), Rose Bernd (1903), Die Ratten (1911) und die Novelle Bahnwärter Thiel (1887). Viele seiner späteren Stücke sind mythologischen Themen gewidmet.

1.5.1 Vorüberlegungen

Staatliche Zensur und die „Freie Bühne"

In der zweiten Hälfte des 19. Jahrhunderts erlebte Deutschland einen ungeheuren wirtschaftlichen Aufschwung, in dem sich Boomphasen mit Depressionsphasen abwechselten, mit den entsprechenden sozialen und psychischen Auswirkungen. Nach einem verspäteten Start entwickelte Deutschland sich zum industriellen Giganten, doch als Demokratie war es unterentwickelt. Von 1878 bis 1890 waren die Sozialistengesetze in Kraft, die zahllose kritische Publizisten ins Gefängnis brachten. Bis 1895 verbüßten fast 9000 Autoren und Journalisten eine Gefängnishaft, jede größere Zeitung hatte ihren „Sitzredakteur." (Die Zahl ergibt sich aus den Angaben bei Wehler 1995, S. 1239.) Auch die Literatur war durch staatliche Zensurmaßnahmen eingeschränkt. Diese betrafen vor allem das Theater, hier gab es von 1851 bis 1918 in Preußen sogar eine präventive Zensur. Denn dem Theater ist seit der Antike die Erregung von

Leidenschaften eingeschrieben, autoritätsfeindliche Emotionalisierung war nicht erwünscht. Um dem Zugriff der Zensur zu entgehen, wurde 1889 der Theaterverein Freie Bühne gegründet, „eine außerordentlich erfolgreiche Konstruktion" zur Lösung des Problems, dass „die neue Literatur revolutionär, das etablierte Theater aber konservativ" war (Sprengel 1984, S. 49). Dieser Verein bot private, nicht-öffentliche Theateraufführungen für seine zeitweilig mehr als 1000 Mitglieder an und unterlag deshalb nicht der Zensur. Die Stücke wurden nur je einmal in einem angemieteten Theater in Berlin aufgeführt. Die erregenden großen Themen der Zeit waren die soziale Frage, die Folgen der industriellen Revolution, allgemeine Angst vor Schwäche und Zerrüttung und die Fassadenmoral des Bürgertums.

Die Uraufführung von „Vor Sonnenaufgang" – ein Theaterskandal

Die Freie Bühne eröffnete im Januar 1889 mit dem Drama „Gespenster" von Henrik Ibsen, dem „Kultstück der naturalistischen Schule" (Sprengel, S. 50). Mit Ibsens Stücken wurde auch eine neue psychologisch und physiologisch begründete Schauspielkunst entwickelt, „die den larmoyant-sentimentalen Realismus des bürgerlichen Dramas überwand" (Rühle 2000, S. 33). Hauptmanns „Vor Sonnenaufgang" wurde am 20.10.1889 als zweite Vorstellung der Freien Bühne aufgeführt und war einer der größten Theaterskandale in Deutschland. Dieses Jahr 1889 wurde als „das Jahr der deutschen Theaterrevolution" erlebt, „gleichwie 1789 das Jahr der Revolution der Menschheit war; es bezeichnet den stärksten Einschnitt in der Entwicklung der modernen Bühne." (Otto Brahm, zitiert bei Rühle 2000, S. 31) Das Stück enthält Schockelemente: eine Frau, die ihre Stieftochter mit einem debilen Trunkenbold verkuppeln will, mit dem sie selber ein Verhältnis pflegt; einen betrunkenen Vater, der sich auf offener Szene unzüchtig an seiner eigenen Tochter vergreift; schließlich findet im Schlussakt hinter den Kulissen eine Entbindung statt, bei der eine Alkoholikerin ein totes Kind zur Welt bringt. Als dies im Vorhinein bekannt wurde, „rüsteten sich konservative Krawallmacher für eine ihrer Kundgebungen. Otto Brahm (der Vorsitzende der Freien Bühne) und Gerhart Hauptmann waren sich des ‚Wagnisses' durchaus bewusst und sprachen sich in Kampfesstunden Mut zu." (Hilscher 1996, S. 95) Schon nach dem ersten Akt begann ein Spektakel, wie man es in dem Hause wohl noch nie erlebt hatte. Der Autor wurde auf die Bühne gerufen und mit einem „ohrenbetäubenden Pfeifkonzert" empfangen. Ab dem zweiten Akt „lachte und jubelte, höhnte und trampelte man mitten in die Unterhaltung der Schauspieler hinein." „Sogar die Liebesszene zwischen dem Weltverbesserer Loth und der jungen Helene, die viele Kritiker rühmten, wurde durch Hohngelächter gestört." (Rühle 2000, S. 32) Im V. Akt sprang ein Arzt, der bereits vorher durch Zwischenrufe Störungen provoziert hatte, auf, „schwang eine Geburtszange und suchte sie auf die Bühne zu werfen. […] Es kam zu einem unbeschreiblichen Tumult." (Hilscher, S. 96) In dieser Aktion steckte ein Protest gegen die naturalistische Richtung, die neue ‚Rinnsteinkunst' überhaupt, die sich Bahn brach. „Die Geburtszangen-Aktion verwandelte sich unfreiwillig in eine symbolische Handlung. Die Aufführung zeitigte die Geburt einer neuen Epoche auf dem Theater: den Schritt in die Moderne." (Rühle 2000, S. 34) Modern war, dass an die Stelle der Ideale die Wahrheit trat. „Ist nur noch das Hässliche, das Ekelhafte wahr? Nur der Unrat, die Jauche, die Kloake? Ist alles andere Lug und Trug, feige Beschönigung, jämmerliche Schminke? Da stehen wir eben am Scheidewege." (Maximilian Harden, zitiert bei Rühle 2000, S. 34) Heute ist das Stück aus anderen Gründen interessant. Wie in den anderen in Baustein 1 vorgestellten Dramen ist auch hier eine Frau das Opfer der Verhältnisse. Ihr Tod wird aber durch einen modernen Intellektuellen verschuldet, einen Sozialaktivisten, der in dem damals verbreiteten Theorem der Vererbungslehre gefangen ist.

Die zentrale Handlung

Eingebettet in ein Ensemble von Milieuskizzen aus einer neureichen Bauernfamilie und der ländlichen Unterschicht von Dienstmädchen und verarmten Kleinbauern spielt sich eine

Liebestragödie ab. Alfred Loth, ein junger Sozialreformer, der nach Witzdorf (Schlesien) gekommen ist, um dort als Vorarbeit für ein sozialkritisches Buch Recherchen zur Lage der Bergarbeiter zu machen, trifft dort zufällig auf seinen ehemaligen Schulfreund Hoffmann, einen Ingenieur, der in die durch Grundstücksverkäufe an ein Zechenunternehmen reich gewordene Bauernfamilie Krause eingeheiratet hat. Hoffmann lädt ihn ein, doch nach kaum zwei Tagen ergreift Loth in Panik die Flucht. Statt Zugang zu den Gruben bekommt er Einblicke in diese „Goldbauernfamilie", die bis auf die Tochter Helene alkoholabhängig ist. Helene, die erst seit wenigen Jahren nach ihrer Herrnhuter Pensionatszeit wieder in der Familie lebt, leidet unter den Verhältnissen. Ihre alkoholsüchtige und primitive Stiefmutter schikaniert sie, ihr zukünftiger Bräutigam, ein reicher, stotternder Bauernsohn, ist ebenfalls ein Trinker, und wenn ihr Vater volltrunken aus dem Wirtshaus kommt, muss sie sich seiner sexuellen Attacken erwehren. Helene verliebt sich leidenschaftlich in den jungen Besucher, vor allem, weil sie von ihm die Befreiung aus diesem Elend erhofft (Arbeitsblatt 6). Ihre Annäherungsversuche lösen in Loth stürmische Gefühle aus, er erlebt seine erste Liebe, und er verspricht ihr, baldmöglichst mit ihr den Ort zu verlassen und sie zu heiraten. Helene möchte nur noch ihrer Schwester Martha beistehen, die seit Stunden in den Wehen liegt. In dieser Zeit wird Loth von dem Arzt der Familie, der sich als ehemaliger Kommilitone entpuppt, vor dieser Heirat gewarnt. Er klärt ihn darüber auf, dass Helenes Vater und ihre Schwester schwere Alkoholiker sind und dass das erste Kind der Schwester bereits mit drei Jahren an Alkohol gewöhnt war. Loth müsse sich bewusst sein, was es bedeutet, in eine Trinkerfamilie einzuheiraten. Das kann der Abstinenzler Loth nicht mit seinen Grundsätzen vereinbaren. Deshalb schreibt er Helene ein paar Abschiedszeilen und verlässt Hals über Kopf das Haus. Unmittelbar darauf folgt die nachträgliche Bekräftigung dieser Warnung: Martha hatte eine Totgeburt. Als Helene kurz darauf den Abschiedsbrief findet, ersticht sie sich mit einem Jagdmesser. Im Zentrum des Interesses stehen die beiden Hauptfiguren Helene und Loth, die beide von der Kritik kontrovers beurteilt wurden.

„Vor Sonnenaufgang. Soziales Drama"

„Vor Sonnenaufgang" ist das einzige Stück der deutschen Literatur mit dem Untertitel „Soziales Drama." (Metzler Literatur-Lexikon 1984) Allerdings gibt es auch heute darüber, was ein soziales Drama sei, „nur eine provisorische Vereinbarung" (Elm 2004, S. 7). Die zwei wichtigsten Kriterien des sozialen Dramas sind: „Alles, was im sozialen Drama geschieht, ist in erster Linie gesellschaftlich begründet." (Elm, S. 11) Das Verhalten und Schicksal der Figuren ist also nicht autonom. Und: Träger und Hauptfiguren des sozialen Dramas sind die sozial Unterprivilegierten, „die Unglücksraben und Pechvögel" (Elm, S. 15). Das zweite Merkmal, die soziale Frage, spielt für dieses Stück nur am Rande eine Rolle: in der Vorgeschichte Loths, der wegen Volksverhetzung zwei Jahre inhaftiert war, und in einer Reihe kleiner Sozialskizzen, die die Willkürherrschaft der Hofbesitzer gegen ihre Hausmädchen und verarmte Kleinbauern zeigen. Sie sind aber nicht handlungsrelevant. Diese Milieuszenen, die Dialektpassagen und die Fülle der Regieanweisungen für stumme Bühnenaktion entsprechen der naturalistischen Schreibweise. Die Bergleute, deren Lebensbedingungen Loth erforschen will, werden nur gesprächsweise erwähnt. Ein Zeitgenosse Hauptmanns monierte, dass die soziale Frage hier „nur am Rande wetterleuchtet" (Sprengel S. 70). Im Zentrum steht die moralische Korruption der Neureichen in Form von Ehebruch, Inzest, Gewalttätigkeit gegen Menschen und Tiere und vor allem Trunksucht. – Die durch Steinkohlefunde reich gewordene Familie Krause ist aber kein bürgerliches Milieu, sie kennt nicht die bürgerlichen Normen und Tugenden wie Fleiß, Selbstdisziplin und Anstand. Die Familienmitglieder (mit Ausnahme der Protagonistin Helene) verbringen ihr Leben in Völlerei und Müßiggang, vertreiben sich die Zeit mit tierquälerischen Jagdspielen wie dem Abschießen von Lerchen und festgebundenen Tauben, sie schikanieren ihr Hauspersonal und leben promisk; der Reichtum wird geschmacklos und protzig zur Schau gestellt. Das Hauptproblem ist der Alkohol. Die

patriarchalische Vaterfigur ist im Vergleich zu Hebbel „zum stumpfsinnigen Tier herabgekommen." (Sprengel 1984, S. 70)
Der Wohlstandsalkoholismus gehörte, anders als der Armutsalkoholismus, nicht zu den brennenden Problemen der damaligen Zeit. In den umfangreichen Darstellungen des 19. Jahrhunderts von Hans-Ulrich Wehler und Jürgen Osterhammel wird dieser ebenso wenig erwähnt wie die Schicht der neureichen Kohlebauern. Das hier gezeigte Milieu ist also kein repräsentativer Ausschnitt der damaligen Gesellschaft, das überdies stark überzeichnet wirkt. Auch ist der Ort Witzdorf keine realistische Abbildung des schlesischen Orts Weißenstein. Entscheidend für die Kennzeichnung „soziales Drama" ist aber das erstgenannte Kriterium, die gesellschaftliche Determinierung der Menschen, ihres Verhaltens und Handelns. Die hier gezeigte Familie ist modernisierungsgeschädigt, und der Protagonist Loth verkörpert die modernen Intellektuellen, die sich publizistisch für die Verbesserung der sozialen Probleme einsetzen. Er bewegt sich in den Bahnen der damals avanciertesten wissenschaftlichen Erkenntnisse (oder besser Theorien) der stark deterministisch ausgerichteten Vererbungslehre, die auch in zahlreichen Theaterstücken der Zeit thematisiert wurde, am verstörendsten in Ibsens Drama „Gespenster". Hauptmann war mit der Vererbungslehre vertraut: Während eines längeren Aufenthalts in Zürich lernte er den Psychiater Auguste Forel, den Leiter der ‚Irrenanstalt' Burghölzli kennen und gewann „in den Vorlesungen des Gelehrten manche Einsichten in die Psychologie, Psychiatrie und Pathologie und beschäftigte sich mit den Folgen des Alkoholismus. Dabei kam ihm die Idee zu jenem Bauerndrama, das ein Jahr später unter dem Titel *Vor Sonnenaufgang* mit großem Tumult über die Bühne des Lessingtheaters ging." (Hilscher 1996, S.84) Bemerkenswert ist, dass er in diesem Stück durch die hochambivalenten Figuren Loth und Schimmelpfennig indirekt auf Distanz zur damaligen Wissenschaftsgläubigkeit geht. Diese beiden Akademiker sind weniger Verkünder der Wahrheit als apokalyptischer Ängste. Besonders interessant ist hier die Figur des Arztes Schimmelpfennig, der sich engagiert für die Armen einsetzt. Sobald er aber Vererbung diagnostiziert, wird aus dem Arzt ein mitleidloser Wissenschaftler mit kaltem Blick auf die Menschen. Deutlich ist hier das Vorbild des Doktors in Georg Büchners „Woyzeck"; Gerhart Hauptmann war übrigens fasziniert von dem damals wiederentdeckten Büchner und setzte sich für die Inszenierung seiner Stücke ein.

„Gegenwartstragödie"

So nennt Ibsen in seinen ersten Aufzeichnungen zu „Nora oder Ein Puppenheim" seine ersten realistischen Problemstücke. Das Wort trifft noch entschiedener auf das Drama „Vor Sonnenaufgang" zu. Während Ibsen gegen die tradierten erstarrten Normen, gegen die damit verbundene Lebenslüge und Doppelmoral angeht und emanzipatorisch Partei für eine Modernisierung der Ehe und Familiengesetze eintritt, greift Gerhart Hauptmann gerade die Folgen der Modernisierung an. In den 1880er-Jahren wurde „wieder eine globale umweltgeschichtliche Schwelle überschritten: Um 1890 überrundeten in der geschätzten weltweiten Energienutzung mineralische Kraftstoffe (Kohle, Öl) die Biomasse. […] Das Zeitalter fossiler Brennstoffe hatte nach etwa 1820 in dem Sinne begonnen, dass die Nutzung dieser Brennstoffe zur innovativsten Tendenz der Energiegewinnung wurde. Um 1890 gewann diese Tendenz in mondialem Maßstab auch quantitativ die Oberhand." (Osterhammel 2009, S. 110) Die durch Kohlefunde auf ihren Grundstücken reich gewordene Familie Krause wird also von dem wirtschaftlichen und technischen Prozess erfasst, der die Welt damals entscheidend veränderte. Energie wurde zum „kulturellen Leitmotiv." „Kaum ein naturwissenschaftlicher Begriff beschäftigte die Wissenschaftler stärker und zog das Publikum mehr in seinen Bann als derjenige der Energie" (Osterhammel S. 928). „Werde energisch" wurde zum Schlagwort. „‚Wie werde ich energisch?' war ein ärztlicher Ratgeber betitelt, der in wilhelminischer Zeit immer neue Auflagen erlebte und viel von ‚Willenskur' und Willensschulung handelte." (Radkau 2000, S. 250) Eng verbunden damit war die damals grassierende Angst vor Nervenschwäche. „Eine Generation früher hätte man die ‚Energielosigkeit' als Faulheit, also als moralischen Defekt verstanden. Das Energiekonzept trug wesentlich dazu bei, die Neurasthenie als einen krankhaften und therapiebedürftigen Zustand überhaupt denkbar zu machen." (Radkau, S. 259f) „In den Jahren bis 1914 geriet die Nervositätslehre teilweise in den Sog der Degenerationsängste und machte die Nervenschwäche zu einer mehr oder weniger hoffnungslosen Verfallserscheinung." (Radkau, S. 284) Vitalismus, Lebensphilosophie, Lebensreform, Jugendbewegung und Naturmedizin sind positive Antworten auf die Dynamik der Industrialisierung. „Vor Sonnenaufgang" ist Gegenwartstheater, insofern es den damaligen Energiediskurs mitsamt den Begleitängsten handlungsrelevant macht und im Protagonisten Loth verkörpert. Seine Befürchtung, Helene könnte unter einer Nervenschwäche leiden, macht ihn anfällig für die Warnung des Doktor Schimmelpfennig vor einer möglichen Alkoholsucht Helenes, denn sie stammt aus einer Alkoholikerfamilie. Ausschlaggebend für den Plot des Stücks ist Loths Wissenschaftsgläubigkeit. Damit gehört dieses soziale Drama in den Kreis der Verfallsgeschichten aus der Zeit der Jahrhundertwende; der paradigmatische Text der deutschen Literatur mit dieser Thematik ist Thomas Manns gleichzeitig entstandener Roman „Buddenbrooks". „Das Thema des Niedergangs zog sich quer durch die europäische Literatur". (Blom 2008. S. 33) Was das Stück interessant macht, ist die ambivalente Einstellung Gerhart Hauptmanns zu seinem Sujet und seinem Protagonisten (Loth) – einerseits entspricht das Beispiel der Familie Krause dem biologistischen Klischee, andererseits ist Hauptmanns Einstellung zu den beiden verbohrten Akademikern Loth und Schimmelpfennig sehr ambivalent. Die Thematik – die Reaktion auf die Folgen der modernen Technik zwischen Hoffnung und Katastrophenängsten – ist bis heute aktuell.

1.5.2 Im Zentrum der Erarbeitung: Die Frau als Opfer von familiärer Gewalt und von wissenschaftlichen Theorien

„Vor Sonnenaufgang": Loth – Textauszüge (Arbeitsblatt 5, S. 61)

- *Notieren Sie in Form einer Liste von Adjektiven und stichwortförmigen Belegen Charaktereigenschaften Loths.*
- *Wie beurteilen Sie Loth?*
- *Gibt es eine erkennbare Einstellung des Autors zu dieser Figur?*

Die Ergebnisse der Textarbeit können auf einer Folie zusammengestellt werden:

Loths Verhalten und Entwicklung

Akt I Er hat die „Erkenntnisse" der Vererbungslehre verinnerlicht.

Akt II Literaturbanause; ohne Sinn für nicht-engagierte Literatur; Kraft als höchstes Ziel

Akt III
- Seine Arbeit ist ihm wichtiger als Liebe und Familie.
- Gesundheit als höchstes Kriterium.
- Aufgeschlossenheit für die Forderungen der Frauenbewegung und die Gleichstellung der Frau
- Offenbares Interesse an Helene – erste sondierende Fragen, die einen Konflikt zwischen Zuneigung und Gesundheitsprinzipien andeuten; letztere machen ihn blind für die Gemeinheiten der Stiefmutter, unter denen Helene leidet; er versucht, seine Bedenken wegen möglicher angeborener Schwächen Helenes zu zerstreuen.

Akt V 1. Textauszug:
- Arglose oder zielgerichtete (?) Frage an den Arzt nach der Gesundheit der Töchter der reichgewordenen Bauern; bei der Antwort „erbleicht" er: Hinweis auf plötzlich wieder erwachte Beunruhigung angesichts möglicher erblicher Belastungen Helenes

2. Textauszug:
- Der Arzt warnt ihn vor einer Verbindung mit Helene mit Hinweisen auf die Trunksucht von Helenes Schwester; Loths Nachfrage, ob „es" von Hoffmann ausgehe, zeigt seine wachsenden Zweifel an der Vernünftigkeit einer Verbindung mit Helene;
- er begründet seinen Verrat an Helene (Weglaufen) mit dem Lutherwort („Hier stehe ich, ich kann nicht anders") – deutlich ein unbewusster Versuch, seine Feigheit zu heroisieren. Dass Helene sich in einer Kurzschlusshandlung tötet, kann er nicht voraussehen.

Die sich anschließende Diskussion zeigt die Ambivalenz Loths; er ist eine realistische Figur, weder strahlender Retter noch Bösewicht, doch wesentlich zwiespältiger als ein „mittlerer Charakter". Sein Hauptwiderspruch ist einerseits sein mutiger Widerstand gegen die Bismarckschen Sozialistengesetze, was ihm eine zweijährige Gefängnisstrafe und den Verweis von der Universität eingebracht hat (= Vorgeschichte); damit kann seine zur Schau getragene Kraft zusammenhängen. Andererseits ist sein Wegrennen vor Helene feige bis zur Niederträchtigkeit. Das Ergebnis der Diskussion über Loth kann im Tafelanschrieb zusammengestellt werden:

Loths Charakter und Verhalten

entlastend

- unerfahren; Helene ist die erste Frau, die in ihm Liebesgefühle auslöst;
- der Heiratsantrag ging von Helene aus;
- Helene hat ihn unter Zeitdruck gesetzt;
- sie war nicht offen, hat ihm manches verschwiegen;
- er nimmt seine Überzeugungen ernst, will sie nicht nur verkünden, sondern auch danach leben;
- er geht in einer Lebensaufgabe, seiner Mission, auf;
- Schimmelpfennig reaktiviert die Ängste, die er aus Liebe zu Helene verdrängt hat;
- die Wissenschaftsgläubigkeit gehört zur Signatur der Jahrhundertwende: Apokalyptische Vorstellungen von Erbkrankheiten, Dekadenz und Degeneration waren damals weit verbreitet

belastend

- feiges Wegrennen, Ausweichen vor einem klärenden Gespräch;
- er bricht ein gegebenes Versprechen;
- er lässt Helene im Stich, tut nichts zu ihrer Rettung;
- unfähig, sich auf einen anderen Menschen einzulassen; egozentrisches Verhalten; sieht nicht, dass sie ein Opfer ist;
- Moraltrompeter, der sich inszeniert; Widerspruch zwischen Reden und Handeln (ambivalentes Verhalten);
- die Argumente Schimmelpfennigs sind nicht stichhaltig: Das Kind Marthas stirbt nicht an ererbter Alkoholsucht, sondern an fehlender mütterlicher Fürsorge; Helene ist keine Trinkerin;
- blindes unkritisches Vertrauen auf die Wissenschaft

Als Ergänzung kann man auf kritische wie positive Urteile über Loth in der Rezeption zurückgreifen:

Kritik an Loth

„Trotz seiner positiven Züge ist Loth eine zwiespältige Gestalt, ein kleinbürgerlicher Utopist und engherziger Prinzipienreiter. Er faselt vom Glück aller und begräbt zugleich alle Menschlichkeit unter den Felsklötzen seiner Dogmen. Als er erfährt, dass Helene von einem Trinker abstammt, beruft er sich stur auf die Unabänderlichkeit der Vererbungsgesetze und lässt das Mädchen, das nun in eine Heldenrolle hineinwächst, ohne Gewissensskrupel im Stich. Romain Rollands Jean Christophe wendet sich mit heftigen Worten gegen Loth, ‚der die Wesen, welche ihm am teuersten waren, wie Pestkranke verlässt, als er sie leiden sieht und sie im Verdacht hat, von erblicher Krankheit befallen zu sein ... Man wüsste nicht, was widerlicher war, seine Feigheit oder sein ungebändigter Egoismus.'" (Hilscher 1996, S. 101)
Loth wurde von Kritikern bezeichnet als: „steifer Phrasendrescher, verblendeter Doktrinär, jämmerlicher Ideologe, kleinbürgerlicher Utopist, entmenschlichter Fanatiker, feiger Lump", „bornierter Rassenhygieniker" (Bellmann 1889, S. 9 ff.), ferner als „entmenschlichter Sklave seiner abstrakten Ideen", „Vorläufer des Faschismus" (Sprengel 1984, S. 72).

Loth – positiv gesehen

„Wertet man – wie dies in nahezu allen Interpretationen geschieht – die von Loth praktizierte und propagierte Abstinenz als Marotte, Prinzipienreiterei oder sektiererischen Fanatismus, tut man ihn als Gesundheitsapostel ab, so spricht daraus eine Verkennung sowohl der Aktualität und Bedeutung des Problems innerhalb der zeitgenössischen Diskussion wie auch – und vor allem – seiner Funktion in Sinngefüge und Begründungszusammenhang des Dramas. ‚Mit der Zerrüttung des

> Organismus geht Hand in Hand eine Zerrüttung aller gesellschaftlichen und Familienverhältnisse, eine Ertödtung jedes moralischen Triebes bis zur ekelhaften Herabzerrung menschlichen Wesens! […] Der Alkohol degeneriert nicht nur die Nachkommen, er verwandelt den Menschen in eine viehische Kreatur, voll Trägheit und Brutaler Gesinnung.' Dieses Zitat entstammt einem im Oktober 1890 in der *Neuen Zeit* publizierten Artikel; es liest sich wie eine generalisierende Beschreibung der Verhältnisse, die das Drama, am Beispiel der durch plötzlichen Reichtum korrumpierten Familie Krause-Hoffmann, als grauenvolle und abstoßende Realität gestaltet." (Bellmann, S. 20) Ursprünglich wollte Hauptmann das Stück *Der Säemann* nennen, und zwar nach der Gestalt von Alfred Loth. Dies „erhellt Sinn und Hintergrund dieser Titelgebung durch die unverkennbare Anspielung auf das biblische Gleichnis vom Säemann (Mt. 13,3–23), in dem der Same für das Wort Gottes steht, der Acker für die Welt, die Menschheit. Hauptmann hat dieses Gleichnis in seinen *Jesus-Studien* erörtert, und zwar in der vor Niederschrift des Dramas entstandenen Fassung. […] Hinzu kommt, dass auch bei der Namensgebung eine biblische Gestalt Pate gestanden hat: Der Säemann trägt den Namen des einzigen Gerechten in Sodom, eines Fremden! –, der die Stätte des Lasters verlassen muss, ohne hinter sich zu blicken'. [Deshalb lasse sich kaum] an ein Konzept des selbst Abstinenz propagierenden Dichters glauben, wonach ein borniertet Abstinenzfanatiker in ein durch Trunksucht und sexuelle Ausschweifung geprägtes Milieu entsandt wird, um das einzig reine Wesen, Helene Krause, zugrunde zu richten." (Bellmann, S. 21 ff.)

Bereits in der Zeit der Jahrhundertwende wurde Loth kritisch beurteilt, obgleich sich die politisch verhängnisvollen Folgen der Vererbungstheorie damals noch nicht abzeichneten. Gerhart Hauptmann war (zumindest zur Zeit der Arbeit an diesem Drama) Vegetarier und Abstinenzler und war wohl mit den damit einhergehenden Verkrampfungen vertraut; beides gehörte zum damaligen Programm der Lebensreform, die auch eine Reaktion auf das damals immense soziale Problem des Elendsalkoholismus war. Das Stück ist weder ein Anklagestück noch ein Appell für die Verbesserung der Zustände, sondern der Versuch einer Abbildung komplexer Interaktionen zwischen Individuen, dem Milieu und der Gesellschaft. Der Protagonist musste zwiespältig sein; wäre er als Retter aufgetreten, der Helene befreit und ins Happy End führt, wäre es ein kitschiges Trivialstück. Wenn Hauptmann als Realist die Wahrheit darstellen wollte, konnte er keine Lichtgestalt brauchen. Mit einfachen Gut-Böse-Kriterien kommt man weder Loth noch Helene bei. Denn in diesem Stück geht es nicht um romantische Liebe und ihr Zerbrechen an der Realität, sondern um die Prägung der Menschen durch die gesellschaftlichen Verhältnisse, zu denen auch der Einfluss der Wissenschaft auf das Denken, Fühlen und Handeln der Menschen gehört.

Helene und Loth in der Laube (IV. Akt, Auszüge) (Arbeitsblatt 6, S. 63)

- *Untersuchen Sie, wie Helene sich verhält.*
- *Wie beurteilen Sie ihr Verhalten?*

Ein Großteil der Kritiker fand in Helenes Freitod eine „sittliche Idee" bestätigt. Nur der Schriftsteller Richard Dehmel verwarf ihren „Untergang als überflüssige, beinahe unverständliche Roheit." (Giesing 1984, S. 171) Bis heute wird ihr Suizid zuweilen als Akt der Autonomie gesehen: Helene „widerlegt nebenbei die Allgemeingültigkeit der von Loth verabsolutierten Vererbungsgesetze" (Sprengel, S. 74). Michaela Giesing richtet einen anderen Vorwurf an den Autor: er blocke den Emanzipationsprozess gewaltsam ab, der sich im III. Akt zeigt, als Helene sich zur Sprecherin der Landarbeiter macht (sie setzt sich für eine entlassene Magd ein). Hauptmann lasse sie fallen, weil sie „die Grenzen des erlaubten weiblichen Handlungsspielraums überschreitet" (Giesing, S. 169) – so kann man argumentieren, wenn man von einem Theaterstück flammende positive Veränderungsappelle erwartet.

Helenes Verhalten in der Laube

Dass Helene sich in der Laubenszene unkonventionell verhält, ist offensichtlich, aber nicht deswegen lässt Loth sie im Stich. Ihr Verhalten in der Laube ist taktisch; sie liebt Loth, weil sie in ihm einen Retter sieht, wie er nie mehr erscheinen wird, und sie nutzt die einzige Möglichkeit, die sie sieht, sich aus dem Milieu zu befreien. Es ist keine Flirtszene, sondern ein verzweifelter Selbstrettungsversuch. Ihr Werben ist zugleich berechnend und naiv. Loth und Helene sind offenbar beide unerfahren im Umgang mit dem anderen Geschlecht: Loths Kompliment über Helenes Haar wirkt hölzern, sie geht sofort darauf ein, lässt sich berühren, spricht davon ihr Haar zu lösen – damals eine eindeutige Aufforderung. Das Zittern Loths deutet an, dass er keine weiblichen Tricks kennt und überwältigt ist, sicher auch von so viel „Natürlichkeit". Dies wird auch durch die nicht spielbare Regieanweisung ausgedrückt: „Sie kommt ihm dabei so lieblich vor, dass"… (Z. 38). Helene ist in allen Schritten initiativ:

- Sie führt ihn in die Laube.
- Sie bietet ihm nach dem Kompliment über ihr Haar an, es zu berühren.
- Sie bezirzt oder verwirrt ihn mit ihrer kindlichen Anekdote von Schwester Schmittgen.
- Sie küsst ihn zuerst auf den Mund.
- Sie macht ihm indirekt einen Heiratsantrag, den er als solchen erkennt, und legt ihre finanzielle Situation offen (das Erbe, das der Vater ihr auszahlen muss).
- Sie schildert ihr solidarisches eheliches Zusammenleben.

Von dieser Courage bleibt nichts übrig, als Loth im Zusammenhang mit der Auszahlung des Erbes nach ihrem Vater fragt. Sie weint verzweifelt, denn ihr wird offensichtlich klar, dass Loth den betrunkenen Krause gar nicht als ihren Vater wahrgenommen hat. Die Scham wegen der väterlichen Übergriffe verbindet sich mit der Angst, Loth könnte etwas gemerkt haben und könnte sie deshalb verlassen, was er ja auch tut: Unmittelbar bevor Loth im V. Akt das Haus verlässt, gibt Schimmelpfennig ihm noch die zynische Bestätigung, dass er sich richtig entschieden habe, mit auf den Weg: „Guter, bedauernswerter Kerl! Soll ich dir was raten? Nimm ihr nicht das … wenige, was du ihr noch übrigläßt" (S. 90) – eine Anspielung auf die väterliche sexuelle Gewalt. Dieser kommt unmittelbar nach Loths Flucht aus der Kneipe und nähert sich dem Haus mit den Worten: „Dohie hä, biin iich nee a hibscher Moan? Hoa ich nee a hibsch Weib? Hoa iich nee a poar hibsche Tächter dohie hä? […] Dohie hä, hoa ich nee die schinsten Zähne, hä? Hoa ich nee a hibsch Gittla?" Das Stück endet mit der Stimme des nunmehr im Hausflur herumtaumelnden Bauern, man hört *„schließlich eine rohe, näselnde, lallende Trinkerstimme ganz aus der Nähe durch den Raum gellen*: Dohie hä! Hoa iich nee a poar hibsche Tächter!" (S. 92 ff.) Unmittelbar vorher hat sich Helene mit einem Hirschfänger getötet, das Grölen des Bauern wird von den Entsetzensschreien des Hausmädchens übertönt, nachdem sie Helene gefunden hat. Die Aussage des Arztes zeigt das – macholafte – Desinteresse am Schicksal der jungen Frau. Ihr Dasein als Missbrauchsopfer, dem niemand hilft, und Loths Abschiedsbrief führen zu der Kurzschlusshandlung ihres Suizids. Wie Loth sich verhalten hätte, wäre er über ihre wirkliche Lage informiert worden, lässt sich nur vermuten – wahrscheinlich hätte er ihr auf der Stelle eine Absage erteilt und sofort die Flucht ergriffen. Der Ausgang für Helene wäre derselbe.

1.5.3 Weiterführende Erarbeitungsideen

Die Frau als Opfer – Vergleichsmöglichkeiten mit anderen Szenen aus Baustein 1

„Hauptmann sagt uns nichts Neues bis auf die gewiss nicht revolutionäre Lehre, dass ein Weib sich nicht aus eigner Kraft erretten kann." (M. H., ein Kritiker 1889, zitiert bei Giesing S. 173) – eine zeittypische Reaktion, im Ton blasierter Frauenverachtung, die indirekt die

Widerstände zeigt, gegen die die Frauenbewegung ankämpfte. „Nora" und „Vor Sonnenaufgang" sind zur Zeit der Frauenbewegung entstanden und setzen den verbreiteten Protest der Frauen gegen die Benachteiligung voraus; Ibsen widerständig, Hauptmann sozial anklagend.

Die in „Emilia Galotti", „Kabale und Liebe" und „Maria Magdalena" thematisierte besitzergreifende Rolle des Vaters wird hier zur letzten Konsequenz gesteigert. Anders als in den Dramen von Lessing, Schiller, Hebbel und Ibsen geht der Druck auf die Frau nicht von tradierten bürgerlichen Normen aus, sondern von gesellschaftlichen Verwerfungen als Folge der industriellen und wissenschaftlichen Modernisierungserscheinungen. Emilia Galotti ist das Opfer von zwei Männern, Luise Millerin von vier Männern (dem Vater, Ferdinand, Wurm und dem Präsidenten), Helene ist das Opfer von fünf Männern: drei benutzen sie als Sexobjekt (der Vater, ihr Schwager Hoffmann und ihr Verlobter Wilhelm Kahl), zwei (Loth und Schimmelpfennig) betrachten sie als lebendes Beispiel für eine wissenschaftliche Theorie. Wie Klara, Nora und Marianne in den „Geschichten aus dem Wiener Wald" macht auch Helene einen scheiternden Selbstrettungsversuch.

Diese Liebesszene eignet sich als Vergleich mit Arbeitsblatt 2 (F. Hebbel: Maria Magdalena) und Arbeitsblatt 3 (Ibsen: Nora II, 4): in allen drei Szenen wendet sich eine Frau in existenzieller Verzweiflung an einen Mann, von dem sie Rettung erhofft. Klara und Helene missachten den geltenden Verhaltenskodex. Beide begehen Selbstmord. Das deutliche Machtgefälle zwischen Mann und Frau verbindet diese Szene auch mit Arbeitsblatt 1 (Kabale und Liebe). Allerdings ist die Laubenszene aus dem Hauptmannschen Drama weit weniger dramatisch: Sie zeigt den Beginn der sehr kurzen Liebesaffäre. Dass es zu der tödlichen Affekthandlung kommt, ist hier noch nicht abzusehen, wenn auch Helenes Verzweiflung angesichts des Ausgeliefertseins an den Vater überdeutlich ist. Die Dramatik der Szene ergibt sich aus dem Informationsvorsprung des Zuschauers.

1.6 Ödön von Horváth: Geschichten aus dem Wiener Wald

„Sie fragen mich nach meiner Heimat, ich antworte: Ich wurde in Fiume geboren, bin in Belgrad, Budapest, Pressburg, Wien und München aufgewachsen und habe einen ungarischen Pass – aber: „Heimat?" kenn' ich nicht" – so charakterisierte sich Horváth in der Zeitschrift „Der Querschnitt" 1929. Er wurde 1901 als Sohn eines Diplomaten geboren; nach der 1919 in Wien abgelegten Matura studierte er Germanistik und Theaterwissenschaften in München (ohne Abschluss). 1923 zog er mit seinen Eltern nach Murnau und war dort schriftstellerisch tätig; er schrieb Prosatexte („Sportmärchen") und Theaterstücke. 1930 erschien sein Roman „Der ewige Spießer"; die Theaterstücke „Italienische Nacht" und „Geschichten aus dem Wiener Wald" wurden 1931 mit großem Erfolg uraufgeführt. 1931 wurde er Zeuge einer Saalschlacht zwischen NSDAP und dem sozialdemokratischen Reichsbanner. 1933 floh er aus Murnau, 1935 verließ er Deutschland und ging nach Österreich; nach dem „Anschluss" 1938 floh er von Wien nach Budapest. Im gleichen Jahr wurde er in Paris bei einem Unwetter durch einen herabfallenden Ast getötet.
Werke (Auswahl): Jugend ohne Gott (Roman, 1937); Ein Kind unserer Zeit (Roman, 1938); Stücke: Glaube, Liebe, Hoffnung (1932); Kasimir und Karoline (1932); Der jüngste Tag (1937)

1.6.1 Vorüberlegungen

Rezeption

Ödön von Horváths „Volksstück" „Geschichten aus dem Wiener Wald", dessen gedruckter Fassung das berühmte Motto „Nichts gibt so sehr das Gefühl der Unendlichkeit als wie die

Dummheit" vorausgeht, wurde 1931 in Berlin von dem Regisseur Heinz Hilpert mit einem Aufgebot bekannter Schauspielerinnen und Schauspieler mit sehr großem Erfolg uraufgeführt und häufig nachgespielt. Bis heute hat das Stück seinen Platz im Theaterrepertoire behalten, was darauf schließen lässt, dass es seinen Erfolg nicht nur der kritischen Darstellung des kleinbürgerlichen Wiener Milieus der Dreißigerjahre verdankt, also bestimmten Zeitverhältnissen. Peter Wapnewski schreibt allerdings: „Größe und Begrenzung von Horváths Dramen ist, dass sie nicht zeitlos sind, sondern zeithaft. Sie sind gebunden an einen spezifischen soziologischen Zustand. Sie liefern die oft beschworene „Dämonologie des Kleinbürgertums", sind dessen Produkt und Analyse und sind in dem Maße aktuell und also „auf die Dauer", als ihre Schilderung von Bedingungen einer präfaschistischen Gesellschaft noch als Gegenwart empfunden wird." (Wapnewski 1972, S. 17) Man kann heute zweifellos nicht von einer „präfaschistischen Gesellschaft" sprechen und auch nicht von einer Abbildung der Gegenwart, dennoch ist das Stück mehr als eine ironisch-amüsante Zeitkritik, wie zu zeigen sein wird. Horváths Stücke, die in den 50er- und frühen 60er-Jahren des vergangenen Jahrhunderts in Vergessenheit geraten waren, erlebten ein großes Comeback in den späten 60er- und 70er-Jahren, als Gesellschafts- und Zeitkritik die Bühnen beherrschten. Peter Handke hatte 1968 in einem kurzen Text Horváth den Vorzug vor Brecht gegeben: „Ich ziehe Ödön von Horváth und seine Unordnung und unstilisierte Sentimentalität vor." (Handke 1972, S. 64), die Edition der Werke trug dem neuen Interesse Rechnung und verstärkte es zugleich.

Thematik

Im Kontext des Bausteins „soziales Drama" interessieren die „Geschichten aus dem Wiener Wald" vor allem im Hinblick auf Marianne, die weibliche Hauptfigur: Während Klara in Hebbels „Maria Magdalena" Opfer des von ihr verinnerlichten, stark verdinglichten Tugendrigorismus ihres Vaters wird und Nora in Ibsens Stück den Weg der Emanzipation mit ungewissem Ausgang wählt, versucht Marianne sich aus der Fremdbestimmung durch den Vater zu befreien und selbst über ihr Leben zu bestimmen. Selbstbestimmung bedeutet hier, dass sie nicht den von ihrem Vater ausgesuchten Mann heiraten will, sondern ihre eigene Wahl treffen will. Dabei ist ihr zeitweilig bewusst, dass die Wahl eines Ehemannes nur in einem eingeschränkten Sinn ein Ausdruck von Selbstbestimmung ist, denn sie bewegt sich damit im herkömmlichen Rahmen von Ehe und Familie. Ursprünglich wollte sie zuerst einen Beruf erlernen, aber das wurde ihr von ihrem Vater nicht gestattet. Mariannes Wahl eines Mannes ist geleitet von einer romantischen Liebesvorstellung, von einem verkitschten Gefühl, das sie die Realität verkennen lässt: Alfred, der Mann, den sie auswählt, frönt vor allem seiner Wettleidenschaft, die er sich von einer Frau finanzieren lässt; er ist nicht bereit und nicht in der Lage, Verantwortung zu übernehmen, was er Marianne auch gar nicht verschweigt, doch sie blendet alle vernünftigen Überlegungen aus. Ihr Entschluss zur Selbstbestimmung wird auf eine untaugliche Weise umgesetzt, mit erwartbarem negativen Ausgang. Den Rahmen bildet das kleinbürgerliche Milieu, bilden die Schwächen und Fehler der Menschen: Verantwortungslosigkeit, Verlogenheit, Doppelmoral, Lieblosigkeit, Egoismus, Gewaltbereitschaft, Bosheit, Vorurteile, Antisemitismus, gegenseitige Ausbeutung – aber all das, ohne dass die Menschen als ausgesprochen böse entlarvt würden. Es herrscht eine verkitschte Harmoniesucht, die in der Walzermusik als Hintergrund und Kontrast zum Ausdruck kommt: Man lässt sich gern einlullen, ablenken, in eine illusionäre Welt versetzen. Man fügt sich in das vermeintliche Schicksal, wenn einem die Verantwortung für das eigene Handeln zu beschwerlich ist. Die Kostüme, Requisiten, Spiele und Rituale dieser Welt gehören einer anderen Zeit an, dennoch können sie auch als eine Art Verfremdung heutiger Lebens- und Verhaltensweisen verstanden werden.

Inhalt

Zu Zeit und Ort heißt es: „Das Stück spielt in unseren Tagen, und zwar in Wien, im Wiener Wald und in der Wachau." Marianne, die Tochter des „Zauberkönigs", eines Puppendoktors, Spielwaren- und Scherzartikelhändlers, lebt im Haus ihres Vaters (die Mutter ist gestorben), der sich von ihr bedienen lässt; außerdem läuft das Geschäft nur deshalb gut, weil sie geschickt ist im Umgang mit den Kunden. Sie hatte rhythmische Gymnastik studieren und ein eigenes Institut gründen wollen, konnte sich aber nicht gegen den Widerstand des Vaters durchsetzen. Er möchte sie – gegen ihren Willen – mit dem Metzger Oskar verheiraten, der in derselben Straße im 8. Wiener Bezirk (Josefstadt) ein gutgehendes, vom Vater geerbtes Geschäft hat und den sie seit ihrer Kindheit kennt. Die Verlobung soll stattfinden, nachdem das Trauerjahr wegen des Todes von Oskars Mutter vorüber ist. Kurz vor der Verlobungsfeier taucht Alfred in Mariannes Leben auf: Er hat seine Stelle als Bankangestellter in der Wirtschaftskrise verloren und hält sich mit Wettgeschäften über Wasser, die ihm Valerie finanziert, eine Witwe von etwa fünfzig Jahren, mit der er liiert ist, die in derselben Straße eine Tabaktrafik betreibt; Alfred nutzt sie aus und hintergeht sie, indem er ihr ihren Gewinnanteil vorenthält. Marianne und Alfred werden aufmerksam aufeinander, sie lädt ihn heimlich zu dem Picknick an der Donau ein, bei dem in Anwesenheit von Freunden und Verwandten die Verlobung Mariannes mit Oskar bekannt gegeben und gefeiert werden soll. Valerie, die sich von Alfred getrennt hat, ist eifersüchtig; sie hat in dem stramm nationalen, antisemitischen Jurastudenten Erich, einem Verwandten des Zauberkönigs aus Deutschland, einen neuen Verehrer gefunden, der sich von ihr aushalten lässt. Den Abschluss des ausgedehnten Festes bilden ein Bad in der Donau und ein Feuerwerk. Dabei finden Marianne und Alfred eine Gelegenheit, sich nahe zu kommen (vgl. Arbeitsblatt 7), zuvor hatte sich der Zauberkönig an Valerie herangemacht. Marianne will Oskar nicht heiraten, sie liebt Alfred und stellt sich vor, mit ihm glücklich werden zu können. Als sie sich küssen, kommt Mariannes Vater hinter dem Busch hervor, von dem aus er die beiden belauscht hat. Er beschimpft sie, am wichtigsten ist ihm aber, dass Oskar nichts erfährt, doch der erscheint ebenfalls und ist bereit zu verzeihen. Marianne erklärt, sich nicht länger tyrannisieren zu lassen und löst die Verlobung; ihr Vater verstößt sie. Am Schluss der Szene (und des 1. Teils) sind Alfred und Marianne wieder allein, sie spricht von ihrer Liebe und wünscht sich ein Kind von Alfred. Mit einem harten Schnitt beginnt der 2. Teil, ein Jahr ist vergangen, Marianne wohnt mit Alfred in einem kleinen möblierten Zimmer, in der Ecke steht ein alter Kinderwagen, auf Alfreds Drängen hat man den inzwischen geborenen kleinen Leopold (er heißt wie der Zauberkönig) in der Wachau bei Alfreds Mutter und Großmutter untergebracht. Alfred hatte Marianne zu einer Abtreibung gedrängt, die sie widerwillig, aber erfolglos hatte machen lassen. Das Wetten hat er aufgegeben, angeblich, weil es Mariannes Wunsch war; tatsächlich aber fehlt ihm das Geld, das er früher von Valerie bekommen hat; nun versucht er sich ohne Erfolg als Vertreter für Kosmetikartikel. Von seiner (bösartigen) Großmutter leiht er sich eine größere Summe, angeblich, um sich in Frankreich nach einer neuen Existenz umzusehen, in Wahrheit aber verbraucht er das Geld für neue Wetten. Er hatte der Großmutter versprechen müssen, sich von Marianne zu trennen. Für Marianne findet er durch einen Freund eine schlecht bezahlte Arbeit als Nackttänzerin im Maxim Cabaret. Ihr Vater will mit ihr keinen Kontakt mehr, ihre Briefe schickt er zurück. Am Ende des 2. Teils fühlt sie sich auch von der Kirche und von Gott verlassen, als der Priester in der Beichte von ihr verlangt, sie solle bereuen, das Kind empfangen und geboren zu haben – sie weigert sich. Im 3. (letzten) Teil kommt es nach einem ersten vergeblichen Versuch schließlich zu einer Art Versöhnung: Es handelt sich um die Wiederherstellung der Verhältnisse des Anfangs – nun kommt es zur Heirat Mariannes und Oskars. Der erste, scheiternde Aussöhnungsversuch wird am Ende eines Heurigengelages unternommen. Ein pensionierter Rittmeister (er gehört von Anfang an zum Personal der Handlung) hat die Idee, im Maxim eine Begegnung zwischen Vater und Tochter herbeizuführen, damit sie sich aussöhnen. Marianne tritt nackt auf einer Kugel (Fortuna) in dem Bild

„Jagd nach dem Glück" auf; sie wird von Valerie erkannt, es gibt einen kleinen Skandal. Das Gespräch von Vater und Tochter besteht aus gegenseitigen heftigen Vorwürfen, Marianne beklagt sich, ihr Vater habe sie nur zur Ehe erzogen. Einem in die USA ausgewanderten Österreicher, der zu der Heurigengesellschaft gehört, zu Besuch da ist und mit seinen Dollars prahlt, stiehlt Marianne, die nur zwei Schilling am Tag verdient, 100 Schillinge; sie wird ertappt, landet im Gefängnis, nun von einer Aussöhnung mit dem Vater weiter entfernt als je. Sie wird zu einer Bewährungsstrafe verurteilt. Valerie gelingt es schließlich, einen neuen Aussöhnungsversuch des Zauberkönigs mit seiner Tochter zu unternehmen, indem sie die Gefühle des Großvaters für sein Enkelkind weckt. Marianne, ihr Vater, Valerie, Alfred und Oskar fahren in die Wachau; sie erfahren dort, dass das Kind gestorben ist. Die Zuschauer wissen, dass Alfreds Großmutter das Kind absichtlich der Kälte ausgesetzt hat, um es umzubringen; Alfreds Mutter wusste es, war aber nicht eingeschritten. Marianne will mit der Zither auf die Großmutter einschlagen, wird aber von Oskar daran gehindert. Der Zauberkönig söhnt sich mit seiner Tochter aus, er braucht sie dringend für sein Geschäft, das er schon aufgeben wollte. Da das Kind gestorben ist, entfällt für Oskar ein Ehehindernis, er wird Marianne heiraten; Alfred kehrt zu Valerie zurück. Die trostlose Misere, in der das Stück endet, wird untermalt vom „Klingen und Singen", „als spielte ein himmlisches Streichorchester die „Geschichten aus dem Wiener Wald" von Johann Strauß."

1.6.2 Im Zentrum der Erarbeitung: Die Frau zwischen Selbstbestimmung und Rollenkonformität

In der Literatur zu Horváths Stück wird Marianne als Opfer gesehen; so schreibt Benno von Wiese: „Trotzdem ist Marianne […] eindeutig das Opfer." (Wiese 1981, S. 23) Ein anderer Interpret schreibt: „Brutal werden ihr [Marianne] allmählich ‚die Flügel gebrochen'. Am Ende sehen wir Marianne, gründlich desillusioniert, wie sie abgeführt wird in die Ehe mit dem Metzgermeister Oskar, der sie anfangs entgehen wollte. Es ist eine Art Hinrichtung." (Buck 1996, S. 377) Zweifellos kann man Marianne als Opfer der Verhältnisse sehen, die vor allem von Männern, auch von der Kirche, bestimmt werden. Bei genauem Hinsehen zeigt sich noch ein anderer, aufklärerischer Aspekt: Am Dialog wird deutlich, *wie* Marianne Opfer wird. Denn es sind ihre eigenen Illusionen, Träume, die sie in die Falle romantischer Liebes- und Ehevorstellungen tappen lassen; sie möchte weg von der Fremdbestimmung durch ihren Vater, doch als Ziel der Selbstbestimmung sieht sie nur die glückliche Liebesehe und die Familie, nachdem sie keinen Beruf hat erlernen dürfen. Dabei verliert sie jeglichen Realitätssinn und gerät an den schwachen Hallodri Alfred, wodurch sie gesellschaftlich immer mehr absinkt und sich am Ende dem spießigen, groben Metzger Oskar ausliefern muss, der sich als ihr Retter präsentieren kann. „Marianne scheitert sowohl an ihrem Unvermögen, aus den sprachlichen Äußerungen Alfreds seine wahren Intentionen zu erkennen, als auch an der Unfähigkeit, ihren Empfindungen den adäquaten Ausdruck zu verleihen. Ihre eigenen Interessen sind es, die sie den tatsächlichen Sachverhalt falsch sehen lassen." (Bartsch 1976, S. 42) Urs Jenny beschreibt Horváths Schreibweise: „Horváths tückische Dialogkunst liegt eben darin, wie er die Menschen beim Wort nimmt, wie er sie auf ihre Phrasen festnagelt, dass sie sich durch ihr Reden selbst entlarven, durch die kitschigen Floskeln, die erbaulichen Klischees und durch die hirnlose Abruptheit, mit der sie ohne Tonwechsel vom Pseudo-Edlen ins Triviale springen." (Jenny 1972, S. 190)

Die genaue Untersuchung einer Kernszene soll erkennen lassen, wie Marianne sich bei ihrem Streben nach Selbstbestimmung von ihren Gefühlen, in die sie sich hineinsteigert, leiten lässt und dabei die deutlichen Signale ausblendet, die ihr zeigen könnten, dass sie auf dem falschen Weg ist, wenn sie in Alfred den Befreier sieht.

Baustein 1: Frauen und Männer im bürgerlichen Trauerspiel und im sozialen Drama

Ödön von Horváth: Geschichten aus dem Wiener Wald (Arbeitsblatt 7, S. 65)

- *Gliedern Sie in einem ersten Arbeitsschritt die Szene und geben Sie den Teilsequenzen Überschriften.*

- *Untersuchen Sie die Rolle, die Marianne und Alfred spielen: Welche Absicht verfolgt Marianne? Wie verhält sich Alfred im Verlauf der Szene? Welche komischen Elemente enthält die Szene?*

- *Entwerfen Sie einen Plot für die Fortsetzung der Handlung.*

Zur Situation: Marianne hatte kurz vor der Verlobung Alfred kennen gelernt; zuerst hatten sie miteinander geflirtet, als Marianne das Schaufenster dekorierte; danach gab es offenbar weitere Begegnungen, schließlich hat sie Alfred zur Verlobungsfeier, die im Rahmen eines Picknicks an der Donau stattfinden soll, eingeladen, zum Missfallen der misstrauischen Valerie. Da man über Mariannes Gedanken nichts Genaues erfährt, kann man nicht sagen, ob sie den Eklat, die Verlobung platzen zu lassen, geplant hat oder ob es eher zufällig dazu kommt. Sicher aber ist, dass sie in der vorliegenden Szene gezielt vorgeht. Um ihre Lage besser zu verstehen, muss man sich bewusst machen, dass sie mit ihrer Rolle als Haustochter, die den Vater bedienen muss und für die Kunden freundlich zu sein hat, unzufrieden ist; dass der Vater ihr verboten hat, einen Beruf zu erlernen, vergrößert ihren Widerwillen gegen eine Heirat mit dem groben Metzger Oskar. Sie wird ständig mit dem patriarchalen Gehabe der Männer, besonders auch ihres Vaters, konfrontiert. „Gemeinsam ist allen männlichen Figuren der Affekt gegen den sozial Schwächeren, und das heißt: die Frau." (Elm 2004, S. 245) Einer der Sprüche des Zauberkönigs lautet: „Die finanzielle Unabhängigkeit der Frau vom Mann ist der letzte Schritt zum Bolschewismus." Oder knapp: „Patriarchat, kein Matriarchat." Anschaulich wird, warum er so redet und denkt: Er nutzt seine Tochter als billige Arbeitskraft aus. Beim ersten, missglückten Aussöhnungsversuch wird sie ihm vorwerfen: „Du hast mich ja nichts lernen lassen, nicht einmal meine rhythmische Gymnastik, du hast mich ja nur für die Ehe erzogen –" Das Zusammenleben mit Alfred hat ihr die Augen dafür geöffnet, dass die Ehe nicht zur Selbstbefreiung führt. Sie zeigt ihrem Vater, wie es um sie steht: „Und hör jetzt mal – wenn das so weitergeht, ich kann nichts verdienen – und auf den Strich gehen kann ich nicht, ich kann das nicht, ich habs ja schon versucht, aber ich kann mich nur einem Manne geben, den ich aus ganzer Seele mag – ich hab ja als ungelernte Frau sonst nichts zu geben – dann bleibt mir nur der Zug." Als er in diesem Moment, in dem sie ihm vor Augen führt, dass ihr allein der Selbstmord bleibt, nur von der Schande spricht, die sie ihm bereiten würde, erwidert sie zurechtweisend: „Denk nicht immer an dich!" (99) Dass es aus der verfahrenen Situation keinen Ausweg gibt, zeigt der trostlose Schluss, als Marianne widerwillig Oskar folgt, um ihn zu heiraten.

Will man den soeben skizzierten Zusammenhang verständlich machen, lohnt es sich, das ganze Stück zu lesen. Man könnte dann einmal auf Hebbels Klara („Maria Magdalena") verweisen sowie auf Brechts Shen Te („Der gute Mensch von Sezuan"). Ibsens Nora unternimmt ihre Selbstbefreiung sehr viel bewusster.
Im Rahmen des vorliegenden Unterrichtsmodells wird die zentrale Szene im ersten Teil untersucht, in der Marianne den (wie sie glaubt) entscheidenden Schritt zur Selbstbestimmung tut, indem sie die Verlobung löst und sich einem anderen Mann zuwendet. Das Scheitern ihres Plans ist dem Dialog eingeschrieben: Alfreds zögerliches, fantasieloses, passives Verhalten kontrastiert mit Mariannes zielstrebigem Vorgehen; sie will nicht wahrhaben, was ihrer Liebesvorstellung widerspricht. Die Szene ist voller Komik, die vor allem sprachlich zum Ausdruck kommt. Erfahrungsgemäß fällt es den Schülerinnen und Schülern nicht leicht, eine derartige Komik wahrzunehmen und noch schwieriger ist es, sie zu beschreiben, zu analysieren. In einem ersten Schritt sollte man deshalb die Szene, die Dialoge sprechen und

einzelne Sequenzen inszenieren; dazu kann man die Szene in vier Teilsequenzen gliedern, die kommentiert werden sollen, wie es im Folgenden dargestellt wird. Da Marianne mit ihrem Ansinnen, über ihr Leben nicht länger bestimmen zu lassen, ernst genommen werden muss, wird man die Frage, wieso die Szene komisch ist, diskutieren müssen: Ist es gerechtfertigt, einen Menschen, dessen Absichten man ernst nehmen kann und muss, derart komisch erscheinen zu lassen? Dabei müsste erkannt werden, dass man nicht über die Motive und Absichten lacht, sondern über die völlig ungeeigneten Mittel, die zu ihrer Realisierung gewählt werden. Bei der Textanalyse kommt es sehr darauf an, dass sich die Schülerinnen und Schüler überlegen, was in den Personen vorgeht.

Die vier Teilsequenzen kann man mit Überschriften versehen:
1. Zeile 1–29: Die mühsam herbeigeführte Liebesbezeugung
2. Zeile 30–91: Der holprige Liebesdiskurs
3. Zeile 92–154: Die theatralische Lösung der Verlobung
4. Zeile 155–171: Der pathetische Liebesdiskurs

Erläuterung der Teilsequenzen:

1. Die mühsam herbeigeführte Liebesbezeugung (Z. 1–29)

- Sonnenuntergang und Frühlingsstimmen-Walzer schaffen eine sentimentale Stimmung, zu der Alfreds Pose (mit Strohhut – blickt verträumt) passt; Marianne steigt wie eine Nixe „aus der schönen blauen Donau" – die Szenenanweisung ironisiert die Situation; die Stille lädt in diesem Fall mit (leerer) Bedeutung auf;
- Alfred drückt etwas prosaisch-ungeschickt („landen") aus, dass er das Zusammentreffen als eine Art Fügung ansieht; durch ihre Nachfrage möchte Marianne ihm wohl eine Art Liebeserklärung entlocken, aber er wiederholt nur die Feststellung;
- M. versucht durch ihren Vergleich (Donau – weich wie Samt) – vielleicht – einen Bezug zu sich herzustellen zu lassen, aber A. wiederholt nur fantasielos ihre Worte; ihr Wunsch, weit weg zu sein, im Freien zu übernachten lockt aus A. nur eine einsilbige Reaktion hervor, keine Vorstellung von einem romantischen Liebesabenteuer;
- nun versucht sie es intellektueller, indem sie das Schicksal der Kulturmenschen beklagt und von der menschlichen Natur spricht, was man als Appell verstehen kann: Er greift den Gedanken auf – im Allgemeinen; er betont das Verbot, sie den fehlenden Willen, der Natur zu folgen; schließlich hat er begriffen und umarmt sie „mit großer Gebärde", aber ohne wirkliche Leidenschaft; der Kuss steht am Ende dieser Teilsequenz.

2. Der holprige Liebesdiskurs (Z. 30–91)

- M. schwelgt, A. bleibt kurz angebunden, wiederholt nur; ihre Frage, ob er sie liebe, beantwortet er kurz, ohne eigene Sprache;
- da er nicht von sich aus weiterspricht, bleibt die Initiative bei M. und sie beschreibt seinen Vorzug, nicht dumm zu sein wie die anderen Menschen ihrer Umgebung; eigentlich aber hat er dafür bisher keinen Beweis geliefert, eher im Gegenteil, was auch in der Bemerkung, sie denke zu viel, zum Ausdruck kommt;
- M. spricht sentimental über ihre Stimmung, er aber bleibt stumm – weil er nichts zu sagen hat;
- mit Verzögerung stellt er nun die Gegenfrage, ob sie ihn liebe; mit seinem Zusatz („vernünftig") kann sie nichts anfangen; seine Erläuterung (keine Unüberlegtheiten) zeigt, dass er ihre Stimmung überhaupt nicht teilt; und wenn er – vielleicht ungewollt offen – sagt, er könne „keine Verantwortung übernehmen", also sich in einer prosaisch-bürokratischen Sprache ausdrückt, will sie ihn stoppen, denn er zerstört ihre Stimmung; sie blickt auf die Sterne, verheddert sich (droben hängen – unten liegen), denkt vielleicht an Carpe diem, doch A. nimmt das ganz wörtlich und spricht über Einäscherung; mit einer Art Seufzer beendet sie diese unromantische Abschweifung;

- M. versucht eine poetische Fortsetzung („wie der Blitz" – Liebe als coup de foudre), ist sprachlich unsicher (hast mich gespalten, jetzt weiß ich es ganz genau), sie wird erläutern, was sie meint, dass sie den Oskar nicht heiraten wird; statt beglückt zu sein, wirkt A. alarmiert, er mahnt und sagt ganz direkt, er habe kein Geld, er komme also als Heiratskandidat nicht in Frage; sie will davon nichts hören, das ist zu real und stört ihr romantisches Gefühl; prompt folgen seine nüchtern-bürokratischen Erläuterungen (zweimal das Wort „prinzipiell"); die komische Wirkung wird durch die „Stille" wieder gedämpft; M. wendet seine ungeschickten Aussagen ins Positive, sieht darin seinen guten Charakter; trotzig ignoriert sie den realen Gehalt und sagt nur, sie passe nicht zu Oskar;
- die Raketen können die Stimmung nicht mehr ändern, es gibt keinen Gleichklang (*deine* Verlobungsraketen – *unsere* Verlobungsraketen – korrigiert M.), wenn sie A. als ihren Schutzengel bezeichnet, wird der Kontrast zur Realität auf komische Weise deutlich.

3. Die theatralische Lösung der Verlobung (Z. 92–154)
- Mit komischem Effekt (Situationskomik) steht der Zauberkönig plötzlich vor den beiden, gerade nachdem M. von A. als ihrem Schutzengel gesprochen hat; am wichtigsten ist ihm, dass Oskar nichts erfährt; A. knickt sofort ein, er will „natürlich sämtliche Konsequenzen" tragen, ohne dass er wirklich weiß, was damit gemeint ist – es ist eine Floskel; der Zauberkönig erwartet vom „Halunken" ein „Ehrenwort" → komischer Kontrast;
- gegenüber Oskar lügt A. und tut so, als sei nichts gewesen;
- M. hält es nicht mehr aus, sie ist außer sich (eigentlich müsste sie es auch über A.s Feigheit sein); sprachlich gerät es leicht komisch, wenn sie vom Sklaven spricht, der die Fessel bricht, und dann Oskar den Ring ins Gesicht wirft; die Berufung auf Gott passt nicht zur Situation und zum Verhalten Alfreds; Oskar findet sentimentale, pathetische Worte des Selbstmitleids; der Erklärung seiner Liebe folgt die ungewollte Drohung: „du entgehst mir nicht"; A. wird als Nichts entlarvt, M. wird vom Vater verstoßen – in der Bühnenanweisung heißt es ironisch-lapidar: jetzt scheint der Mond.

4. Der pathetische Liebesdiskurs (Z. 155–171)
- A. bittet um Verzeihung, er macht sich ganz klein, sagt aber auch die Wahrheit, dass er M. keine Existenz bieten könne;
- M. will keine Aussagen über die Realität, sie versteht A.s Worte als existenzielle Herausforderung, sie wählt eine pathetische Sprache, die überhaupt nicht zu A.s Aussagen und zur Situation passt; A. bemüht sich etwas hilflos, mitzuhalten, verheddert sich auf komische Weise (du erhöhst mich – ich werde ganz klein); M. versucht sich in einer Pathosformel. Sie geht aus sich heraus, was eigentlich bedeuten soll: sich, seine Möglichkeiten überschreiten; die metaphorische Aussage konkretisiert sie (ich schau mir nach) und lässt sie damit ins Komische kippen; als Höhepunkt folgt unvermittelt, dass sie von ihm ein Kind möchte.

Die Szene ist voller Komik, aber sie hat auch einen sehr ernsten Kern: Mariannes Wunsch, sich zu befreien, über ihr Leben, die Wahl eines Ehemannes, selbst zu bestimmen, ist ihr berechtigtes, nachvollziehbares Anliegen. Dass sie aber ausgerechnet den unzuverlässigen, ungeschickten, faulen, fantasielosen Schnorrer Alfred auswählt und nicht wahrhaben will, dass er ein für ihre Pläne untaugliches Liebesobjekt ist, macht die Situation von Grund auf komisch; vor allem zeigt sich das an der Sprache; hinzu kommt die Situationskomik.

Friedrich Schiller: Kabale und Liebe

Inszenierung am Maxim Gorki Theater Berlin, 2007

Ferdinand, der Sohn des mächtigen Präsidenten, des einflussreichsten Mannes im Herzogtum, liebt Luise, die Tochter des Stadtmusikers Miller, der Adelige liebt also das bürgerliche Mädchen.

I, 4
Ferdinand von Walter, Luise
Er fliegt auf sie zu – sie sinkt entfärbt und matt auf einen Sessel – er bleibt vor ihr stehn – sie sehen sich eine Zeit lang stillschweigend an. Pause

FERDINAND Du bist blass, Luise?
LUISE (*steht auf und fällt ihm um den Hals*): Es ist nichts. Nichts. Du bist ja da. Es ist vorüber.
FERDINAND (*ihre Hand nehmend und zum Munde führend*)
5 Und liebt mich meine Luise noch? Mein Herz ist das gestrige, ist's auch das deine noch? Ich fliege nur her, will sehn, ob du heiter bist, und gehn und es auch sein – Du bist's nicht.
LUISE Doch, doch, mein Geliebter.
10 FERDINAND Rede mir Wahrheit. Du bist's nicht. Ich schaue durch deine Seele wie durch das klare Wasser dieses Brillanten. (*Er zeigt auf seinen Ring.*) Hier wirft sich kein Bläschen auf, das ich nicht merke – kein Gedanke tritt in dies Angesicht, der mir entwischte. Was hast du?
15 Geschwind! Weiß ich nur diesen Spiegel helle, so läuft keine Wolke über die Welt. Was bekümmert dich?
LUISE (*sieht ihn eine Weile stumm und bedeutend an, dann mit Wehmut*) Ferdinand! Ferdinand! Dass du doch wüsstest, wie schön in dieser Sprache das bür-
20 gerliche Mädchen sich ausnimmt –
FERDINAND Was ist das? (*Befremdet.*) Mädchen! Höre! Wie kommst du auf das? – Du bist meine Luise! Wer sagt dir, dass du noch etwas sein solltest? Siehst du, Falsche, auf welchem Kaltsinn ich dir begegnen muss?
25 Wärest du ganz nur Liebe für mich, wann hättest du Zeit gehabt, eine Vergleichung zu machen? Wenn ich bei dir bin, zerschmilzt meine Vernunft in einen Blick – in einen Traum von dir, wenn ich weg bin, und du hast noch eine Klugheit neben deiner Liebe? – Schäme
30 dich! Jeder Augenblick, den du an diesen Kummer verlorst, war deinem Jüngling gestohlen.
LUISE (*fasst seine Hand, indem sie den Kopf schüttelt*) Du willst mich einschläfern, Ferdinand – willst meine Augen von diesem Abgrund hinweglocken, in den
35 ich ganz gewiss stürzen muss. Ich seh in die Zukunft – die Stimme des Ruhms – deine Entwürfe – dein Vater – mein Nichts. (*Erschrickt und lässt plötzlich seine Hand fahren.*) Ferdinand! ein Dolch über dir und mir! – Man trennt uns!
40 FERDINAND Trennt uns! (*Er springt auf.*) Woher bringst du diese Ahndung, Luise? Trennt uns? – Wer kann den Bund zwoer Herzen lösen oder die Töne eines Akkords auseinanderreißen? – Ich bin ein Edelmann – Lass doch sehen, ob mein Adelsbrief älter ist als der
45 Riss zum unendlichen Weltall? oder mein Wappen gültiger als die Handschrift des Himmels in Luisens Augen: Dieses Weib ist für diesen Mann? – Ich bin des Präsidenten Sohn. Ebendarum. Wer als die Liebe kann mir die Flüche versüßen, die mir der Landeswu-
50 cher meines Vaters vermachen wird?
LUISE O, wie sehr fürcht ich ihn – diesen Vater!
FERDINAND Ich fürchte nichts – nichts – als die Grenzen deiner Liebe. Lass auch Hindernisse wie Gebirge zwischen uns treten, ich will sie für Treppen nehmen und
55 drüber hin in Luisens Arme fliegen. Die Stürme des widrigen Schicksals sollen meine Empfindung emporblasen, *Gefahren* werden meine Luise nur reizender machen. – Also nichts mehr von Furcht, meine Liebe. Ich selbst – ich will über dir wachen wie der Zauber-
60 drach' über unterirdischem Golde – *Mir* vertraue dich. Du brauchst keinen Engel mehr – Ich will mich zwischen dich und das Schicksal werfen – empfangen für dich jede Wunde – auffassen für dich jeden Tropfen aus dem Becher der Freude – dir ihn bringen in der
65 Schale der Liebe. (*Sie zärtlich umfassend.*) An diesem Arm soll meine Luise durchs Leben hüpfen; schöner, als er dich von sich ließ, soll der Himmel dich wiederhaben und mit Verwunderung eingestehn, dass nur die Liebe die letzte Hand an die Seele legte –
70 LUISE (*drückt ihn von sich, in großer Bewegung*) Nichts mehr! Ich bitte dich, schweig! – Wüsstest du – Lass mich – du weißt nicht, dass deine Hoffnungen mein Herz wie Furien anfallen. (*Will fort*)
FERDINAND (*hält sie auf*) Luise? Wie! Was! Welche Anwandlung?

LUISE: Ich hatte diese Träume *vergessen* und war glücklich – Jetzt! Jetzt! Von *heut* an – der Friede meines Lebens ist aus – Wilde Wünsche – ich weiß es – werden in meinem Busen rasen. – Geh – Gott vergebe dir's – Du hast den Feuerbrand in mein junges friedsames Herz geworfen, und er wird nimmer, nimmer gelöscht werden. (*Sie stürzt hinaus. Er folgt ihr sprachlos nach.*)

III, 4
Zimmer in Millers Wohnung
Luise und Ferdinand

LUISE Ich bitte dich, höre auf. Ich glaube an keine glücklichen Tage mehr. Alle meine Hoffnungen sind gesunken.

FERDINAND So sind die meinigen gestiegen. Mein Vater ist aufgereizt. Mein Vater wird alle Geschütze gegen uns richten. Er wird mich zwingen, den unmenschlichen Sohn zu machen. Ich stehe nicht mehr für meine kindliche Pflicht. Wut und Verzweiflung werden mir das schwarze Geheimnis seiner Mordtat erpressen. Der Sohn wird den Vater in die Hände des Henkers liefern – Es ist die *höchste* Gefahr – – und die höchste Gefahr musste dasein, wenn meine Liebe den Riesensprung wagen sollte. – – Höre, Luise – ein Gedanke, groß und vermessen wie meine Leidenschaft, drängt sich vor meine Seele – *Du*, Luise, und *ich* und die *Liebe*! – – Liegt nicht in diesem Zirkel der ganze Himmel? oder brauchst du noch etwas Viertes dazu?

LUISE Brich ab. Nichts mehr. Ich erblasse über das, was du sagen willst.

FERDINAND Haben wir an die Welt keine Foderung mehr, warum denn ihren Beifall erbetteln? Warum wagen, wo nichts gewonnen wird und alles verloren werden kann? – Wird dieses Aug' nicht ebenso schmelzend funkeln, ob es im Rhein oder in der Elbe sich spiegelt, oder im Baltischen Meer? Mein Vaterland ist, wo mich Luise liebt. Deine Fußtapfe in wilden sandigten Wüsten mir interessanter als das Münster in meiner Heimat – Werden wir die Pracht der Städte vermissen? Wo wir sein mögen, Luise, geht eine Sonne auf, eine unter – Schauspiele, neben welchen der üppigste Schwung der Künste verblasst. Werden wir Gott in keinem Tempel mehr dienen, so ziehet die Nacht mit begeisterndem Schauern auf, der wechselnde Mond predigt uns Buße, und eine andächtige Kirche von Sternen betet mit uns. Werden wir uns in Gesprächen der Liebe erschöpfen? – Ein Lächeln meiner Luise ist Stoff für Jahrhunderte, und der Traum des Lebens ist aus, bis ich diese Träne ergründe.

LUISE Und hättest du sonst keine Pflicht mehr als deine Liebe?

FERDINAND (*sie umarmend*) Deine Ruhe ist meine heiligste.

LUISE (*sehr ernsthaft*) So schweig und verlass mich – Ich habe einen Vater, der kein Vermögen hat als diese einzige Tochter – der morgen sechzig alt wird – der der Rache des Präsidenten gewiss ist. –

FERDINAND (*fällt rasch ein*) Der uns begleiten wird. Darum keinen Einwurf mehr, Liebe. Ich gehe, mache meine Kostbarkeiten zu Geld, erhebe Summen auf meinen Vater. Es ist erlaubt, einen Räuber zu plündern, und sind seine Schätze nicht Blutgeld des Vaterlands? – Schlag *ein* Uhr um Mitternacht wird ein Wagen hier anfahren. Ihr werft euch hinein. Wir fliehen.

LUISE Und der Fluch deines Vaters uns nach? – Ein Fluch, Unbesonnener, den auch Mörder nie ohne Erhörung aussprechen, den die Rache des Himmels auch dem Dieb auf dem Rade hält, der uns Flüchtlinge unbarmherzig wie ein Gespenst von Meer zu Meer jagen würde? – Nein, mein Geliebter! Wenn nur ein Frevel dich mir erhalten kann, so hab ich noch Stärke, dich zu verlieren.

FERDINAND (*steht still und murmelt düster*) Wirklich?

LUISE: *Verlieren!* – O ohne Grenzen entsetzlich ist der Gedanke – grässlich genug, den unsterblichen Geist zu durchbohren und die glühende Wange der Freude zu bleichen – Ferdinand! dich zu verlieren! – Doch! Man verliert ja nur, was man besessen hat, und dein Herz gehört deinem Stande – Mein Anspruch war Kirchenraub, und schauernd geb ich ihn auf.

FERDINAND (*das Gesicht verzerrt und an der Unterlippe nagend*) Gibst du ihn auf?

LUISE Nein! Sieh mich an, lieber Walter. Nicht so bitter die Zähne geknirscht. Komm! Lass mich jetzt deinen sterbenden Mut durch mein Beispiel beleben. Lass *mich* die Heldin dieses Augenblicks sein – einem Vater den entflohenen Sohn wiederschenken – einem Bündnis entsagen, das die Fugen der Bürgerwelt auseinandertreiben und die allgemeine ewige Ordnung zugrund' stürzen würde – *Ich* bin die Verbrecherin – mit frechen, törichten Wünschen hat sich mein Busen getragen – mein Unglück ist meine *Strafe*, so lass mir doch jetzt die süße, schmeichelnde Täuschung, dass es mein *Opfer* war – Wirst du mir diese Wollust missgönnen?

FERDINAND (*hat in der Zerstreuung und Wut eine Violine ergriffen und auf derselben zu spielen versucht – Jetzt zerreißt er die Saiten, zerschmettert das Instrument auf dem Boden und bricht in ein lautes Gelächter aus*)

LUISE Walter! Gott im Himmel! Was soll das? – Ermanne dich. Fassung verlangt diese Stunde – es ist eine *trennende*. Du hast ein Herz, lieber Walter. Ich *kenne* es. Warm wie das Leben ist deine Liebe und ohne Schranken wie's Unermessliche – Schenke sie einer *Edeln* und Würdigern – sie wird die Glücklichsten ihres Geschlechts nicht beneiden – – (*Tränen unterdrückend*) *mich* sollst du nicht mehr sehn – Das eitle betrogene Mädchen verweine seinen Gram in einsamen Mauren, um seine Tränen wird sich niemand bekümmern – Leer und erstorben ist meine Zukunft – Doch werd ich noch je und je am verwelkten Strauß der Vergangenheit riechen. (*Indem sie ihm mit abgewandtem Gesicht ihre zitternde Hand gibt*) Leben Sie wohl, Herr von Walter.

FERDINAND (*springt aus seiner Betäubung auf*) Ich entfliehe, Luise. Wirst du mir wirklich nicht folgen?

LUISE (*hat sich im Hintergrund des Zimmers niedergesetzt und hält das Gesicht mit beiden Händen bedeckt*) Meine Pflicht heißt mich bleiben und dulden.

FERDINAND: Schlange, du lügst. Dich fesselt was anders hier.

LUISE (*im Ton des tiefsten inwendigen Leidens*) Bleiben Sie bei dieser Vermutung – sie macht vielleicht weniger elend.

FERDINAND Kalte Pflicht gegen feurige Liebe! – Und mich soll das Märchen blenden? – Ein Liebhaber fesselt dich, und Weh über dich und ihn, wenn mein Verdacht sich bestätigt. (*Geht schnell ab.*)

Aus: Friedrich Schiller: Kabale und Liebe. Ein bürgerliches Trauerspiel. Paderborn: Schöningh 1999

- *Beschreiben Sie, welche Bedeutung nonverbale und verbale Elemente in den beiden Szenen haben.*
- *Untersuchen Sie, wie sich die Beziehung zwischen Luise und Ferdinand sprachlich darstellt.*
- *Versuchen Sie zu erklären, wie es zum Konflikt kommt und welche Ursachen er hat. (Dialoganalyse oder Verfassen eines Subtextes)*

Friedrich Hebbel: Maria Magdalena. Ein bürgerliches Trauerspiel in drei Akten

Klara, die Tochter des ehrbaren, äußerst strengen Tischlermeisters Anton, hat sich von Leonhard, der sie heiraten möchte, überreden lassen, mit ihm zu schlafen; Leonhard hat es mit einem üblen Trick erreicht, die Stelle eines Kassierers beim Bürgermeister zu bekommen. Als Klaras Bruder fälschlich bezichtigt wird, Juwelen gestohlen zu haben, löst Leonhard das Verlöbnis mit Klara und bringt sie damit in größte Not, denn sie ist schwanger und ihr Vater hatte gedroht, er werde sich das Leben nehmen, wenn sie Schande über ihn bringe. Als die Unschuld des Bruders erwiesen ist, geht Klara zu Leonhard.

DRITTER AKT, ZWEITE SZENE

KLARA *(tritt ein).* Guten Abend, Leonhard!
LEONHARD. Klara? *(Für sich.)* Das hätt ich nun nicht mehr erwartet! *(Laut.)* Hast du meinen Brief nicht erhalten? Doch – Du kommst vielleicht für deinen Vater und willst die Steuer bezahlen! Wie viel ist es nur? *(In einem Journal blätternd.)* Ich sollte es eigentlich aus dem Kopf wissen!
KLARA Ich komme, um dir deinen Brief zurückzugeben. Hier ist er! Lies ihn noch einmal!
LEONHARD *(liest mit großem Ernst).* Es ist ein ganz vernünftiger Brief! Wie kann ein Mann, dem die öffentlichen Gelder anvertraut sind, in eine Familie heiraten, zu der *(er verschluckt ein Wort)* zu der dein Bruder gehört?
KLARA Leonhard!
LEONHARD Aber vielleicht hat die ganze Stadt Unrecht? Dein Bruder sitzt nicht im Gefängnis? Er hat nie im Gefängnis gesessen? Du bist nicht die Schwester eines – deines Bruders?
KLARA Leonhard, ich bin die Tochter meines Vaters, und nicht als Schwester eines unschuldig Verklagten, der schon wieder freigesprochen ist, denn das ist mein Bruder, nicht als Mädchen, das vor unverdienter Schande zittert, denn *(halblaut)* ich zittere noch mehr vor dir, nur als Tochter des alten Mannes, der mir das Leben gegeben hat, stehe ich hier!
LEONHARD Und du willst?
KLARA Du kannst fragen? O, dass ich wieder gehen dürfte! Mein Vater schneidet sich die Kehle ab, wenn ich – heirate mich!
LEONHARD Dein Vater –
KLARA Er hat's geschworen! Heirate mich!
LEONHARD Hand und Hals sind nahe Vettern. Sie tun einander nichts zuleide! Mach dir keine Gedanken!
KLARA Er hat's geschworen – heirate mich, nachher bring mich um, ich will dir für das eine noch dankbarer sein, wie für das andere!
LEONHARD Liebst du mich? Kommst du, weil dich dein Herz treibt? Bin ich der Mensch, ohne den du nicht leben und sterben kannst?

Inszenierung am Maxim Gorki Theater Berlin, 2007

KLARA Antworte dir selbst!
LEONHARD Kannst du schwören, dass du mich liebst? Dass du mich so liebst, wie ein Mädchen den Mann lieben muss, der sich auf ewig mit ihr verbinden soll?
KLARA Nein, das kann ich nicht schwören! Aber dies kann ich schwören: ob ich dich liebe, ob ich dich nicht liebe, nie sollst du's erfahren! Ich will dir dienen, ich will für dich arbeiten, und zu essen sollst du mir nichts geben, ich will mich selbst ernähren, ich will bei Nachtzeit nähen und spinnen für andere Leute, ich will hungern, wenn ich nichts zu tun habe, ich will lieber in meinen eigenen Arm hineinbeißen, als zu meinem Vater gehen, damit er nichts merkt. Wenn du mich schlägst, weil dein Hund nicht bei der Hand ist, oder weil du ihn abgeschafft hast, so will ich eher meine Zunge verschlucken, als ein Geschrei ausstoßen, das den Nachbaren verraten könnte, was vorfällt. Ich kann nicht versprechen, dass meine Haut die Striemen deiner Geißel nicht zeigen soll, denn das hängt nicht von mir ab, aber ich will lügen, ich will sagen, dass ich mit dem Kopf gegen den Schrank gefahren, oder dass ich auf dem Estrich, weil er zu glatt war, ausgeglitten bin, ich will's tun, bevor noch einer fragen kann, woher die blauen Flecke rühren. Heirate mich – ich lebe nicht lange. Und wenn's dir doch zu lange dauert, und du die Kosten der Scheidung nicht aufwenden magst, um von mir loszukommen, so kauf Gift aus der Apotheke, und stell's hin, als ob's für deine Ratten wäre, ich will's, ohne dass du auch nur zu winken brauchst, nehmen und im Sterben zu den Nachbaren sagen, ich hätt's für zerstoßenen Zucker gehalten!
LEONHARD Ein Mensch, von dem du dies alles erwartest, überrascht dich doch nicht, wenn er Nein sagt?
KLARA So schaue Gott mich nicht zu schrecklich an, wenn ich komme, ehe er mich gerufen hat! Wär's um mich allein – ich wollt's ja tragen, ich wollt's geduldig hinnehmen, als verdiente Strafe für, ich weiß nicht was, wenn die Welt mich in meinem Elend mit Füßen

träte, statt mir beizustehen, ich wollte mein Kind, und wenn's auch die Züge dieses Menschen trüge, lieben, ach, und ich wollte vor der armen Unschuld so viel weinen, dass es, wenn's älter und klüger würde, seine Mutter gewiss nicht verachten, noch ihr fluchen sollte. Aber ich bin's nicht allein, und leichter find ich am Jüngsten Tag noch eine Antwort auf des Richters Frage: warum hast du dich selbst umgebracht? Als auf die: warum hast du deinen Vater so weit getrieben?
LEONHARD Du sprichst, als ob du die Erste und Letzte wärst! Tausende haben das vor dir durchgemacht, und sie ergaben sich darein, Tausende werden nach dir in den Fall kommen und sich in ihr Schicksal finden: sind die alle Nickel, dass du dich für dich allein in die Ecke stellen willst? Die hatten auch Väter, die ein Schock neue Flüche erfanden, als sie's zuerst hörten, und von Mord und Totschlag sprachen; nachher schämten sie sich, und taten Buße für ihre Schwüre und Gotteslästerungen, sie setzten sich hin und wiegten das Kind, oder wedelten ihm die Fliegen ab!
KLARA O, ich glaub's gern, dass du nicht begreifst, wie irgendeiner in der Welt seinen Schwur halten sollte!

DRITTER AKT, VIERTE SZENE

LEONHARD Ja, siehst du, Klara, du sprachst von Worthalten. Eben weil ich ein Mann von Wort bin, muss ich dir antworten, wie ich dir geantwortet habe. Dir schrieb ich vor acht Tagen ab, du kannst es nicht leugnen, der Brief liegt da. *(Er reicht ihr den Brief, sie nimmt ihn mechanisch.)* Ich hatte Grund, dein Bruder – Du sagst, er ist freigesprochen, es freut mich! In diesen acht Tagen knüpfte ich ein neues Verhältnis an; ich hatte das Recht dazu, denn du hast nicht zur rechten Zeit gegen meinen Brief protestiert, ich war frei in meinem Gefühl, wie vor dem Gesetz. Jetzt kommst du, aber ich habe schon ein Wort gegeben und eins empfangen, ja – *(für sich)* ich wollt', es wär so – die andere ist schon mit dir in gleichem Fall, du dauerst mich, *(er streicht ihr die Locken zurück, sie lässt es geschehen, als ob sie es gar nicht bemerkte)* aber du wirst einsehen – mit dem Bürgermeister ist nicht zu spaßen!
KLARA *(wie geistesabwesend)* Nicht zu spaßen!
LEONHARD Siehst du, du wirst vernünftig! Und was deinen Vater betrifft, so kannst du ihm keck ins Gesicht sagen, dass er allein schuld ist! Starre mich nicht so an, schüttle nicht den Kopf, es ist so, Mädchen, es ist so! Sag's ihm nur, er wird's schon verstehen und in sich gehen, ich bürge dir dafür! *(Für sich)* Wer die Aussteuer seiner Tochter wegschenkt, der muss sich nicht wundern, dass sie sitzen bleibt. Wenn ich daran denke, so steift sich mir ordentlich der Rücken, und ich könnte wünschen, der alte Kerl wäre hier, um eine Lektion in Empfang zu nehmen. Warum muss ich grausam sein? Nur weil er ein Tor war! Was auch daraus entsteht, er hat's zu verantworten, das ist klar! *(Zu Klara.)* Oder willst du, dass ich selbst mit ihm rede? Dir zuliebe will ich ein blaues Auge wagen und zu ihm gehen! Er kann grob gegen mich werden, er kann mir den Stiefelknecht an den Kopf werfen, aber er wird die Wahrheit, trotz des Bauchgrimmens, das sie ihm verursacht, hinunterknirschen und dich in Ruhe lassen müssen. Verlass dich darauf! Ist er zu Hause?
KLARA *(richtet sich hoch auf).* Ich danke dir! *(Will gehen.)*
LEONHARD Soll ich dich hinüber begleiten? Ich habe den Mut!
KLARA Ich danke dir, wie ich einer Schlange danken würde, die mich umknotet hätte und mich von selbst wieder ließe und fortspränge, weil eine andere Beute sie lockte. Ich weiß, dass ich gebissen bin, ich weiß, dass sie mich nur lässt, weil es ihr nicht der Mühe wert scheint, mir das bisschen Mark aus den Gebeinen zu saugen, aber ich danke ihr doch, denn nun hab ich einen ruhigen Tod. Ja, Mensch, es ist kein Hohn, ich danke dir, mir ist, als hätt ich durch deine Brust bis in den Abgrund der Hölle hinuntergesehen, und was auch in der furchtbaren Ewigkeit mein Los sei, mit dir hab ich nichts mehr zu schaffen, und das ist ein Trost! [...] Nur eins noch: mein Vater weiß von nichts, er ahnt nichts, und damit er nie etwas erfährt, geh ich noch heute aus der Welt! [...]
LEONHARD Es kommen Fälle vor! Was soll man tun? Klara!
KLARA Fort von hier! Der Mensch kann sprechen! *(Sie will gehen.)*
LEONHARD Meinst du, dass ich's dir glaube?
KLARA Nein!
LEONHARD Du kannst gottlob nicht Selbstmörderin werden, ohne zugleich Kindsmörderin zu werden!
KLARA Beides lieber, als Vatermörderin! O ich weiß, dass man Sünde mit Sünde nicht büßt!

Friedrich Hebbel: Maria Magdalena. Ein bürgerliches Trauerspiel in drei Akten. Stuttgart: Reclam 2002

- *Gestörte Kommunikation oder taktisches Verhalten? Verfassen Sie eine begründete Stellungnahme, in der Sie auf die beiden Personen eingehen (PA).*
- *Diskutieren Sie die Ergebnisse anschließend im Plenum. Vorgeschlagene Arbeitsschritte: Untersuchung des Gesprächsbeginns; Analyse der Argumentationen; These zum Verhalten Leonhards: Ist er kalt-berechnend oder psychisch unterentwickelt und empathieunfähig?; Auseinandersetzung mit Klaras Verhältnis zu ihrem Vater; Deutung der beiden Szenen.*

Henrik Ibsen: Nora II. 4: Eine dringende Bitte Noras an ihren Mann

Helmer ist zum Direktor der Aktienbank ernannt worden. Noras Jugendfreundin Frau Linde ist in die Stadt gekommen, um Arbeit zu finden und hat Nora gebeten, sich bei Helmer für sie einzusetzen, was Nora auch sofort tut. In dem Gespräch offenbart Nora Frau Linde ein Geheimnis, das Helmer nicht wissen darf: Vor acht Jahren war dieser schwer erkrankt, und Nora hatte heimlich einen Kredit bei Krogstad aufgenommen, mit dem sie Helmer einen einjährigen Aufenthalt im Süden zur Ausheilung einer Krankheit finanziert hatte. Sie hatte das Geld für die Abzahlung heimlich durch Schreibarbeiten verdient. Um an den Kredit zu kommen, hatte sie ihren Vater als Bürgen angegeben und dessen Unterschrift unmittelbar nach dessen Tod gefälscht. Krogstad hat sie ebenfalls am Tag zuvor besucht. Er hat diesen Schwindel entdeckt und droht damit, diese Sache publik zu machen, wenn Helmer ihn entlässt. Nora ist durch den Besuch Krogstads und dessen erpresserische Drohung in einen Angstzustand geraten, der sich im Verlauf des Stücks bis zu Suizidplänen steigern wird. In diesem Dialog versucht sie, ihren Mann dazu zu bringen, die Kündigung Krogstads zurückzunehmen.

NORA: Torvald.
HELMER (*bleibt stehen*). Ja
NORA: Wenn dich nun dein kleines Eichkätzchen recht artig und herzlich um etwas bäte –
5 HELMER: Dann?
NORA: Würdest du's dann tun?
HELMER: Erst muss ich natürlich wissen, um was es sich handelt.
NORA: Das Eichkätzchen würde umherspringen und
10 allerlei lustige Streiche machen, wenn du liebenswürdig und fügsam wärest.
HELMER: Heraus damit.
NORA: Die Lerche würde in allen Zimmern herumzwitschern, laut und leise –
15 HELMER: I was, das tut sie sowieso.
NORA: Ich würde Elfe spielen und vor dir im Mondschein tanzen, Torvald.
HELMER: Nora – es ist doch wohl nicht das, worauf du heute morgen anspieltest?
20 NORA: (*näher*). Ja, Torvald, ich bitt dich so inständig!
HELMER: Du hast wirklich den Mut, diese Sache noch einmal zu berühren?
NORA: Ja, ja, du musst meine Bitte erfüllen; du musst Krogstad bei der Bank behalten.
25 HELMER: Liebe Nora, seinen Posten habe ich für Frau Linde bestimmt.
NORA: Ja, das ist sehr schön von dir, aber du brauchst doch nur statt Krogstad einen anderen zu entlassen.

Inszenierung an der Schaubühne am Lehniner Platz, Berlin 2002

HELMER: Das ist doch ein unglaublicher Eigensinn! 30 Weil du in deiner Unbesonnenheit versprochen hast, ein Wort für ihn einzulegen, soll nun ich –
NORA: Deshalb nicht, Torvald, sondern deinetwegen. Der Mensch ist Mitarbeiter der unverschämtesten Zeitungen; das hast du selbst gesagt. Er kann dir so unsag- 35 bar viel schaden. Ich habe furchtbare Angst vor ihm –
HELMER: Aha, ich verstehe; es sind alte Erinnerungen, die dich schrecken.
NORA: Was meinst du damit?
HELMER: Du denkst natürlich an deinen Vater. 40
NORA: Ja; jawohl. Denk nur daran, wie boshafte Leute in Zeitungsartikeln über Papa hergefallen sind und ihn abscheulich verleumdeten. Ich glaube, sie hätten seine Absetzung erzwungen, wenn das Ministerium dich nicht zur Untersuchung der Sache hingeschickt 45 hätte und wenn du nicht so wohlwollend und nachsichtig gewesen wärest.
HELMER: Meine kleine Nora, zwischen deinem Vater und mir ist ein bedeutender Unterschied. Dein Vater war als Beamter nicht unangreifbar. Aber ich bin's 50 und hoffe es zu bleiben, solange ich mich in meiner Stellung befinde.

NORA: Du ahnst gar nicht, was boshafte Menschen alles erfinden. Jetzt könnten wir es so gut haben und glücklich leben in unserm friedlichen, sorgenfreien Heim – du und ich und die Kinder, Torvald! Deshalb bitt ich dich so inständig –
HELMER: Und gerade dadurch, dass du für ihn eintrittst, machst du es mir unmöglich, ihn zu behalten. Auf der Bank ist schon bekannt, dass ich Krogstad entlassen will. Sollte sich nun gerüchtweise herumsprechen, dass der neue Bankdirektor sich von seiner Frau hätte umstimmen lassen –
NORA: Ja, was dann –?
HELMER: Wenn nur der kleine Trotzkopf seinen Willen bekommt – weiter hat's natürlich keinen Zweck … Ich soll mich vor dem ganzen Personal lächerlich machen – die Leute auf den Gedanken bringen, dass ich von allerlei fremden Einflüssen abhängig sei? Die Folgen davon würd' ich bald zu spüren bekommen, das kannst du mir glauben! Und außerdem ist da noch ein Umstand, der Krogstad bei der Bank ganz unmöglich macht, solange ich Direktor bin.
NORA: Welcher Umstand?

[Helmer verweist auf seine Jugendbekanntschaft mit Krogstad, er befürchtet, dieser könne ihn in einen „familiären Ton" duzen.]

NORA: Torvald, mit alledem triffst du aber nicht den Kern der Sache.
HELMER: Nicht? Warum nicht?
NORA: Nein, denn das sind nur kleinliche Rücksichten.
HELMER: Was sagst du? Kleinlich? Hältst du mich für kleinlich?
NORA: Nein, im Gegenteil, lieber Torvald; und gerade deshalb –
HELMER: Ganz gleich; du nennst meine Beweggründe kleinlich; da muss ich's wohl auch sein. Kleinlich! Ja, so! – Nun, dem muss wirklich ein Ende gemacht werden. *(Geht nach der Vorzimmertür und ruft.)* Helene!
NORA: Was willst du?
HELMER: *(sucht unter seinen Papieren).* Der Sache ein Ende machen. *(Das Zimmermädchen kommt herein.)*

Fünfter Auftritt

(die Vorigen. Helene)
HELMER *(zu Helene)*: Da, bringen Sie den Brief fort. Geben Sie ihm einem Dienstmann. Aber er soll ihn sofort besorgen. Die Adresse steht drauf. Hier ist das Geld.
HELENE: Gut. *(Ab mit dem Briefe)*

Sechster Auftritt

HELMER: *(legt die Papiere zusammen)* So, mein kleiner Trotzkopf.

Henrik Ibsen Nora oder ein Puppenheim. Hrsg. Von Richard Lindner. Stuttgart: Reclam 1959, S. 43 ff.

- Veranschaulichen Sie das Verhältnis von Helmer und Nora durch eine grafische Darstellung.
- Untersuchen Sie das Gesprächsverhalten von Nora und Helmer.
- Wie beurteilen Sie Noras Verhalten?
- Was wäre ein glücklicher, was ein unglücklicher Schluss des Stücks?

Henrik Ibsen: Nora – Schlussszene (Auszüge)

Es ist spät am Abend. Nora und Helma kommen von einem Maskenfest zurück. Nora hat zwei Tage größter Angst hinter sich: Ihr Mann Helmer, der gerade Bankdirektor geworden ist, hat Krogstad, einem Angestellten dieser Bank, die Stelle gekündigt. Dieser hat vergeblich Nora um Hilfe gebeten. Nun hat er herausgefunden, dass er ein Druckmittel gegen das Ehepaar Helmer an der Hand hat: Krogstad hatte vor einigen Jahren Nora zu einem Kredit verholfen, den sie brauchte, um ihrem Mann einen Genesungsaufenthalt im Süden zu ermöglichen. Sie musste es ohne Wissen ihres Mannes tun, da sein Stolz es ihm verboten hätte, Hilfe von ihr anzunehmen. Der Kredit, den sie durch heimliche Schreibarbeiten finanziert hat, ist bis auf einen kleinen Rest abgezahlt. Aber Krogstad hat plötzlich entdeckt, dass Nora die Unterschrift ihres Vaters gefälscht hat, um durch dessen Bürgschaft an den Kredit zu kommen; der belastende Brief an Helmer befindet sich bereits im Briefkasten, zu dem Nora keinen Schlüssel hat. Nora ist so verzweifelt, dass sie an Selbstmord denkt, denn durch ihre Aktion hat sie Helmers Ansehen in der Bank beschädigt. 31 Stunden lang hat sie es geschafft, Helmer daran zu hindern, den Briefkasten zu leeren. Der Szenenausschnitt beginnt damit, dass Helmer den Briefkasten öffnet und den Brief liest. Beide wissen nicht, dass Krogstad inzwischen überredet wurde, den belastenden Schuldschein zurückzuschicken.

Inszenierung an der Schaubühne am Lehniner Platz, Berlin 2002

(*Helmer reißt seine Tür auf und steht da mit einem offenen Brief in der Hand.*)
HELMER: Nora!
NORA (*laut aufschreiend*). Ah –!
HELMER: Was hat das zu bedeuten? Weißt du, was in diesem Briefe steht?
NORA: Ja, ich weiß es. Lass mich gehen! Lass mich hinaus!
HELMER (*hält sie zurück*). Wo willst du hin?
NORA (*versucht, sich loszureißen*): Du sollst mich nicht retten, Torvald.
HELMER (*taumelt zurück*). Wahr! Ist es wahr, was er schreibt? Entsetzlich! Nein, nein! Es ist ja ganz unmöglich, dass es wahr sein könnte.
NORA: Es ist wahr. Ich habe dich über alles in der Welt geliebt.
HELMER: Komm mir nicht mit albernen Ausflüchten!
NORA (*einen Schritt auf ihn zu*). Torvald –!
HELMER: Unglückselige – was hast du getan!?
NORA: Lass mich fort. Du sollst nicht dafür büßen. Du sollst es nicht auf dich nehmen.
HELMER: Keine Komödie. (*Verschließt die Tür.*) Hier bleibst du und stehst mir Rede. Begreifst du, was du getan hast? Antworte! Begreifst du das?
NORA (*sieht ihn unverwandt an und sagt mit steigendem Nachdruck*). Ja, jetzt fang ich an, es ganz zu begreifen.
HELMER (*geht umher*). Oh, welch ein entsetzliches Erwachen! Diese ganzen acht Jahre hindurch – sie, die meine Freude und mein Stolz war – eine Heuchlerin, eine Lügnerin – ja, noch Schlimmeres, Schlimmeres – eine Verbrecherin! O diese bodenlose Gemeinheit, die darin liegt. Pfui, pfui!
(*Nora schweigt und sieht ihn fortwährend unverwandt an*).
HELMER (*bleibt vor ihr stehen*). Ich hätte es ahnen müssen, dass so etwas geschehen würde. [...] Alle die leichtsinnigen Grundsätze deines Vaters – schweig! Deines Vaters leichtsinnige Grundsätze – du hast sie alle geerbt. Keine Religion, keine Moral, kein Pflichtgefühl! – Oh, wie bin ich dafür gestraft worden, dass ich bei ihm durch die Finger sah! Ich tat's um deinetwillen; und so lohnst du mir's.
NORA: Ja, so –
HELMER: Mein ganzes Glück hast du vernichtet. Die ganze Zukunft hast du mir verdorben. Oh, der Gedanke ist furchtbar. Ich befinde mich in der Gewalt eines gewissenlosen Menschen; er kann mit mir machen, was er will, kann von mir verlangen, was ihm beliebt, mir gebieten und befehlen, wozu er gerade Lust hat! – Ich muss es mir schweigend gefallen lassen. Und so jämmerlich muss ich sinken und zugrunde gehen eines leichtsinnigen Weibes wegen!

NORA: Wenn ich nicht mehr bin, bist du frei.
HELMER: Keine Phrasen. Mit solchen Redensarten warf dein Vater auch um sich. Was würde es mir denn nützen, wenn du nicht mehr „bist", wie du sagst? Nicht das allergeringste. [Er malt seine Notsituation aus]. Begreifst du nun, was du mir getan hast?
NORA (*mit kalter Ruhe*). Ja.
HELMER: Es ist so unglaublich, dass ich es immer noch nicht fassen kann. Aber wir müssen versuchen, irgendwie zurechtzukommen. Den Schal herunter. Nimm ihn herunter, sag ich! Ich muss ihn auf die eine oder andere Weise zufriedenzustellen suchen. Die Sache muss um jeden Preis vertuscht werden. – Und was dich und mich angeht, so muss es aussehen, als sei alles zwischen uns wie bisher. Aber natürlich nur nach außen. Du bleibst also weiter hier im Hause; das ist selbstverständlich. Die Kinder zu erziehen, das erlaub ich dir aber nicht, die wag ich dir nicht mehr anzuvertrauen. – Oh, das zu derjenigen sagen zu müssen, die ich so von Herzen geliebt habe und die ich noch –! Na, das muss aus sein. Hiernach gilt es nicht mehr das Glück, es gilt nur noch die Trümmer, die Reste, den Schein zu retten – (*Es klingelt. Helmer fährt zusammen*).

[Helmer lässt sich den Brief vom Hausmädchen bringen und schließt die Tür. Er wagt kaum den Brief zu lesen, dann reißt er ihn auf und überfliegt ihn, dann mit einem Freudenschrei]

HELMER: Nora! – Nein, ich muss es noch einmal lesen. – Ja, ja, es ist so. Ich bin gerettet! Nora, ich bin gerettet!
NORA: Und ich?
HELMER: Du natürlich auch; wir sind beide gerettet, alle beide. Sieh her! Er schickt dir deinen Schuldschein zurück! [...] Wir sind gerettet, Nora! [...] Das müssen drei entsetzliche Tage für dich gewesen sein.
NORA: Ich habe in diesen drei Tagen einen harten Kampf gekämpft.
HELMER: Welche Qualen du gelitten haben musst, ohne einen anderen Ausweg zu sehen als – Nein; wir wollen gar nicht mehr an all diese hässlichen Dinge denken. [...] Was soll denn das heißen – dieser starre Gesichtsausdruck? Ah, arme kleine Nora, ich versteh schon: du kannst noch nicht recht glauben, dass ich dir vergeben habe. Aber das habe ich wirklich, Nora; ich schwöre dir: alles hab ich dir vergeben. Ich weiß ja, du tatest es aus Liebe zu mir.
NORA: Ja, aus Liebe.
HELMER: Du hast mich geliebt, wie eine Frau ihren Mann lieben muss. Nur die Mittel verstandest du nicht zu beurteilen. Aber glaubst du, ich liebte dich weniger, weil du nicht selbstständig zu handeln vermagst? Nein, nein, stütze dich nur auf mich; ich werde dir raten und dich leiten. Ich müsste ja kein Mann sein, wenn nicht gerade diese weibliche Hilflosigkeit dich für mich besonders anziehend machte. [...] Ich habe dir verziehen, Nora; ich schwöre dir: ich habe dir verziehen. [...]

[Nora geht in den Nebenraum und erscheint nach einer Weile wieder mit ihren Alltagskleidern.]

NORA: Setz dich. Es wird lange dauern, denn ich habe mit dir zu sprechen. [...] Es ist eine Abrechnung.

Henrik Ibsen: Nora oder ein Puppenheim. Hrsg. Von Richard Lindner. Stuttgart: Reclam 1959, S. 75 ff.

- *Suchen Sie den Wendepunkt in der Szene und beschreiben Sie das Helmers Verhalten vorher und danach.*
- *Entwerfen Sie eine ‚ungehaltene Rede' Noras.*
- *Skizzieren Sie in wenigen Sätzen, wie das Stück enden sollte.*
- *Entwerfen Sie (nach der Lektüre des Schlusses) eine Fortsetzung der Geschichte.*

Gerhart Hauptmann: Vor Sonnenaufgang – Alfred Loth

Karikatur „Freie Bühne", 1890

(I. Akt) *Zum Abendessen bei der Familie Krause wird Champagner eingeschenkt. Loth, der dort zu Gast ist, hält sein Glas zu und bekundet demonstrativ seine völlige Abstinenz. Er hat sich ehrenwortlich zu völligem Alkoholverzicht verpflichtet, auf Lebenszeit. Die Tischgesellschaft reagiert mit Unverständnis und leichtem Spott. Auf die Frage nach dem Grund holt Loth zu einer längeren Rede aus, in der er auf der Grundlage einer Studie über die furchtbaren wirtschaftlichen, gesundheitlichen und familiären Folgen des Alkohols doziert. Er schließt seine Ausführungen mit den Worten:*

LOTH. Die Wirkung des Alkohols, das ist das Schlimmste, äußert sich sozusagen bis ins dritte und vierte Glied. – Hätte ich nun das ehrenwörtliche Versprechen abgelegt, nicht zu heiraten, dann könnte ich schon eher trinken, so aber … meine Vorfahren sind alle gesunde, kernige und, wie ich weiß, äußerst mäßige Menschen gewesen. Jede Bewegung, die ich mache, jede Strapaze, die ich überstehe, jeder Atemzug gleichsam führt mir zu Gemüt, was ich ihnen verdanke. Und dies, siehst du, ist der Punkt: ich bin absolut fest entschlossen, die Erbschaft, die ich gemacht habe, ganz ungeschmälert auf meine Nachkommen zu bringen. (S. 28)

(II. Akt) *[Früh am nächsten Morgen trifft Loth Helene, sie kommen ins Gespräch. Er hat noch nicht darüber nachgedacht, wie es kommt, dass er in der ersten Nacht in einem fremden Haus so früh aufsteht. Das habe keinen Zweck – dies ist das Stichwort.]*

HELENE. Also wenn Sie irgend etwas tun oder denken, muss es einem praktischen Zweck dienen?
LOTH. Ganz recht! Übrigens …
HELENE. Das hätte ich von Ihnen nicht gedacht.
LOTH. Was, Fräulein?
HELENE. Genau das meinte die Stiefmutter, als sie mir vorgestern den Werther aus der Hand riß.
LOTH. Das ist ein dummes Buch.
HELENE. Sagen Sie das nicht!
LOTH. Das sage ich noch einmal, Fräulein. Es ist ein Buch für Schwächlinge.
HELENE. […] Wenn's ein dummes Buch ist, wie sie sagen, könnten Sie mir etwas Besseres empfehlen?
LOTH. Le …lesen Sie… na! … kennen Sie den Kampf um Rom von Dahn?
HELENE. Nein! Das Buch werde ich mir aber nun kaufen. Dient es einem praktischen Zweck?
LOTH. Einem vernünftigen Zweck überhaupt. Es malt die Menschen nicht, wie sie sind, sondern wie sie einmal werden sollen. Es wirkt vorbildlich.

[Helene fragt ihn, ob die beiden viel besprochenen Schriftsteller Zola und Ibsen große Dichter seien.]
LOTH. Es sind gar keine Dichter, sondern notwendige Übel, Fräulein. Ich bin ehrlich durstig und verlange von der Dichtkunst einen klaren, erfrischenden Trunk. – Ich bin nicht krank. Was Zola und Ibsen bieten, ist Medizin. (S. 39 f.)

(III. Akt) *[Zu Hoffmann, der ihn auf Heiratspläne gebracht hat:]*

LOTH. [...] was ich fürchte, ist: dass es keine Frau geben wird, die sich für mich eignet. [...] Schließlich, was kann ich einer Frau bieten? Ich werde immer mehr zweifelhaft, ob ich einer Frau zumuten darf, mit dem kleinen Teile meiner Persönlichkeit vorliebzunehmen, der nicht meiner Lebensarbeit gehört – dann fürchte ich mich auch vor der Sorge um die Familie.[...] Leibliche und geistige Gesundheit der Braut zum Beispiel ist conditio sine qua non. [...]
Im Übrigen soll meine Frau fordern und immer fordern – alles, was ihr Geschlecht im Laufe der Jahrhunderte eingebüßt hat.
HOFFMANN. Au! au! au! ... Frauenemanzipation! (S. 55 ff.)

[Im gleichen Dialog erkundigt Loth sich bei Hoffmann über Helene.]
LOTH. Wie alt ist eigentlich deine Schwägerin?
HOFFMANN. Im August einundzwanzig gewesen.
LOTH. Ist sie leidend?
HOFFMANN. Weiß nicht. – Glaube übrigens nicht – macht sie dir den Eindruck? –
LOTH. Sie sieht allerdings mehr verhärmt als krank aus.
HOFFMANN. Na ja! Die Scherereien mit der Stiefmutter ...
LOTH. Auch ziemlich reizbar scheint sie zu sein!?
HOFFMANN. Unter solchen Verhältnissen ...Ich möchte den sehen, der unter solchen Verhältnissen nicht reizbar werden würde ....
LOTH. Viel Energie scheint sie zu besitzen.
HOFFMANN. Eigensinn!
LOTH. Auch Gemüt, nicht?
HOFFMANN. Zu viel mitunter ... (S. 58)

(V. Akt, unmittelbar vor dem Schluss). *Der Arzt Dr. Schimmelpfennig ist als Geburtshelfer bei der Niederkunft von Helenes Schwester Martha im Haus. Loth und Schimmelpfennig haben sich wiedererkannt: Sie sind ehemalige Kommilitonen. Schimmelpfennig hat wegen politischer Schwierigkeiten auf das Studienfach Medizin umgesattelt. Er ist seit fünf Jahren in Witzdorf und kennt die Verhältnisse unter den armen und den reichen Bauern. Als er von Loth hört, dass er in Witzdorf die dortigen Verhältnisse studieren wolle, bietet er ihm Material an. Das Gespräch wird wegen der im Nebenzimmer stattfindenden Geburt ständig unterbrochen.]*

LOTH. Wie sieht es denn so in den Familien aus?
DOKTOR SCHIMMELPFENNIG: Elend! ... durchgängig ... Suff! Völlerei, Inzucht und infolge davon – Degeneration auf der ganzen Linie.
LOTH. Mit Ausnahmen doch!?
DR. SCHIMMELPFENNIG. Kaum.
LOTH, *(unruhig)* Bist du denn nicht zuweilen in ... in Versuchung geraten, eine ... eine Witzdorfer Goldtochter zu heiraten?
DR. SCHIMMELPFENNIG. Pfui Teufel! Kerl, für was hältst du mich? [...]
LOTH, *(sehr bleich)* Wie...wieso? (S. 82)

Der Arzt wird ins Nebenzimmer gerufen. Helene kommt; sie ist außer sich vor Angst, dass Loth ohne sie fortgehen könnte. Er verspricht ihr, noch dieselbe Nacht mit ihr den Ort zu verlassen, dann geht sie wieder zu ihrer Schwester. Schimmelpfennig kommt zurück und erkundigt sich bei Loth, wie er in diese Familie geraten sei. Loth gibt kurz Auskunft, dann schildert er seine Liebe zu Helene („wie 'ne Legierung, wie wenn zwei Metalle so recht innig legiert sind, dass man gar nicht recht sagen kann, das ist das, das ist das. Und alles so furchtbar selbstverständlich.")

DR. SCHIMMELPFENNIG. [...] ich halte mich für verpflichtet ... ich schulde dir unbedingt eine Aufklärung. Du wirst Helene Krause, glaub' ich, nicht heiraten können. [...] Dann weißt du zum Beispiel nicht, dass Hoffmann einen Sohn hatte, der mit drei Jahren bereits am Alkoholismus zugrunde ging [...] Nach der Essigflasche hatte das dumme Kerlchen gelangt in der Meinung, sein geliebter Fusel sei darin. Die Flasche war herunter- und das Kind in die Scherben gefallen. [Dadurch ist es verblutet.] [Die Mutter des Kindes, Helenes Schwester] trinkt, trinkt bis zur Besinnungslosigkeit, trinkt, soviel sie bekommen kann.
LOTH. Also von Hoffmann ... Hoffmann geht es nicht aus?!
DR. SCHIMMELPFENNIG. Bewahre! Das ist tragisch an dem Menschen, er leidet darunter, soviel er überhaupt leiden kann. Im Übrigen hat er's gewusst, dass er in eine Potatorenfamilie hineinkam. Der Bauer nämlich kommt überhaupt gar nicht mehr aus dem Wirtshaus. (S. 87f.)

[Daraufhin entschließt sich Loth, Helene zu verlassen].
LOTH. Ja, ja! – nur eben ... ich kann nicht anders. (*Er schreibt, adressiert und kuvertiert. Er steht auf und reicht Schimmelpfennig die Hand.*) Im Übrigen verlasse ich mich auf dich. (S. 90)

[Er verlässt das Haus, kurz darauf kommt Helene mit der Nachricht, dass ihre Schwester eine Totgeburt hatte. Als sie den Brief findet, ersticht sie sich.]

Gerhart Hauptmann: Sämtliche Werke, hrsg. von Hans-Egon Hass © 1996 Propyläen Verlag in der Ullstein Buchverlage GmbH, Berlin

■ *Notieren Sie in Form einer Liste von Adjektiven und stichwortförmigen Belegen Charaktereigenschaften Loths. Wie beurteilen Sie Loth?*

■ *Gibt es eine erkennbare Einstellung des Autors zu dieser Figur?*

Gerhart Hauptmann: Vor Sonnenaufgang. Helene und Loth in der Laube

Loth, ein Verfasser volkswirtschaftlicher Bücher, wurde von seinem ehemaligen Schulkameraden Hoffmann auf den Hof von dessen Schwiegervater eingeladen, einem durch Grundstücksverkäufe an ein Grubenunternehmen sehr reich gewordener Bauern, der mit dem neuen Luxusleben nicht zurechtkommt – er ist Alkoholiker und völlig verkommen. Helene, die erst vor wenigen Jahren aus einem Herrnhuter Pensionat auf den Hof zurückgekehrt ist, leidet unter der Langeweile und geistigen Ödnis dieser Umgebung. Noch schlimmer sind das Regiment ihrer primitiven und zänkischen Stiefmutter und die von der Familie geplante Zweckheirat mit dem alkoholsüchtigen Nachbarsohn, am schlimmsten aber sind die Versuche des betrunkenen Vaters, sich an ihr zu vergreifen. Anders als Loth ist der Zuschauer darüber informiert. Helene verliebt sich auf der Stelle in Loth, in dem sie ihren Retter sieht. Bereits am ersten Abend hatte Loth sich als entschiedener Abstinenzler und Vorkämpfer für die Volksgesundheit inszeniert, sein Hang zum Dogmatismus zeigt sich auch in seiner Beziehung zur Literatur. So rät er Helene von der Lektüre des „Werther" ab und empfiehlt ihr stattdessen Felix Dahns „Kampf um Rom", er verachtet Leser, die Bücher als Medizin brauchen, was er, als starke Kämpfernatur, nicht nötig habe. Als er nach einem Streit mit Hoffmann den Hof verlassen will, macht Helene ihm eine Liebeserklärung und sinkt ohnmächtig in seine Arme (Ende des III. Akts). – Der IV. Akt spielt eine Viertelstunde später. Hoffmann legt den Streit bei und bewegt Loth dazu, noch weiter als Gast in seinem Hause zu bleiben, dann bittet er Helene, Loth ein bisschen zu unterhalten und ihn nicht fortzulassen. Helene führt Loth in eine Laube, wo sie ungestört sind.

Inszenierung von Thomas Ostermeier in Mannheim und München

LOTH. Ein hübscher Platz hier. – Wirklich! (*Beide setzen sich, ein wenig voneinander getrennt, in der Laube nieder. Schweigen. Darauf Loth.*) Sie haben so sehr schönes und reiches Haar, Fräulein.
HELENE. Ach ja, mein Schwager sagt das auch. Er meinte, er hätte es kaum so gesehen – auch in der Stadt nicht ... Der Zopf ist oben so dick wie mein Handgelenk. ... Wenn ich es losmache, dann reicht es mir bis zu den Knien. Fühlen Sie mal! ... Es fühlt sich wie Seide an, gelt?
LOTH. Ganz wie Seide. (*Ein Zittern durchläuft ihn, er beugt sich und küsst das Haar.*)
HELENE. (*Erschreckt*). Ach nicht doch! Wenn ...
LOTH. Helene –! War das vorhin nicht dein Ernst?
HELENE. Ach! – Ich schäme mich so schrecklich. Was habe ich nur gemacht? – dir ... Ihnen an den Hals geworfen habe ich mich. – Für was müssen Sie mich halten ...!
LOTH. (*Rückt ihr näher, nimmt ihre Hand in die seine.*) Wenn Sie sich doch darüber beruhigen wollten!
HELENE, (*seufzend*) Ach, das müsste Schwester Schmittgen wissen ... ich sehe gar nicht hin!
LOTH. Wer ist Schwester Schmittgen?
HELENE. Eine Lehrerin aus der Pension.
LOTH. Wie können Sie sich nur über Schwester Schmittgen Gedanken machen!
HELENE. Sie war sehr gut ...! (*Sie lacht plötzlich heftig in sich hinein.*)
LOTH. Warum lachst du denn so auf einmal?
HELENE, (*zwischen Pietät und Laune.*) ... Ach! ... Wenn sie auf dem Chor stand und sang ... Sie hatte nur noch einen einzigen langen Zahn ... da sollte es immer heißen: Tröste, tröste mein Volk! Und es kam immer heraus: Röste, röste mein Volk! Das war zu drollig ... da mussten wir immer so lachen ... wenn sie so durch den Saal ... röste, röste! (*Sie kann sich vor Lachen nicht halten, Loth ist von ihrer Heiterkeit angesteckt. Sie kommt ihm dabei so lieblich vor, dass er den Augenblick benutzen will, den Arm um sie zu legen. Helene wehrt es ab.*) Ach nein doch ...! Ich habe mich dir ... Ihnen an den Hals geworfen.
LOTH. Ach! Sagen Sie doch nicht so etwas.

HELENE. Aber ich bin nicht schuld, Sie haben sich's selbst zuzuschreiben. Warum verlangten Sie …
45 *(Loth legt nochmals seinen Arm um sie, zieht sie fester an sich. Anfangs sträubt sie sich ein wenig, dann gibt sie sich darein und blickt nun mit freier Glückseligkeit in Loths glückstrunkenes Gesicht, das sich über das ihre beugt. Unversehens, aus einer gewissen Schüchternheit heraus,*
50 *küsst sie ihn zuerst auf den Mund [Es folgt ein Geben und Nehmen von Küssen].)*
LOTH. Lene, nicht? Lene heißt du hier so?
HELENE *(küsst ihn.)* Nenne mich anders … Nenne mich, wie du gern möcht'st.
55 LOTH. Liebste!…
(Das Spiel mit dem Küsstauschen und Sich-gegenseitig-Betrachten wiederholt sich.) […]
LOTH. So mit dir sterben!
HELENE, *(mit Inbrunst.)* Leben! … *(Sie löst sich aus seinen*
60 *Armen.)* Warum denn jetzt sterben? … jetzt …
LOTH. Das musst du nicht falsch auffassen. Von jeher berausche ich mich … besonders in glücklichen Momenten berausche ich mich in dem Bewusstsein, es in der Hand zu haben, weißt du? […]
65 LOTH. Erst gestern bin ich gekommen? […] Es kommt mir wahrhaftig auch vor …
HELENE. Nicht? Wie'n ganzes geschlag'nes Jahr!… Nicht? *(Halb aufspringend.)* Wart! – Kommt da nicht … *(Sie rücken auseinander.)* Ach, es ist mir auch – egal.
70 Ich bin jetzt – so mutig. *(Sie bleibt sitzen und muntert Loth mit einem Blick auf, näher zu rücken, was dieser sogleich tut.)*
HELENE, *(in Loths Armen)* – Du! Was tun wir denn nun zuerst?
75 LOTH. Deine Stiefmutter würde mich wohl abweisen.
HELENE. Ach, meine Stiefmutter … das wird wohl gar nicht … gar nichts geht's die an! Ich mache, was ich will … Ich hab mein mütterliches Erbteil, musst du
80 wissen.
LOTH. Deshalb meinst du …
HELENE. Ich bin majorenn, Vater muss mir's auszahlen.
LOTH. Du stehst wohl nicht gut – mit allen hier? – Wo-
85 hin ist denn dein Vater verreist?
HELENE. Verr … du hast …? Ach, du hast Vater noch nicht gesehen?
LOTH. Nein! Hoffmann sagte mir …
HELENE. Doch! … Du hast ihn schon einmal gese-
90 hen.

LOTH. Ich wüßte nicht! … Wo denn, Liebste?
HELENE. Ich … *Sie bricht in Tränen aus.* Nein, ich kann – ich kann's dir noch nicht sagen … zu furchtbar schrecklich ist das.
LOTH. Furchtbar schrecklich? Aber Helene! Ist denn 90 deinem Vater etwas …
HELENE. Ach! – frag mich nicht. Jetzt nicht! Später!
LOTH. Was du mir nicht freiwillig sagen willst, danach werde ich dich auch gewiss nicht mehr fragen … Sieh mal, was das Geld anlangt … im schlimmsten 95 Falle … ich verdiene ja mit dem Artikelschreiben nicht gerade überflüssig viel, aber ich denke, es müsste am Ende für uns beide noch ganz leidlich hinreichen.
HELENE. Und ich würde doch auch nicht müßig sein. 100 Aber besser ist besser. Das Erbteil ist vollauf genug – und du sollst deine Aufgabe … nein, die sollst du unter keiner Bedingung aufgeben,
jetzt erst recht …! jetzt sollst du erst recht die Hände freibekommen. 105
LOTH, *sie innig küssend.* Liebes, edles Geschöpf! …
HELENE. Hast du mich wirklich lieb?… Wirklich? … wirklich?
LOTH. Wirklich.
HELENE. Sag hundertmal wirklich. 110
(S. 68 ff.)
[*Sie fragen sich spielerisch über frühere Liebesverhältnisse aus; Helene bricht dabei in Tränen aus, deutet an, dass sie sich schämt, dass das mit ihrem Vater zu tun habe, und bittet ihn, nicht „über sie wegzuschreiten". Loth verspricht* 115 *es ihr, wenn er nicht zum Verräter seiner selbst werden müsste. Dann bekräftigt er seine Liebeserklärung.]*

HELENE. Und gesund bin ich ja auch …
LOTH. Sag mal! Sind deine Eltern gesund?
HELENE. Ja, das wohl! Das heißt: die Mutter ist am 120 Kindbettfieber gestorben. Vater ist noch gesund; er muss sogar eine starke Natur haben. Aber …
LOTH. Na! – siehst du; also …
HELENE. Und wenn die Eltern nun nicht gesund wären? 125
LOTH *küsst Helene.* Sie sind's ja doch, Lenchen.
HELENE Aber wenn sie es nicht wären?
[*Das Gespräch wird unterbrochen.*]
(S. 74)

Gerhart Hauptmann: Sämtliche Werke, hrsg. von Hans-Egon Hass © 1996 Propyläen Verlag in der Ullstein Buchverlage GmbH, Berlin

- *Wie verhält sich Helene?*
- *Wie beurteilen Sie ihr Verhalten?*

Ödön von Horváth: Geschichten aus dem Wiener Wald

Die Handlung dieses „Volksstücks" spielt um 1930 in Wien im kleinbürgerlichen Milieu. Marianne, die Tochter eines verwitweten Spielzeughändlers (der „Zauberkönig"), wollte eigentlich rhythmische Gymnastik studieren und sich selbstständig machen, doch das erlaubte der Vater nicht, für den sie im Geschäft unentbehrlich ist. Sie soll den Kindheitsfreund Oskar, einen grobschlächtigen Fleischhauer (Metzger), heiraten, der in derselben Straße im 8. Bezirk wohnt. Kurz vor der Verlobung im Rahmen eines Picknicks an der Donau lernt sie Alfred kennen, der von Wetten lebt, die ihm die junge Witwe Valerie finanziert. Marianne hat Alfred zum Picknick eingeladen; das Familienfest endet mit einem Bad in der Donau.

IV An der schönen blauen Donau

Nun ist die Sonne untergegangen, es dämmert bereits, und in der Ferne spielt der lieben Tante ihr Reisegrammofon den „Frühlingsstimmen-Walzer" von Johann Strauß.

5 ALFRED *(in Bademantel und Strohhut – er blickt verträumt auf das andere Ufer.)*
MARIANNE *(steigt aus der schönen blauen Donau und erkennt Alfred.)*
(Stille.)
10 ALFRED *(lüftet den Strohhut.)*: Ich wusste es, dass Sie hier landen werden.
MARIANNE: Woher wussten Sie das?
ALFRED: Ich wusst es.
(Stille.)
15 MARIANNE: Die Donau ist weich wie Samt –
ALFRED: Wie Samt.
MARIANNE: Heut möcht ich weit weg – heut könnt man im Freien übernachten.
ALFRED: Leicht.
20 MARIANNE: Ach, wir armen Kulturmenschen! Was haben wir von unserer Natur!
ALFRED: Was haben wir aus unserer Natur gemacht? Eine Zwangsjacke. Keiner darf, wie er will.
MARIANNE: Und keiner will, wie er darf.
25 *(Stille.)*
ALFRED: Und keiner darf, wie er kann.
MARIANNE: Und keiner kann, wie er soll –
ALFRED *(umarmt sie mit großer Gebärde, und sie wehrt sich mit keiner Faser – ein langer Kuss.)*
30 MARIANNE *(haucht)*: Ich hab's gewusst, ich hab's gewusst –
ALFRED: Ich auch.
MARIANNE: Liebst du mich, wie du solltest –?
ALFRED: Das hab ich im Gefühl. Komm, setzen wir uns.

Inszenierung an der Volksbühne am Rosa-Luxemburg-Platz, Berlin 2006

(Sie setzen sich.)
35 *(Stille.)*
MARIANNE: Ich bin nur froh, dass du nicht dumm bist – ich bin nämlich von lauter dummen Menschen umgeben. Auch Papa ist kein Kirchenlicht[1] – und manchmal glaub ich sogar, er will sich durch mich 40 an meinem armen Mutterl selig rächen. Die war nämlich sehr eigensinnig.
ALFRED: Du denkst zu viel.
MARIANNE: Jetzt geht's mir gut. Jetzt möcht ich singen. Immer, wenn ich traurig bin, möcht ich singen – *(Sie* 45 *summt und verstummt wieder.)* Warum sagst du kein Wort?
(Stille.)
ALFRED: Liebst du mich?

---
[1] ugs.: ist nicht der Hellste

MARIANNE: Sehr.
ALFRED: So wie du solltest? Ich meine, ob du mich vernünftig liebst?
MARIANNE: Vernünftig?
ALFRED: Ich meine, ob du keine Unüberlegtheiten machen wirst – denn dafür könnt ich keine Verantwortung übernehmen.
MARIANNE: Oh Mann, grübl doch nicht – grübl nicht, schau die Sterne – die werden noch droben hängen, wenn wir drunten liegen –
ALFRED: Ich lass mich verbrennen.
MARIANNE: Ich auch – du, o du – – – du –
(Stille.)
MARIANNE: Du – wie der Blitz hast du in mich eingeschlagen und hast mich gespalten – jetzt weiß ich es aber ganz genau.
ALFRED: Was?
MARIANNE: Dass ich ihn nicht heiraten werde –
ALFRED: Mariann!
MARIANNE: Was hast du denn?
(Stille.)
ALFRED: Ich hab kein Geld.
MARIANNE: Oh, warum sprichst du jetzt davon?!
ALFRED: Weil das meine primitivste Pflicht ist! Noch nie in meinem Leben hab ich eine Verlobung zerstört, und zwar prinzipiell! Lieben ja, aber dadurch zwei Menschen auseinanderbringen – nein! Dazu fehlt mir das moralische Recht! Prinzipiell!
(Stille).
MARIANNE: Ich hab mich nicht getäuscht, du bist ein feiner Mensch. Jetzt fühl ich mich doppelt zu dir gehörig – ich pass nicht zu Oskar und basta!
(Es ist inzwischen finster geworden und nun steigen in der Nähe Raketen.)
ALFRED: Raketen. Deine Verlobungsraketen.
MARIANNE: Unsere Verlobungsraketen.
ALFRED: Und bengalisches Licht[1].
MARIANNE: Blau, grün, gelb, rot –
ALFRED: Sie werden dich suchen.
MARIANNE: Sie sollen uns finden – bleib bei mir, du, dich hat mir der Himmel gesandt, mein Schutzengel –
(Jetzt gibt es bengalisches Licht – blau, grün, gelb, rot – und beleuchtet Alfred und Marianne; und den Zauberkönig, der knapp vor ihnen steht mit der Hand auf dem Herzen.)
MARIANNE (schreit unterdrückt auf.)
(Stille.)
ALFRED (geht auf den Zauberkönig zu): Herr Zauberkönig –
ZAUBERKÖNIG (unterbricht ihn): Schweigen Sie! Mir brauchen Sie nichts zu erklären, ich hab ja alles gehört – na, das ist ja ein gediegener Skandal! Am Verlobungstag –! Nacket herumliegen! Küss die Hand! Mariann! Zieh dich an! Dass nur der Oskar nicht kommt – Jesus Maria und ein Stückerl Josef!
ALFRED: Ich trag natürlich sämtliche Konsequenzen, wenn es sein muss.
ZAUBERKÖNIG: Sie haben da gar nichts zu tragen! Sie haben sich aus dem Staube zu machen, Sie Herr! Diese Verlobung darf nicht platzen, auch aus moralischen Gründen nicht! Dass mir keine Seele was erfährt, Sie Halunk – Ehrenwort!
ALFRED: Ehrenwort!
MARIANNE: Nein!!
ZAUBERKÖNIG (unterdrückt): Brüll nicht! Bist du daneben? Zieh dich an, aber marsch-marsch! Du Badhur[2]!
OSKAR (erscheint und überblickt die Situation.): Marianne! Marianne!
ZAUBERKÖNIG: Krach in die Melon![3]
(Stille.)
ALFRED: Das Fräulein Braut haben bis jetzt geschwommen.
MARIANNE: Lüg nicht! So lüg doch nicht! Nein, ich bin nicht geschwommen, ich mag nicht mehr schwimmen! Ich lass mich von euch nicht mehr tyrannisieren. Jetzt bricht der Sklave seine Fessel – da! (Sie wirft Oskar den Verlobungsring ins Gesicht.) Ich lass mir mein Leben nicht verhunzen[4], das ist mein Leben! Gott hat mir im letzten Moment diesen Mann da zugeführt. – Nein, ich heirat dich nicht, ich heirat dich nicht, ich heirat dich nicht!! Meinetwegen soll unsere Puppenklinik verrecken, eher heut als morgen!
ZAUBERKÖNIG: Das einzige Kind! Das werd ich mir merken!
(Stille.)
(Während zuvor Marianne geschrien hat, sind auch die übrigen Ausflügler erschienen und horchen interessiert und schadenfroh zu.)
OSKAR (tritt zu Marianne): Mariann, ich wünsch dir nie, dass du das durchmachen sollst, was jetzt in mir vorgeht – und ich werde dich auch noch weiter lieben, du entgehst mir nicht – und ich danke dir für alles. (Ab.)
(Stille.)
ZAUBERKÖNIG (zu Alfred): Was sind Sie denn überhaupt?
ALFRED: Ich?
VALERIE: Nichts. Nichts ist er.
ZAUBERKÖNIG: Ein Nichts. Das auch noch. Ich habe keine Tochter mehr! (Ab mit den Ausflüglern – Alfred und Marianne bleiben allein zurück; jetzt scheint der Mond.)
ALFRED: Ich bitte dich um Verzeihung.
MARIANNE (reicht ihm die Hand.)

---

[1] buntes Feuerwerk
[2] „Badehure", Anspielung auf die mittelalterlichen Badehäuser, die oft als moralische Orte verrufen waren
[3] Ausruf der Entrüstung
[4] verunstalten

ALFRED: Dass ich dich nämlich nicht hab haben wollen – dafür trägt aber nur mein Verantwortungsgefühl die Verantwortung. Ich bin deiner Liebe nicht wert, ich kann dir keine Existenz bieten, ich bin überhaupt kein Mensch –

MARIANNE: Mich kann nichts erschüttern. Lass mich aus dir einen Menschen machen – du machst mich so groß und weit –

ALFRED: Und du erhöhst mich. Ich werd ganz klein vor dir in seelischer Hinsicht.

MARIANNE: Und ich geh direkt aus mir heraus und schau mir nach – jetzt, siehst du, jetzt bin ich schon ganz weit fort von mir – ganz dort hinten, ich kann mich kaum mehr sehen. – Von dir möcht ich ein Kind haben –

Ende des ersten Teiles

Aus: Ödön von Horváth: Geschichten aus dem Wiener Wald. Paderborn: Schöningh Verlag 2009, S. 35–39

- *Gliedern Sie in einem ersten Arbeitsschritt die Szene und geben Sie den Teilsequenzen Überschriften.*
- *Untersuchen Sie die Rolle, die Marianne und Alfred spielen: Welche Absicht verfolgt Marianne? Wie verhält sich Alfred im Verlauf der Szene? Welche komischen Elemente enthält die Szene?*
- *Entwerfen Sie einen Plot für die Fortsetzung der Handlung.*

Baustein 2
Geschichte und Politik im Gegenwartstheater

2.1 Das Geschichtsdrama und seine Funktion – eine Einführung

Historie und Wirklichkeit im Drama

Die Geschichte (Historie) lieferte und liefert Stoffe für eine Vielzahl von Dramen; sie ist, verglichen mit anderen, erfundenen Stoffen insofern herausgehoben, als mit ihr auf etwas, das sich tatsächlich ereignet hat, verwiesen wird: Die Referenzebene ist nicht die Wirklichkeit (oder die Fantasie) in einem allgemeinen Sinn, sondern eine bestimmte historische Wirklichkeit. „Geschichtsdrama, auch historisches Drama; 1. Im weitesten Sinn: jedes Theaterstück (meist ein Trauerspiel bzw. eine Tragödie) mit historischem Stoff. – 2. Präzisierbar ist diese vage Gattungsbestimmung durch eine Reihe von Merkmalen, denn nicht alle Dramen, die sich auf Vergangenheit beziehen, sind Geschichtsdramen: a) Der Handlungsbereich liegt wesentlich in der politisch-gesellschaftlichen Öffentlichkeit; b) der historische Gegenstand gilt als überlieferungswürdig und aktualisierbar; c) er wird durch den Dramentext (z. B. durch Quellenzitate, genaue Ortsangaben, historische Namen oder Anmerkungen) als authentisch ausgezeichnet; d) es wird in der Regel auf typische historiografische Verfahren des jeweils geltenden Geschichtsdiskurses referiert." (Metzler Lexikon Literatur 2007, S. 283)

Aristoteles und Lessing

Ginge es um eine quellentreue Vergegenwärtigung von historischen Fakten, würde man das im Drama Dargestellte an der Historiografie messen: Das ist die Fragestellung in der „Poetik" des Aristoteles, die Lessing ebenfalls beschäftigt hat und die er im Sinne von Aristoteles beantwortet, wenn er ausführt, „die Absicht der Tragödie ist weit philosophischer, als die Absicht der Geschichte" (Hamburgische Dramaturgie, vgl. Zusatzmaterial 7). Lessing interessiert nicht das Verhältnis zur Geschichtsschreibung, sondern er sucht das Wesen der Literatur zu beschreiben und hält nicht die historische Faktentreue für maßgeblich, sondern die „innere Wahrscheinlichkeit" einer Handlung, die auf die Historie zurückgeht.

„Götz von Berlichingen" – das erste moderne Geschichtsdrama

Dass die Historie mehr war als ein bequemer Stofflieferant, lässt sich am Beispiel von Goethes „Götz von Berlichingen" (1773), dem ersten deutschen Geschichtsdrama im modernen Sinn, erkennen. Der historische Götz, der ein Raubritter war, wird bei Goethe zum Repräsentanten einer Lebensform, zu „einer Gegenkraft gegen absolutistische, ja despotische Machtausübung" (Hinck 1995, S. 25). „Der Dichter siebt den historischen Stoff und reichert ihn an, beides nach Sinn-Vorgaben, die geschichtsphilosophisch begründet sein können, aber vor allem von individuellen und zeittypischen Erfahrungen des Autors bestimmt sind, eines Autors in unverwechselbarer historischer Situation." (Hinck, S. 25) Anachronismen werden dadurch zum unverzichtbaren Bestandteil des Textes; welche Funktion sie haben, wird illustriert durch Goethes eigene Aufführungspraxis seines ‚Götz': „Auf dem Hoftheater konnte und mochte er nicht einen erklärten Verächter von Fürstenherrschaft und Fürstendienst präsentieren. [...] Jede negative Anspielung auf die Fürsten wurde getilgt [...]." (Hinck, a.a.O. S. 63) Die Historie samt Anachronismen diente dazu, der eigenen Zeit einen Spiegel vorzuhalten; die Zeitkritik bediente sich der Historie als eines Mittels der Verfremdung.

Georg Büchner: Dantons Tod

Als Georg Büchner die Französische Revolution in „Dantons Tod" auf die Bühne bringen wollte, erlaubte ihm die Zensur weder Veröffentlichung noch Aufführung des Stücks. Gegenüber der Familie fühlte er sich verpflichtet, das in der damaligen Zeit Schockierende, Frivole, Unmoralische zu rechtfertigen, indem er sich auf die Rolle des Geschichtsschreibers berief und seine Verpflichtung zur Faktentreue, denn seine Aufgabe sei es, „der Geschichte, wie sie sich wirklich begeben, so nahe als möglich zu kommen" (Brief an die Familie vom 28.7.1835, s. Zusatzmaterial 7). Nicht die Freiheiten im Umgang mit dem Stoff galt es zu begründen, sondern das moralisch Anstößige. Im Kern ging es also gar nicht um die Fakten, sondern um die Revolution, deren Notwendigkeit trotz aller Kritik nicht bestritten werden sollte.

Friedrich Dürrenmatt und die historische Objektivität

Dürrenmatt griff das Thema der Konkurrenz von Literatur und Geschichtsschreibung noch einmal auf; angesichts der Tatsache, dass die Geschichtsschreibung immer wissenschaftlich-objektiver geworden sei, zog er eine überraschende Schlussfolgerung für die Literatur, indem er die Parodie als „bewussten Gegensatz" zur Geschichtsschreibung wählte und sich damit alle Freiheiten gegenüber dem historischen Stoff zubilligte. (Vgl. Zusatzmaterial 7) Eigentlich war die Frage der Faktentreue für die Schriftsteller aber schon seit langem obsolet geworden; bestärkt wurden sie darin durch die Einsicht der Geschichtsschreibung, dass ihr Geschäft sehr viel mehr den Regeln des (fiktionalen) Erzählens unterworfen ist, als ihnen lieb und bewusst war. So erscheint es konsequent, dass Heiner Müller sagte, er könne mit dem Begriff „Geschichtsdrama" nicht viel anfangen, „weil vom Theater her gesehen jedes Drama ein Gegenwarts- und damit ein Geschichtsdrama ist". (Vgl. Zusatzmaterial 7)

Geschichtsdrama und Geschichtspolitik

Die nach 1945 entstandenen Geschichtsdramen zeigen, dass sie in einem kritischen Verhältnis zu dem stehen, was man seit dem „Historikerstreit" (1986) Geschichtspolitik nennt: „Geschichtspolitik zielte also nicht auf das Bild von der Vergangenheit, sondern es ging um die Macht über die Köpfe, ging um die Beeinflussung von Zukunft." (Peter Steinbach: Politik mit Geschichte – Geschichtspolitik? In: Aus Politik und Zeitgeschichte; http://www.bpb.de/themen/LL5SJ8,0,Geschichte_Erinnerung_Politik.htm) „Geschichtspolitik lässt sich nicht abschaffen oder überwinden. Sie bestimmt die Deutung der Vergangenheit in der alltäglichen Politikdarstellung. Aber sie lässt sich durchdringen und durchschauen – und so in ihrer verführerischen Brisanz durch suggerierte Schlüssigkeit und politisch instrumentalisierbare Analogiebildung korrigieren." (Steinbach, S. 7) Die Literatur, im speziellen Fall das Theater, leistet ihren Beitrag dazu, indem sie geschichtspolitische Einflussnahme stört. (Zum subjektiven Geschichtsbezug durch das Gedächtnis vgl. Zusatzmaterial 8.)

Die Funktion des Geschichtsdramas – heute

Dem Geschichtsdrama geht es nicht um Pflege des historischen Gedächtnisses, um Traditionspflege. Die Geschichte im Theater nach 1945 ist Objekt der Darstellung, besonders die Zeit des Nationalsozialismus: Rolf Hochhuth: Der Stellvertreter (1963); Peter Weiss: Die Ermittlung (1965). Sie kann Vehikel sein, Mittel der Verfremdung, der Distanzgewinnung: Man begegnet der eigenen Zeit in anderer Gestalt, anderer Kleidung, Gestik, Bewegung, Sprache – das trifft besonders auf die Aufführungspraxis älterer Geschichtsdramen zu. Im Zentrum steht die Auseinandersetzung mit der Geschichte. Die Zuschauerinnen und Zuschauer werden in eine solche Auseinandersetzung verstrickt

- indem sie am Chicagoer Gangster Arturo Ui in verfremdeter Form sehen, wie die Machtübernahme und die Macht funktionieren (Bertolt Brecht: Der aufhaltsame Aufstieg des Arturo Ui; Arbeitsblatt 8);
- indem sie sich über ‚Romulus den Großen' als Hühnerzüchter amüsieren, dadurch aber auch mit der komischen, satirischen Präsentation von Macht, von Pathos konfrontiert werden, sodass Aura und Charisma demontiert werden (Friedrich Dürrenmatt: Romulus der Große; Arbeitsblatt 9);
- indem sie nationalen Mythen und Geschichtsbildern auf provozierende/schockierende Weise begegnen und sich mit ihnen auseinandersetzen müssen (Heiner Müller: Germania Tod in Berlin; Arbeitsblatt 10);
- indem sie erleben, wie bekannte poetische und philosophische Texte und Gedanken der deutschen idealistischen Vergangenheit dekonstruiert werden, indem sie in ungewohnten Kontexten erscheinen (Elfriede Jelinek: Wolken.Heim; Arbeitsblatt 11/12);
- indem sie anhand des historischen Augenblicks der deutschen Wiedervereinigung bzw. des Berliner Mauerfalls zum Nachdenken über die Darstellbarkeit von Geschichte aufgefordert werden (Botho Strauß: Schlusschor; Arbeitsblatt 13).

Hinweis zum Einsatz im Unterricht

Die Texte und Textauszüge sind so gewählt, dass sie für sich gelesen werden können, sofern man den Schülerinnen und Schülern die nötigen Kontextinformationen gibt. Die Beispiele eignen sich als Ergänzung/Kontrast zu Geschichtsdramen der Tradition, um die Problematik der Geschichtsdarstellung bewusst und erlebbar zu machen. Nicht zuletzt kann die Beschäftigung mit den Textbeispielen als Vorbereitung auf einen Theaterbesuch wertvolle Hilfe leisten. Selbstverständlich bietet es sich auch an, Stücke im Rahmen einer Unterrichtsreihe in Gänze zu lesen; dazu eignen sich besonders Dürrenmatts „Romulus der Große" und B. Strauß' „Schlusschor".

2.2 Bertolt Brecht: Der aufhaltsame Aufstieg des Arturo Ui

Bertolt Brecht wurde 1898 in Augsburg geboren; nach dem Abitur begann er ein Medizinstudium in München, doch sein Hauptinteresse galt der Literatur, er schrieb Gedichte und Theaterstücke. 1922 ging er nach Berlin; von 1924 bis 1926 arbeitete er als Dramaturg am Deutschen Theater Max Reinhardts; seit 1926 beschäftigte er sich mit Nationalökonomie und Marxismus. Die Gedichtsammlung „Hauspostille" erschien 1927. Die Uraufführung der „Dreigroschenoper" (1928) mit der Musik von Kurt Weill löste einen Theaterskandal aus und wurde ein sehr großer, weltweiter Erfolg. 1933, am Tag nach dem Reichstagsbrand, verließ Brecht mit seiner Familie (er hatte 1929 die Schauspielerin Helene Weigel in 2. Ehe geheiratet) Deutschland; die Stationen seines Exils waren Prag, Wien, Zürich, Paris, für fünf Jahre Dänemark; seit 1941 lebte er in den USA, in Santa Monica bei Hollywood. Die heute klassischen Stücke „Mutter Courage und ihre Kinder" (1941), „Der gute Mensch von Sezuan" (1943), „Der kaukasische Kreidekreis" (1944) und „Leben des Galilei" (1943) entstanden im Exil. Er kehrte 1947 nach Europa zurück, wo er zuerst in Zürich lebte. 1949 gründete er zusammen mit Helene Weigel das Berliner Ensemble, das 1954 das Theater am Schiffbauerdamm bezog. Brecht starb 1956.

2.2.1 Vorüberlegungen

Entstehung

Bertolt Brechts Stück „Der aufhaltsame Aufstieg des Arturo Ui" entstand 1941 im finnischen Exil; zu Brechts Lebzeiten wurde es weder veröffentlicht noch aufgeführt. Der Autor hatte vergeblich auf eine Aufführung im amerikanischen Exil (seit 1941) gehofft; die Uraufführung fand erst 1958 in Stuttgart statt. Da es keine von Brecht autorisierte Textfassung gibt, erscheint das Stück auch unter dem Titel „Der Aufstieg des Arturo Ui" nach der letzten Typoskriptfassung, die in der „Großen kommentierten Berliner und Frankfurter Ausgabe" von 1991 publiziert wurde; diese Ausgabe weist Veränderungen im „Prolog" sowie in den Szenen 8d und 9a auf. Zuerst veröffentlicht wurde der Text 1957, ein Jahr nach Brechts Tod, in der Zeitschrift „Sinn und Form".

Thematik

Während im Haupttext – er handelt vom Aufstieg Hitlers und des Nationalsozialismus – explizit von den politischen Ereignissen in Deutschland in der Zeit von der Wirtschaftskrise (1929–32) bis zum Einmarsch in Österreich 1938 („Anschluss") keine Rede ist, wird auf die politischen Ereignisse der Naziherrschaft in Projektionen am Schluss der 16 Szenen verwiesen; diese Texte befinden sich in der älteren Textausgabe aus dem Jahr 1962 (die hier zu Grunde gelegt wird) in der Zeittafel I am Schluss (S. 127 ff.). In der neuen Ausgabe aus dem Jahr 1991 stehen diese Texte am Ende der Szenen; die Nummerierung der Szenen ist überdies leicht verändert. Parallelen zwischen Personen des Stücks und der Zeitgeschichte wurden von Brecht selbst hergestellt, so zwischen dem alten Dogsborough und Hindenburg und natürlich zwischen Arturo Ui und Hitler. Die Handlung spielt im Karfioltrust- und im Gangstermilieu in Chicago, Vorbild für Arturo Ui ist der berühmte Gangster Al Capone.

Form

Auffällig ist die sprachliche Form, es handelt sich nahezu durchgängig um fünfhebige Jamben, Blankverse also, das Versmaß des Dramas der deutschen Klassik; Brecht spricht deshalb vom „großen Stil", hier eingesetzt als Mittel der Verfremdung und der Satire. Außerdem gibt es – mal mehr, mal weniger – deutlich erkennbare Bezüge auf literarische Texte: Stücke von Shakespeare, vor allem die Rede des Antonius aus „Julius Cäsar" (Szene 7), auf „Richard III.", auf Goethes „Faust" („Garten", Gretchen und Faust, Frau Marthe und Mephisto) (Szene 13); Einzelheiten findet man bei Dieter Thiele (B. Brecht: Der aufhaltsame Aufstieg des Arturo Ui. Frankfurt 1990, S. 10)

Rezeption

Die Hauptfrage der Interpretation und Rezeption, über die kontrovers diskutiert wurde und wird, betrifft den Zusammenhang zwischen der realen Geschichte und der Handlung des Stücks. Mit zunehmendem zeitlichen Abstand zum Nationalsozialismus und schwindendem Wissen über Details der Geschichte, deren Kenntnis Brecht noch voraussetzen konnte, muss die Frage nach der Relevanz des Stückes für heutige jugendliche Leserinnen und Leser, also die Frage nach dem Aktualisierungspotenzial des Stücks, gestellt werden. Konkreter heißt das in Bezug auf die erste Frage: Ist Brechts Intention die parabolische Darstellung des deutschen Faschismus? Bringt er also eine Faschismustheorie auf die Bühne? Zielt das Stück auf eine Warnung entsprechend den vielzitierten Schlusszeilen des Epilogs „Der Schoß ist fruchtbar noch, aus dem das kroch"?

Die Kritik hat von Anfang an (seit der Veröffentlichung des Stücks) angezweifelt, dass die Entlarvung des Faschismus durch die Ansiedlung des politischen Geschehens im Gangstermilieu gelingen kann, denn das sei eine gefährliche Verharmlosung. So warf Theodor W. Adorno, der prominenteste Kritiker, Brecht vor, „das wahre Gesicht des Faschismus [werde] eskamotiert" (Adorno 1965, S. 119). Der Historiker Hans-Ulrich Wehler sieht in dem Stück ein „krudes, aber einflussreiches Deutungsschema" des Faschismus, nämlich ein vulgärmarxistisches (Wehler 2003, S. 291 f.). Brecht, der eine solche Kritik vorausgesehen hatte, schrieb im Arbeitsjournal: „im Ui kam es darauf an, einerseits immerfort die historischen vorgänge durchscheinen zu lassen, andrerseits die ‚verhüllung' (die eine enthüllung ist) mit eigenleben auszustatten, d. h. sie muss – theoretisch genommen – auch ohne ihre anzüglichkeit wirken. Unter anderem wäre eine zu enge verknüpfung der beiden handlungen (*gangster-* und *nazihandlung*), also eine form, bei der die gangsterhandlung nur eine symbolisierung der andern handlung wäre, schon dadurch unerträglich, weil man dann unaufhörlich nach der ‚bedeutung' dieses oder jenes zuges suchen würde, bei jeder figur nach dem urbild forschen würde. Das war besonders schwer." (abgedruckt bei Thiele 1990, S. 27)

Die berechtigte Frage nach der ‚Leistungsfähigkeit' und Angemessenheit des Stücks in Bezug auf die Kritik des Nationalsozialismus wird damit nicht entschieden, sie bleibt ein Thema der Rezeption, aber heute möglicherweise kein vorrangiges, zumindest kein ausschließliches. Stattdessen gewinnt das Thema der Macht, der Entlarvung von Macht stärkeres Interesse, auch in dem Sinn, wie Brecht es formuliert hat: „Der Ui ist ein Parabelstück, geschrieben mit der Absicht, den üblichen gefahrvollen Respekt vor den großen Tötern zu zerstören." (Textausgabe S. 133) Damit wird der Zeitbezug nicht unterdrückt, doch eine solche Leseweise ermöglicht eine Öffnung für die Gegenwart. In diesem Sinn muss man wohl auch die folgende Aussage im Brecht-Handbuch verstehen: „Auch wäre zu überlegen, wie weit das Stück als Modell für eine bürgerliche Gesellschaft trägt, in der Staats- und Polittheater, Massenmedien und Massenkonsum den politischen Diskurs ersetzen […]." (Knopf 2001–2003, S. 472) Die Demontage der Macht, der Mächtigen – das verbindet überdies Brechts ‚Ui' und Dürrenmatts ‚Romulus'. Dieser Aspekt soll in den folgenden Ausführungen im Mittelpunkt stehen, zumal es über die andere Frage zahlreiche Darstellungen gibt.

Inhalt und Aufbau

Im „Prolog" stellt ein Ansager den Gegenstand des Stücks vor, die „große historische Gangsterschau", die die „Wahrheit über den großen Dockshilfeskandal" liefern soll. Die ersten Szenen zeigen, wie die Voraussetzungen für Arturo Uis Aufstieg geschaffen werden. Die Handlung spielt in Chicago zur Zeit der Wirtschaftskrise Anfang der Dreißigerjahre des vorigen Jahrhunderts. Die Geschäfte des „Karfioltrusts" (Karfiol = Blumenkohl) gehen schlecht; um zu überleben braucht man dringend Kapital, das man sich von der Stadt Chicago in Form einer Anleihe beschaffen bzw. erschleichen möchte, denn man gibt vor, man wolle damit die Kaianlagen ausbauen, um die Transportsituation für den Handel zu verbessern. Als Mittelsmann für die Geldbeschaffung setzt man auf den langjährigen Stadtverordneten und Gastwirt Dogsborough, der hohes Ansehen genießt und als äußerst integer anerkannt ist; man hat bisher seine Wahlkämpfe finanziell unterstützt. Der erste Versuch, Dogsborough zu gewinnen, scheitert, denn er ist misstrauisch. Die Leute vom Karfioltrust finden einen anderen Weg, um ihr Ziel zu erreichen. Der Reeder Sheet steht kurz vor dem Bankrott; die Herren des Karfioltrusts versprechen ihm Hilfe und üben gleichzeitig Druck aus, er solle ihnen die Aktienmehrheit der Reederei für einen Spottpreis überlassen. Sheet hat keine andere Wahl und stimmt zu. Das Aktienpaket bietet man Dogsborough an, der – arglos oder die Hintergedanken ignorierend – zugreift. Wie sich kurze Zeit später zeigt, hat er sich dafür eingesetzt, dass der Karfioltrust die Anleihe von der Stadt Chicago bekommen hat, von der er als Mitbesitzer der Reederei ebenfalls profitiert; er kauft ein kleines Landhaus, er hat sich also bestechen lassen. Arturo Uis Gangstergeschäfte laufen seit einiger Zeit ebenfalls schlecht;

seine Leute schlagen vor, mit Schutzgelderpressungen vom Karfioltrust wieder eine Einnahmequelle zu erschließen. Ui ist auf Sicherheit bedacht; bevor er in das Geschäft einsteigt, möchte er sich gegenüber Polizei und Justiz absichern, das heißt, er möchte sie auf seiner Seite haben, damit man ihn nicht belangen kann. Den Weg dazu eröffnet ihm ein von Dogsborough aus der Reederei entlassener Angestellter, der über die Hintergründe des Aktiendeals sehr gut informiert ist und dieses Wissen an Ui weitergibt. Damit kann Arturo Ui Druck auf Dogsborough ausüben. Da Gerüchte aufgekommen sind, dass es bei der Anleihe nicht mit rechten Dingen zugegangen sei, wird von der Versammlung der Stadtverordneten ein Untersuchungsausschuss eingesetzt, den Dogsborough fürchten muss. Er kann auf Uis Unterstützung kaum noch verzichten, Uis Leute sorgen dafür, dass wichtige Zeugen, die gegen Dogsborough aussagen könnten, beseitigt werden. Arturo Ui hat damit die Grundlagen für seinen Aufstieg geschaffen, er kann mit seinen Schutzgelderpressungen seine Macht auf- und ausbauen. Die Polizei schreitet nicht ein, die Justiz entscheidet zugunsten von Dogsborough, der so von Ui abhängig geworden ist. Arturo Ui residiert nun in einem Hotel und macht sich fit für öffentliche Auftritte, indem er Unterricht bei einem Schauspieler nimmt. Durch Gewalt und Einschüchterung wird die Macht ausgebaut; ein Prozess wegen Brandstiftung zeigt, dass Ui die Justiz in der Tasche hat. Dogsborough deckt in seinem Testament die Machenschaften zwar auf, doch das gelangt nicht an die Öffentlichkeit, stattdessen wird Ui in einem von seinen Leuten gefälschten Testament zum geistigen Erben von Dogsborough ernannt und damit seine Reputation gefestigt. Interne Rivalitäten werden durch Gewalt entschieden und beendet. Der nächste Schritt besteht darin, die Macht auf den Ort Cicero auszuweiten; dazu wird ein kritischer Zeitungsmann umgebracht. Seine Beerdigung offenbart, dass niemand mehr gegen Ui vorzugehen wagt. Die Übernahme der Macht durch Gewalt und Einschüchterung wird von Ui als Schutz ‚verkauft', den er bald auch vielen anderen amerikanischen Städten zukommen lassen will. Niemand wagt mehr, sich dem entgegenzustellen. Für Brecht soll damit in Form einer Analogie der Weg aufgezeigt werden, wie Hitler an die Macht gekommen ist.

Burkhardt Lindner hat die folgende, vielfach aufgegriffene Gliederung vorgeschlagen (Lindner 1982, S. 48), die hier in der rechten Spalte durch weitere Informationen, u. a. aus dem Brecht-Handbuch, ergänzt wird:

Szene	Überschrift	Inhalt
Bild 1, 2, 3	1. Ui in Wartestellung	Voraussetzungen der Machtübernahme: Zusammenspiel von ökonomischer Krise und Uis politischer Ambition – ökonomische Krise als Chance für Ui
Bild 4, 5, 6	2. Ui im Geschäft	Mittels Erpressung macht Ui sich für die herrschende Schicht unentbehrlich; er bedient sich der Polizei und Justiz zur Absicherung; Uis ‚Geschäftsmodell': ‚Verkauf' von Schutz, Sicherheit, wofür die von ihm ausgeübte Gewalt erst das Bedürfnis schafft
Bild 7, 8	3. Ui an der Macht	Ui übt sich im öffentlichen Machtgebrauch (Rhetorik, Körpersprache); er inszeniert seine Macht und demonstriert mit Nachdruck (= Gewalt) seine Unentbehrlichkeit
Bild 9, 10, 11	4. Ui als Staatsmann	Ui beherrscht die Justiz und demonstriert – rhetorisch – seine Macht
Bild 12, 13, 15	5. Ui als Imperator	Ui behauptet seine Alleinherrschaft und weitet seine Macht aus

2.2.2 Im Zentrum der Erarbeitung – Arturo Uis Reden

Arturo Ui und die Macht

„Unter ‚Macht' wollen wir dabei hier ganz allgemein die Chance eines Menschen oder einer Mehrzahl solcher verstehen, den eigenen Willen in einem Gemeinschaftshandeln auch gegen den Widerstand anderer daran Beteiligten durchzusetzen." (Weber 1995, S. 219) „Der Träger des Charisma ergreift die ihm angemessene Aufgabe und verlangt Gehorsam und Gefolgschaft kraft seiner Sendung. Ob er sie findet, entscheidet der Erfolg. Erkennen diejenigen, an die er sich gesendet fühlt, seine Sendung nicht an, so bricht sein Anspruch zusammen." (Weber, S. 273) Auch wenn Max Weber nicht an Figuren wie Hitler oder Ui gedacht haben mag, lassen sich dennoch die beiden Aussagen sehr wohl auf sie anwenden, wobei es wesentlich darauf ankommt, dass man die zur Erreichung des Ziels angewandten Mittel berücksichtigt. Bezogen auf das Stück: Die Darstellung der Eroberung der Macht liefert zugleich Elemente zu ihrer Entlarvung. Es geht nicht um Arturo Ui als Person/Persönlichkeit, anders beispielsweise als in Schillers „Wallenstein" oder Büchners „Dantons Tod". In Brechts Stück spielt die Psychologie nur eine marginale Rolle; Ui interessiert im Hinblick auf seine Vorgehensweise, seine kriminellen Machenschaften zur Eroberung der Macht. Käme er mit purer Gewalt an die Macht, wäre der Fall für die Bühne nicht von sonderlichem Interesse. Die Frage, wie ein Hitler mit seiner Partei an die Macht gelangen und sein Unwesen entfalten konnte, bleibt trotz aller Erkenntnisse der historischen Forschung immer wieder neu zu stellen, sie bleibt wichtig, weil es auch um die Ermöglichung, die Ermöglicher der Macht geht. Die Bühne verlangt Reduktion von Komplexität, die Gesamtheit der Faktoren und Facetten lässt sich auf ihr nicht darstellen. Es genügt nicht, den Blick nur auf Arturo Ui zu richten, sondern es muss auch das Umfeld in den Fokus kommen, um zu zeigen, wie sich andere beteiligt haben oder haben vereinnahmen lassen oder wie und warum sie es haben geschehen lassen, dass Ui so mächtig wurde. Der Vorwurf, Hitler werde in der Gestalt des Ui zum Hampelmann verkleinert (wie es die Kritik häufig gegen Brecht vorgebracht hat), trifft nicht zu, Brecht hat ihn nicht als Karikatur gestaltet, denn das wäre kontraproduktiv gewesen, wenn es darum ging, die Macht zu entlarven. Es kam darauf an, eine Figur nicht lächerlich zu machen, sondern transparent zu machen, auf welche Weise sie die Macht erobert: Die Gangsterhandlung sollte etwas Erhellendes über das politische Handeln zutage fördern. Durch den „hohen Stil" der oft holprigen Jamben, durch die Reduzierung der Gesellschaft auf den Karfiolhandel, durch Stilbrüche, durch Kontraste wird die Realität verfremdet mit dem Ziel der Erkenntnis.

Die Eroberung der Macht

Arturo Ui will Macht nicht, um reich zu werden oder ein luxuriöses Leben zu führen, er gibt sich asketisch („Ich bin ein Mann, der keine Lüste kennt." S. 104). Er kommt aus kleinen Verhältnissen („Sohn der Bronx und einfacher Arbeitsloser", S. 37) und ist von Geltungssucht getrieben. Komisch wirkt sein vom klassischen Drama geborgtes Pathos: „Ich will nur eines nicht/Verkannt sein! Nicht als Glücksjäger, Abenteurer/Oder was weiß ich betrachtet werden." (ebenda) Die Floskel ‚oder was weiß ich' zeigt das typische Umkippen des Stils. Einerseits gibt er sich bescheiden (gegenüber Dogsborough), dann aber tritt er auch sehr entschieden auf, wenn er das Fazit zieht: „Kurz, der Karfioltrust braucht mich." (S. 38)

Ui hat die ‚Geschäftsidee' der Mafia: Die Macht, die er haben will und auch bekommt, will er benutzen, um Sicherheit und Ordnung zu schaffen, die jedoch ohne die von ihm und seinen Leuten ausgeübte Gewalt gar nicht oder nur geringfügig gefährdet wären. So schafft er ein Bedürfnis (Schutz), indem er Gewalt ausübt oder androht, indem er also den Zustand der Unsicherheit herbeiführt und dazu zwingt, sich seiner zur Abhilfe zu bedienen. Die Händler zahlen dafür, dass Ui es unterlässt, Gewalt auszuüben. Wenn Ui die Institutionen, die eigentlich für die Sicherheit verantwortlich sind – Polizei und Justiz – auf seine Seite bringt, schaltet er sozusagen eine lästige Konkurrenz aus. Dazu wiederum bedient er sich einer Person, die aus Versehen oder Unachtsamkeit oder Schmeichelei sich auf Korruption einlässt. Arturo Ui nutzt die Bestechlichkeit, die Feigheit, die fehlende Solidarität, den Egoismus, um seine ‚Geschäfte' zu machen, allerdings immer abgesichert durch brutale Gewalt. Das Menschenbild, das er in seinen Reden darlegt, wird sozusagen durch die Handlung bestätigt. Er will nicht einfach im Verborgenen abkassieren, sondern möchte auch eine öffentliche Rolle spielen; diese beiden Seiten werden im Stück dargestellt, wobei die reine Gewaltausübung eher zwischen den Szenen stattfindet. Die Schauspielerszene (6. Bild, in der neueren Zählung das 7. Bild) führt vor, wie die Inszenierung der Macht eingeübt wird (vgl. dazu auch die Zusatzmaterial 3 über Einfühlung in eine Rolle bzw. Distanz). Die Szene eignet sich sehr gut für Inszenierungsversuche im Klassenzimmer.

Arturo Uis Reden (Arbeitsblatt 8, S. 105)

- *Welche Redeabsicht ist zu erkennen?*
- *Wie wird sie kommuniziert? Wann, wo, in welcher Situation?*
  - *Wie stellt sich der Redner dar?*
  - *Wie definiert er die Beziehung zu den Adressaten?*
  - *Wie redet er? (Körpersprache, Stimme; Verständlichkeit; Konkretheit/Abstraktheit; strukturiert/assoziativ; direkte/indirekte Mitteilung; offen/verklausuliert; einfache/gehobene Sprache …)*
- *Was sagt er? (Thema, Aufbau, Inhalt)*
- *Wie lässt sich die Botschaft in Klartext formulieren?*
- *Wie argumentiert er? Weltbild, Wertvorstellungen?*

Die offene Gewalt ist, wie gesagt, auf der Bühne kaum zu sehen. Ui setzt sie zwar skrupellos ein, er will aber nicht als der skrupellose Eroberer der Macht erscheinen, sondern als jemand, der sich für positive Werte einsetzt, der für Sicherheit, Ordnung, Schutz vor Gewalt kämpft – die auf Gewalt basierende Macht soll in einem positiven Licht erscheinen. Dazu dienen die öffentlichen Auftritte und Reden; die Analyse der Reden kann zeigen, wie die Macht sich präsentiert und inszeniert.

Hinweise zu ersten Rede

Die Redeabsicht ist klar und eindeutig, die Händler sollen zur Zahlung von Schutzgeld in Höhe von 30 % des Gewinns veranlasst werden als Voraussetzung dafür, dass sie ihren Handel aufrechterhalten können. Wesentliche Elemente können im Tafelbild festgehalten werden:

Baustein 2: Geschichte und Politik im Gegenwartstheater

Inhalt, Aufbau und Wirkungsabsicht der Rede

Z. 1 – 11	Beschreibung der von Gewalt bestimmten Situation, der gegenüber die korrupte Stadtverwaltung passiv bleibt	Wirkungsabsicht: Angst, Erschrecken; geheuchelte Empörung
Z. 13 – 23	Bezeichnung des Zustandes als Chaos; Erläuterung durch Konkretisierung in der Ich-Perspektive	Anschluss an die Alltagswelt der Zuhörer; Weltbild – die kriminelle Ausnahme wird als Normalzustand beschrieben
Z. 23 – 34	Begründung der Verhältnisse mit der menschlichen Natur	Verallgemeinerung in konkreter Form: „Der Mensch wird nie aus eigenem Antrieb seinen Browning weglegen."
Z. 35 – 42	Frage nach den Schlussfolgerungen	belehrender, herablassender Ton; entwertend, tadelnd
Z. 42 – 53	Auswege werden gezeigt, mögliche Einwände werden aufgegriffen und entkräftet	Allerweltssprüche: „Umsonst ist nur der Tod."
Z. 53 – 59	Bekräftigung der ‚ewigen Gesetze' und Lösungsangebot	Angebot als Forderung

Der Redner führt gleichsam vor, wie die Adressaten zu fühlen und zu denken haben, indem er zu Beginn ausmalt, in welch einer erschreckenden, bedrohlichen Situation sie sich befinden – ohne einen Gedanken darauf zu verwenden, welche Ursachen das angebliche Chaos hat; es wird als Naturzustand dargestellt; die Lösung wird als alternativlos aufoktroyiert; der Schutz, den Ui „beschlossen" hat, wird ‚geliehen', als eine Art Gnadenakt für die Hilflosen. Die komische Wirkung resultiert aus Gegensätzen zwischen abstrakten Allgemeinaussagen und Konkretem sowie aus Stilbrüchen, dem unvermittelten Nebeneinander verschiedener, entgegengesetzter Stilebenen.

Hinweise zur zweiten Rede:
Die Situation ist verglichen mit der ersten Rede verändert, Uis Herrschaft ist bereits etabliert, das zeigt sich schon in der Anrede, die Gleichheit und gegenseitiges Wohlwollen suggeriert; zur Kenntlichkeit entstellt wird die Situation am Schluss, wenn Ui mit biblischem Pathos unverhohlen droht („wer da nicht für mich ist …"). Er erzählt die rührselige Geschichte, wie er angeblich von Dogsborough zum Beschützer des „Grünzeughandels" eingesetzt wurde. Das spiegelt sich im emotionalen Wortschatz (Z. 1 – 11): Freunde, Tränen im Aug; gerührt; freudig; nennt mich seinen Sohn; dankt tiefbewegt. Der Redeaufbau (Tafelbild):

Aufbau der Rede

Z. 1 – 17	Wie Ui durch den ehrlichen Dogsborough zum Beschützer eingesetzt wurde	Die rührselige Geschichte des Weges zur Macht – eine dreiste Lügengeschichte
Z. 17 – 21	Ciceros „Antrag" auf den gleichen Schutz und Uis Bereitschaft, ihm zu entsprechen	Die zweite Lügengeschichte
Z. 21 – 30	Uis Bedingung: Er möchte durch freiwilligen Entschluss gerufen werden.	Der demokratische Anschein
Z. 30 – 39	Die Aufforderung zur freien Entscheidung	Die angebliche freie Entscheidung ist mit einer unverhohlenen Drohung verbunden

Ui gibt ein Beispiel für eine Rhetorik der Lüge; die Übersetzung in Klartext ist hier wie in der anderen Rede einfach. Eine freie Entscheidung würde zum einen mindestens eine Alternative erfordern, zum andern dürfte es keine Einschüchterung durch die Androhung von Gewalt geben.

Ein einfacher Transfer ist von einer solchen Rede auf die heutige politische Rhetorik nicht möglich, eingeübt werden kann aber eine kritische, fragende Haltung; darüber hinaus kann man die Schülerinnen und Schüler mit dem Analyseinstrumentarium, also mit Fragestellungen vertraut machen.

2.3 Friedrich Dürrenmatt: Romulus der Große (Fassung 1980)

Friedrich Dürrenmatt wurde 1921 in Konolfingen (Kanton Bern) als Sohn eines protestantischen Pfarrers geboren. Nach dem Abitur studierte er Philosophie, Literatur und Naturwissenschaften in Zürich und Bern; 1947 heiratete er die Schauspielerin Lotti Geißler, mit der er drei Kinder hatte. Nach ihrem Tod heiratete er 1982 die Filmemacherin Charlotte Kerr. Dürrenmatt schrieb Theaterstücke, Erzählungen, Kriminalromane und Hörspiele. „Romulus der Große" wurde 1949 in Basel uraufgeführt. Das Stück „Besuch der alten Dame" (1956) wurde sein größter Erfolg. Dürrenmatt betätigte sich auch als Maler. Er starb 1990.

Werke (Auswahl): Prosa: Der Richter und sein Henker (1952); Der Verdacht (1953), Das Versprechen (1958), Der Tunnel (1964), Justiz (1985); Theater: Romulus der Große (1949), Der Besuch der alten Dame (1956), Die Physiker (1962), Play Strindberg (1969), Achterloo (1983)

2.3.1 Vorüberlegungen

Textfassungen

Die erste Fassung dieser „ungeschichtlichen historischen Komödie" wurde 1949 in Basel uraufgeführt; eine 2. Fassung erschien 1957, die 3. 1961, die 4. 1964 und die 5. Fassung („Neufassung") erschien 1980; die Veränderungen betreffen vor allem den letzten (IV.) Akt. Der Begriff „ungeschichtlich" verweist darauf, dass die Handlung weitgehend fiktiv ist; historisch sind der Name des letzten römischen Kaisers Romulus, der den Beinamen „Augustulus" als Spottnamen erhielt, und das Jahr 476 als Datum des Untergangs des römischen Reiches. Der historische Romulus war gerade 15 Jahre alt und nicht einmal ein ganzes Jahr im Amt, während Romulus im Stück seit 20 Jahren Kaiser ist.

Handlung

Die Geschichte spielt vom Morgen des 15. bis zum Morgen des 16. März 476 (die Iden des März sind symbolträchtig als Zeitpunkt der Ermordung Julius Cäsars) in Campanien in der heruntergekommenen Villa des bei Dürrenmatt 50 Jahre alten Kaisers Romulus; das römische Reich ist im Begriff, vor dem Ansturm der Germanen zusammenzubrechen, doch Romulus, dessen Hauptbeschäftigung die Hühnerzucht ist, lässt sich nicht aus der Ruhe bringen. Wie an seinem „Hof" agiert wird, zeigt sich schon deutlich am Anfang des Stücks: Der Präfekt Spurius Titus Mamma bringt die Nachricht, dass das römische Weltreich unter dem Ansturm der Germanen zusammenbricht, doch die beiden uralten Diener Achilles und Pyramus halten sich an das Hofzeremoniell und wollen ihn erst in einigen Tagen zum Kaiser vorlassen. Als Romulus auftritt und erfährt, dass nach dem Kalender die Iden des März sind, will er entsprechend einem alten Brauch die Beamten an diesem Tag besolden, allerdings ist der Finanzminister mit der Staatskasse, die ohnehin leer war, geflüchtet. Für Romulus ist der Koch der wichtigste Mann. Der Kaiser frühstückt in aller Ruhe und lässt sich über die Legeleistung seiner Hühner, die die Namen früherer Kaiser tragen, informieren; künftig möchte er nur noch die Eier der Henne Odoaker (das ist der Name seines germanischen Gegenparts) essen. Romulus ist seit langem auch finanziell am Ende, durch den Verkauf der Büsten der großen römischen Dichter, Denker und Staatsmänner nimmt er gerade das für das Hühnerfutter erforderliche Geld ein. Für den Kaiser dominiert die Alltäglichkeit, während das Reich vom Untergang bedroht ist. Seine Tochter Rea deklamiert Verse aus der „Antigone" des Sophokles. Der ebenfalls bedrängte oströmische Kaiser Zeno bittet um Asyl. Als Retter des Reiches bietet sich der sehr reiche Hosenfabrikant Cäsar Rupf (ein häufiger Schweizer Name) an: Zuerst wollte er das römische Imperium aufkaufen, nun will er den Germanen zehn Millionen dafür zahlen, dass sie Italien räumen, denn schließlich sei heute alles käuflich. Als Gegenleistung verlangt er Rea zur Frau, die aber mit Ämilian verlobt ist, der schließlich nach drei Jahren in germanischer Gefangenschaft körperlich schwer beeinträchtigt zurückkehrt und vom Kaiser fordert, weiter gegen die Germanen zu kämpfen; er ist allerdings auch bereit, auf Rea zu verzichten. Romulus verbietet seiner Tochter die Heirat mit Rupf, weil sie ihn nicht liebt. Ein Anschlag auf Romulus misslingt, weil die Germanen unter Odoaker just in diesem Moment erscheinen. Kaiserin Julia, Rea, Ämilian und etliche Minister ertrinken bei dem Versuch, mit einem Floß nach Sizilien zu flüchten. Bevor die Kaiserin ihre Reise nach Sizilien angetreten war, kam es zu einer Aussprache des Ehepaars, in deren Verlauf Romulus ganz offen zu seiner Frau sagte, er habe sie nur geheiratet, um Kaiser zu werden und das wiederum mit der Absicht, das Weltreich untergehen zu lassen. Er betrachte sich nicht als Roms Verräter, sondern als sein Richter. Gerade in der Bedrängnis verliert der Kaiser nicht seine Lust an Wortspielen und Aperçus, zum Beispiel: „Wir müssen zwischen einem katastrophalen Kapitalismus und einer kapitalen Katastrophe wählen." (55) Oder: „Es wird niemand leichter ein Mörder als ein Vaterland." (55) Seine Devise bleibt: „Furchtlos die Dinge betrachten, furchtlos das Richtige tun." (57) Er will die Menschen verteidigen, die immer Opfer der Macht werden. Nach seiner Auffassung ist Rom selbst an seinem Untergang schuld: „Es kannte die Wahrheit, aber es wählte die Gewalt, es kannte die Menschlichkeit, aber es wählte die Tyrannei." (63) Im letzten Akt treffen zwei Hühnerzüchter, Romulus und Odoaker, aufeinander; sie ähneln sich auch darin, dass beide Pazifisten sind. Romulus' Plan war, das Reich den Germanen zu übergeben und sich dafür zu opfern; doch Odoaker durchkreuzt diesen Plan, denn er wollte sich den Römern unterwerfen, weil er fürchtet, dass es unter seinem wahrscheinlichen Nachfolger Theoderich neue Kriege geben wird. Sie einigen sich darauf, dass Romulus abdankt, in Rente geht und Odoaker zum König von Italien ausgerufen wird – in der Hoffnung auf einige Jahre Frieden.

Ein Spiel mit der Geschichte

Geschichten kann man immer auch anders erzählen – warum also nicht auch die Geschichte (Historie), insbesondere dann, wenn sie schon sehr lange zurückliegt und Einzelheiten beim Publikum kaum als bekannt vorausgesetzt werden können. Lediglich der Ausgang – Untergang des Römischen Reiches – ist vielleicht bekannt. Gerade weil es so ist, reizt es, nach Ursachen und Verlauf zu fragen und sich vorzustellen, dass es vielleicht ganz anders war, als die Geschichtsbücher es überliefern. Ginge es nur um ein beliebiges historisches Faktum, wäre das Interesse wohl gering. Das Thema des Untergangs war 1949 durch die noch nicht lange zurückliegenden Ereignisse in Deutschland (Ende des Dritten Reiches) aktuell, ohne dass man deshalb von einer Spiegelung der Gegenwart in den römischen Ereignissen sprechen könnte. Die nicht uninteressante These, „dass die Figur des Romulus – über den im Stück zweifellos gegebenen allgemeinen Verweis auf die Endphase des Dritten Reiches hinaus – als eine Gegenkonzeption zum Bild des Gewaltherrschers überhaupt und der Person Hitlers im besonderen angelegt sei", wurde ausführlich diskutiert (vgl. Knapp 1985, S. 50ff.). Für das Spiel mit der Historie lassen sich andere Beispiele anführen: Etwa das Theaterstück „La guerre de Troie n'aura pas lieu" (Kein Krieg in Troja, 1935) von Jean Giraudoux oder die „Antigone" von Jean Anouilh aus dem Jahr 1944; in beiden Fällen werden Versuche durchgespielt, den Krieg oder den tragischen Ausgang zu verhindern, ohne den ‚tatsächlichen' Ausgang zu verändern. Das Spiel mit der Historie wird zu einer Reflexion über einen alternativen, humanen Geschichtsverlauf, den es in der Wirklichkeit nicht gibt und nicht gegeben hat. „Die gesellschaftliche Funktion des Theaters in unserer Zeit liegt somit in der Freisetzung alternativen Denkens." (Knapp, S. 13) Aber, so könnte man fragen, was nutzt das alternative Denken, wenn aufgrund des feststehenden Ausgangs sich gar nichts zum Besseren wendet? Wenn obendrein die Lösungen noch so komisch und abwegig wie in Dürrenmatts Stück erscheinen, sollte man nicht wirkliche Lösungen, Auswege aus einem überwiegend inhumanen Geschichtsverlauf erwarten; statt auf den Ausgang wird (wie bei Brecht) das Interesse auf den Gang gelenkt. Dürrenmatt unterbreitet keinen Handlungsentwurf, sein Geschichtspessimismus wird nicht durch politische Handlungsanweisungen aufgehoben. (Zu Dürrenmatts Verhältnis zur Geschichte vgl. auch Zusatzmaterial 7.) Dass es sich trotzdem lohnt, sich – spielerisch, komödiantisch – mit der Geschichte zu befassen, sollte die Lektüre des Stücks zeigen; dazu muss man sich auf die komischen Elemente, die Anachronismen, den Witz, die Kalauer und Albernheiten, das Groteske und auf die Diskussionen einlassen, man sollte den Text nicht als Gedankendrama (miss-)verstehen. Den mit Comedy vertrauten jugendlichen Leserinnen und Lesern kommt die Figur des Romulus entgegen; er ist eine sehr schillernde, ambivalente Figur, die nicht die Wahrheit repräsentiert, gleichwohl aber Sätze äußert, denen viele zustimmen können; er ist weit davon entfernt, ein Vorbild zu sein, seine Bodenständigkeit lässt ihn aber durchaus sympathisch erscheinen; er ist eine Kunstfigur, eine Spielfigur. Von den tragischen Figuren klassischer Geschichtsdramen (Wallenstein; Götz von Berlichingen) trennen ihn Welten; das erfordert aber auch eine andere Lektüre als ein klassisches Drama, in dem die Protagonisten eine – wenn auch kritisierbare – Wahrheitsposition einnehmen. Was aber ist der Sinn und Zweck einer solchen Lektüre, welches ist der Kern des Spiels mit der Geschichte?

2.3.2 Im Zentrum der Erarbeitung – Romulus' Verhältnis zur Macht

Dürrenmatts skeptische Methode im Blick auf Geschichte und Politik

„Alle Phrasen getötet, alle stolzen Posen lächerlich gemacht. Dem brutalen Vernichtungseifer der Weltgeschichte eine beinahe göttliche, also ganz und gar menschliche Faulheit entgegengesetzt" – so charakterisiert Benjamin Henrichs das Stück (Henrichs 2005, S. 74). Der Kaiser als Hühnerzüchter, Hühner auf der Bühne (die parodistische Anspielung auf den Adler als heraldisches Tier drängt sich auf) – das ist nicht nur ein Gag, sondern rückt die Historie ins rechte Licht, indem ihren Akteuren jegliche Aura, jegliches heroische Pathos genommen wird. Romulus ist der Anti-Staatsmann, der die Dinge nüchtern, pragmatisch betrachtet und über die eigene Rolle und die eigenen Handlungsmöglichkeiten keine Illusionen verbreitet. Dass er, wie sich im Verlauf der Handlung enthüllt, dennoch an die eigene Mission glaubt, Richter über das römische Imperium sein zu können und seinen Untergang herbeizuführen, lässt ihn nicht ‚groß' erscheinen; die Mission scheitert auf skurrile Weise, wie auch alle andern Handlungen scheitern, der Untergang steht sowieso fest. Man könnte auch zynisch sagen: Der Versuch, sich als Opfer zu inszenieren, schlägt auch deshalb mit Recht fehl, weil eine solche Handlung in ein Pathos verfällt, das im Widerspruch zu Romulus' Grundüberzeugung steht. Denn das wird in nahezu jeder Phase des Stücks verdeutlicht: Es ist nötig, die Macht und die Mächtigen, die proklamierten Werte wie Vaterland und Ehre mit äußerster Nüchternheit anzuschauen; Romulus lehrt Skepsis im Blick auf die Politik, im Blick auf Werte, die mit Pathos vorgetragen werden und hinter denen sich handfeste Interessen verbergen. „Das wichtigste unter den Motiven, die dem Stück seinen aktuellen Bezug geben – die Kritik an starrem Heldenethos und bedenkenlosem Patriotismus", so formuliert Ulrich Profitlich die Intention des Stücks (Profitlich 1981, S. 256). Dahinter steht Dürrenmatts Überzeugung: „Die Sprache übt als das eigentlich Menschliche die denkbar größte geistige, auch materielle Macht über den Menschen aus, weil es ihm nie gelingt, auch in Gedanken nicht, sich ihrer Umklammerung zu entziehen." „Nur ein unmerklicher Schritt trennt den Begriffskult vom Personenkult." (F. Dürrenmatt, zit. aus dem Essay „Zusammenhänge. Essay über Israel" in: Jan Knopf: Theatrum mundi. In: Friedrich Dürrenmatt I, Text und Kritik 50/51, München 1976, S. 34) Man könnte Dürrenmatt vorwerfen, er würde, indem er sich für die Komödie entscheidet, das Schreckliche, Barbarische der Geschichte banalisieren und relativieren. Dem lässt sich entgegnen, dass es nicht verschwiegen wird – das Schicksal Ämilians, der in der Gefangenschaft gequält und verstümmelt wurde, steht dafür stellvertretend; Romulus' Nichthandeln und seine fehlende Empathie unterstreichen, dass er nicht als Vorbild taugt, zumal er keinerlei Verantwortung für das vom Staat herbeigeführte Unheil übernimmt. Manche Erkenntnisse und Einsichten werden von Romulus formuliert, doch erst die Leser/ Zuschauerinnen müssen die Schlussfolgerungen ziehen, die als Voraussetzung für das Handeln nötig sind, ohne dass damit ein Rezept für die Verbesserung der Verhältnisse verbunden wird.

Ideologiekritik als Sprachkritik

Damit zielt die Wirkungsabsicht auf Ideologiekritik durch Sprachkritik: Die anvisierte große Ernüchterung kann die Geschichte nicht zum Guten führen, aber dennoch ist es nicht überflüssig, kritisch und skeptisch gegenüber den Pathosvokabeln zu sein. Für den Unterricht darf nicht vergessen werden, dass sich derartige Vokabeln im Verlauf der Geschichte ändern und dass in dieser Hinsicht eine Aktualisierung wünschenswert oder auch nötig ist, wenn man nicht den Eindruck vermitteln will, dass die heutige Zeit zu aufgeklärt ist, um sich von pathetischen Vokabeln einfangen und täuschen zu lassen. Dabei wird sich sehr schnell zeigen, dass man Pathos im Sinne beispielsweise von Patriotismus kaum antreffen wird. Die heutige Rhetorik gibt sich sachlicher, nüchterner, nicht, wenn von der „Achse des Bösen", wohl aber wenn von den globalen Spielern gesprochen wird. Auf eine sprachkritische Aktualisierung sollte nicht verzichtet werden. Parallel dazu handelt das Stück von den Inszenierungen der Macht, Beispiel dafür ist das dem oströmischen Kaiser Zeno so wichtige Zeremoniell, während Romulus sich konträr dazu verhält mit seiner Hühnerzüchterrolle. Auch sollte man nicht auf Aktualisierungen verzichten, indem man einerseits überlegt, wie sich das in einer heutigen Inszenierung des Stücks sichtbar machen ließe, andererseits Macht- und Politik-Inszenierungen in Vergangenheit und Gegenwart vergleicht: Beispiele aus der Gegenwart bieten die zahlreichen Gipfeltreffen von Regierungs- und Staatschefs, die als Freundschaftstreffen inszeniert werden. Interessante Beispiele bot 2010 eine Ausstellung im Berliner Deutschen Historischen Museum „Macht zeigen. Kunst als Herrschaftsstrategie", in der gezeigt wurde, wie zeitgenössische Kunst benutzt wird, um Unternehmer, Spitzenmanager und Regierungschefs fotografisch in Szene zu setzen. Im Ausstellungsflyer heißt es: „Nach dem Ende des Nationalsozialismus waren in Deutschland traditionelle Repräsentationsformen und politische Symbole belastet. Ersatzsymbole mussten gesucht werden. Dabei kam und kommt gerade Kunstwerken die Autorität zu, Macht zu signalisieren, zu legitimieren oder augenfällig zu steigern. Die Protagonisten der Macht erscheinen vor Werken im Geist der Avantgarde zukunftsorientiert, risikofreudig, innovativ oder bedeutend." (Flyer zur Ausstellung „Macht zeigen" vom 19.2.2010 – 13. Juni 2010 im Deutschen Historischen Museum Berlin)

F. Dürrenmatt: Romulus der Große (Arbeitsblatt 9, S. 107)

- *Untersuchen Sie, wie Vater und Tochter argumentieren (Z. 1–74):*
  - *Welche Position vertritt Rea, welche Romulus?*
  - *Wie beurteilen Sie den Ausgang des Gesprächs?*

- *Was kennzeichnet Romulus' politische Position?*

- *Sammeln Sie aus der Geschichte und Literatur Beispiele zur Verwendung des Begriffs ‚Vaterland' (Quellen: Zitatlexika; Internet); versuchen Sie, die Begriffsverwendungen voneinander abzugrenzen und zu beurteilen.*

- *Suchen Sie in der heutigen politischen Rhetorik Begriffe, die eine vergleichbare Geltung haben.*

Es handelt sich nicht um ein Streitgespräch im eigentlichen Sinn, die beiden Gesprächspartner haben eine feste Position, von der Rea am Ende abrückt, ohne dass ihr Standpunkt wirklich widerlegt worden wäre: Sie folgt einfach ihrem Vater. Sehr auffällig ist, dass es sich um eine verkehrte Welt handelt, denn eigentlich müsste Romulus die ‚staatstragende' Position einnehmen, die hier seine Tochter vertritt. Die Tochter liefert dem Vater die Vorlagen für seine Dekonstruktion/Destruktion des Begriffs Vaterland; die Positionen werden im Tafelbild deutlich:

Aufbau des Streitgesprächs

Rea (Tochter)

- Rom ist in Gefahr
- Rom hat eine eminent persönliche Bedeutung, die über dem persönlichen Interesse (Liebe) steht
- Vorrang Roms gegenüber der persönlichen Liebe, deshalb Heirat mit Rupf
- Rettung Roms; Rettung des Vaterlandes, dem Vaterland dienen; das Vaterland geht über alles; das Vaterland mehr lieben als alles in der Welt; nicht leben können ohne das Vaterland; Vaterland steht über dem Staat; unbedingte Liebe zum Vaterland

– **naive Vaterlandsliebe**
– **konservative Position, wie man sie von den Alten erwarten könnte**

Kaiser Romulus (Vater)

- thematisiert die Form und den Gegenstand des Gesprächs, nicht den Inhalt
- der Verlobte als angemessenes Thema
- einer wie Rupf, der sein Geld einsetzt, um den Staat zu retten, ist verrückt
- Vaterland kann nur mit Geld gerettet werden/durch katastrophalen Kapitalismus
- wer das Vaterland so hoch schätzt wie Rea, hat zu viel Tragödien gelesen
- Aufforderung zum Misstrauen gegenüber dem Vaterland; Vaterland bringt zum Morden
- Treue zu einem Menschen steht über der Treue zum Staat
- der Staat benutzt den Begriff Vaterland, wenn er zum Mord auffordern will
- Liebe zu Rom, Tugenden haben eine Bestie gemästet
- Staat frisst seine Kinder

– **staatskritische, staatsfeindliche Position**
– **skeptische Haltung, wie man sie eher von der Jugend erwarten würde**

Der Ausgang des Gesprächs zeigt, dass Rea eher eine brave, gelehrige Tochter ist, die ihre Lektion gelernt hat, die allerdings nicht mit der Lehre ihres Vaters übereinstimmt, der sich – so müsste man folgern – um die ‚politische' Bildung seiner Tochter nicht gekümmert hat. Es zeigt sich an dieser Sequenz, dass es nicht um psychologische Stimmigkeit geht, um die differenzierte Zeichnung von Charakteren, sondern nur um die Darstellung von Positionen. Die eigentlich paradoxe Position des Vaters wird überdeutlich herausmodelliert.

Romulus trägt seine Kritik apodiktisch vor, ohne sie durch Argumente zu stützen: Den Staat, an dessen Spitze er steht, bezeichnet er als korrupt, dekadent, amoralisch. Eigentlicher Adressat für seine Äußerungen ist das Publikum, das schockiert, zumindest provoziert werden soll, sich über Pathosvokabeln wie ‚Vaterland', ‚Treue', ‚Liebe' Gedanken zu machen und deutlich zwischen subjektiven Gefühlen für Menschen und für eine Institution wie den Staat zu unterscheiden.

2.3.3 Weiterführende Erarbeitungsideen

Mythen und Politik

In jüngster Zeit hat der Politikwissenschaftler Herfried Münkler die Rolle von Mythen in der deutschen Geschichte untersucht; dabei spielt die Nation eine besondere Rolle (im Stück ist es das Vaterland); er verweist auf das Verständnis von Nation als „imagined community" (vorgestellte Gemeinschaft) im Unterschied zu einer real erfahrenen Gemeinschaft wie der Familie oder dem Freundeskreis: „Mit der Nation kann man sich identifizieren, und sie verleiht dafür im Gegenzug Identität. Das ist bei allein auf Steuerung ausgerichteten Großverbänden nicht der Fall. Die Beziehung zwischen dem Einzelnen und der Nation ist etwas Besonderes. Das hat auf dem Scheitelpunkt des Nationalbewusstseins in Europa dazu geführt, dass jede Verletzung der nationalen Grenzen als eine Verletzung des eigenen Körpers erfahren und jeder Angriff auf die nationale Ehre als Attacke gegen die persönliche Ehre wahrgenommen wurde. Auch wenn es in Deutschland nach dem Zweiten Weltkrieg eher selten geworden ist: Man kann die Nation lieben. Dass man den Staat liebt, ist hingegen ungewöhnlich. Der Staat verlangt Opfer, und notfalls erzwingt er sie auch. Für die Nation dagegen werden die Opfer oft freiwillig gebracht." (Herfried Münkler: Geschichtsmythen und Nationenbildung. In: Aus Politik und Zeitgeschichte. http://www.bpb.de/themen/IPFPLD.html)

Es liegt nahe, auf die Verwendung nationaler Symbole im Zusammenhang mit sportlichen Ereignissen (Fußball-Weltmeisterschaft) einzugehen und darüber zu diskutieren.

Pathosvokabeln

Wie mit Pathosvokabeln Politik gemacht werden kann, lässt sich anhand des Vaterlandsbegriffs zeigen; dabei wird deutlich, dass man ohne den historischen Kontext nicht auskommt. Aus Schillers „Wilhelm Tell" erinnert man sich an die Verse von Attinghausen „Ans Vaterland, ans teure, schließ dich an,/Das halte fest mit deinem ganzen Herzen." (II,1, V. 922f.), dort geht es um die Befreiung von der habsburgischen Tyrannei; in den Befreiungskriegen gegen Napoleon am Anfang des 19. Jahrhunderts wurden chauvinistische Töne in einem Freund-Feind-Denken laut; mit den „vaterlandslosen Gesellen" sollten Ende des 19. und Anfang des 20. Jahrhunderts die Sozialdemokraten und Kommunisten diskriminiert und ausgegrenzt werden. In Dürrenmatts Stück taucht noch eine ganze Reihe anderer Begriffe auf, die man sammeln lassen kann: patriotische Pflicht; geschichtliche Sendung; unbeugsamer Kampf; totale Mobilmachung; Glaube an den Endsieg des Guten; tragische Epoche; unsere höhere Kultur; der Geist besiegt das Fleisch; dem teuren Vaterland ein Opfer darbringen; das Abendland erhalten; die Offiziersehre; Weltherrschaft …

Pathosvokabeln im traditionellen Sinn wird man in der heutigen politischen Rhetorik nur spärlich finden. Als Untersuchungsfelder eignen sich besser die Werbung, die sozialpolitischen Debatten und vor allem die Ökonomie; es geht dabei um Verschleierung von Sachverhalten, um griffige, populistische Sprüche, um Abgrenzung und Ausgrenzung. An einem Begriff wie ‚Leistungsträger der Gesellschaft' ließe sich das erarbeiten.

2.4 Heiner Müller: Germania Tod In Berlin

Heiner Müller ist 1929 in Eppendorf in Sachsen geboren; sein Vater, ein Sozialdemokrat, wurde 1933 von der SA verhaftet und einige Monate in einem Lager interniert. Müller besuchte die Volksschule und das Gymnasium, 1945 wurde er in den Reichsarbeitsdienst und danach in den ‚Volkssturm' eingezogen. 1948 holte er das Abitur nach, arbeitete anschließend als Hilfsbibliothekar, wurde Mitglied der SED. Seinen Lebensunterhalt verdiente er mit journalistischen Arbeiten, seit 1959 lebte er als freier Schriftsteller. Seine Eltern verließen 1951 die DDR und gingen in die Bundesrepublik. Müllers erstes Theaterstück „Zehn Tage die die Welt erschütterten. Szenen aus der Oktoberrevolution nach Aufzeichnungen John Reeds" wurde 1957 an der Berliner Volksbühne aufgeführt, 1958 „Der Lohndrücker". Das Verbot seines Stückes „Die Umsiedlerin" (1961) beendete zunächst einmal seine kaum begonnene schriftstellerische Karriere, er wurde aus ideologischen Gründen aus dem Schriftstellerverband ausgeschlossen, was einem Publikationsverbot gleichkam. Sein Stück „Macbeth" (nach Shakespeare) wurde 1972 in der DDR uraufgeführt. 1976 gehörte Müller zu den Unterzeichnern der Petition gegen die Ausbürgerung Wolf Biermanns. In den folgenden Jahren wurden viele seiner Stücke im Westen mit großem Erfolg aufgeführt, er galt als einer der großen Theaterautoren nach Brecht und erhielt zahlreiche Preise, u. a. 1985 den Büchner-Preis und 1986 den Nationalpreis der DDR. Nach 1989 arbeitete Müller vor allem als Regisseur und als Intendant des Berliner Ensembles. Er starb 1995. (Weitere Werke – Auswahl: Philoktet; Mauser; Anatomie Titus Fall of Rome; Die Schlacht; Der Auftrag)

2.4.1 Vorüberlegungen

Ein umstrittener Autor

Heiner Müller war – aus unterschiedlichen Gründen – sowohl in der DDR wie in der Bundesrepublik immer ein umstrittener Autor: Im Osten unterdrückt, verboten, behindert, im Westen zeitweise enthusiastisch gefeiert, wegen seiner Radikalität aber auch angefeindet und gefürchtet. „Wer sich mit Müller einlässt, lässt sich notwendig mit der Frage des Scheiterns des sozialistischen Experiments, der Beschleunigung der technologischen Prozesse, der auf uns zukommenden politischen, ökonomischen und ökologischen Katastrophen und damit des Überlebens der Menschheit schlechthin ein." (Hermand 1999, S. 143 f.) Das Hauptthema Müllers ist die Geschichte: „Aufgefächert im semantischen Dreieck von ‚Zeit – Revolution – Körper' und inhaltlich in zwei Richtungen entfaltet – Vergangenheit (deutsche Geschichte) und Zukunft (die utopische Struktur des Projekts Sozialismus) –, bestimmt die Auseinandersetzung mit diesem Thema den Fluchtpunkt eines Werkes, das Müller selbst im Rückblick als ‚Diagnose einer Krankheit, die fast ein Geburtsfehler war', gelesen hat." (Eke 1999, S. 37) „Er hat dabei Nationalsozialismus und Krieg, das Scheitern der deutschen Arbeiterbewegung, den Stalinismus, deutsche Geschichte und die Geschichte der Revolutionen in einem weiten Bogen vom preußischen Militarismus bis zur Kleinbürgermoderne der DDR zum Gegenstand seiner Dramatik gemacht, schließlich Universalgeschichte und Aufklärungskritik in den Blickpunkt gerückt und in diesem Zusammenhang immer stärker die schmerzhafte Kollision von Körpern und Ideen als Grundmuster des Geschichtsprozesses herausgearbeitet." (Eke, S. 38) Müller greift überwiegend auf vorhandene, weitgehend bekannte Stoffe zurück, sodass sein Werk eine Vielzahl intertextueller Bezüge aufweist. „Gegen ein Theater, das scheindialektische Lösungen der dargestellten Konflikte *an-* und die Wirklichkeit damit poetisch *über*bietet, setzt Müller in programmatischer Weise eine Poetik des Schocks und der (Zer-) Störung." (Eke, S. 49) Der Zuschauer erhält keine Konzepte, keine Lösungen, keine Antworten, sondern er wird provoziert und zu eigenem Denken aufgefordert. Es gibt so gut wie keine Ansatzpunkte für ein identifikatorisches Verhalten; durch seine Collagetechnik und die Schockeffekte radikalisiert Müller Brechts Form des Theaters und wird damit zu einem der Vorläufer des postdramatischen Theaters (s. Zusatzmaterial 7); die Aufführung seiner Stücke hat Performance-Charakter (vgl. Zusatzmaterial 5). Die Auseinandersetzung mit dem Drastischen, ja Brutalen seiner Stücke erfordert ein überlegtes Vorgehen im Unterricht.

Inhalt und Thema des Stücks

„Germania Tod in Berlin" besteht aus 13 Bildern, Müller hatte die Arbeit an dem Stück 1971 beendet, die Uraufführung fand erst 1978 in den Münchener Kammerspielen statt. In der DDR konnte das Stück vor der Wende 1989/90 weder publiziert noch aufgeführt werden. „Germania" verweist auf die Schrift des römischen Autors Tacitus, die um das Jahr 100 n. C. verfasst worden ist und in der die Germanen aufgrund ihrer Tugenden über die Römer gestellt werden. Seitdem die Schrift durch die Humanisten bekannt wurde, hat sie das Nachdenken über Deutschland immer wieder angeregt. Arminius, der die Römer in der Varusschlacht 9 n. C. besiegt hat, wurde als Hermann der Cherusker zur deutschen Mythen- und Symbolfigur, so in Heinrich von Kleists Drama „Die Hermannsschlacht" (ersch. posthum 1821): Die Römer sind die Franzosen, die hasserfüllt dargestellt werden, die Germanen sind die Preußen. Denkmäler (Hermannsdenkmal im Teutoburger Wald) feierten den Mythos. Satirisch wurde der deutsche Nationalismus und Chauvinismus im Vormärz dargestellt, so von Heine in „Deutschland. Ein Wintermärchen" (1844). Eine kurze Darstellung der Tacitus-Rezeption findet man in dem Aufsatz von Paul Gerhard Klussmann: Heiner Müller. Germania Tod in Berlin. (In: Hinck 1981, S. 396 ff.); es ist sinnvoll, die Geschichte dieses Mythos' in einem Schülerreferat vorstellen zu lassen; im Internet findet man ausführliches Material, besonders im Gedenkjahr 2009.

Beleuchtet werden in dem Stück die DDR und die Bundesrepublik in ihrem Verhältnis zur Vergangenheit. „Der echte Bruch mit der Geschichte des Nationalsozialismus wird in *Germania Tod in Berlin* durch die Gründung der DDR als noch nicht eingelöstes Versprechen dargestellt." (Jaeger 2007, S. 31) Durch den Stalinismus ist die Idee des Sozialismus deformiert worden. Aus der Sicht von H. Müller ist die Situation Westdeutschlands noch katastrophaler: „Die siebte Szene ist die Achsenszene [...]. In dieser Szene „Die Heilige Familie" bringt ein von Hitler geschwängerter Goebbels unter Mithilfe von Germania einen verkrüppelten, weißgewaschenen Wolf zur Welt: die BRD. Mit der Geburtsstunde der Bundesrepublik Deutschland versinnbildlicht der Dramatiker die westdeutsche Fortsetzung und erneute Auferstehung der Geschichte der Katastrophen. [...] Ein Bruch mit der katastrophalen deutschen Geschichte ist im westlichen Teil Deutschlands gar nicht erst möglich." (Jaeger, S. 38) Damit entspricht er der offiziellen Geschichtsdoktrin der DDR. Heiner Müller hat in seiner Dankrede anlässlich der Verleihung des Mühlheimer Theater-Preises 1979 gesagt: „Meine Hoffnung ist eine Welt, in der Stücke wie ‚Germania Tod in Berlin' nicht mehr geschrieben werden können, weil die Wirklichkeit das Material dafür nicht mehr bereithält." (Eke, S. 172)

2.4.2 Im Zentrum der Erarbeitung – zwei exemplarische Szenen

Dopplungsstruktur

„Das Stück besteht aus dreizehn Szenen (in den Regieanweisungen als „Bilder" bezeichnet), die sehr unterschiedlich im Umfang und in der Charakteristik sind: historisch-realistische Dialoge (Arbeiter in der frühen DDR), schwarze Clownerien (im Potsdamer Schloss), monströse Mythenverkörperung (Germania), groteske Vergegenwärtigung und Verzerrung historischer Gestalten (Hitler, Goebbels), Kriegsszenen (Stalingrad) und Mythen (Nibelungen), Bericht eines antiken Historikers (Tacitus) usw. Inhaltlich ist der Zusammenhang offenbar in erster Linie gegeben durch das Thema der Geschichte der „Klassenkämpfe" bzw. der sozialistischen Politik zwischen den Novemberereignissen von 1918 und dem Aufstand in der DDR vom 17. Juni 1953. Formal gibt es eine auffällige Dopplungsstruktur derart, dass schon in den Szenen-Titeln meist eine Nummerierung angezeigt wird: Die jeweils zweite Szene liegt historisch später, sodass sich ein Spiegelungs- oder Resonanzverhältnis ergibt, das sowohl ungelöste Widersprüche etabliert (im Grunde ändert sich nichts), als auch Reflexionsangebote offeriert (nichts bleibt, wie es ist)." (Lehmann/Primavesi 2003, S. 208) In den Doppelszenen, „die Vergangenheit und Gegenwart unvermittelt und schroff nebeneinander stellen, findet die Dramaturgie des Schocks, der Epochenkollision und -montage, des Anachronismus und der Fragmentarisierung der Vorgänge ihre szenische Gestalt." (Steinbach 1988, S. 40)

„Brandenburgisches Konzert 1 und 2 (Arbeitsblatt 10, S. 109)

Die beiden ausgewählten (eher moderaten) Szenen „Brandenburgisches Konzert 1" und „Brandenburgisches Konzert 2" sind die Bilder 3 und 4; an ihnen lassen sich Einblicke in die Struktur und den Inhalt des Stücks gewinnen. Die Szenentitel spielen an auf J.S. Bachs „Brandenburgische Konzerte", die er 1721 dem Markgrafen Christian Ludwig von Brandenburg-Schwedt gewidmet hat. Das Wort ‚Konzert' bedeutet auch ‚Zusammenwirken', was dem Titel eine ironische Bedeutung gibt; ‚concertare' bedeutet aber auch ‚streiten', ‚kämpfen'. Jost Hermand merkt an, dass „Müllers Anti-Friedrich-Haltung einen eminent tagespolitischen Charakter habe, das heißt sich bemühe, der seit den späten Siebzigerjahren in Ostberlin stattfindenden Repreußifizierung entgegenzuwirken." (Hermand, S. 156) Eine Analyse der beiden Szenen zeigt, dass es darüber hinaus um eine grundsätzliche Auseinandersetzung mit der deutschen Geschichte geht.

- *Untersuchen Sie, wie sich die Machtverhältnisse im Stück zwischen den beiden Figuren entwickeln. (Brandenburgisches Konzert 1).*
- *Welches Bild wird vom König Friedrich gezeichnet?*
- *In welchem Verhältnis steht die 2. zur ersten Szene?*
- *Welche Funktion hat das Preußische?*

Von den zahlreichen Anspielungen in den Szenen werden die Schüler ohne zusätzliche Informationen nur einen kleinen Teil verstehen. Es sollten also vorab Informationen über Friedrich II. (Friedrich den Großen – doch diese Bezeichnung war in der DDR verpönt) gegeben bzw. durch die Schüler eingeholt werden. Dazu könnte man mit der bekannten Anekdote über den Streit des Königs mit dem Müller von Sanssouci beginnen und die Lerngruppe über deren Intention nachdenken lassen: Welches Bild wird vom König und von den Rechtsverhältnissen in Preußen vermittelt? Das überlieferte Bild des Königs ist widersprüchlich: Er war derjenige, der Angriffskriege geführt hat; er galt aber auch als der Aufklärer. Er wollte als der erste Diener seines Staates gesehen werden, was im Stück zitiert wird. Man muss den Spielcharakter der Szenen im Blick haben, dazu müssen sie gesprochen/gespielt werden, ehe man über die Bedeutung diskutiert.

Brandenburgisches Konzert 1

Geschichte wird vordergründig als clownesker Klamauk vorgeführt, sie wird durch diese Vermittlung verfremdet und verliert dadurch jegliche Aura, eine auffällige Gemeinsamkeit mit Dürrenmatts Stück „Romulus der Große"; der König wirkt einfältig, der Müller verschlagen, jedenfalls zunächst; er provoziert mit seiner Obszönität, mit seiner Derbheit, während man beim König zeitweilig den Eindruck gewinnt, dass er seinen Text aufsagt. Anachronismen gehören zum Clownsspiel. Die beiden Figuren streiten wie kleine Kinder. Zunächst beschreibt der König, wie sich der Müller selbstbewusst gegenüber dem König verhalten wird; doch er schreibt quasi vor, was der Müller tun wird, indem er es beschreibt. Der aufgeklärte Herrscher ist kein Tyrann, sondern er hält sich an Recht und Gesetz. Als aber Clown 2 zu übermütig wird, schreitet Clown 1 ein, verweist auf die Legalität, was aber beide nicht verstehen. Schließlich befiehlt der König und der Müller verschluckt den Stock, mit dem der Herrscher auch zu prügeln pflegt. Man kann darin eine Anspielung auf Heinrich Heines „Deutschland. Ein Wintermärchen" (1844) erkennen: Über das preußische Militär heißt es dort: „Sie stelzen noch immer so steif herum,/So kerzengerade geschniegelt,/Als hätten sie verschluckt den Stock,/Womit man sie einst geprügelt.//Ja, ganz verschwand die Fuchtel nie,/Sie tragen sie jetzt im Innern" (Caput III). Pantomimisch wird die Szene historisch weitergeführt mit den Sprechblasen, die die deutsche Kriegspropaganda im I. Weltkrieg zitieren. Der Untertan ist Untertan geblieben, die Aufklärung ist nur Dekor, tatsächlich sind die Untertanen ‚brute', primitives Gesindel; überdies ist das eine ironische Anspielung auf die Ermordung Cäsars, auch dazu gibt es ein satirisches Gedicht Heines als Reminiszenz: „Zeitgedichte": „Zur Beruhigung" („Wir schlafen ganz, wie Brutus schlief ..."). In der Historie als Clownsspiel werden die tatsächlichen Machtverhältnisse gezeigt, jedoch ironisch/satirisch gebrochen; preußisch ist der Untertanengeist. „Das Spiel um Macht und Toleranz, Aufklärung und Emanzipation endet in einer szenischen Metapher, die die Zurichtung der Subjekte, ihre Unterwerfung und Disziplinierung, aber auch die diesen Prozess begleitende Selbstunterwerfung des bürgerlichen Subjekts unter die Macht als Vorgang der ‚Implantation eines fremden Ichs' (Emmerich) beschreibt." (Eke, S. 174 f.)

Brandenburgisches Konzert 2

Die Parallelszene „Brandenburgisches Konzert 2" spielt in der DDR, sie kann zeitlich situiert werden, denn das Reiterstandbild Friedrichs II. wurde 1950 von der Straße Unter den Linden in Berlin nach Potsdam gebracht und im Park von Sanssouci aufgestellt; 1980 erfolgte der Rücktransport, denn nun nahm die DDR eine andere Haltung zu Friedrich und zum kulturellen Erbe ein. Nach dem Krieg, in der Gründungsphase der DDR, wurde Preußen, dem preußischen Geist die Mitschuld am Faschismus gegeben; in den 70er-Jahren schon änderte sich die offizielle Einstellung, man wollte die Vergangenheit nicht mehr undifferenziert-schematisch verurteilen. Zur Rolle und Deutung Preußens für die deutsche Geschichte im Osten und im Westen sind zusätzliche Informationen hilfreich (Schülerreferat), auch die DDR-Geschichte der 50er-Jahre müsste skizziert werden, dabei die Anspielung auf den 17. Juni 1953 (der Maurer auf der Stalinallee) erläutert und das Vokabular (Held der Arbeit, Weltbestzeit) erklärt werden; das Bestreben, nicht nur mit dem Westen gleichzuziehen, sondern ihn zu überflügeln, aber auch das Minderwertigkeitsgefühl gegenüber dem Westen.
Verbindungsglied zwischen den beiden Szenen ist die Figur Friedrichs II., vor allem geht es jedoch um die Mentalitäten, um Denken, Sprache und Verhalten; und es geht um die Frage, inwiefern sich die gesellschaftlichen Verhältnisse verändert haben in Richtung auf eine Aufhebung von Klassenunterschieden.
Der Genosse zeigt deutlich ein elitäres Führungsgehabe, macht sich lustig über die Diktatur des Proletariats, die sich in der Küche zeige (die Bevölkerung bekommt Kohlsuppe, die Parteioberen essen Kaviar). Der Präsident spricht in fünfhebigen Jamben, dem Versmaß des klassischen deutschen Dramas, er verhält sich leutselig gegenüber dem Maurer. Der jedoch schildert auf ironische Weise, was ihm angetan wurde, als er sich für Staat und Partei eingesetzt hat; der Präsident beschwichtigt, seine ‚wichtige' Aufgabe war, sich an die zu seiner Rolle passenden Speisen (Kaltes Buffet) zu gewöhnen. Der Präsident wirkt eher lächerlich, während der Arbeiter selbstbewusst nicht nur den Macht-Popanz besiegt, sondern sich auch weigert, sich an das elitäre – (bourgeoise) – Verhalten der Oberen anzupassen: Aber heißt

das auch, dass er die Verhältnisse verändert hat? Oder geschieht das nicht eigentlich nur als Inszenierung, im Spiel? „Zwar gibt die Szene dadurch einen Ausblick auf das im Sozialismus bereits wirksame Moment der historischen Diskontinuität, dass es dem Arbeiter gelingt, den untoten Geist der alten Zeit abzuschütteln; sie zeigt zugleich mit der drohenden Wiederkehr der Geschichte aber auch, dass die obrigkeitlich verfügte Demontage des ‚Preußischen' in der Geschichte [...] dieses nicht auch schon wirklich, d.h.: als mentale Disposition erledigt hat." (Eke, S. 179)

Das Ergebnis des Szenenvergleichs kann im Tafelbild festgehalten werden:

Spiegelung von zwei Szenen

Brandenburgisches Konzert 1	Brandenburgisches Konzert 2
Ort: Manege	Ort: Schloss Sanssouci
Zeit: Regierungszeit des preuß. Königs Friedrichs II.	Zeit: 1950; nachdem das Denkmal Friedrichs II. von der Straße Unter den Linden nach Potsdam gebracht wurde
Personen: Clown 1 und Clown 2, sie spielen Friedrich II. und den Müller von Sanssouci;	Personen: SED-Parteigenosse; Präsident; Maurer – ‚Held der Arbeit'; Friedrich II. als Vampir
Handlung: Clown 1 (Friedrich/Herr) bringt Clown 2 (Müller/Bürger) dazu, seine Untertanenrolle anzunehmen	Handlung: der Maurer hat das Symbol der Herrschaft weggeschafft (Reiterstatue), hat sich für den Staat eingesetzt und ist dafür mit Steinen beworfen worden; die Parteioberen haben Herrenallüren; der Maurer besiegt den König-Vampir und setzt sich auf den Herrschaftsstuhl; ambivalentes Ende: Wo befindet er sich? Zwischen den Stühlen?

- Szene 1 zeigt das Verhältnis von ‚Herr' und ‚Knecht' ironisch/satirisch gebrochen.
- Szene 2 zeigt eine Veränderung der Machtverhältnisse zugunsten des Arbeiters.
- Die tatsächliche Machtverteilung bleibt zweifelhaft; symbolisch (Bier/Kotelett) bekennt sich der Arbeiter zu seiner Klasse.

Im Schlussbild des Stücks hat der Arbeiter Hilse (der Name geht zurück auf Gerhart Hauptmanns „Die Weber") eine Vision, an die ermordete Rosa Luxemburg gerichtet: „Wenn du noch Augen hättest/Könntest du durch meine Hände scheinen sehn/Die roten Fahnen über Rhein und Ruhr". Aber es handelt sich um die Worte eines Sterbenden, der fantasiert, sodass man von einem offenen Schluss sprechen muss. „Trotzdem ist der Schluss – auch darin folgt Müller dem Weber-Drama Gerhart Hauptmanns – nicht eindeutig. Zwar sind die vom ‚sozialistischen Realismus' geforderte optimistische Perspektive und die utopische Hoffnung nur noch als rosaroter Kitsch [...] und als ‚Sterbehilfe' zitierbar [...]. Aber am Sterbebett des ‚ewigen Maurers' steht immerhin ein junges Paar, das ein Kind erwartet." (Schröder 1994, S. 335) Aber man kann es auch anders lesen: „Was mit dem von den Widersprüchen im Sozialismus aufgefressenen Hilse auf der Krebsstation eines Berliner Krankenhauses stirbt, ist der – im Wortsinn – Kindertraum eines jungfräulich-reinen Sozialismus." (Eke, S.185)

2.5 Elfriede Jelinek: Wolken.Heim.

Elfriede Jelinek (geboren 1946 in Mürzzuschlag/Steiermark) wurde durch ihren Roman „Die Klavierspielerin" (1983) zum umstrittenen Star der Literaturszene. „Die Medien erschufen sich einen weiteren ihrer alltäglichen Mythen. Im Fall Elfriede Jelineks war es das Bild von der provozierenden und tabubrechenden Feministin" (Kritisches Lexikon zur Gegenwartsliteratur KLG 2007, S. 2). Sie bekam seit frühester Kindheit eine umfassende musikalische Ausbildung. Bereits als Schülerin studierte sie Klavier und Komposition am Wiener Konservatorium. Nach dem Abitur 1964 studierte sie bis 1967 Theaterwissenschaft und Kunstgeschichte. Sie brach das Studium ab und begann zu schreiben. Ihre frühen Texte, die der Pop-Literatur zugeordnet werden, entstanden im Umkreis der Studentenbewegung in den späten Sechziger- und frühen Siebzigerjahren. Hier experimentierte sie mit Techniken der Textmontage aus Elementen der Trivialkultur, des TV-Kitsches, des Pop und des Comic, um nicht nur „die gespenstische Unwirklichkeit einer massenmedialen Konsumgesellschaft" zu entlarven, sondern auch die ihnen innewohnenden Strukturen der Gewalt, „durch die [die Subjekte] vernichtet werden: Sie sind ohne Tiefe, ohne Psychologie, ohne Ausdruck; Sprachflächen, die ‚in endloser Unschuldigkeit' wiederholen, was sie zerstört" (KLG, S. 4). Mit „Wolken.Heim." eröffnet Elfriede Jelinek ihr zweites Themenfeld, die Auseinandersetzung mit der deutschen Geschichte. Dieses Stück „ist Ausdruck eines *philosophic turn* in Elfriede Jelineks Werk." (Mayer/Koberg 2006, S. 182) Sie wurde bis zum Jahr 2009 mit 31 Preisen ausgezeichnet, darunter 1998 mit dem Georg-Büchner-Preis und 2004 mit dem Literatur-Nobelpreis. Zu den bekanntesten Stücken ihres überaus umfangreichen **Werks** gehören: Ein Sportstück (1998), Ulrike Maria Stuart (2006), Sportchor (2007), Recknitz (2008), Die Kontrakte des Kaufmanns (2009). Die Autorin unterhält eine umfangreiche Homepage (www.a-e-m-gmbh.com).

2.5.1 Vorüberlegungen

Wolken.Heim – Textstruktur und Aufbau

Viele Stücke Elfriede Jelineks wurden zum Stück oder zur Inszenierung des Jahres gewählt, auch „Wolken.Heim.". Es fiel bei der Uraufführung in Bonn 1988 zunächst durch, gewann aber neue Aktualität nach der Wende. 1994 wurde die Aufführung am Deutschen Schauspielhaus Hamburg als Inszenierung des Jahres ausgezeichnet. „Wolken.Heim." ist ein kurzer Text, erschienen bei Reclam und mit einem klärenden Nachwort versehen. Äußerlich gleicht das Stück einem Prosatext. Es gibt keine sichtbaren Gattungsmerkmale, nicht einmal die Kennzeichnung „Schauspiel" auf dem Titelblatt. Es ist ein konsequent postdramatisches Stück (Zusatzmaterial 4), dem alles ausgetrieben ist, was üblicherweise ein Theaterstück ausmacht: *dramatis personae,* klar konturierte Bühnenfiguren, damit Dialoge, Rollen, Charakterdarsteller, Regieanweisungen. Es fehlt auch die Zuweisung von Textpassagen an verschiedene Sprecher und die Einteilung in Akte oder Szenen. „Wolken.Heim." ist eine Textcollage, „die später die abschreckende Bezeichnung polyphone Textfläche" erhielt. (Mayer/Koberg 2006, S. 181) Zunächst galten Jelineks neuere Bühnenstücke vielfach als unspielbar. Doch heute wird ihre „berühmte Regieanweisung in ihrem ‚Sportstück' – ‚Machen Sie doch, was Sie wollen' […] von Regisseuren eher als Ermutigung und Aufforderung verstanden, sich diese Textgebirge anzueignen und daraus nach eigenen Vorstellungen eine Aufführung herauszumeißeln" (Löffler 2007, S. 10). Der Text wird erst durch produktiven Umgang zum Leben erweckt – produktionsorientiertes Arbeiten ist ihm eingeschrieben. Wie die Regisseure werden hier die Schülerinnen und Schüler zu Co-Autoren, die das Stück sozusagen erst fertig schreiben. Der Text ist in 24 nicht nummerierte, nur durch Leerzeilen voneinander getrennte Abschnitte unterteilt. Die Übergänge zwischen diesen „Szenen" sind fließend, die Themen und Motive werden fortgeführt, variiert und in mehreren Schüben durch neue Stichworte weiter modifiziert. Das Hauptmerkmal dieser Collage ist eine Scheidung in zwei Textebenen: eine höhere, schriftsprachliche und eine niedere, umgangssprachliche; oben spricht der Geist, unten das Volk. Die Wiederholung bestimmter kurzer Sätze aus der unteren Sphäre ergibt ein deutliches durchlaufendes Strukturmuster. Was auf Anhieb klar ist: Hier äußert sich „ein bis zur Unerträglichkeit chauvinistisches Wir, das als deutsches zu erkennen ist." (Polt-Heinzl, S. 43)

Herkunft der Zitate

Der größte Teil des Textkorpus besteht aus nicht kenntlich gemachten Zitaten von Autoren, die im Nachsatz ohne Angabe der Werke, aus denen zitiert wird, genannt werden: Hölderlin (Gedichte), Hegel (Einleitung zu den Vorlesungen zur Philosophie der Geschichte), Heidegger (Rektoratsrede 1933: Die Selbstbehauptung der deutschen Universität. Das Rektorat), Fichte (Reden an die deutsche Nation), Kleist (vor allem aus der ‚Hermannsschlacht'), dazu kommen Textausschnitte aus Kassibern von Strafgefangenen der RAF (Rote-Armee-Fraktion, einer linksradikalen antiimperialistischen Stadtguerillagruppe, die anfangs der 70er-Jahre aus Teilen der Studentenbewegung entstand) von 1973–1977. Die meisten Zitate lassen sich Friedrich Hölderlin zuordnen. Sie stammen aus etwa 50 Gedichten, Oden und Gesängen aus den Jahren 1798–1805. Fast alle Zitate Hölderlins erscheinen hier in mehr oder minder entstellter Form, während die Texte der anderen Autoren im Wesentlichen unverändert übernommen wurden. Hegel wird greifbar in Äußerungen, die die abendländische oder deutsche Überlegenheit (über die Neger, die Orientalen und die slawischen Nationen) betonen und die Frage nach dem Endzweck der Geschichte stellen, Fichte in vaterländischen Parolen. Kleist ist nur in Spuren vorhanden. Die RAF-Zitate, zu erkennen an dem Wort „Schlauch", beziehen sich auf die im Gefängnis von Stammheim praktizierte Zwangsernährung der Häftlinge, die sich im Hungerstreik befanden. Tonangebend in der Textmontage ist der Dichter Friedrich Hölderlin, dessen hymnische Verssprache sich hörbar von der ebenfalls begeisterten Prosa der Denker abhebt. Die Zitate, „geflügelte Worte aus Dichterhimmel und Elfenbeinturm" (Annuß 2005, S. 139), bilden die obere Ebene, gewissermaßen den Kopf in den Wolken; sie erzeugen ein diffuses, durch Textmanipulationen erzeugtes Stimmengewirr, das raunend vage Ideen, Ideale und Wunschvision beschwört. Unten äußert sich affirmativ die Stimme des Volks, das sich mit den Texten identifiziert, was durch die Umsetzung der Hochtexte von der Ich-Form in die Wir-Form und verschiedene Spielarten der Paraphrase hörbar wird. Mitzudenken ist hier natürlich die Kanonisierung der Autoren, vor allem Hölderlins, durch die Kultur- und Bildungspolitik.

Inhalt

„Wolken.Heim." ist ein Geschichtsdrama in einem besonderen Sinn – hier geht es nicht um ein historisches Ereignis, sondern um die Entstehung und das Weiterleben von nationalen Mythen im kollektiven Bewusstsein. Zu fragen ist, weshalb es nach der Wende zu neuer Aktualität gelangte. „Natürlich ist gegenwärtig nichts inaktueller als solche Zuspitzungen auf Leben und Tod; sind wir doch Zeugen einer Revolution geworden, die sich in der Form des fast reibungslosen Zerbröckelns eines Regimes, des Hinschwindens einer Kommandantur vollzog und zu Recht mit dem Beiwort ‚friedlich' versehen worden ist." (Stanitzek 1991) In Jelineks Textekollage sind Zeugnisse aus der Zeit der Entstehung eines deutschen Nationalbewusstseins versammelt; während der Wende verwandelte sich der demokratische Slogan „Wir sind das Volk!" sehr schnell in den als bedenklich empfundenen Ruf: „Wir sind ein Volk!"; nach der Wende gab es nach Jahrzehnten des Desinteresses an jeglichem Nationalstolz zunehmend öffentliche Bekundungen des Rechts auf nationales Selbstbewusstsein. Zur Debatte stehen in Jelineks Bühnen-Essay keine Nationalmythen wie Hermann der Cherusker oder der Nibelungenstoff, die heute historisch geworden sind, sondern Texte aus dem Beginn der nationalen Identitätsbildung um 1800. Im Zentrum steht Friedrich Hölderlin, der nach seiner Wiederentdeckung kurz vor dem Ersten Weltkrieg durch die Aktivität des George-Kreises zum Mythos des deutschen Dichters schlechthin stilisiert wurde. Mithilfe der Montagetechnik wird hier ein Verblendungszusammenhang evoziert, der vom deutschen Idealismus und Hölderlin zum im Stück ausgesparten, aber immer mitzudenkenden Faschismus und seinen Spätfolgen reicht. In direkter Linie sind dies neofaschistische Bewegungen, die durch die Stimmen von unten herauftönen; die RAF, eine der Stimmen in der Zitatmontage, hat als Protestbewegung gegen die Vätergeneration noch indirekt mit der faschistischen Vergangenheit zu tun. Damit lenkt das Stück die Aufmerksamkeit auf Irrationalismen in der deutschen Mentalitätsgeschichte und bietet einen Anstoß zur Reflexion über den deutschen Sonderweg. Es beleuchtet den Zusammenhang zwischen Geistesgeschichte und politischer Geschichte, zwischen der deutschen Hochkultur und dem Zivilisationsbruch. „Im kollektiven Gedächtnis werden Bilder zu Ikonen und Erzählungen zu Mythen, deren wichtigste Eigenschaft ihre Überzeugungskraft und ihre affektive Wirkmacht ist. Solche Mythen lösen die historische Erfahrung von den konkreten Bedingungen ihres Entstehens weitgehend ab und formen sie zu zeitenthobenen Geschichten um, die von Generation zu Generation weitergegeben werden." (Assmann 2006, S. 40; vgl. Zusatzmaterial 8) In „Wolken. Heim." handelt es sich weniger um Geschichten als um Klänge und Worte. Entscheidend ist deren affektive Wirkung.

Der Titel des Stücks

Hier versteckt sich eine Anspielung auf Aristophanes, vor allem auf das zum geflügelten Wort gewordene „Wolkenkuckucksheim" aus der Komödie „Die Vögel", in der der antike Dichter die Leichtgläubigkeit seiner Mitbürger aufs Korn nimmt und die Manie, alles, was sie nicht verstehen, als göttliches Vorzeichen zu deuten – eine Chiffre für Weltflucht und Realitätsverlust. Das weggelassene Wort „Kuckuck" assoziiert die – im Text nirgendwo explizit genannte – Schuld der Deutschen. „Der Kuckuck ist in unserm Sprachgebrauch Zeichen offener Schulden und des Gerichtsvollzugs." (Annuß 2000, S. 42) So verbinden sich im Titel Ideologie, Verschweigen, geistige Enge und der Verweis auf die irrationalistischen Züge der deutschen Geistesgeschichte.

Hinweise zu den zitierten Autoren

Hölderlin, Hegel und Heidegger bilden eine gemeinsame Traditionslinie. Hölderlin und Hegel waren Studienfreunde, Hölderlin war (wahrscheinlich) an der Abfassung des „Ältesten Systemprogramms des deutschen Idealismus" (1796/97) beteiligt, des frühesten Konzepts der nachkantischen idealistischen Philosophie, das von Hegel zu Papier gebracht wurde. Das Älteste Systemprogramm geht von der Vorstellung des eigenen Ichs als einem absolut freien, selbstbewussten Wesen aus, mit dem eine ganze Welt aus dem Nichts hervortritt. Es entwirft ein Programm der Erneuerung des Denkens, das über das Theoretisieren hinausgeht und in der Idee der Schönheit gipfelt. „Ich bin nun überzeugt, dass der höchste Akte der Vernunft, der, indem sie alle Ideen umfasst, ein ästhetischer Akt ist. […] Der Philosoph muss ebensoviel ästhetische Kraft besitzen wie der Dichter." Die Ideen müssen ästhetisch gemacht werden, um das Volk zu erreichen, dazu gehört, dass sie mythologisch gemacht werden, also sinnlich erfahrbar und erzählbar. Auch dies ist ein Akt der Aufklärung, weil so „das blinde Zittern des Volks vor seinen Weisen und Priestern" überwunden wird. Das Systemprogramm ist ein philosophisches System mit gleichermaßen aufklärerischen und spekulativen Zügen. (Der (kurze) Text ist im Internet abrufbar unter Projektgutenberg.de)

Georg Wilhelm Friedrich Hegel (1770–1831) äußerte sich nur zurückhaltend zum deutschen Nationalstaat. Die Autorin wählt aus seinen nur aus Mitschriften einiger Hörer rekonstruierten Vorlesungen zur Philosophie der Geschichte (fünfmal zwischen 1822 und 1831 gehalten) einige abwertende Äußerungen über die Neger, die Slaven und die Orientalen und einige säbelrasselnde Phrasen aus, ohne die Intention Hegels zu berücksichtigen. Ihm geht es weniger um die Überlegenheit der deutschen als der abendländischen geistigen Kultur, die durch Selbstreflexion geprägt ist. Hegel fragt nach dem Ziel der Geschichte, das er in der Freiheit sieht. Sein Geschichtsbild ist optimistisch und fortschrittsorientiert. Mit seinen negativen Äußerungen über die Orientalen misst er deren Entfernung vom Ziel der Geschichte aus – hier war nur einer, der Despot, frei. Besser schätzt er die Griechen und Römer ein, aber auch sie hatten das Ziel der Geschichte noch nicht erreicht, weil die Sklaven vom Genuss der Freiheit ausgeschlossen waren. Bedenkt man, dass Hegel nicht zu den Wortführern des frühen deutschen Nationalismus gehörte, repräsentieren die hier einmontierten Zitate eine gemäßigte Variante der deutschen Mentalität nach den Napoleonischen Kriegen.

Friedrich Hölderlin (1770–1843) schließlich – und das hat der Autorin auch einiges an Kritik eingetragen –, vertritt alles andere als einen engen deutschen Nationalismus. Einige seiner Gedichte, z. B. „Hymne an die Menschheit" und „Hymne an die Freiheit" sind Zeugnisse seiner Begeisterung für die Ideen der Französischen Revolution. Liest man seine Gedichte aus der Zeit um 1800, so fällt gerade der weite europäische Blick auf, bestimmend ist die Griechen-Sehnsucht. In vielen seiner Gedichte nähert er sich der Heimat von oben, mit weitem Blick über ganz Europa, der von Indien und dem Kaukasus über Griechenland und Italien nach Deutschland reicht. (z. B. in den Gedichten: „Der Neckar", „Dichterberuf", „Brot und Wein", „Am Quell der Donau", „Der Wanderer", „Lebensalter", „Patmos"). Vergessen sollte man auch nicht Hölderlins Klage über die mentale Enge der Deutschen am Schluss des „Hyperion" („So kam ich unter die Deutschen"). An seinen Gedichten nahm Elfriede Jelinek die größten Textveränderungen bis hin zur völligen Entstellung vor. Dabei unterschlägt sie seine weltbürgerlichen Ideen und seine republikanische Überzeugung. Wenn die Autorin diesen Dichter und nicht etwa Propagandisten vaterländischer Ideen wie Ernst Moritz Arndt oder Joseph Görres wählt, so ist die Erklärung in der Wirkungsgeschichte zu suchen. Arndt und Görres wurden vergessen, Hölderlin dagegen, der lange vergessen war, wurde 1910 durch Norbert von Hellingrath wieder entdeckt – ein sensationeller Textfund, der besonders durch den einflussreichen George-Kreis gefeiert wurde: „Uns heisst es ein greifbares wunder wenn durch menschenalter nicht beachtet oder nur als zart erträumter von vergangenheiten plötzlich der große Seher für sein volk ins licht tritt. Das sibyllinische buch lag lang in den truhen verschlossen […] und den erstaunten blicken öffnet sich eine unbekannte welt des geheimnisses und der verkündung" (Stefan George, zitiert bei: Karlauf 2007, S. 406). Hölderlin wurde gefeiert als Seher und Verkünder von Geheimnissen. In diesem Zusammenhang „tauchte wie aus dem Nichts der Charisma-Begriff auf" (Karlauf S. 412), der später durch die Verbindung mit der Person Hitlers verhängnisvolle Folgen hatte. Der durch diese Zuschreibungen überhöhte Hölderlin wurde für weite Teile der geistigen Elite Deutschlands zum Idol des deutschen Dichters schlechthin, zur Heiligenikone. Dieses Bild wurde bereits im Ersten Weltkrieg propagandistisch genutzt, denkt man an die jungen Intellektuellen, die mit Hölderlingedichten im Gepäck in die Schlacht bei Langemarck zogen. Auch die NS-Kulturpolitik nutzte den Mythos Hölderlin. Sein Gedicht „Der Tod fürs Vaterland" wurde zum kanonischen Lesebuchtext (wobei übersehen wurde, dass Hölderlin von einem zukünftigen vereinten und republikanischen Deutschland träumte), und auch im Zweiten Weltkrieg gab es die Gedichtedition „Hölderlin im Tornister" (Kaplan 2007, S. 539). Es geht Elfriede Jelinek nicht um die Person und das Werk Hölderlins, sondern um das Phänomen der Mythisierung und Instrumentalisierung dieses Dichters, der noch heute viele Verehrer hat – zu diesen gehört auch die Autorin selber. Sein Sprachrhythmus, so erklärte sie in einem Interview, wirke auf sie „wie ein Herzschrittmacher oder Metronom" (Polt-Heinzl 2000, S. 52).

Heinrich von Kleist (1777 – 1811) und Johann Gottlieb Fichte (1762 – 1814) waren zwei Stimmführer nationaler Selbstbehauptung zurzeit der napoleonischen Kriege. Fichte hielt seine „Reden an die deutsche Nation" zwischen 1807 und 1808 in Berlin während der französischen Besetzung Preußens mit der Absicht, der demoralisierten Nation neue Orientierung zu geben. Sie werden heute kontrovers beurteilt, weil er seine Idee eines auf philosophischen Prinzipien gegründeten Staates mit zu Sittlichkeit zu erziehenden Bürgern in Form von rassistisch gefärbten nationalen Parolen vorträgt.

Martin Heidegger (1889 – 1976), der im Jahr der Machtergreifung das Amt des Rektors der Universität Freiburg annahm, ist das traurige Beispiel eines politisch verblendeten Denkers; auch er war begeisterter Hölderlinleser und –interpret. Im auf „Wolken.Heim." folgenden Stück „Totenauberg" (1991) setzt Elfriede Jelinek sich noch einmal kritisch mit dem Fall Heidegger auseinander.

Die Briefe der RAF (Rote-Armee-Fraktion) verweisen auf die aus ihrer Sicht unmenschlichen Haftbedingungen der Terroristen. Die Studentenproteste, die dem Terror der RAF vorausgingen, waren auch der Ausdruck einer Rebellion gegen die Elterngeneration, die die eigene politische Vergangenheit verleugnete.

Parteiisches Zitieren

Was Elfriede Jelinek in ihrer satirischen Behandlung der Autoren des deutschen Idealismus unterschlägt, ist die politische Situation um 1800, aus der sich die Idee des Nationalstaats entwickelte – nicht nur in Deutschland, sondern nach 1789 in England, Frankreich und Amerika, als Antwort auf die anstehenden Modernisierungsprobleme. Deutschland unterschied sich von den genannten Staaten allerdings durch die politische und staatliche Machtlosigkeit. 1803 wurde das territorial zersplitterte Heilige Römische Reich deutscher Nation durch den Reichsdeputationshauptschluss Napoleons aufgelöst. So verband sich die Nationalstaatsidee, die sich überall auf den Anspruch auf eine demokratische Legitimierung der Herrschaft gründete, in Deutschland mit heftigen xenophoben Reaktionen gegen die napoleonische Fremdherrschaft. Dennoch ist festzuhalten: Die Verkünder nationalen Selbstbewusstseins „Fichte, Humboldt, Schleiermacher, Schlegel und Müller, selbst Arndt und Jahn hatten gewissermaßen einen idealen deutschen Weltbeglücker vor Augen, keineswegs aber den konkreten Vertreter eines zur politischen Vorherrschaft berufenen Herrenvolks." (Wehler 2008, S. 520)

Form

„Wolken.Heim." ist eine Weiterentwicklung des epischen Theaters. Insofern es dem Zusammenhang zwischen Geist und Tat nachgeht, ist es ein Stück Diskurstheorie auf der Bühne. Markant und eindeutig bleiben immer die Wir-Parolen, das triviale Echo der Philosophen und Dichter. Zum Verständnis des Ganzen ist eine genaue Kenntnis der Quellen und Kontexte ebenso wenig erforderlich wie eine Identifikation der Zitate. Das Stück wendet sich an ein aufgeschlossenes Publikum, das zu hören versteht, nicht an akademische Experten – sogar diese hätten ihre Not mit dem Zitatnachweis. „Man hat hier kein Bildungsquiz vor sich." Es gehe nicht um „Punktgewinn in der Bildungsshow" (Stanitzek, S. 63), sondern um die Selbstreferenz des Textes. Sehr oft ist auch für einen philologisch geschulten Leser nicht auf Anhieb entscheidbar, ob es sich um einen Originaltext oder um eine entstellte Textwiedergabe handelt. Das hat Methode – es bewirkt eine Irritation, die den Hörer wachsam macht, so dass er den Texten distanziert und kritisch gegenübertritt und vielleicht selber in den Gedichten von Hölderlin blättert und sie mit Offenheit neu oder wieder liest. Die Intention des Stücks liegt darin, das Gehör für die unterschiedlichen Stimmen zu schärfen, Verzerrungen und Entstellungen aufzuspüren, geschichtliches Interesse zu wecken und den verfälschenden Umgang der Autorin mit den alten Texten zu diskutieren. So ist es sinnvoll, die Schülerinnen und Schüler mit Internet-Recherchen zu beauftragen (zu den genannten Autoren, zu Stichworten wie Nationalstaat, Deutscher Idealismus, Verspätete Nation, Napoleonische Kriege, George-Kreis). Die Demonstration des ideologisch vereinnahmten Hölderlin enthält durchaus auch den Appell, den „wahren" Hölderlin wiederherzustellen. Eine Verbindung mit dem Geschichtsunterricht bietet sich an, desgleichen mit dem Kunstunterricht (z. B. Werke von Anselm Kiefer wie „Märkischer Sand"). Eine reizvolle Aufgabe könnte darin bestehen, die Methoden des Umgangs mit der Geschichte bei Dürrenmatt, Müller und Jelinek zu vergleichen (Arbeitsblätter 9 und 10).

Die Gestalten des Wir

Gegen die poetischen und philosophischen Stimmen tönt von „unten" ein Ostinato aus Wir-Aussagen, Zeugnisse eines engen, dumpfen Chauvinismus, der zunehmend aggressiver wird. Dieses „Wir" tritt in unterschiedlichen Gestalten auf: in Szene 1–3 als Stimmen aus den Wolken, was das Grab in den Lüften aus der Todesfuge von Paul Celan evoziert; ab Szene 4 als Stimmen der Bewohner der Täler, die ein borniertes, feindseliges Heimatgefühl artikulieren, das immer bedrohlicher wird. Ab Szene 7 sind es Untote, die aus dem Boden rufen und ihre Wiederkehr ankündigen, ab Szene 16 Stimmen der Toten im Boden, zu denen der Regen aus den Wolken hinuntersickert. Im Verlauf des Textes werden die Grenzen zwischen oben und unten zunehmend diffuser; gestaltet wird der Aneignungsprozess kanonisierter Texte. Von den vier Gestalten des Wir ist die der Untoten, also die allzeit lauernde Gefahr der Wiederkehr braunen Gedankenguts, am ausgeprägtesten. Die Stimme der Toten ist eine Metapher für die oberste Schicht der im Boden übereinander lagernden geschichtlichen Reste, den zweiten Weltkrieg und den Holocaust. Im Vorsatz verweist Elfriede Jelinek auf den „nicht greifbaren" Aufsatz „Das Gedächtnis des Bodens" von Leonhard Schmeiser, der sie zu diesem Drama anregte.

2.5.2 Im Zentrum der Erarbeitung: Zwei exemplarische Szenen

„Wolken.Heim." Szene 4/Szene 5 (Arbeitsblatt 11, S. 112)

Mit dieser Textprobe kann das Gespür für die unterschiedlichen Textsorten und für entstellende Textmanipulationen geschärft werden. Zunächst geht es nur darum, die beiden Textebenen zu erkennen. In Einzel- oder Partnerarbeit werden die Kraftsprüche und Stammtischparolen des Wir markiert. Als nächster Schritt werden die metrisch geformten Textpartien ausfindig gemacht, danach kann nach möglichen Textentstellungen gesucht werden. Hier reichen zunächst exemplarische Hinweise, um die sich anschließende Gruppenarbeit nicht zu stark zu gängeln. In den Gruppen wird ein Hörbild (wenn möglich, mit anschließender Tonaufnahme) gestaltet, arbeitsteilig entweder Szene 4 oder 5. Zu klären/diskutieren ist in den Gruppen die Anzahl der Sprecher und die Textverteilung. Als Hausarbeit empfiehlt sich eine Internet-Recherche zu Friedrich Hölderlin.

> ■ *Wandeln Sie den Text in ein Hörbild um, indem Sie ihn auf mehrere Sprecher verteilen. Überlegen Sie sich akustische Mittel, z. B. Rhythmisierung, unterschiedliche Stimmstärken, Textüberblendungen; möglich wäre auch der Einsatz von Musik oder Geräuschen. Ermitteln Sie in einem ersten Arbeitsschritt den Aufbau des Textes.*

Auf einer Folie kann der Aufbau präsentiert werden:

Textaufbau

Strukturierung durch Wir-Aussagen

Z. 1: Wir sind bei uns

Z. 5: doch hier sind wir

Z. 6: Wir sind hier

Z. 9: Wir stehen auf

Z. 11: Unser Wort genügt

Z. 20: Wir sind wir

Z. 22: Wir gönnen den andern keine Blicke. Wir sind wir und scheuchen von allen Orten die andern fort.

Z. 28: Wir aber wir aber wir aber. Wir Lieben!

Z. 38: Oder wer scheucht uns hier fort, wir sind hier zuhaus! Wir sind hier zuhaus.

Z. 42–47 (u. a.:) Wir sind hier bei uns!/ Wir blicken hinüber, den Nachbarn nicht fürchtend, wir treten ihm aufs Haupt.

Z. 50 f.: In unsern Tälern wacht unser Herz uns auf zum Leben. Wir Wanderer.

Z. 65–67 (u. a.:) Wir brauchen Raum. Wir brauchen Ruhm!

Z. 72 f.: Wir sind bei uns daheim

Textzitate

Szene 4:

Z.. 1–5 Hölderlin-Gedichtzeilen unklarer Herkunft, trivialisiert in Z. 5: „Egal, was …"

Z. 8–10 wahrscheinlich Heidegger, Sinnentstellung Z. 5 f.: „Wir sitzen selig mitten im Leid"

Z. 16–19: Hölderlin: Aus: An die Deutschen, Str. 11, 7, 9, 11

Z. 24: Es rinnt uns Geist von der Stirn (Schiller: „Von der Stirne heiß rinnen muss der Schweiß …" (Lied von der Glocke 1. Strophe)

Z. 25–28: Hegel, aus der Einleitung in die Vorlesungen über die Philosophie der Geschichte

Z. 31–38: Hölderlin: An die Deutschen Str. 1, 2 (wörtlich zitiert)

Szene 5:

Z. 47–48 Gedichtzeilen unklarer Herkunft

Z. 51–57: Hegel (gekürzt; am Ende entstellt)

Z. 74–75: Hegel (gekürztes Zitat).

Intonations- und Inszenierungsmöglichkeiten

Hier sollte den Schülerinnen und Schülern zunächst völlige Freiheit gelassen werden. Hinweise gibt auch das Zusatzmaterial 5, „Performance". Nur bei völligem Ausbleiben aller Fantasie sollte mit Vorschlägen nachgeholfen werden. Auf youtube.de gibt es ein Video mit der Inszenierung des Anfangs des Stücks durch eine holländische Schulklasse. Als Möglichkeiten einer Tonaufnahme bieten sich z. B. an:

- Alles als Stammtischgeschwätz
- Chorisches Sprechen, begleitet von Stampfen, Marschieren
- Gedicht-Zitate: hymnisch, feiernd, leiernd, singend, ekstatisch, andachtsvoll, albern …
- Die meist am Ende der Zitate auftretenden Entstellungen: altklug, begleitet von Händeklatschen oder Ja-Rufen, im Tonfall von schlechten Festrednern …
- Hegel – dozierend, akademisch, nachdrücklich …
- Alles anders sprechen als erwartet
- Text-Überblendungen, Einsatz des Tonreglers …
- Musikalische Unterlegungen (Marschmusik, Beethoven, romantische Liedvertonungen, Alltagsgeräusche …)

Anmerkungen zu den Heidegger- und Hegelzitaten

Hier sind die Schülerinnen und Schüler überfordert; es reichen Hinweise des Lehrers. Heidegger wird hörbar in der Formulierung der Sprache als „Haus des Seins". Er erscheint hier ebenfalls entstellt, wie nachgeplappert von dummen Großtuern. Hegels „Einleitung zu den Vorlesungen über die Philosophie der Geschichte" ist auch im Internet unter Projekt Gutenberg abrufbar. Die Aussage über die Orientalen wird verkürzt, aber korrekt zitiert. Das hat Methode: Es handelt sich um eine „konkretisierende Negativbestimmung der stumm bleibenden andern"; zur Sprache gebracht wird, „was aus der deutschen Bestimmung des Wir ausgeschlossen ist" (Annuß 2005, S. 168). Solche überheblichen Äußerungen werden sofort verstanden und unverändert rezipiert. Wörtlich zitiert ist auch das am Schluss des Arbeitsblatts auftretende Hegel-Zitat. Auch hier wird die Intention des Autors unterschlagen – Hegel fragt nach dem Sinn und Ziel der Geschichte, die er über Verluste hinweg als Weg zu Vernunft und Freiheit sieht.

Methoden der Zitatmontage: Elfriede Jelineks Umgang mit Hölderlin am Beispiel der Ode „An die Deutschen" (Arbeitsblatt 11 und 12, S. 112 f.)

- *Gliedern Sie das Gedicht, stellen Sie fest, welche Strophen jeweils eine Sinneinheit bilden und fassen Sie die zusammenhängenden Strophen in einfachen Sätzen zusammen.*

- *Worum geht es dem Dichter Hölderlin? Wie schätzt er die Lage des damaligen Deutschland ein?*

- *Wie geht Elfriede Jelinek mit diesem Gedicht um? (Arbeitsblatt 11) Welche Absicht vermuten Sie?*

- *Diskutieren Sie ihr Verfahren.*

Hölderlin: „An die Deutschen"

Diese Ode bildet in Szene 4 die Hauptreferenzquelle. Sie ist folgendermaßen aufgebaut:

Aufbau und Gedankengang der Ode „An die Deutschen"

Str. 1–3:	Kritik an der Zurückgebliebenheit der Deutschen (durch den Vergleich mit albernen Kindern auf Holzpferdchen), darauf folgt die – rhetorische – Frage, ob Tatenlosigkeit und Schweigen die Vorboten einer reifen politischen Tat seien
Str. 4–6:	Klage über diesen unerträglichen Zustand des Wartens
Str. 7–10:	Hoffnung auf ein Aufblühen von Kultur und Kunst in den Städten
Str. 11–13:	Reflexion über die Kürze der eigenen Lebenszeit im Vergleich mit der langen Zeit der Weltgeschichte; Schweben zwischen Verzweiflung (über die Enge, Kälte und ausbleibende Resonanz, also über den Mangel an kultureller Entwicklung Deutschlands) und Hoffnung
Str. 14:	Resignation

Das Gedicht erschließt sich nicht auf Anhieb. Die Schwierigkeit liegt in der überhöhenden, feierlichen Sprache, auch wenn der Dichter spottet. Hier spricht Hölderlin als Denker auf der Höhe der Zeit, als Mahner für politische Selbstbestimmung.

Der Vers: „tatenarm und gedankenvoll" (Str. 1, Z. 4) ist zum geflügelten Wort geworden. Interessant ist die Reihenfolge der beiden Adjektive: Hieße es umgekehrt „gedankenvoll und (aber) tatenarm", wäre es eine bereits auf den ersten Blick kritische Aussage über die Deutschen. Im Gedicht ist es ein scheinbares Lob, denn die Infragestellung folgt in den Strophen 2–4 durch die ironische Frage, ob die schweigenden Denker dabei sind, etwas Großes zu ersinnen. Sollte das der Fall sein, so bittet der Dichter um Vergebung für diese „Lästerung" (Str. 3). Die folgenden Strophen der Ode führen den Gedanken der Tatenarmut der Deutschen weiter aus; gemeint ist der Mangel an politischem Bewusstsein unter den deutschen Intellektuellen. Das aus dem Zusammenhang gerissene geflügelte Wort verkehrt die Aussageabsicht in das genaue Gegenteil. Durch die Isolierung des Zitats und das Ignorieren der Folgestrophen wird der Spott über den politischen Stillstand in einen Lobpreis der Reflexionshöhe der deutschen Philosophie verkehrt, dem die noch immer populäre Formel vom Land der Dichter und Denker entspricht.

Die in der Szene verwendeten Teile des Gedichts stammen der Reihenfolge nach aus den Strophen 11, 7, 9, 11, 1, 2. Wie im gesamten Stück werden sie in sinnentstellender Weise zitiert. Zum größten Teil wirken die Zitatfetzen wie reiner Nonsens. Die Verzweiflung des Dichters über die Deutschen wird durchgängig ausgeblendet. Die Zeilen werden bruchstückhaft zitiert oder paraphrasiert, trivialisiert („Egal, was …"), verzerrt und durch die bruchlose Verwandlung in militante und faschistische Äußerungen in ihr Gegenteil verkehrt. Im verhunzten Hölderlin spiegelt sich seine schlimme Rezeptionsgeschichte. „Durch z. T. minimale Veränderungen wird aus deutschem Idealismus ein unangenehm aufstoßender Chauvinismus." (Mayer/Koberg 2006, S. 181)

2.5.3 Weiterführende Erarbeitungsideen

Diskussion über den Umgang mit Hölderlin

Rezensenten und Literaturwissenschaftler sind sich keineswegs einig darüber, ob der entstellende Umgang mit dem Dichter, der an dem späteren Missbrauch seiner Texte unschuldig ist, statthaft ist. Die folgenden Positionen werden vertreten:

Einwände gegen Jelineks Verfahren	Zustimmung
„Die Autorin aus Wien tritt allen Ernstes an nachzuweisen, dass das ‚deutsche Wesen' – und daran soll die Welt genesen – von Hölderlin über Adolf […] aus dem österreichischen Braunau bis zu Ulrike Meinhof – bestimmt war von dem Gedanken, andere zu unterjochen, sie ‚heim ins Reich' zu holen. (Tanina Nevak; im Nachwort S. 44)	„Die Verwendung von Hölderlins Lyrik in „Wolken.Heim." verweist auf […] die Rezeptionsgeschichte Hölderlins, die durch nationalistische und nationalsozialistische Vereinnahmung geprägt ist." (Stefanie Kaplan: Jelineks schöpferischer Verrat an Hölderlin, in: Sprache im techn. Zeitalter 184, 2007)
„Sieht man die in „Wolken.Heim" verwendeten Textpassagen durchgängig als ideologische Entlarvung oder Kritik an den zitierten Autoren, müssen Auswahl und Verwendung des Materials als problematisch erscheinen" (Margarete Kohlenbach, im Nachwort S. 46)	„Jelinek unterzieht Hölderlin einem ‚Fehllesen', das ihn ohne Rücksicht auf Verluste zum ‚völkischen Dichter' macht. […] Sie stellt dar, wie ein Text durch die Geschichte seiner Rezeption seine Unschuld verliert. […] Sie führt aber auch provokativ vor, was sich an Hölderlin ‚völkisch' vereinnahmen ließ: das apodiktische Sprechen, die Radikalität und Ausschließlichkeit seiner Lyrik halten einer nationalistischen Vereinnahmung tatsächlich wenig entgegen." (S. Kaplan)
„pietätlose Verfälschungen und Umschreibungen", Denunzierung des Dichters, Verleugnung seines „utopischen und emanzipatorischen Potenzials, die in ihm entworfenen Bilder vom herrschaftsfreien Zusammenleben der Menschen […] zu entwerfen" (Dieter Burdorf, im Nachwort S. 52)	„Die […] Verfälschungen […] sind so auch zu lesen als Sichtbarmachung der Enteignung dieses Autors durch bildungsbürgerliche und später nationalsozialistische Vereinnahmung." (Nachwort S. 52)

Als Resultat könnte an der Tafel stehen:

Einwände	Zustimmung
• simplifizierende Theorie • überzogene Konstruktion eines historischen Zusammenhangs zwischen deutschem Idealismus und Faschismus • unhistorischer Umgang mit den Quellentexten • Rufmord und böswillige Denunzierung Hölderlins	• keine Kritik am Dichter, sondern an dessen politischer Instrumentalisierung • schöpferisches Fehllesen, dadurch begründete Kritik am unterentwickelten Politikverständnis des deutschen Bildungsbürgertums • Bewusstmachung der sinnentstellenden Aneignung von Klassikertexten durch die geistigen Wegbereiter der NS-Ideologie • die hymnische und prophetische Lyriksprache Hölderlins gibt Anlass zu Missverstehen • Sichtbarmachen der Faszination durch dunkle, „raunende" Sprache und den hohen Ton, was dazu geführt hat, dass Hölderlin zum Seher stilisiert wurde

2.6 Botho Strauß: Schlusschor

Botho Strauß wurde 1944 in Naumburg geboren; nach dem Abitur studierte er einige Semester Germanistik, Theatergeschichte und Soziologie in Köln und München. Von 1967 bis 1970 war er Redakteur und Kritiker bei der Zeitschrift „Theater heute", von 1970 bis 1975 war er dramaturgischer Mitarbeiter des Regisseurs Peter Stein an der renommierten Schaubühne am Halleschen Ufer in Berlin. Die Inszenierungen seiner eigenen Stücke durch P. Stein und Luc Bondy zählen zu den wichtigen des neueren deutschen Theaters. Sein kulturkritischer Essay „Anschwellender Bocksgesang" Anfang der 90er-Jahre löste eine heftige Kontroverse aus, in der ihm seine konservative Haltung vorgeworfen wurde. Strauß, der in Berlin und in der Uckermark lebt, schreibt außer für das Theater auch Romane, Prosatexte und Essays. 1989 erhielt er den Büchner-Preis; da er öffentliche Auftritte scheut, ließ er seine Dankrede verlesen.
Werke (Auswahl): *Theaterstücke*: Der Hypochonder (1972), Trilogie des Wiedersehens (1977), Groß und klein (1978), Kalldewey, Farce (1982), Schlusschor (1991), Das Partikular (2000); *Prosa*: Die Widmung (1977), Paare, Passanten (1981), Dämmern, Wohnen, Lügen (1994). Theater: Nach der Liebe beginnt ihre Geschichte (2005).

2.6.1 Vorüberlegungen

Botho Strauß – Rezeption

An Botho Strauß scheiden sich die Geister, spätestens seit seinem Spiegel-Essay „Anschwellender Bocksgesang" (1993). Andererseits sind viele seiner Theaterstücke große Bühnenerfolge, was auch ihren Regisseuren (z. B. Peter Stein und Luc Bondy) zu verdanken ist, obgleich die Deutungen durch die Kritiker und Leser oft von Unsicherheit bestimmt sind – es gibt keine ‚einfache', ‚klare' Botschaft. In dieser Situation gehen viele aus der Literaturwissenschaft kommende Interpreten den Weg zur Deutung der Bühnenwerke über Strauß' essayistisches Werk und lassen sich also vom Autor die Ideen und Begriffe zur Deutung seiner Texte vorgeben, was den Regisseuren kaum möglich ist. Überdies gibt es in den Theatertexten keine Figur, der die Wahrheitsposition zugesprochen werden könnte, was für die literarische Moderne insgesamt gilt. Und keine Figur ist Sprachrohr des Autors. ‚Wahres' oder ‚Falsches' sind nicht daran zu erkennen, welche Figur es ausspricht. Daraus ergibt sich eine Deutungsoffenheit, die für Leserinnen und Zuschauer unbehaglich sein mag, die man aber auch als Anreiz verstehen kann, sich den Theaterstücken ‚unbelastet' durch die in anderen Zusammenhängen geäußerten Ideen des Autors zuzuwenden; B. Strauß, der alle öffentlichen Auftritte scheut, weigert sich, seine eigenen Texte zu kommentieren. Aus dem Gesagten ergibt sich als Fazit, dass der Bühnentext (nicht das essayistische Werk) am Beginn und im Zentrum der Beschäftigung mit dem „Schlusschor" stehen sollte. Eine ideale Ergänzung ist die Fernsehaufzeichnung (ZDF) der Berliner Aufführung (Schaubühne) des ‚Schlusschors': Dabei erschließt sich unmittelbar, wie spannend und auch komisch das Stück ist.

Inhalt und Thematik des Stücks

„Schlusschor" besteht aus drei Akten mit jeweils anderen Personen und keiner durchgehenden Handlung; die einzige Figur, die in allen Teilen vorkommt, ist der „Rufer", der „Deutschland" ruft und damit einen zeitgeschichtlichen Bezug herstellt; Zeit der Handlung ist die Öffnung der Berliner Mauer 1989.

1. Akt – Gruppenfoto

Der erste, „Sehen und Gesehenwerden" überschriebene Akt handelt davon, dass von 15 Personen (7 Frauen und 8 Männer; sie werden in der Bühnenanweisung durchnummeriert von F1 bis M15) ein Gruppenfoto gemacht wird; was die Gruppe verbindet, weiß man nicht genau. Wenn es einmal heißt, es sei das Historische Seminar, muss das nicht zutreffen, es kann in der Situation als ironische Aussage verstanden werden. Während der Fotograf, der drei Kameras aufgebaut hat, seine Bilder macht, hört man Gesprächsfetzen, aus denen man auf Episoden aus dem Leben der Beteiligten schließen kann. In einem Moment brüllt einer der Männer (als M8 im Nebentext bezeichnet) unvermittelt „Deutschland"; doch gerade in diesem ‚historischen' Moment (Maueröffnung) hat der Fotograf nicht abgedrückt und er wird dafür kritisiert. Schon kurz danach wird weiter geplaudert und gelacht. Schließlich wendet sich die Stimmung gegen den Fotografen, als er festgestellt hat, dass eine Person (es ist ausgerechnet M8) teilweise verdeckt war. Die Gruppe wird aggressiv und folgt den Anweisungen nicht mehr, der Fotograf verschwindet schließlich, von ihm bleiben nur Kleider und Schuhe zurück. Eine zufällig vorbeikommende junge Frau wird höflich gebeten, ein Foto zu machen; sie tut es und verhält sich dabei sehr energisch, spricht sogar einen aus der Gruppe (M8) mit Namen an, sagt, er habe alles verloren; außerdem weigere er sich, die Ungerechtigkeit der Welt zu sehen und zu leiden. Es wird nicht klar, ob/woher sie ihn kennt oder ob sie nur zufällig den einen angesprochen hat.

Die Szene ist unterhaltsam und wirkungsvoll durch die Gesprächsfetzen und Interaktionen. Es drängt sich die Frage nach der Bedeutung auf, deren Beantwortung sich natürlich verändern kann, wenn man den Kontext der beiden andern Akte mitbedenkt. Vieles deutet darauf, dass die zugrunde liegende Frage lauten kann: Was kann ein Gruppenfoto zeigen/darstellen/wiedergeben? Und noch wichtiger: Was kann es nicht zeigen? Keine Individualität, keine historische Bedeutung werden abgebildet, keine Biografien, keine Episoden. Der Fotograf hat den Ehrgeiz, das *eine* Gesicht der Gruppe aufzunehmen, die Fotografin spricht dagegen nur eine einzelne Person an. Der Fotograf äußert sich philosophisch, wenn er George Berkeley (1685–1753) zitiert – esse = percipi, Sein ist Wahrgenommenwerden; er scheint daraus seine Macht über die Gruppe abzuleiten, aber die Gruppe will davon nichts wissen. Der Fotografin, die als Richterin, Entlarverin (zumindest über M8/Macht) auftritt, begegnet man sehr zurückhaltend, fast unterwürfig, während man gegenüber dem Fotografen sehr aggressiv ist. Bezieht man den 3. Akt ein, wird deutlich(er), dass es um die Frage nach der Geschichte, nach ihrer Wahrheit geht; die vorläufige Antwort des 1. Akts: Die Geschichte kann nicht als ein bedeutender Augenblick abgebildet, ins Bild gesetzt werden. Doch wichtiger ist die *Frage*, was der geschichtliche Augenblick ist, worin seine Wahrheit besteht und wie sie erfasst werden kann.

2. Akt – Mythos und Gegenwart

Davon scheint der 2. Akt, der in zwei Szenen unterteilt ist, weit wegzuführen: Der Architekt Lorenz kommt mit Entwürfen für einen Dachgeschossausbau zu seiner Auftraggeberin Delia, findet sie, nachdem er das Haus betreten hat, nicht gleich und erblickt sie – auf der Suche nach Orientierung öffnet er verschiedene Türen – nackt in einem Raum, dessen Tür er sofort wieder zumacht. Kurz darauf sprechen sie über seine Pläne, Delia äußerst kritisch und mit allem unzufrieden; sie kommt immer wieder vorwurfsvoll auf seinen Blick auf ihre Nacktheit zurück und lässt keine Entschuldigung gelten. Die Anspielung auf einen berühmten Mythos wird immer deutlicher: Ovid erzählt in den „Metamorphosen" die Geschichte von Diana/Artemis, die den Jäger Aktaion in einen Hirsch verwandelt hat, weil er sie – unabsichtlich – im Bad überrascht hat; als er flüchtet, wird er von den eigenen Hunden zerrissen. Erwähnt wird außerdem eine ähnliche Episode zwischen David und Batseba aus dem Alten Testament. Der Kritiker Volker Hage zitiert B. Strauß aus einem Gespräch: „Ich würde auch gern [...] das Durchscheinen von Mythologischem im Alltäglichen aufzeigen. Ich habe das immer wieder versucht. Das klingt sehr grobmaschig: Aber da liegt für mich eine tiefe Anziehungskraft." (Hage 1995, S. 212) Das Haus von Delia ist gewiss nicht „das Haus der Göttin" und sie ist wahrlich keine Göttin (Engelhart 2000, S. 249); wenn „die entblößte Diana [im Mythos] für Wahrheit [steht] " (Schößler 2004, S. 146), so gilt das nicht gleichermaßen für Delia. Im Stück entwickelt sie – aus welchen Motiven bleibt offen, vielleicht, weil Lorenz kein Begehren zu erkennen gibt, sondern nur versucht, sich zu rechtfertigen – ein Machtspiel und entzieht Lorenz sogar den Auftrag. In der zweiten Szene, die voller Slapstickmomente ist (hier wäre die Inszenierung auf der Bühne eine wichtige Hilfe für die Lektüre; andernfalls sollte man versuchen, einzelne Textsequenzen szenisch umzusetzen), schafft es der gealterte Lorenz (im Nebentext steht, er sei zur komischen Figur geworden) nicht, Delia um Verzeihung zu bitten; am Ende erschießt er sich in einer grotesken Zuspitzung der Situation, nachdem es ihm nicht gelungen ist, sich in vielen Versuchen vor dem Spiegel im Vorraum des Saals, in dem Delia eine Party gibt, Mut zu machen. Er verliert im Gegenteil immer mehr sein Selbstbewusstsein und sein Sprachvermögen; es ist unmöglich, den bewussten Augenblick der unerwarteten Begegnung mit Delia in ihrer Nacktheit zu wiederholen. In dieser Szene treten noch weitere unglückliche Figuren auf, darunter auch der Rufer mit seinem Deutschland-Ruf, der über Germania schwatzt und sich als Frauenheld aufspielt, sich aber im Gespräch mit einer Dame ziemlich blamiert mit seinem banalen Gerede, sodass sie ihm vorwirft: „Spüren Sie: welch ein Augenblick das hätte werden können? Welch ein Reichtum der Gefühle ist ungenutzt geblieben! Wieviel Neugier, Vorsicht, Witz und Eleganz verpasst, versäumt, einfürallemal. Muss solch ein erster Augenblick nicht das große Ganze zweier Menschen in einem wunderbaren Funken schon enthalten?" (S. 64) Der Rufer reagiert auf diese gewiss zu überschwängliche und für die Situation unpassende Rede mit dem ernüchternden Begriff der „Illusionsbildung": „Man webt und webt mit seiner Fantasie, damit schon bald ein neuer Schleier über das entblößte Gegenüber fällt." (S. 64) B. Strauß hat in seiner Büchner-Preis-Rede gesagt: „Das Theater ist der Ort, wo die Gegenwart am durchlässigsten wird, wo Fremdzeit einschlägt und gefunden [...] wird." (Strauß 1999, S. 34) Das geschieht durch den Mythos und auch durch überschwängliche, ‚unpassende' Äußerungen, die auf eine unter der Oberfläche verborgene ‚Wahrheit' verweisen: In diesem 2. Akt geht es um den

Augenblick, der nicht spontan in seinem Möglichkeitsgehalt erfasst und damit versäumt wird. Das trifft auf die überraschende Begegnung von Delia und Lorenz zu Beginn der ersten Szene zu, aber auch auf die „Germania", die plötzlich, unvorhergesehen und unvorhersehbar erscheint und nicht mit „Neugierde, Vorsicht, Witz" wahrgenommen wird, sondern beispielsweise mit Nörgelei über die Kosten der Wiedervereinigung (s. S. 66, Nebentext). Es werden keine Schuldigen benannt – nicht Lorenz, auch nicht Delia. Der Mythos ist Bild, Zeichen, Verweisungssystem, Denkbild. Als (ein) übergreifendes Thema schält sich „die vergebliche Suche nach dem Augenblick als Moment historischer Erfahrung/Wahrheit" (Schößler, S. 145) heraus.

3. Akt – Vergangenheit und Gegenwart

Ort der Handlung des 3. Akts ist ein Restaurant in West-Berlin, am Tag der Maueröffnung (9. November 1989). Im Mittelpunkt stehen Anita von Schastorf und ihre Mutter, deren erster Mann (Anitas Vater) im Widerstand gegen Hitler 1944 erschossen wurde. Anita hat das Tagebuch ihres Vaters neu ediert – sie hat ein heroisches Bild vom Vater und wirft ihrer Mutter Verrat vor, weil sie schon kurz nach dem Tod ihres Mannes einen andern geheiratet hat. Der Widerstandskämpfer war in den Augen eines im Restaurant anwesenden Historikers ein reaktionärer Monarchist und Frauenheld; er wirft Anita vor, durch Auslassungen das Tagebuch verfälscht zu haben. Im Verlauf der Szene kommen zwei DDR-Bürger in das Gasthaus und erzählen sehr schüchtern und kleinmütig über ihr Leben. Den Schluss bildet eine grotesk erscheinenden Szene, in der sich Anita mit einem Adler aus dem Zoo vereinigen will: Der mit dem Adler verknüpfte heroische, nationale Mythos wird damit konkretisiert – ein Schlussbild, das (in der Berliner Aufführung) nur durch die Inszenierungskunst Luc Bondys nicht peinlich wurde. Die Kunst des Autors besteht darin, den Mythos – auch auf pathetische Weise – lebendig werden zu lassen, ihn also nicht lediglich zu zitieren, sondern als Aussagesystem gelten zu lassen und zugleich sein Vergangensein nicht zu leugnen. Das unterscheidet Strauß von Heiner Müller und Elfriede Jelinek, die den Mythos dekonstruieren, demontieren wollen, indem sie seinen ideologischen Gebrauch entlarven. Strauß setzt sich durch seinen ‚affirmativen' Mythosgebrauch der Kritik aus, weil man ihm Naivität oder auch romantischen Konservatismus vorwerfen kann (wie es auch Novalis mit „Die Christenheit oder Europa" (1799) erfahren hat). Stefan Willer formuliert es so: „Wenn also von einem deutschen Pathos geredet werden kann, dann wiederum nur als Struktur der Abwesenheit. [...] Anitas begehrlicher Blick auf den Adler entspricht dabei der unmöglichen Begehrensstruktur ihres nationalen Pathos [...]." (Willer 2000, S. 126) Sicher ist die Kritik des Historikers Patrick an Anitas (und ihres Vaters) rückwärtsgewandten Ideen gerechtfertigt, was unterstrichen wird durch ihre Manipulationen am Text des Tagebuchs; dennoch ist der Text nicht denunziatorisch, sondern er macht die Ambivalenz deutlich: Anita repräsentiert nicht ‚die' Wahrheit, aber auch nicht ausschließlich – aus der Perspektive des Textes – eine reaktionäre Ideologie. Es gelingt B. Strauß nicht immer wie im „Schlusschor", diese Balance zwischen dem überhistorischen Bedeutungsgehalt des Mythos und der historischen, situativen Frag-Würdigkeit zu halten. Beim „Schlusschor" hängt es von der Kunst des Regisseurs und der Schauspielerin ab, ob die Schlussszene in dieser Hinsicht überzeugt.

2.6.2 Im Zentrum der Erarbeitung – unterschiedliche Geschichtsauffassungen

B. Strauß: Schlusschor (3. Akt) (Arbeitsblatt 13, S. 114)

■ *Vergleichen Sie, wie Mutter und Tochter die Geschichte sehen (Z. 1 – 70). Wie lässt sich die Kontroverse deuten?*

Baustein 2: Geschichte und Politik im Gegenwartstheater

■ *Spielen Sie den 2. Teil (Z. 71 – 119) der Szene. Wie gehen die Personen miteinander und mit dem historischen Ereignis um?*

■ *Anita und Patrick, der Historiker, gehen unterschiedlich mit der Geschichte um (3. Teil, Z. 123 – 172): Diskutieren Sie über die beiden Geschichtsbilder.*

Im Streit zwischen Mutter und Tochter geht es um mehr als die historische Wahrheit, es geht um die Beziehung zwischen den beiden; die auf der Inhaltsebene ausgetragene Kontroverse ist eigentlich ein Beziehungskonflikt. Die beiden Standpunkte können im Tafelanschrieb festgehalten werden:

Zwei unterschiedliche Geschichtsauffassungen

Anita	Anitas Mutter
	● Hans Ulrich von Schastorf, der Widerstandskämpfer, von den Nazis ermordet; Veröffentlichung der Tagebücher „in neuer Form" durch Anita – im Dienst des Vaters → Wertschätzung der Tochter/Mitleid („Belastung")
● Versagen der Mutter, Auslöschung des Andenkens des Vaters durch neue Heirat: geleitet vom Begehren („Balzgesänge"); → Entwertung der Mutter	● Selbstverteidigung, Rechtfertigung ihrer Heirat (Notlage, Sorge um die Kinder; selbstlos); Versäumnisse/ Verschwendung ihres Mannes → Zurückweisung der Anklage
● Verächtlich, hasserfüllt in Bezug auf den zweiten Ehemann der Mutter → Entwertung, Verachtung	● Kritik der Tochter, Ausspielen des Vaters gegen die Tochter → Versuch, zwischen Vater und Tochter einen Keil zu treiben zur Stärkung der eigenen Position
● Angriff auf die Mutter, Vorwurf der Untreue; Berufung auf das Zeugnis des Vaters → Vater und Tochter gegen die Mutter	● Widerspruch; psychologische Erklärung des Verhaltens des Vaters → Treue zum Ehemann
● Vorwurf der Lüge, des hinterhältigen, feigen Verrats → moralische Vernichtung der Mutter	● Versuch der Richtigstellung
● Wiederholung des Tagebuchzitats als Anklage und Beweis der Wahrheit der eigenen Position	● Notwendigkeit der Relativierung des Zitats aus der historischen Distanz; die Tochter war nicht dabei, verlässt sich nur auf eine historische Quelle

Die historische Wahrheit kann nicht ermittelt werden, die moralische Verurteilung der Mutter durch die Tochter ist durch nichts aufzuheben; nicht das Andenken des Vaters ist entscheidend, sondern die Bindung an ihn. Anita, die unverheiratet geblieben ist, definiert sich durch ihre Beziehung zum Vater, sie ist die Vater-Tochter, für die die Heldenrolle des Vaters identitätsstiftend ist. Ideologisch wird das im Streit mit dem Historiker offenkundig: Sie lebt in einer Welt der Vergangenheit, mit wahnhaften Zügen. Das Stück bietet keinen Anhaltspunkt für eine psychologische Erklärung (etwa: Traumatisierung), so erscheint sie am Ende als tragikomische Figur (Szene der missglückten Vereinigung mit dem Adler).

Die Handlung wird durch die Ankunft des Paares aus der DDR unterbrochen, Anita nimmt daran keinen Anteil – sie lebt in einer anderen Welt. Der Rufer greift auf eine literarisch-historische Reminiszenz zurück, indem er Goethe und Valmy nennt: Goethe hat über die Kanonade von Valmy, bei der die Koalitionstruppen (Österreich/Preußen) gegen die französischen Revolutionstruppen kämpften, geäußert („Kampagne in Frankreich"): „Von hier und heute geht eine neue Epoche der Weltgeschichte aus, und ihr könnt sagen, ihr seid dabei gewesen." Niemand außer Goethe hat den Ausspruch überliefert, Goethe hat ihn erst 30 Jahre nach dem Ereignis aufgeschrieben, das Ereignis hatte historisch gesehen nicht die ihm von Goethe zugeschriebene Bedeutung. Der Rufer erscheint wiederum als Schwätzer; seine Worte klingen, als sei der Osten erobert und befreit worden. Im Kontrast zum Pathos steht das Auftreten der ‚Blouson-Leute' aus der DDR: Sie sind schüchtern, sprechen selbstironisch („Privatjet" für Trabi), treten unsicher, linkisch auf, berichten vom ernüchternden Disco-Erlebnis, wo man ihnen viel Geld abgeknöpft hat; der Rufer behandelt sie herablassend wie zwei Kuriositäten. Zwischen Westlern und Ostlern ist keine wirkliche Kommunikation möglich, die Westler sind mindestens ebenso hilflos, vor allem ungeschickt im Gefühl ihrer Überlegenheit. Der behauptete historische Augenblick erscheint in seiner Normalität, Banalität. Der erlebte historische Augenblick ist als solcher nicht wahrnehmbar.

Das folgende Streitgespräch zwischen Anita und Patrick, dem Historiker, offenbart aufs Neue die Unmöglichkeit der Kommunikation. An der Tafel könnte festgehalten werden:

Zwei Geschichtsbilder

Patrick	Anita
• definiert sie durch ein Bild: Pfeiler einer gesprengten Brücke; Zerstörung → Anita als Ruine (Urteil/Verurteilung)	• Hilferuf nach Dolmetscher für zwischenmenschliche Kommunikation; sie hofft auf Verständnis, Gerechtigkeit für den Vater
• Einordnung ihres Vaters unter die „konservative Verschwörung" → vernichtendes Urteil	• ihre Definition von ‚konservativ' (königstreu) als Versuch der Klärung; Berufung auf Kronprinz Rupprecht als Wahrheitsbeleg
• Versuch der historischen Richtigstellung	
• vorsichtige historische Relativierung	• Bekräftigung ihrer Aussage; sie bezichtigt Patrick des Nichtwissens (was ein Fürst ist); Mythos gegen die Dekadenz der modernen Welt
	• Beharren auf ihrer mythisch-mystischen Weltsicht
• Vorwurf der Verklärung der Rolle des Vaters im Widerstand; Vorwurf der Manipulation des Tagebuchs	• Zurückweisung des Vorwurfs

Anita, die ihren Vater persönlich gar nicht gekannt hat, denn er ist gestorben, als sie ein Jahr alt war, hat aus ihm einen Helden, ein Ideal gemacht, das sie gegen jede Kritik aufrechterhält. Sie lebt in einer imaginären Welt und wirkt in der realen wie ein weiblicher Don Quijote. Warum hält sie gegen jede Vernunft an diesem Idealbild fest? Ist es das, was Alexander und Margarete Mitscherlich die Unfähigkeit zu trauern genannt haben, womit sie „die Unfähigkeit zur Trauer um den erlittenen Verlust des Führers" als „Ergebnis einer intensiven Abwehr von Schuld, Scham und Angst" meinten? (Mitscherlich 1967, S. 34) Bei Anita geht es um den als Widerstandskämpfer verehrten Vater, der natürlich nicht mit Hitler gleichgesetzt werden kann; gleichwohl geht es auch um Scham (wegen der Frauengeschichten des Vaters) und um die Angst, den Vater zu verlieren: Das ist eine Interpretation, die möglicherweise nicht der Position des Autors Botho Strauß entspricht, über die aber sehr wohl diskutiert werden kann. Ein wichtiger Aspekt dieser Thematik kann im Anschluss an einen Text von Aleida Assmann über Geschichte und Gedächtnis geklärt werden (Zusatzmaterial 8).

Dass die Geschichte perspektivisch wahrgenommen wird, ist eine Binsenweisheit; sie zu verkünden ist nicht das Thema des Stücks. Es stellt eher Fragen, als dass es Antworten gibt: Was ist ein historischer Augenblick? Wie gehen Menschen mit ihm um? Inwiefern verfehlen sie ihn? Welche Gründe könnte es dafür geben? Solche Fragen werden aber nicht dialogisch auf der Bühne abgehandelt; dort wird im Spiel vorgeführt, wie Menschen in Situationen sprechen und handeln, denen sie im Grunde nie wirklich gewachsen sind, wobei das Spiel ihr Ungenügen nicht tragisch, sondern sehr viel häufiger komisch erscheinen lässt.

Notizen

Bertolt Brecht: Der aufhaltsame Aufstieg des Arturo Ui

Das 1941 im finnischen Exil verfasste Parabelstück verlegt den Aufstieg Hitlers in das Gangstermilieu von Chicago; der Al Capone nachempfundene Arturo Ui will durch Schutzgelderpressung Macht über den Karfioltrust (Karfiol = Blumenkohl) erlangen. In der folgenden Rede wendet er sich an die Gemüsehändler, nachdem seine Bande durch Gewalt Schrecken verbreitet hat.

Rede 1:

U<small>I</small> *brüllend*
Mord! Schlächterei! Erpressung! Willkür! Raub!
Auf offener Straße knattern Schüsse! Männer
Ihrem Gewerbe nachgehend, friedliche Bürger
5 Ins Stadthaus tretend, Zeugnis abzulegen
Gemordet am hellichten Tag! Und was
Tut dann die Stadtverwaltung, frag ich? Nichts!
Freilich, die ehrenwerten Männer müssen
Gewisse schattige Geschäfte planen
10 Und ehrlichen Leuten ihre Ehr abschneiden
Statt dass sie einschreiten.
G<small>IVOLA</small> Hört!
U<small>I</small> Kurz, es herrscht Chaos.
Denn: Wenn ein jeder machen kann, was er will
15 Und was sein Egoismus ihm eingibt
Heißt das, daß alle gegen alle sind
Und damit Chaos herrscht. Wenn ich ganz friedlich
Meinen Gemüseladen führ oder, sagen wir
Mein Lastauto mit Karfiol steuer oder
20 Was weiß ich, und ein andrer, weniger friedlich
In meinen Laden trampelt: „Hände hoch!"
Oder mir den Reifen platt schießt mit dem Browning
Kann nie ein Friede herrschen! Wenn ich aber
Das einmal weiß, daß Menschen so sind und
25 Nicht sanfte Lämmchen, muß ich etwas tun
Daß sie mir eben nicht den Laden zertrampeln
Und ich die Hände nicht jeden Augenblick
Wenn es dem Nachbarn paßt, hochheben muß
Sondern sie für meine Arbeit brauchen kann
30 Sagen wir zum Gurkenzählen oder was weiß ich.
Denn so ist eben der Mensch. Der Mensch wird nie
Aus eigenem Antrieb seinen Browning weglegen.
Etwa, weil's schöner wär oder weil gewisse
Schönredner im Stadthaus ihn dann loben würden.
35 Solang ich nicht schieß, schießt der andre! Das
Ist logisch. Aber was da tun, fragt ihr.
Das sollt ihr hören. Eines gleich voraus:
So wie ihr's bisher machtet, so geht's nicht.
Faul vor der Ladenkasse sitzen und
40 Hoffen, daß alles gutgehn wird, und dazu
Uneinig unter euch, zersplittert, ohne
Starke Bewachung, die euch schützt und schirmt

Inszenierung am Theater „Die Blechbüchse" in Zinnowitz 2005

Und hiemit ohnmächtig gegen jeden Gangster
So geht's natürlich nicht. Folglich das erste
Ist Einigkeit, was not tut. Zweitens Opfer. 45
Was, hör ich euch sagen, opfern sollen wir?
Geld zahlen für Schutz, dreißig Prozent abführen
Für Protektion? Nein, nein, das wollen wir nicht!
Da ist uns unser Geld zu lieb! Ja, wenn
Der Schutz umsonst zu haben wär, dann gern! 50
Ja, meine lieben Gemüsehändler, so
Einfach ist's nicht. Umsonst ist nur der Tod.
Alles andere kostet. Und so kostet auch Schutz.
Und Ruhe und Sicherheit und Friede. Das
Ist nun einmal im Leben so. Und drum 55
Weil das so ist und sich nie ändern wird
Hab ich und einige Männer, die ihr hier
Stehn seht – und andere sind noch draußen –,
                                                                        beschlossen
Euch unsern Schutz zu leihn. 60

Rede 2:

Nachdem Ui seine Macht in Chicago etabliert hat, will er sie auf Cicero ausweiten. Durch einen Trick hatte Ui den integren Dogsborough, der großen Einfluss auf die Stadtverwaltung hatte, von sich abhängig gemacht. Sein Testament haben Uis Leute gefälscht. Der Pressemann Dullfeet war von Uis Gangstern erschossen worden.

Ui
Chicagoer und Ciceroer! Freunde!
Mitbürger! Als der alte Dogsborough
Ein ehrlicher Mann, Gott hab ihn selig, mich
Vor einem Jahr ersuchte, Tränen im Aug
5 Chicagos Grünzeughandel zu beschützen
War ich, obgleich gerührt, doch etwas skeptisch
Ob ich dies freudige Vertrauen rechtfertigen könnt.
Nun, Dogsborough ist tot. Sein Testament
Liegt jedermann zur Einsicht vor. Er nennt
10 In schlichten Worten mich seinen Sohn! Und dankt
Mir tiefbewegt für alles, was ich getan hab
Seit diesem Tag, wo ich seinem Rufe folgte.
Der Handel mit Grünzeug, sei es nun Karfiol
Sei's Schnittlauch, Zwiebeln oder was weiß ich, ist
15 Heut in Chicago ausgiebig beschützt.
Ich darf wohl sagen: Durch entschlossenes Handeln
Von meiner Seite. Als dann unerwartet
Ein andrer Mann, Ignatius Dullfeet, mir
Den gleichen Antrag stellte, nun für Cicero
20 War ich nicht abgeneigt, auch Cicero
In meinen Schutz zu nehmen. Nur eine Bedingung
Stellt' ich sofort: Es muß auf Wunsch der Laden-
Besitzer sein! Durch freiwilligen Entschluß
Muß ich gerufen werden. Meinen Leuten
25 Schärfte ich ein: Kein Zwang auf Cicero!
Die Stadt hat völlige Freiheit, mich zu wählen!
Ich will kein mürrisches „Schön!", kein knirschendes
                                            „Bitte".
Halbherziges Zustimmen ist mir widerlich
30 Was ich verlange, ist ein freudiges „Ja!"
Ciceroischer Männer, knapp und ausdrucksvoll.
Und weil ich das will und, was ich will, ganz will
Stell ich die Frage auch an euch noch einmal
Leute aus Chicago, da ihr mich besser kennt
35 Und, wie ich annehmen darf, auch wirklich schätzt.
Wer ist für mich? Und wie ich nebenbei
Erwähnen will: Wer da nicht für mich ist
Ist gegen mich und wird für diese Haltung
Die Folgen selbst sich zuzuschreiben haben.
40 Jetzt könnt ihr wählen!

Aus: Bertolt Brecht: Der aufhaltsame Aufstieg des Arturo Ui. In: ders.: Werke. Große kommentierte Berliner und Frankfurter Ausgabe, Band 7: Stück 7.
© Suhrkamp Verlag, Frankfurt am Main 1991
Aus lizenzrechtlichen Gründen erscheint dieser Text nicht in reformierter Schreibung.

- ■ *Welche Redeabsicht ist zu erkennen?*
- ■ *Wie wird sie kommuniziert? Wann, wo, in welcher Situation?*
    - *Wie stellt sich der Redner dar?*
    - *Wie definiert er die Beziehung zu den Adressaten?*
    - *Wie redet er? (Körpersprache, Stimme; Verständlichkeit; Konkretheit/Abstraktheit; strukturiert/assoziativ; direkte/indirekte Mitteilung; offen/verklausuliert; einfache/gehobene Sprache …)*
- ■ *Was sagt er? (Thema, Aufbau, Inhalt)*
- ■ *Wie lässt sich die Botschaft in Klartext formulieren?*
- ■ *Wie argumentiert er? Weltbild, Wertvorstellungen?*

Friedrich Dürrenmatt: Romulus der Große

Die (weitgehend fiktive) Handlung spielt 476, also im Jahr des Untergangs des Römischen Reichs; Romulus, der sich vorwiegend der Hühnerzucht widmet, ist der letzte römische Kaiser. Ämilian, der Verlobte seiner Tochter Rea, ist körperlich entstellt aus dreijähriger germanischer Gefangenschaft zurückgekehrt. Rea ist bereit, den steinreichen Hosenfabrikanten Rupf zu heiraten, um dadurch Rom von den Germanen freizukaufen.

ROMULUS Was hast du mir zu sagen?
REA Rom ist in Gefahr, mein Vater.
ROMULUS Es ist merkwürdig, daß alle ausgerechnet in dieser Nacht politische Gespräche mit mir führen wollen. Dazu ist doch der Mittagstisch da.
REA Wovon soll ich denn reden?
ROMULUS Von dem, was man zu seinem Vater in nächtlicher Stunde redet. Von dem, was dir am nächsten liegt, mein Kind.
REA Rom liegt mir am nächsten.
ROMULUS So liebst du Ämilian nicht mehr, auf den du gewartet hast?
REA Doch, mein Vater.
ROMULUS Aber nicht mehr so heiß wie früher, nicht mehr so, wie du ihn einst geliebt hast.
REA Ich liebe ihn mehr als mein Leben.
ROMULUS So erzähle mir von Ämilian. Wenn du ihn liebst, ist er wichtiger als ein so verlottertes Imperium.
(Schweigen)
REA Mein Vater, laß mich den Cäsar Rupf heiraten.
ROMULUS Der Rupf, meine Tochter, ist mir zwar sympathisch, weil er Geld hat, aber er stellt unannehmbare Bedingungen.
REA Er wird Rom retten.
ROMULUS Das ist es eben, was mir diesen Mann unheimlich macht. Ein Hosenfabrikant, der den römischen Staat retten will, muß wahnsinnig sein.
REA Es gibt keinen anderen Weg, das Vaterland zu retten.
ROMULUS Das gebe ich zu, es gibt keinen anderen Weg. Das Vaterland kann nur noch mit Geld gerettet werden, oder es ist verloren. Wir müssen zwischen einem katastrophalen Kapitalismus und einer kapitalen Katastrophe wählen. Aber du kannst diesen Cäsar Rupf nicht heiraten, mein Kind, du liebst Ämilian.
(Schweigen)
REA Ich muß ihn verlassen, um meinem Vaterland zu dienen.
ROMULUS Das ist leicht gesagt.
REA Das Vaterland geht über alles.
ROMULUS Siehst du, du hast doch zu viel in den Tragödien studiert.

Inszenierung am Theater Augusta Raurica, Basel 2009

REA Soll man denn das Vaterland nicht mehr lieben als alles in der Welt?
ROMULUS Nein, man soll es weniger lieben als einen Menschen. Man soll vor allem gegen sein Vaterland mißtrauisch sein. Es wird niemand leichter zum Mörder als ein Vaterland.
REA Vater!
ROMULUS Meine Tochter?
REA Ich kann doch das Vaterland unmöglich im Stich lassen.
ROMULUS Du mußt es im Stich lassen.
REA Ich kann nicht leben ohne Vaterland!
ROMULUS Kannst du ohne den Geliebten leben? Es ist viel größer und schwerer, einem Menschen die Treue zu halten als dem Staat.
REA Es geht um das Vaterland, nicht um einen Staat.
ROMULUS Vaterland nennt sich der Staat immer dann, wenn er sich anschickt, auf Menschenmord auszugehen.
REA Unsere unbedingte Liebe zum Vaterland hat Rom groß gemacht.
ROMULUS Aber unsere Liebe hat Rom nicht gut gemacht. Wir haben mit unseren Tugenden eine Bestie gemästet. Wir haben uns an der Größe des Vaterlandes wie mit Wein berauscht, aber nun ist Wermut geworden, was wir liebten.
REA Du bist undankbar gegen das Vaterland.
ROMULUS Nein, ich bin nur nicht wie einer jener Heldenväter in den Trauerspielen, die dem Staat noch einen guten Appetit wünschen, wenn er ihre Kinder fressen will. Geh, heirate Ämilian!
(Schweigen)
REA Ämilian hat mich verstoßen, Vater.

ROMULUS Wenn du nur einen Funken echten Liebesfeuers in deinem Leibe hast, kann dich das nicht von deinem Geliebten trennen. Du bleibst bei ihm, auch wenn er dich verstößt, du harrst bei ihm aus, auch wenn er ein Verbrecher ist. Aber von deinem Vaterland kannst du getrennt werden. Schüttle den Staub von deinen Füßen, wenn es eine Mördergrube und eine Henkerstätte geworden ist, denn deine Liebe zu ihm ist machtlos.
(Schweigen.) [...]
REA Wenn ich zu ihm zurückkehre, wird er mich wieder verstoßen. Er wird mich immer wieder verstoßen.
ROMULUS So kehre eben ganz einfach immer wieder zu ihm zurück.
REA Er liebt mich nicht mehr. Er liebt nur noch Rom.
ROMULUS Rom wird zu Grunde gehen, und er wird nichts mehr besitzen als deine Liebe.
REA Ich fürchte mich.
ROMULUS Dann lerne die Furcht zu besiegen. Das ist die einzige Kunst, die wir in der heutigen Zeit beherrschen müssen. Furchtlos die Dinge betrachten, furchtlos das Richtige tun. Ich habe mich ein Leben lang darin geübt. Übe dich nun auch darin. Geh zu ihm.
REA Ja, Vater, ich will es tun.
ROMULUS So ist es recht, mein Kind. So liebe ich dich. Geh zu Ämilian. Nimm Abschied von mir. Du wirst mich nie mehr sehen, denn ich werde sterben.
REA Vater!
ROMULUS Die Germanen werden mich töten. Ich habe immer mit diesem Tode gerechnet. Das ist mein Geheimnis. Ich opfere Rom, indem ich mich selber opfere.
(Stille)
REA Mein Vater!
ROMULUS Doch du wirst leben. Geh nun, mein Kind, geh zu Ämilian.

[Rea wird wie ihre Mutter Julia und Ämilian, die zusammen mit anderen auf einem Floß nach Sizilien fliehen wollen, ertrinken. Romulus wird nicht getötet, er wird sich also nicht opfern, sondern dankt ab, erhält eine Pension und ein Haus.]

Aus: Friedrich Dürrenmatt: Romulus der Große. Ungeschichtliche historische Komödie. Neufassung 1980. © 1986, Diogenes Verlag AG, Zürich, S. 79ff.
Aus lizenzrechtlichen Gründen erscheint dieser Text nicht in reformierter Schreibung.

- ■ *Untersuchen Sie, wie Vater und Tochter argumentieren (Z. 1–74):*
  - *Welche Position vertritt Rea, welche Romulus?*
  - *Wie beurteilen Sie den Ausgang des Gesprächs?*

- ■ *Was kennzeichnet Romulus' politische Position?*

- ■ *Sammeln Sie aus der Geschichte und Literatur Beispiele zur Verwendung des Begriffs ‚Vaterland' (Quellen: Zitatlexika; Internet); versuchen Sie, die Begriffsverwendungen voneinander abzugrenzen und zu beurteilen.*

- ■ *Suchen Sie in der heutigen politischen Rhetorik Begriffe, die eine vergleichbare Geltung haben.*

Heiner Müller: Germania Tod in Berlin

Inszenierung am Stadttheater Gießen, 2010

In einer Folge von 13 Szenen werden Bilder der ‚deutschen Misere' aus der Anfangszeit der DDR-Staatsgründung, Stalins Tod 1953, Ereignisse des 17. Juni 1953 mit Szenen aus der deutschen Geschichte konfrontiert. Hintergrund in den beiden Textauszügen ist die Legende vom Streit des Preußenkönigs Friedrich II. mit dem Müller von Sanssouci: Friedrich der Große, der sich durch das Geklapper der Mühle gestört fühlte, soll dem Müller angeboten haben, ihm die Mühle zu verkaufen und nach der Ablehnung mit einem Prozess gedroht haben. Darauf habe der Müller erwidert, das werde dem König nichts nutzen, denn es gebe das Berliner Kammergericht, vor dem er Recht bekäme. – Uraufführung des Stücks 1978 in München, in der DDR 1989.

BRANDENBURGISCHES KONZERT 1
Manege. 2 Clowns.

CLOWN 1 Ich bin der König von Preußen. Ich habe mir ein Schloß gebaut in dieser schönen Gegend, weil sie
5 mir gefällt und damit ich meinem Volk besser dienen kann, denn ich habe Hämorrhoiden und das Rheuma von den Kriegen, die ich führen mußte in Schlesien, Böhmen und Sachsen für die Ehre Preußens und die sehr berühmt sind.
10 CLOWN 2 Ich will auch König von Preußen sein.
CLOWN 1 Du bist der Müller von Potsdam.
CLOWN 2 Habe auch Hämorrhoiden.
CLOWN 1 *groß:* Hast du meine Schlachten geschlagen?
CLOWN 2 *(eingeschüchtert)* 15
CLOWN 1 Deine Mühle steht neben meinem Schloß. Sie klappert den ganzen Tag. Da stört sie mich natürlich beim Regieren. Und beim Flötespielen, das ich sehr liebe und in dem ich ein Meister bin.
CLOWN 2 Mich stört sie nicht. Ich kann auch Flöte 20 spielen. *(Greift sich an die Hose.)*
CLOWN 1 Ich spiele nur ernste Musik. Ich kann mir natürlich in einer andern Gegend ein andres Schloß bauen. Schließlich bin ich der König von Preußen. Ich brauche zum Beispiel nur England zu erobern, 25 was für mich eine Kleinigkeit wäre, wie du zugeben wirst, und ich kann mein Schloß in England bauen. Aber ich will es hier, in meinem lieben Preußen, in dieser Gegend, die mir so sehr gefällt.
CLOWN 2 Das ist meine Mühle, ich lasse mir meine 30 Mühle nicht wegnehmen. Wenn ich meine Mühle nicht behalten darf, spiele ich nicht mit.
CLOWN 1 Das ist gut. Ich habe mich nämlich entschlossen, gewissen Gerüchten entgegenzutreten, die meine Feinde über mich verbreitet haben, weil mein 35 Ruhm sie nicht schlafen läßt, indem ich der Welt ein Beispiel gebe, denn ich spreche französisch und bin sehr aufgeklärt.
CLOWN 2 *(schlau):* Wie kommt das Kind in den Bauch. Das ist einfach. Aber wie kommt es nicht in den 40 Bauch.

Clown 1 Das ist eine philosophische Frage. Dafür habe ich jetzt keine Zeit. Ich bin der erste Diener meines Staates.
Clown 2 *(läßt die Hosen herunter)*: Mein Staat ist größer als deiner. Machst du es mit der rechten oder mit der linken Hand.
Clown 1 Das geht dich gar nichts an. Zieh deine Hose wieder hoch oder ich rufe den Sprechstallmeister.
Clown 2 *(greift sich erschrocken an den Hintern und zieht schnell die Hose wieder hoch.)*
Clown 1 In der Politik verstehe ich keinen Spaß. Ich bin der erste Diener meines Staates.
Clown 2 *(lacht und hält sich erschrocken die Hand vor den Mund.)*
Clown 1 Darum, wenn es mir auch das Herz bricht, und es wird mir das Herz brechen, ich weiß es bestimmt, werde ich zu dir gehen, der König von Preußen zu dem Müller von Potsdam, und dir den Befehl geben, daß du deine Mühle anderswo aufstellen sollst, weil sie mich beim Regieren stört und beim Flötespielen. Aber du wirst dich nicht einschüchtern lassen, sondern mir entgegentreten als ein deutscher Mann und mir ins Gesicht sagen, daß du einen Gewerbeschein hast und eine Baugenehmigung und daß du deine Mühle nicht woanders aufstellen willst und wenn ich dreimal der König von Preußen bin, weil es noch Richter in Berlin gibt, und deine Mühle wird stehen bleiben neben meinem Schloß [...].

[Nach einem Zwischenspiel mit einem Löwen fahren sie fort, streiten darüber, wie sie die Mühle und das Schloss spielen sollen; Clown 2 muss den Stuhl spielen, auf den sich der andere setzt; Clown 2 erzählt die Geschichte noch einmal, redet sich in Rage, beschimpft den König und fühlt sich stark, wozu Clown 1 zuerst applaudiert, dann jedoch, als Clown sagt, regieren könne jeder, greift er ein.]

Clown 1 Halt. Du mußt auf dem Boden der Legalität bleiben.
Clown 2 Was ist das.
Clown 1 Das ist französisch und heißt SCHUTTABLADEN VERBOTEN. Jetzt kommt mein Auftritt.
(Clown 1 fällt über seinen Krückstock auf die Nase.)
CLOWN 2 Trittst du immer mit der Nase auf.
Clown 1 Ich bin der König von Preußen, mein Schloß steht neben deiner Mühle, und ich befehle dir, Müller von Potsdam, deine Mühle anderswo aufzustellen, weil sie den ganzen Tag klappert, was mich beim Regieren und beim Flötespielen stört.
Clown 2 Ich bin der Müller von Potsdam. *(Seine Knie fangen an zu schlottern. Er versucht sie mit den Händen festzuhalten.)* Ich bin ein deutscher Mann. *(Fällt um, steht wieder auf vor dem drohenden Krückstock, fällt wieder um.)*
Clown 1 *(mit erhobener Krücke):* Wenn du jetzt nicht deine Rolle spielst, sage ich dem Direktor, daß du den Löwen kaputtgemacht hast. Ich kenne dich. Das machst du nur, weil du mich vor den Leuten blamieren willst, aus Bosheit.
Clown 2 *(steht wieder auf und fällt wieder um. Auf Händen und Knien):* Bestimmt nicht. Ich gebe mir wirklich Mühe. Siehst du, wie ich schwitze. Es kommt einfach über mich. Ich kann nichts dagegen tun. Es haut mir die Beine weg. Es kommt von innen. Es ist eine Naturgewalt.
Clown 1 *(böse):* Ich werde dir zeigen, was eine Naturgewalt ist. *(Schlägt ihn).* Ich bin der erste Diener meines Staates. *(Clown 2 leckt an dem Krückstock und fängt an, ihn aufzuessen. Den Stock essend, richtet er sich an ihm auf, bis er stocksteif dasteht. Marschmusik, die in Schlachtendonner übergeht. Der Bühnenhintergrund öffnet sich vor einem Feuer, aus dem Sprechblasen aufsteigen: JEDER SCHUSS EIN RUSS JEDER TRITT EIN BRIT JEDER STOSS EIN FRANZOS und in das Clown 2 im Paradeschritt hineinmarschiert.)*
Clown 1 Ich hatte es mir eigentlich anders vorgestellt, weil ich französisch spreche und sehr aufgeklärt bin. Aber so geht es natürlich auch. *(Der Hund, ebenfalls im Paradeschritt, folgt Clown 2.)*
Clown 1 *(zu dem Hund):* ET TU, BRUTE!

BRANDENBURGISCHES KONZERT 2
Schloß. Kaltes Buffet. Ein Empirestuhl. Im Hintergrund Gesang: „ALS DAS KRAFTWERK WURDE VOLKES EIGEN"

Ein Genosse *(stellt vor):* Das ist der Maurer von der Stalinallee. Held der Arbeit seit heute. Nimm Kaviar, Genosse, den kriegst du nur hier. Du hast ihn bezahlt mit der Stalinallee. Er hat Friedrich den Einzigen von Berlin nach Potsdam kommandiert, weil der uns in der Sonne stand Unter den Linden, mit vier Mann für dreimal weniger Geld als von den Experten aus dem Westen vorgesehn war und in Weltbestzeit. Am Kalten Buffet ist er neu. Was willst du. Wenn wir Kohlsuppe löffeln mit der Bevölkerung, machen sie Hackfleisch aus uns, hier ist Deutschland, Genosse, Diktatur des Prolitariats auch in der Küche. Essen ist Parteiarbeit. Der rote ist besser. *(Ab. Der Maurer, mit Kopfverband, ißt. Präsident.)*
Präsident Das ist dein Tag, Genosse. Du siehst aus
Als ob er dir zu lang wär.
Maurer   Lang genug.
Präsident Dein Kopf?
Maurer   Das ist der Dank der Arbeiterklasse.
Sie wollten mich zum Denkmal umarbeiten.
Das Material kam aus dem vierten Stock.
Und wenn ihr mir noch einen Orden anhängt
Könnt ihr mich als Ersatzmann aufstelln nächstens
Unter den Linden für den Alten Fritz.
Präsident Die Steine, die sie auf uns schmeißen heute
Genosse, passen morgen in die Wand.

Was liegt dir sonst im Magen.
MAURER Das Kalte Buffet.
PRÄSIDENT Du wirst dich dran gewöhnen müssen. Ich habs auch gelernt. […] *(Präsident ab. Musik. Brandenburgisches Konzert. Maurer setzt sich auf den Empirestuhl).*
MAURER Das ist der richtige Stuhl für meinen Hintern.
(Friedrich der zweite von Preußen als Vampir.)
FRIEDRICH 2 Will er nicht aufstehn, Kerl, vor seinem König.
MAURER Ich hab gedacht, der paßt auf keinen Stuhl mehr.
Ich zeig dir, wo Gott wohnt. *(Geht auf Friedrich 2 los. Der schlägt ihn mit der Krücke.)*
He. Das ist mein Kreuz. *(Zerbricht die Krücke überm Knie. Friedrich der zweite geht ihn von hinten an.)*
Bei mir bist du verkehrt. Fick deinen Hund. *(Schüttelt ihn ab. Friedrich der Zweite geht ihn an die Kehle.)*
Hast du noch Durst, du Vieh. Geh Wasser saufen. *(Kampf. Auftritt Genosse mit Tablett. Friedrich der Zweite verschwindet.)*
GENOSSE Das schickt der Präsident. Bier und Kotlett
Damit du dir den Magen nicht verdirbst
Eh du dich dran gewöhnt hast, am Kalten Buffet.
MAURER *(ißt das Kotlett und trinkt das Bier.)*

„Germania Tod in Berlin" (Auszug), aus: Heiner Müller, Werke, Band 4: Stücke 2.
© Suhrkamp Verlag Frankfurt am Main 2011.
Aus lizenzrechtlichen Gründen erscheint dieser Text nicht in reformierter Schreibung

- *Untersuchen Sie, wie sich die Machtverhältnisse im Stück zwischen den beiden Figuren entwickeln. (Brandenburgisches Konzert 1).*
- *Welches Bild wird vom König Friedrich gezeichnet?*
- *In welchem Verhältnis steht die 2. zur ersten Szene?*
- *Welche Funktion hat das Preußische?*

Elfriede Jelinek: Wolken. Heim. Szene 4/Szene 5: Inszenieren des Stimmengewirrs

Inszenierung am Schauspielhaus Hamburg, 1993

Wir sind bei uns. Nach festem Gesetze, wie einst, aus heiligem Chaos gezeugt, fühlt neu die Begeisterung sich, die Allerschaffene, wieder. Es reißt uns hinauf, und nichtig fallen wir wieder zurück in Gefängniswände, doch hier sind wir. Egal, was über den Köpfen uns hängt. Wir sind hier. Unser Haus, gefüllt mit unserer Sprache, die auf uns ruht wie die Natur, die uns wiegt. Sprache und Leben, und sinnlos das Übrige. Wir sitzen selig mitten im Leid. Wir stehen auf, weil alles Warten und Gedulden doch vergebens war und wir wie Pappeln blühen. Unser Wort genügt. Doch die Jahre der Völker, sah ein sterbliches Auge sie? Haben wir sie verkürzt, dass sie tiefer sich beugen, dass die leisesten Saiten ihnen verstummen vor uns? Dass enden mögen mit Freuden sie vor uns? Oder geduldig auch wohl im furchtsamen Bann wohnen, vor uns? Wenn sie alle, mit denen wir vormals trauerten, wenn unsere Städte nun hell und offen und wach, reineren Feuers voll sind und es auf andre werfen, wo einst die Musen waren. Wir sind wir. Zu eng begrenzt unsere Lebenszeit, zu enge Grenzen, wir schießen hervor, wir quellen wie Laut aus der Brust, wir gönnen den andern keine Blicke. Wir sind wir und scheuchen von allen Orten die anderen fort. Es rinnt uns Geist von der Stirne. Zu eng begrenzt unsere Lebenszeit. Die Orientalen wissen es nicht. Sie wissen nur, dass einer frei ist, aber ebendrum ist solche Freiheit nur Willkür, Wildheit, Dumpfheit und Leidenschaft, und die Milde ein Zufall. Wir aber wir aber wir aber. Wir Lieben! Auch uns, so will es scheinen, kann niemand von der Stirne nehmen den Traum. Aber wir Guten, auch wir sind tatenarm und gedankenvoll. Wir! Aber kommt, wie der Strahl aus dem Gewölke kommt, aus Gedanken vielleicht, geistig und reif die Tat? Folgt die Frucht, wie des Haines dunklem Blatte, der stillen Schrift? Und das Schweigen im Volk, ist es die Feier schon vor dem Fest? Oder die Ruh vor dem Sturm? Oder der Wind, der vor dem Gewitter herfliegt? Oder wer scheucht uns hier fort, wir sind hier zuhaus! Wir sind hier zuhaus.

Vernehmlich sind wir laut, nie schlummern wir hinunter. Es gehört uns. Ohne Namen und unbeweint sind die andern. Wir sind hier zu Recht! In unsen Tälern wacht unser Herz uns auf zum Leben. Wir Wanderer, doch wir kommen wieder! Wir sind, unser gewohnt, weiter gegangen als wir wollten, doch wir kommen zurück. Wir blicken hinüber, den Nachbarn nicht fürchtend, wir treten ihm aufs Haupt. Wild ist und verzagt und kalt von Sorgen das Leben der Armen, und doch sind sie zuhaus. Es gehört ihnen, sie gehn ruhig ihre Bahn. Und die Zeit wächst. In unsren Tälern wacht unser Herz uns auf zum Leben. Wir Wanderer. Aber auch indem wir die Geschichte als diese Schlachtbank betrachten, auf welcher das Glück der Völker, die Weisheit der Staaten und die Tugend der Individuen zum Opfer gebracht worden, wo entsteht dem Gedanken [...] notwendig auch die Frage, wem, welchem Endzweck diese ungeheuersten Opfer gebracht worden sind. Wer hat es begonnen? Wer brachte den Fluch? Die zuerst das Maß verloren, unsere Väter, sie wussten es nicht, aber sie wollten es, es trieb ihr Geist sie. Unstet wehn, dem Chaos gleich, dem gärenden Geschlecht die Wünsche umher. Und sie treiben mit ihnen herum, schlau lächelnd. Die Hand strecken wir nach dem Nachbarn aus, um seine Wege in die sträubenden Wolken zu lenken und uns an seine Stelle zu setzen und auszuruhn. Wir brauchen Raum. Wir brauchen Ruhm! Wir sind noch nicht fertig. Es gehört uns, wir sind nicht von gestern. Froh kehrt der Schiffer heim an den stillen Strom, von Inseln fernher, wenn er geerntet hat. So kommen wir zur Heimat, und hätten wir auch Güter so viele wie Leid geerntet. Ihr teuren Ufer, ganz gehört ihr uns, und ein goldener Herbst verwandelt dem armen Volk in Gesänge die Seufzer. Wir sind bei uns daheim. Und die Selbstsucht steht am ruhigen Ufer und von da aus sicher genießt sie des fernen Anblicks verworrene Trümmermasse. [...]

Aus: Elfriede Jelinek: Wolken. Heim. © Steide Verlag, Göttingen 1990

■ *Wandeln Sie den Text in ein Hörbild um, indem Sie ihn auf mehrere Sprecher verteilen. Überlegen Sie sich akustische Mittel, z. B. Rhythmisierung, unterschiedliche Stimmstärken, Textüberblendungen; möglich wäre auch der Einsatz von Musik oder Geräuschen. Ermitteln Sie in einem ersten Arbeitsschritt den Aufbau des Textes.*

Elfriede Jelinek: Wolken.Heim. Szene 4 – Methoden der Zitatmontage

**Friedrich Hölderlin:
An die Deutschen**

Spottet nimmer des Kinds, wenn noch das alberne
 Auf dem Rosse von Holz herrlich und viel sich dünkt,
  O ihr Guten! Auch wir sind
   Tatenarm und gedankenvoll!

Aber kommt, wie der Strahl aus dem Gewölke kommt,
 Aus Gedanken vielleicht, geistig und reif die Tat?
  Folgt die Frucht, wie das Haines
   Dunklem Blatte, der stillen Schrift?

Und das Schweigen im Volk, ist es die Feier schon
 Vor dem Feste? die Furcht, welche den Gott ansagt?
  O dann nimmt mich, ihr Lieben!
   Dass ich büße die Lästerung.

Schon zu lange, zu lang irr ich, dem Laien gleich,
 In des bildenden Geists werdender Werkstatt hier,
  Nur was blühet, erkenn ich,
   Was er sinnet, erkenn ich nicht.

Und zu ahnen ist süß, aber ein Leiden auch,
 Und schon Jahre genug leb ich in sterblicher
  Unverständiger Liebe
   Zweifelnd, immer bewegt vor ihm,

Der das stetige Werk immer aus liebender
 Seele näher mir bringt, lächelnd dem Sterblichen,
  Wo ich zage, des Lebens
   Reine Tiefe zu Reife bringt.

Schöpferischer, o wann, Genius unsers Volks,
 Wann erscheinest du ganz, Seele des Vaterlands,
  Dass ich tiefer mich beuge,
   Dass die leiseste Saite selbst

Mir verstumme vor dir, dass ich beschämt,
 Eine Blume der Nacht, himmlischer Tag, vor dir
  Enden möge mit Freuden,
   Wenn sie alle, mit denen ich

Vormals trauerte, wenn unsere Städte nun
 Hell und offen und wach, reineren Feuers voll
  Und die Berge des deutschen
   Landes Berge der Musen sind,

Wie die herrlichen einst, Pindos[1] und Helikon,
 Und Parnassos[2], und rings unter des Vaterlands
  Goldnem Himmel die freie,
   Klare, geistige Freude glänzt.

Wohl ist enge begrenzt unsere Lebenszeit,
 Unserer Jahre Zahl sehen und zählen wir,
  Doch die Jahre der Völker,
   Sah ein sterbliches Auge sie?

Wenn die Seele dir auch über die eigne Zeit
 Sich, die sehnende, schwingt, trauernd verweilest du
  Dann am kalten Gestade
   Bei den Deinen und kennst sie nie,

Und die künftigen auch, sie, die Verheißenen,
 Wo, wo siehest du sie, dass du an Freundeshand
  Einmal wieder erwarmest,
   Einer Seele vernehmlich seist?

Klanglos, ists in der Halle längst,
 Armer Seher! bei dir, sehnend verlischt dein Aug
  Und du schlummerst hinunter
   Ohne Namen und unbeweint.

[...] [es folgen noch einige fragmentarische Strophen]

e: um 1800

Friedrich Hölderlin: Sämtliche Werke. Herausgegeben von Friedrich Beißner im Insel-Verlag. Frankfurt a.M. 1961, S. 235f.

[1] Pindos: Gebirge in Griechenland, das Apollo und den Musen geweiht war
[2] Helikon und Parnassos: Gebirge in Griechenland, die als Musensitz galten

- *Welche Teile dieses Gedichts tauchen in der Szene 4 von „Wolken.Heim." auf? Markieren Sie diese in beiden Texten.*
- *Gliedern Sie den Text des Gedichts, stellen Sie fest, welche Strophen jeweils eine Sinneinheit bilden und fassen Sie die zusammenhängenden Strophen in einfachen Sätzen zusammen.*
- *Worum geht es Hölderlin? Wie schätzt er die Lage des damaligen Deutschland ein?*
- *Wie geht Elfriede Jelinek mit diesem Gedicht um? Welche Absicht vermuten Sie?*
- *Diskutieren Sie ihr Verfahren.*

Botho Strauß: Schlusschor

Inszenierung an den Münchner Kammerspielen, 1991

Die Handlung spielt in einem Restaurant in West-Berlin am Tag der Maueröffnung 1989. Anita von Schastorf streitet mit ihrer Mutter, die in zweiter Ehe Rossammer heißt. Sie sprechen öffentlich vor mehreren Gästen, unter denen Patrick, ein Historiker, ist.

DIE MUTTER Morgen feiern wir den neunzigsten Geburtstag ihres Vaters, der Mitte vierundvierzig von den Nazis auf unserem Gut erschossen wurde. Sie wissen vielleicht nicht, wer ihr Vater war, Hans Ulrich von Schastorf, seinerzeit im Widerstand. Bei den Historikern ist er einschlägig bekannt. Sie hat erst kürzlich sein berühmtes Tagebuch in neuer Form herausgegeben. Das alles ist eine große Belastung für sie.
ANITA (*steht auf*) Diese Frau konnte es nicht eilig genug haben, das Andenken meines Vaters in unserem Haus auszulöschen. Ich war noch nicht ein Jahr auf der Welt und das Verbrechen lag kaum acht Monate zurück, als sie den Balzgesängen von Herrn Rossammer erlag und tatsächlich kurz vor Kriegsende tatsächlich noch Herrn Rossammer heiratete!
DIE MUTTER Ich musste – ich musste wirklich! Was sollte ich denn tun? Ich hatte vier Kinder satt zu machen, der Vater hatte nicht so gewirtschaftet, dass sehr viel übrig geblieben wäre, der Hof brauchte einen neuen Herren!
ANITA Herrn Rossammer! Der uns zum Glück nicht lang erhalten blieb, weil's ihn im Frühjahr fünfzig dann in Fetzen riss, als er unsere Äcker in Bauland teilte und dabei auf einen Blindgänger grub.
DIE MUTTER Du besitzt kein Verzeihen, Anita. Du hast ein enges Blut. Du bist nicht wie dein Vater. Er war ein Christ, demütig vor Gott und den Menschen. Du bist nicht christlich.
ANITA Ach? Hat er *dir* etwa verziehen? Was geschah in der Woche vom 18. zum 25. Juni 1944, als er zum ersten Mal in Untersuchungshaft saß? Und: wen traf er zu Hause an, als er plötzlich und unerwartet zurückkehrte? Erinnerst du dich, Mutter? Du hattest Besuch. Es war ein – ehemals – guter Freund des Vaters. Ein guter Freund der ganzen Familie, nicht wahr? Seltsam nur, was dazu im Tagebuch zu finden ist. Nur eine einzige Zeile: ‚Meine Getreue – meine einzig Geliebte: verloren!'
DIE MUTTER Er hat mich nie verloren. Das ist nicht wahr. Im Tagebuch stehen Launen. Es stieg ja so viel Gram und Zorn aus seiner Seele, als er zurückkam aus der Haft. Er ahnte doch und sagte selbst, dass man ihn nicht in Ruhe lassen würde.
ANITA Frau Rossammer: erinnern Sie sich! Für scheinheilige Ausreden sind die Jahre jetzt zu spät. Es braucht noch recht viel Zeit, bis alle Wahrheit ausgesprochen ist … Also: Oberst Lippoldt aus Berlin war, wie es der Zufall wollte, gerade zu Besuch –
DIE MUTTER Er war jemand, der mit den Ideen deines Vaters harmonierte. Er hatte lange Zeit Kontakt gehalten mit den Kreisauern.
ANITA So? Bei Vater steht es anders. Er hatte dem alten Freund längst Hausverbot erteilt, angewidert von seiner feigen Hitler-Treue. Sehen Sie: und seine Frau öffnet es ihm heimlich wieder und tut es zur selben Stunde, da der Vater mit kranken Lungen in der Zelle liegt und für sie betet! Es ist alles verzeichnet!
DIE MUTTER Ja, der Lippoldt kam. Er kam, um uns zu helfen, in der finsteren Zeit, er kam, um den Hof vor Beschlagnahme zu schützen.
ANITA ‚Meine einzig Geliebte – verloren!'
DIE MUTTER Du klammerst dich an eine einzige Zeile im Tagebuch, wo jeder kleinste Zwist später wie ein Höllenhund erscheint! Es ist alles so lange vorbei, und sie erzählt es daher, als sei es gestern gewesen. Du hast die Zeit doch gar nicht mitgemacht!
ANITA Es weint doch hier irgendwo ein Mensch … nein? Ich hör's doch weinen in der Nähe … Psst!
[…]
DER RUFER (*kommt durch die Tür gestürzt. Er zieht ein Paar aus der DDR mit sich, bescheidene, etwas unförmig wirkende Leute in ihren graublauen Blousons.*)
DER RUFER Deutschland! Das ist Geschichte, sag ich, hier und heute, sage ich, Valmy, sage ich, Goethe! Und diesmal sind *wir* dabei gewesen. Die Grenzen sind geöffnet! Die Mauer bricht! Der Osten … der Osten ist frei! (*Er läuft wieder zurück auf die Straße.*)
URSULA (*und andere, etwas zaghaft*)
Herzlich willkommen!
PATRICK Wo kommen Sie her?
DER BLOUSON-MANN Aus Friedrichroda. Wir sind gleich losgefahren. Wir konnten's ja nicht glauben, was die im Radio sagten.

DIE MUTTER Setzen Sie sich doch! Sie sind bestimmt erschöpft. Von Friedrichroda bis Berlin.
DER BLOUSON-MANN Dreieinhalb Stunden mit unserem Privatjet.
DER BLOUSON-MANN Danke, aber wir warten lieber noch auf den jungen Mann, der uns hergebracht hat.
DER BLOUSON-MANN Sie werden es vielleicht bemerkt haben, der Boden schwankt uns noch ein bisschen unter den Füßen.
DIE BLOUSON-FRAU Verzeihen Sie, mir träumt noch alles durcheinander. Verzeihen Sie, wenn wir in unserem Benehmen etwas falsch machen.
DER LESER Glauben Sie denn, dass nun alles anders wird bei Ihnen?
DER BLOUSON-MANN Jein, möchte ich sagen.
DIE BLOUSON-FRAU Ja und nein. Da müsste ich weiß nicht was für'n Wunder noch geschehen. Es ist zu viel kaputt.
SOLVEIG Aber Sie können jetzt frei in den Westen und wieder nach Haus. Da muss Ihnen doch ein Grabstein von der Brust fallen!
DER WIRT Was haben Sie denn schon erlebt in unserer Stadt? Was sagen Sie? Haben Sie sich das so vorgestellt?
DIE BLOUSON-FRAU Wir waren zuerst in einer Disco, um uns etwas aufzuwärmen. Fünfundzwanzig Ostmark wollten die für eine Cola.
RUDOLF Sie gehen ja gar nicht richtig aus sich raus. Sie müssen sich doch maßlos freuen?
DER BLOUSON-MANN Doch. Wir freuen uns riesig. Wir freuen uns auch auf die Diskussion mit Ihnen.
DER RUFER (*kommt zurück, stellt sich hinter die beiden und legt ihnen die Arme um die Schultern.*)
DER RUFER So sehen Menschen aus, die vierzig Jahre nicht glauben konnten, dass es Monte Carlo wirklich gibt!

[Alle bis auf Anita und Patrick sind schließlich auf die Straße gelaufen. Anita erzählt vom Krieg, den sie selber kaum erlebt hat, wie Patrick anmerkt.]

PATRICK Lassen Sie's gut sein. [...] Sie erscheinen mir wie der Pfeiler einer längst gesprengten Brücke, der abgebrochen, schroff am Ufer stehenblieb. Sie erinnern noch an eine Brücke, aber mehr noch erinnern Sie an die Zerstörung. Das ist alles, was ich Ihnen zum Schluss noch sagen kann.

ANITA Einen Dolmetscher! Einen Dolmetscher, der mehr als bloß die fremden Sprachen kann, der fließend übersetzt, was ich von Mensch zu Mensch nicht mehr verstehe! (*Sie versucht, ihn mit einer Frage zurückzuhalten.*) Sie sind doch Zeitgeschichtler, nicht? In Ihrem Institut hat man den Widerstand schon gründlich durchgeforscht. Wann sehen Sie sich den Vater in seiner neuen Rolle mal genauer an?
PATRICK In welcher neuen Rolle?
ANITA So wie er jetzt durchs neue Tagebuch erscheint. Heute hätt' er seinen neunzigsten Geburtstag immerhin.
PATRICK Ich will es Ihnen nicht verhehlen: zu meinen Favoriten zählt Ihr Vater nicht. Die konservative Verschwörung von Junkern und Großgrundbesitzern war nie mein Steckenpferd.
ANITA Konservativ? Sagten Sie: konservativ? Er war seinem König treu ergeben, wenn Sie das meinen.
PATRICK Einen König gab es nicht.
ANITA Den Kronprinzen Rupprecht von Bayern gab es! Der nie auf seinen Thron verzichtet hat!
PATRICK Eine Farce, eben. Wenn Sie sagen, Ihr Vater war erklärter Monarchist, dann gehörte er zu den Getreuen einer Herrschaft, die Deutschland gerade erst in Krieg und Chaos gestürzt hatte.
ANITA Was wissen Sie vom Fürsten, als er noch Fürst gewesen ist? Was wissen Sie von Kräften, die einmal gut und heilsam waren, bevor sie am Körper der modernen Welt zu üblen Geschwüren aufquollen. Gehorsam, Glaube, Demut, Dienen. Könige berührten bloß mit ihrem Finger den Aussätzigen und heilten ihn.
PATRICK Mag sein. Zu ihrer Zeit. Und *vor* der Zeit.
ANITA Könige sind immer da und immer mächtig. Durch alle Zeiten schreiten sie, kein Niederknien ist je umsonst. Sie kommen und gehen und kehren wieder zurück.
PATRICK Weshalb versuchen Sie, Ihren Vater zum Patrioten im Widerstand zu verklären? Es fällt sehr schwer, ihn ernsthaft dafür anzusehen. Weshalb haben Sie in der Neuausgabe seines Tagebuchs zahlreiche Stellen unterdrückt, die ihn ins Zwielicht setzen könnten?
ANITA Es gibt nur Kleinigkeiten, die ich weggelassen habe. Und manches ist tabu. [...]

Aus: Botho Strauß: Schlusschor. Drei Akte. © Carl Hanser-Verlag München 1991

- *Vergleichen Sie, wie Mutter und Tochter die Geschichte sehen (Z. 1–70). Wie lässt sich die Kontroverse deuten?*

- *Spielen Sie den 2. Teil (Z. 71–119) der Szene. Wie gehen die Personen miteinander und mit dem historischen Ereignis um?*

- *Anita und Patrick, der Historiker, gehen unterschiedlich mit der Geschichte um (3. Teil, Z. 123–172): Diskutieren Sie über die beiden Geschichtsbilder.*

Baustein 3

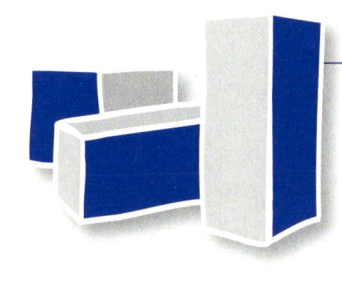

Theater in Zeiten von Krisen – dramatisches und postdramatisches Theater der Gegenwart

3.1 Gegenwartstheater und Deutschunterricht – eine Einführung

Wenn man erlebt, wie ein überwiegend junges Publikum im „Prater", der am Prenzlauer Berg gelegenen Spielstätte der Berliner „Volksbühne", der Aufführung eines Stücks von René Pollesch amüsiert und begeistert folgt, dann könnte man denken, alle didaktischen Überlegungen, wie man die Schülerinnen und Schüler an modernes, zeitgenössisches Theater heranführen kann, erübrigten sich: Die Theaterpraxis – gewiss nicht nur in Berlin, sondern auch an vielen anderen Spielstätten in Deutschland – liefert das stärkste Argument dafür, dass das Gegenwartstheater seinen Platz im Deutschunterricht finden kann und soll. Dennoch stimmt die Feststellung: „Das Gegenwartstheater präsentiert sich mit einer faszinierenden Vielfalt von Formen, Stilen und einem breiten Spektrum von Themen. Trotzdem finden zeitgenössische Theatertexte in der Schule wenig Berücksichtigung." (Werner 2006, S. 64) Mit den Worten eines andern Didaktikers: „Das zeitgenössische Theater ist spätestens seit den Achtzigerjahren zu einem *Stiefkind der literarischen Sozialisation* geworden." (Kammler 2001, S. 372) Es gibt mancherlei äußere Gründe dafür – die schlechte Zugänglichkeit von Theatertexten und Videoaufzeichnungen moderner Aufführungen, die fehlende Zeit angesichts des zu ‚bewältigenden' literarischen Kanons, die Zurückhaltung der Lehrerinnen und Lehrer angesichts der als schwierig geltenden Autorinnen und Autoren – von Heiner Müller, Elfriede Jelinek, Botho Strauß bis zu René Pollesch und Dea Loher, um nur einige wenige zu nennen. Über die Notwendigkeit der ‚Hinführung' zur Literatur und speziell zum Theater der Gegenwart wird es einen Konsens unter allen Beteiligten, Lehrern, Eltern wie Schülern geben. Clemens Kammler spricht eine weitere Hürde an, die aber zugleich ein Argument für die Notwendigkeit, moderne Theaterautorinnen und -autoren zu lesen, ist: „Dabei ist es notwendig, die Balance zwischen den Ansprüchen einer sprachkünstlerischen Avantgarde und den kommunikativen Standards der Unterhaltungskultur zu halten, von der die Lebenswelt heutiger Schülerinnen und Schüler zunehmend bestimmt wird." (Kammler 2003, S. 8)

Dramatisches und postdramatisches Theater

In Literatur- und Theaterwissenschaft wird das zeitgenössische Theater unter den Begriffen dramatisches und postdramatisches Theater verhandelt. Manche Diskussionsbeiträge lassen an Glaubenskämpfe denken: „Die Proklamierung des sogenannten postdramatischen Theaters bzw. Dramas ist mitverantwortlich für den in meinen Augen erheblichen Niveauverlust von zeitgenössischen deutschsprachigen Stücken und (deren) Inszenierungen." (Hofmann 2008, S. 120) Birgit Haas verfasste eine „Verteidigungsrede für das in Verruf geratene Drama" (Haas 2007, S. 11). Im Blick auf das postdramatische Theater (s. Zusatzmaterial 4, 5 und 6) spricht sie von einer „subjektfeindlichen Theatermetaphysik", dagegen möchte sie „für eine dramatische Dramatik die folgenden Parameter veranschlagen: Individuum, Sprache, Interaktion". (Haas, S. 73)

Man wird aber, betrachtet man die heutige Theaterlandschaft in Deutschland, an der folgenden Feststellung nicht vorbeikommen: „Das Drama [...] steht nicht mehr im Zentrum des theatralen Agierens." (Michalzik 2008, S. 31) „Man muss also das sogenannte postdramatische Theater nicht emphatisch verteidigen, man kommt aber nicht daran vorbei, dass die wesentlichen ästhetischen Impulse im Theater der letzten Jahre nicht vom Text ausgegangen sind." (Michalzik, S. 32) Hinzuzufügen wäre, dass dieses postdramatische Theater seine Vorgeschichte hat, die mit Artaud beginnt und in der auch Brecht seine Rolle spielt. Patrick Primavesi warnt davor, den Begriff ‚postdramatisches Theater' (den Hans-Thies Lehmann geprägt hat) „dogmatisch zu verstehen, als endgültige Abkehr vom dramatischen Text. Vielmehr dient er als Arbeitsformel zur Beschreibung verschiedener neuer, performance-naher Theaterformen [vgl. Zusatzmaterial 5], die anderen Prinzipien folgen als dem der Werkinszenierung [vgl. Zusatzmaterial 6]. So geht es nicht bloß um eine einmalige Stilrichtung, sondern um einen längeren Umwälzungsprozess, der die elementaren Parameter des Theaters (Raum, Licht, Körper, Bewegung, Geste, Stimme etc.) aus ihrer Unterordnung unter das dramatische Werk freisetzen konnte. Wenn postdramatische Theaterformen Spielräume für ungewohnte Wahrnehmungen schaffen, dann vor allem dadurch, dass sie ein neues Bewusstsein für die *Situation* ermöglichen, die das Theater als kulturelle Praxis immer schon bedeutet hat, die ereignishafte Begegnung von Akteuren und Zuschauern." (Primavesi 2004, S. 9) Damit wird unterstrichen, dass das (moderne) Theater seinen Ort im *Theater* hat, dass es nicht als Lesetext konzipiert ist.

Gute Informationen über Autoren und Stücke findet man auf den Internetseiten des Goethe-Instituts „Neue deutsche Dramatik": www.goethe.de/kue/the/nds/deindex.htm

Zur Auswahl der Stücke

Dass die Lektüre dennoch wichtig zum Verständnis und ergiebig für die Auseinandersetzung mit der Gegenwart ist, soll anhand von sechs Theaterstücken gezeigt werden; sie können nicht den Anspruch auf eine repräsentative, wohl aber exemplarische Auswahl von dramatischen und postdramatischen Stücken (zu letzteren zählen auch die Stücke von H. Müller und E. Jelinek im 3. Baustein) der Gegenwart erheben:
- René Pollesch (Heidi Hoh arbeitet hier nicht mehr; Arbeitsblatt 14) und Kathrin Röggla (Wir schlafen nicht; Arbeitsblatt 16 und 17) beschäftigen sich mit der modernen Lebens- und Arbeitswelt des globalen Kapitalismus;
- Dea Loher (Klaras Verhältnisse; Arbeitsblatt 18 und 19) setzt sich ebenfalls mit diesen Lebensverhältnissen auseinander, sie arbeitet eher mit Mitteln des dramatischen Theaters, wobei derartige Zuordnungen nur Tendenzen beschreiben;
- Igor Bauersima (norway.today; Arbeitsblatt 20 und Zusatzmaterial 10/11) und Lutz Hübner (Hotel Paraiso; Arbeitsblatt 21 und 22) handeln im weitesten Sinn von der Selbstfindung Jugendlicher;
- Yasmina Reza (Der Gott des Gemetzels; Arbeitsblatt 23 und 24) zeigt die aus einer alltäglichen Situation entstehenden spannungsgeladenen Beziehungen von zwei Ehepaaren.

3.2 René Pollesch: Heidi Hoh arbeitet hier nicht mehr

René Pollesch ist 1962 in Friedberg (Hessen) geboren; von 1983 bis 1989 studierte er Angewandte Theaterwissenschaften in Gießen bei Andrzej Wirth und Hans-Thies Lehmann (der ein bekanntes Buch über das postdramatische Theater verfasst hat), ferner u. a. bei den Gastdozenten Heiner Müller und George Tabori; 1996 hatte er ein Arbeitsstipendium am Royal Court Theatre London. Seit der Spielzeit 2001/02 gestaltet er das Programm des Praters der Berliner Volksbühne am Rosa-Luxemburg-Platz. Pollesch führt in den Aufführungen seiner Stücke meistens auch selbst Regie; er arbeitet an führenden deutschsprachigen Bühnen. 2001 und 2006 bekam er den Mülheimer Dramatikerpreis.

Stücke (Auswahl): Heidi Hoh (1999), Prater-Trilogie (2001/02), Prater-Saga (2004/05), Cappucetto Rosso (2005), Liebe ist kälter als das Kapital (2007).

3.2.1 Vorüberlegungen

Das postdramatische Theater des René Pollesch

„Lehrstücke in Entfremdung durch technischen Fortschritt und der rastlose Aufstand der Gefühle des Einzelnen dagegen" – so charakterisiert Frauke Meyer-Gosau die Theatertexte des 1962 geborenen Autors und Regisseurs René Pollesch (Pollesch 2009 S. 13). Er selbst äußerte in einem Interview, in dem Stück „Heidi Hoh arbeitet hier nicht mehr" wolle er „die beiden Themen Arbeit und Gefühl einander annähern" (S. 338). Der Autor, der seine Stücke überwiegend selbst (vor allem in Berlin) inszeniert und nur selten von andern nachspielen lässt, versteht sein Schreiben politisch, anders als Brecht hat er jedoch kein Modell einer Gesellschaft, das er der kritisierten Gesellschaft entgegenstellen könnte. Wie soll ein politisches Theater heute beschaffen sein, das weder auf die Darstellungsmittel des epischen Theaters noch die des Dokumentartheaters zurückgreifen will und das von der folgenden Überzeugung getragen ist: „Im Kern meiner Arbeit weise ich Theaterkonzepte zurück, die so tun, als könne man heutige gesellschaftliche Konflikte mittels Individualisierung auf der Bühne verarbeiten." (Pollesch S. 342)? Denn: „Wir sind keine autonomen Subjekte, wie sie das Drama kennt. Wir haben die Kontrolle verinnerlicht und unsere Subjektivität ist, woran wir arbeiten, was wir verkaufen." (S. 344) Diese Prämissen teilt Pollesch mit anderen Autorinnen und Autoren des sogenannten postdramatischen Theaters, für die es keinen „abbildenden Realismus [gibt], der politischen Themen in Analogie zur alltäglichen politischen Diskursivität nachstellt" (Eke 2009, S. 177); es sind auch die Erkenntnisse der Soziologie (vgl. Zusatzmaterial 9). Statt um Mimesis, Abbildung handelt es sich um „Verschiebungen und Verformungen von Wirklichkeit", um „Destruktionen". (Eke, S. 177) Störung war auch Teil des ästhetischen Konzepts von Bert Brecht, später beispielsweise auch von Peter Handke, es ist/war immer das Prinzip der Avantgarde: „Das ironische Spiel mit Zuschauererwartungen und Sehgewohnheiten bringt auf der formalen Ebene einen Funktionswandel des Theatertextes zum Ausdruck, den Pollesch selbst als Bruch mit den Theaterkonventionen anspricht" (Eke, S. 177).

Das Stück „Heidi Hoh arbeitet hier nicht mehr" eignet sich sehr gut als Einführung in die Theorie und Praxis des postdramatischen Theaters, dessen Vorgehensweisen keineswegs auf genuin postdramatische Stücketexte beschränkt sind, sondern sich in vielen modernen (bisweilen als Regietheater gescholtenen) Inszenierungen finden.

Während für Brecht die Fabel immer ein Kernstück seines Theaters blieb, trifft das auf postdramatische Texte nicht mehr zu, sie erzählen keine Geschichten, verstehen sich nicht narrativ, sondern nähern sich eher einer Performance an (vgl. Zusatzmaterial 5). Die Inhaltsangabe ist folglich auch kein geeigneter Einstieg, um einen solchen Theatertext zu interpretieren; das könnte dazu verleiten, negative Kategorien für die Interpretation zu verwenden, indem man von den Strukturmerkmalen des dramatischen Theaters (z. B. Handlungsstruktur, Figurenkonstellation) ausgeht, doch das erweist sich bald als unzureichend, da man über die Negation nicht hinauskommt. Es müssen also andere Kategorien gefunden werden, um dem postdramatischen Theater gerecht zu werden. (Vgl. Zusatzmaterial 4, 5 und 6.)

3.2.2 Im Zentrum der Erarbeitung: Postdramatisches Theater am Beispiel einer Szene aus „Heidi Hoh arbeitet hier nicht mehr"

Annäherung an das Stück

Das Personenverzeichnis nennt drei Akteurinnen, die als „Subjekte der Globalisierung" bezeichnet werden; es sind Heidi Hoh, Gong Scheinpflugowa und Bambi Sickafosse – diese teilweise bizarren Namen lassen sich versuchsweise aufschlüsseln (vgl. Bloch 2004, S. 57 ff.); interessanter ist, dass im Text des Stücks die Vornamen der Schauspielerinnen der Uraufführung genannt werden: Elisabeth [Rolli] für Heidi Hoh, Anja [Schweitzer] für Gong Scheinpflugowa und Susanne [Abelein] für Bambi Sickafosse. Die Schauspielerinnen spielen eine Rolle und sich selbst, sie erscheinen aber nicht als Individuen, sie „wechseln im Verlauf des Stücks sprunghaft ihre Persönlichkeit und ihren Beruf" (Bergmann 2009, S. 201).

Worum geht es in dem Stück? Am Anfang erhält man als Rudiment einer Geschichte die Information, dass Heidi Hoh die Familie und die Familienarbeit verlassen hat und nach L.A. gegangen ist, um dort zu surfen, was sie aber nur dadurch verwirklichen kann, dass sie eine Teilzeitarbeit als Mietwagenhostess annimmt; diese Arbeit hindert sie schließlich daran, ihren Freizeittraum zu verwirklichen. Man könnte diesen Splitter einer Geschichte für eine die Fantasie anregende Vorproduktion durch die Schüler nutzen. Ebenfalls am Beginn taucht der „Körpercomputer" auf, den man „überall einstecken" kann, wodurch man zum allseits verfügbaren Arbeitsobjekt wird. Damit wird signalisiert, dass der Wunsch nach Selbstverwirklichung ein bloßes Phantasma ist, denn es bleibt einem nur die Selbstvernutzung, die zur Selbstauflösung führt (vgl. Bergmann, S. 202). Der Körpercomputer lässt an die Welt der Cyborgs der Science Fiction denken, Hybride aus Maschine und Organismus, wie sie Donna Haraway in „Ein Manifest für Cyborgs" (1985) beschreibt (im Internet zugänglich). Beides aber sind falsche Spuren, weder geht es um einen Glückstraum im Hollywood-Stil noch um eine Science Fiction-Geschichte, vielmehr werden verschiedene Situationen aufgerufen (simuliert, evoziert), die auf moderne Arbeitswelten verweisen – vom Büro-Suite-Hotel über den Toyota-Schauraum bis zu virtuellen Kaufhäusern im Netz. Man könnte von einer Textur von Begriffen mit Signalcharakter sprechen, die auf die moderne, technisierte und durchökonomisierte Welt verweisen, denen sich die Menschen unterordnen müssen, gegen die sie aber immer wieder – verbal, in der Fantasie – rebellieren. Es werden entsprechende Diskurse aufgerufen, durchgespielt und verworfen, destruiert, oft schreiend (die in Versalien gesetzten Textteile sollen geschrien werden): Themen sind die Arbeitswelt, Liebe und Beziehungen, Gender, Konsum. Die immer explizit oder implizit vorhandene Leitfrage ist die nach einem ‚guten Leben'. Das alles erscheint im Text sozusagen virtuell, als Vorstellungen, zu denen es zwar reale Entsprechungen gibt, die jedoch nur als Vorstellungen gegenwärtig sind. Ein solches Diskursthema wird aufgerufen, weitergesponnen, persifliert und dann wieder abgebrochen durch den Ausdruck von Wut, destruktiver Fantasie oder Aggression. Das Generalthema ist die Verunmöglichung des Lebens unter den Bedingungen des globalisierten Kapitalismus. Heidi Hoh ist diejenige, die am heftigsten revoltiert, weil sie authentisch sein möchte in einer Welt, die durch entfremdete Arbeit die Selbstverwirklichung immer mehr verhindert. Demonstriert wird das am Beispiel weiblicher Identität. In den nicht sehr deutlich gegliederten Text werden „Clips" eingefügt; man muss sich die Darstellung dieser

,Sprach-Performance' auf der Bühne multimedial vorstellen. Die Inszenierung erfordert einerseits viel Fantasie, lässt andererseits aber auch einen großen Gestaltungsspielraum. Dass die Fantasie gefordert ist, zeigt eine Regieanweisung, die sich auf einen multifunktionalen T.W. (= Tellerwärmer) bezieht, der alles Mögliche vom Auto bis zur Popcornmaschine bedeuten kann. Es muss immer bewusst bleiben, dass die virtuellen Welten in der realen verortet sind, auch wenn sie nicht realistisch abgebildet werden (können); Realitätsverweise lassen sich beispielsweise durch Videoeinspielungen herstellen.

Alternativ bzw. ergänzend zum Arbeitsblatt sei auf die folgenden Sequenzen verwiesen:
S. 55–60: „Ich wünschte, ich wäre eine Stoffpuppe mit toten Knopfaugen und einem aufgenähten Lächeln. ..."
S. 72–77: Es geht um das Verhältnis von beruflicher Arbeit und Mutterrolle.
S. 78–81: Es geht um Lebensentwürfe, als „bürgerliche Formate" bezeichnet.

René Pollesch: Heidi Hoh arbeitet hier nicht mehr (Arbeitsblatt 14, S. 157)
Erläuterungen zum Arbeitsblatt

Die ausgewählte Textsequenz soll eine Vorstellung von einem postdramatischen Theatertext vermitteln, und zwar durch inszenatorische Arbeit mit dem Text; vorgeschlagen wird, dass (nach einer eventuellen Vorproduktion, s.o.) der Text zunächst individuell gelesen wird:

- *Schreiben Sie nach dem ersten Lesen eine inhaltliche Zusammenfassung und notieren Sie Auffälligkeiten der Textsequenz im Vergleich mit Ihnen bekannten dramatischen Texten.*

- *Erarbeiten Sie in Gruppen eine Choreographie für die Aufführung der Szene (Sprechweise, Lautstärke, Sprechtempo, Rhythmus, Bewegung im Raum, Medieneinsatz – Musik, Mikrophon, Videoeinspielungen).*

- *In welcher Situation befindet sich der Zuschauer und inwiefern muss die Regie darauf Rücksicht nehmen?*

Der Versuch einer inhaltlichen Zusammenfassung stößt auf Schwierigkeiten – das ist die erste Einsicht in das Charakteristische des postdramatischen Theaters. Man kann lediglich festhalten, dass es um verschiedene Formen von Arbeit geht und dass der Textsequenz eine assoziative Struktur zugrunde liegt; sie aufzuzeigen ist die Vorbereitung für die Ausgestaltung einer Choreographie.

Am Beginn steht der „Körpercomputer", der nicht in eine Cyborg-Welt, sondern in die moderne Arbeitswelt führt und darauf verweist, dass der Arbeitende immer verfügbar und einsetzbar ist; der eigentliche Hauptzweck Heidi Hohs/Rollis, das Wellenreiten, verschwindet hinter den Anforderungen der Arbeit, bei der es auch sehr auf das Tempo ankommt. Auszuhalten ist das nur, wenn man Drogen (Tabletten, Speed) nimmt; mit „Speed-Jobs" (Z. 24) beginnt eine neue Assoziationsreihe, die vom Ort des erdachten Geschehens, dem Büro-Suite-Hotel, ausgeht und über einige Fantasievorstellungen zur Idee des Hotels für das Leben als Metapher führt, danach eine High-Tech-Arbeitswelt in Genlabors ausmalt in Form einer Steigerung der positiven Attribute (,der logische und wissenschaftliche Charakter der Arbeit, die männlich kodiert ist', Z. 99) bis zur vollständigen Identifizierung mit der Arbeit, um dann umzukippen: „Aber irgendwie fühle ich mich isoliert von den Ungewissheiten und den möglichen emotionalen Anforderungen in meinem LEBEN!" (Z. 110f.) Anja setzt trotzdem noch eine Weile die positive Beschreibung fort, Rolli (Heidi Hoh) schlägt als Lösung vor, keiner hoch qualifizierten Arbeit mehr nachzugehen. Zu dieser Hauptlinie, dem roten Faden, gibt es verschiedene Abschweifungen, Einschübe, Variationen und Störungen (z. B. „Scheißleben, Z. 69 usw.). (Vgl. **Zusatzmaterial 9**, S. 182)

Man kann von einer Art musikalischer Komposition sprechen: Es gibt eine Steigerung bis zu den ironisch zu verstehenden positiven Attributen der High-Tech-Arbeit, dann kippt es um und endet mit Fragen und Zweifeln; aber bereits während der rhythmischen Steigerung gibt es Störungen: Die Schülerinnen und Schüler sollten mit eigenen Zeichen arbeiten, um ihre Ideen für die Inszenierung zu notieren; wichtig ist der Tempowechsel, der Wechsel der Lautstärke; Einspielungen von Musik sowie Videoeinspielungen können den rhythmischen Ablauf unterstützen.

Vor der Gruppenarbeit ist es hilfreich, sich über den Aufbau der Textsequenz zu verständigen:

Aufbau der Textsequenz

Z. 1–21 Assoziationsauslöser: Körpercomputer
- Displays, die durch die Haut leuchten
- Disco
- Nebenjob auf einem Mietwagengelände
- Tabletten/Drogen (speed), um die Leistung zu erbringen

Z. 22–112 Assoziationsauslöser: Konzerne mit Speed-Jobs
- Büro-Suite-Hotel/Bürohochhaus
- Hotel für Sekretärinnen
- Hotels für Rockgruppen, Telearbeiter …
- High-Tech-Hotel
- Gensequenzen entschlüsseln
- männlich kodierte, wissenschaftliche Arbeit

Z. 113–143 Wendepunkt: Unbehagen
- isoliert von Ungewissheiten, emotionalen Anforderungen
- isoliert von der weiblichen Identität, aber gesellschaftlich – bei Männern – anerkannt
- schlaflos
- abgespalten von Sinnlichkeit

Mögliche Lösung: keiner hoch qualifizierten Arbeit mehr nachgehen (?)

3.2.3 Weiterführende Erarbeitungsideen

Zum Abschluss könnte eine vorläufige Definition des postdramatischen Theaters versucht werden, dessen Inszenierungspraxis sich auf das gesamte Theater auswirkt (vgl. **Zusatzmaterial 4**, S. 177):

■ *Stellen Sie die Merkmale des postdramatischen Theaters zusammen.*

Im Tafelbild lässt sich das festhalten:

> **Postdramatisches Theater**
>
> - Es wird keine Geschichte erzählt, eine Inhaltsangabe (als Wiedergabe der Fabel) ist nicht möglich;
> - das Theatergeschehen bildet nicht die Wirklichkeit ab;
> - die Untersuchung von Handlungsstruktur oder Figurenkonstellation ist unergiebig;
> - das Theater löst sich vom Primat des Textes;
> - der Text ist nur *ein* Element innerhalb eines Ensembles von Medien (Musik, Bewegung, Video; Performance);
> - Körper als zentrales Ausdrucksmittel;
> - Bruch mit dem Prinzip der Darstellungsästhetik und ihren Strukturmerkmalen Dialog, Figuren, Handlung;
> - Entindividualisierung der Figuren;
> - Zerbrechen der Illusion – Theater soll als Theater kenntlich werden;
> - Dramaturgie der Statik, der endlosen Wiederkehr

Hinter dieser postdramatischen Ästhetik steht im Grunde eine Ideologiekritik, die nicht analytisch-diskursiv, sondern spielerisch-performativ verfährt und die bei der Auflösung von Individualität ansetzt: Die Figuren sind keine autonomen Subjekte, sondern sie sollen Arbeitsmaschinen werden; ihnen bleibt aber noch die Möglichkeit, sich dagegen zur Wehr zu setzen. Um den Realitätsbezug zur modernen Gesellschaft herzustellen, empfiehlt sich die Beschäftigung mit der Beschreibung des globalisierten Kapitalismus aus soziologischer Perspektive; dazu eignen sich zwei Textauszüge:

Leben im globalisierten Kapitalismus (R. Sennett/K. Dörre) (Arbeitsblatt 15, S. 159)

- *Welche gesellschaftlichen Veränderungen beschreiben Sennett und Dörre?*
- *In welcher Verfassung sind Menschen, die unter derartigen Bedingungen leben? Welche Eigenschaften und Fähigkeiten benötigen sie?*
- *Inwiefern könnte man im postdramatischen Theater eine adäquate Ausdrucksform für diese gesellschaftlichen Veränderungen sehen?*

Eine Zusammenfassung der Hauptmerkmale könnte folgendermaßen aussehen (Tafelbild):

> **Anforderungen instabiler, fragmentierter sozialer Beziehungen an die Menschen**
>
> - Der rasche Wechsel von Jobs an verschiedenen Orten verlangt Anpassungsbereitschaft und -fähigkeit;
> - Beziehungen sind kurzfristig;
> - Verzicht auf ‚Verwurzelung';
> - Bereitschaft, ständig neue Qualifikationen zu erwerben;
> - man muss Gewohntes aufgeben, sich von der Vergangenheit lösen können;
> - Verlust der Planbarkeit des Lebens, das überdies von der Gefahr des sozialen Abstiegs bedroht ist.
>
> **Fazit:** Entwertung von Dauer, Kontinuität, ‚Verwurzelung'; Entwertung erworbener Qualifikation und Bildung; Entwertung von Erfahrung; es zählen Gegenwart und Zukunft – das Neue, Moderne, der Fortschritt, die Mode; Tempo und Flexibilität bestimmen das Leben; latente Angst vor dem sozialen Abstieg.

Die Menschen, die unter solchen Bedingungen leben, benötigen Stärke zur Selbstbehauptung; Konkurrenzdenken und Egoismus werden gefördert; die Selbst-Vermarktung nährt die Hoffnung, besser bestehen zu können; Ängste werden unterdrückt durch Steigerung des Einsatzes. Die von Sennett und Dörre vorgestellten Thesen/Aussagen sollten diskutiert werden, auch unter Einbeziehung eigener Erfahrungen und Kenntnisse; dabei sollte auch das in Polleschs Stück enthaltene Widerstandspotenzial berücksichtigt werden.

Am Ende könnte die Einsicht stehen, dass das postdramatische Theater – zumindest in Teilen – auf diese Lebens- und Arbeitsverhältnisse reagiert, indem es sie zum Thema macht, einerseits um das Bewusstsein zu schärfen, andererseits um (ästhetische) Widerstandsformen aufzuzeigen: Die Protagonisten können sich nicht als autonome Individuen verstehen, sondern eher als funktionierende Objekte, die sich gegen die Ökonomisierung und Funktionalisierung wehren (vgl. auch Zusatzmaterial 9).

3.3 Kathrin Röggla: wir schlafen nicht

Kathrin Röggla (geb. 1971) studierte Germanistik und Publizistik in Salzburg und lebt seit 1992 in Berlin. Sie verfasst Prosa, Hörspiele, Theatertexte und Rezensionen im Feuilleton und für den deutschen und österreichischen Rundfunk. 1995 erfolgte ihre erste selbstständige Veröffentlichung, seit 2002 schreibt sie auch fürs Theater. Sie wurde mit zahlreichen Preisen ausgezeichnet. Ihre bekanntesten Theaterstücke sind: „fake reports/die 50 mal besseren Amerikaner" (2002), „draußen tobt die dunkelziffer" (2005) und „worst case" (2008). Ihre bekanntesten Buchproduktionen sind: „really ground zero" (2001) und „irres wetter" (2000/2002). „wir schlafen nicht" erschien 2004 als Roman und wurde im gleichen Jahr im Schauspielhaus Düsseldorf uraufgeführt. Ihr jüngstes Buch, der Erzählungsband „die alarmbereiten" (2010), fand große Aufmerksamkeit. Kathrin Röggla setzt auf das Potenzial der Literatur, Erkenntnis zu vermitteln und Widerstand zu leisten; sie ist also eine politische Autorin. Sie unterhält eine Homepage, auf der auch Szenenfotos des Stücks „wir schlafen nicht" zu finden sind (www.kathrin-roeggla.de).

3.3.1 Vorüberlegungen

Thematik

„wir schlafen nicht" existiert als Roman, als Theaterstück (abgedruckt in der Zeitschrift „Theater heute" (2003, H. 4, S. 59–67), als Hörspiel und als Hörbuch. Der Roman wurde mit dem Preis der SWR-Bestenliste und dem Bruno-Kreisky-Preis für das politische Buch ausgezeichnet. Es handelt sich um eine collagierte Milieuerkundung, die einen Querschnitt von Angestellten einer Consultingfirma von der Führungsebene des Managements bis hinunter zur prekär beschäftigten Praktikantin versammelt. Sie sprechen über ihren Job, das damit verbundene Zeitdiktat, Strategien der Leistungssteigerung, über die Gefahr der Überidentifikation mit dem Job, die Arbeit als Droge und über ihre Ängste. Sie alle sind Getriebene, die sich antreiben. Durch die Form des Gruppenportraits, das die Ähnlichkeiten betont und die individuellen Eigenarten eher verwischt, wird deutlich, dass hier keine individuellen déformations professionnelles ausgestellt werden, sondern verinnerlichte strukturelle Zwänge des auf Konkurrenz, Wachstum und Höchstleistung gerichteten Prinzips der Marktwirtschaft. Damit steht dieses Stück wie auch das von René Pollesch in der Nachfolge von Urs Widmers „Top Dogs", „das man wohl als Blaupause aller neueren deutschsprachigen Wirtschaftsdramatik betrachten darf." (Blaschke 2009, S. 211) Zum Stück von Urs Widmer liegen bereits Unterrichtshilfen vor (Einfach Deutsch: Urs Widmer: Top Dogs. Erarbeitet von Annegret Kreutz. Paderborn 2008; Einfach Deutsch: Literatur seit 1945. Erarbeitet von Josef und Eva Schnell. Paderborn 2009). In „wir schlafen nicht" geht es nicht wie bei Urs Widmer um entlassene Manager, sondern um die Darstellung ihres Arbeitsverhaltens.

Dokumentarliteratur

„Deformierung, Verbiegung und Verstümmelung sind thematisch wie ästhetisch ein Leitmotiv der theatralen Wirtschaftsbeobachtung: Die Entfremdung der Geldarbeiter von ihren Mitmenschen, aber auch von den eigenen Bedürfnissen und Wünschen sind regelmäßig Gegenstand der Texte. Die Verfremdung oder Groteske ist zudem das zur Veranschaulichung und Kritik dieser Entfremdung häufig eingesetzte Theatermittel. Und dies […] ist durchaus nicht unproblematisch." (Blaschke, S. 218) Es macht die Qualität des Stücks „wir schlafen nicht" aus, dass die Autorin der Gefahr der Karikierung nicht erliegt. Das Textensemble basiert auf umfangreichen Recherchen, die über drei Jahre liefen. Den Beginn des Projekts bildeten seit Anfang 2000 zahlreiche kurze Interviews auf Messen und in New-Economy-Firmen, dann folgten bis 2002 24 zwei- bis vierstündige Gespräche mit Unternehmensberatern, Coaches, Key Account Managern, Redakteuren und Programmierern, begleitet durch Lektüren. (Kasaty 2007, S. 270) Das journalistische Material wurde in mehreren Prozessen überarbeitet – gekürzt, gegeneinander geschnitten, collagiert, z. T. anderen Sprechern übergeben; im Roman ist z. B. nicht immer klar, wem die Redeausrisse zuzuordnen sind. Das dokumentarische Verfahren steht hier nicht im Dienste eines einfachen abbildenden Realismus, sondern einer Ästhetik, die mit den Mitteln von Übersetzung und Zuspitzung die gegenwärtige Gesellschaft zur Kenntlichkeit entstellt. Es geht ihr „um ein kenntlichmachen der zwänge", um das, „was michel foucault auf die formel gebracht hat: die wahrheit auf ihre machteffekte hin [zu] befragen und die macht auf ihre wahrheitsdiskurse" (Kasaty, S. 263).

Inhalt

Der kreative Einfall ist sicherlich die Wahl des Settings – der Stand einer Unternehmensberaterfirma auf einer mehrtägigen Messe. Damit werden die unterschiedlichen Berufe der Interviewten jener gefürchteten Branche zugeordnet, die für Firmen Rationalisierungsmaßnahmen erarbeitet und das Geschäft der Personaleinsparungen übernimmt. Die Mitarbeiter dieser Branche leiden unter denselben Ängsten, die sie allerorts verbreiten. Sie fürchten sich vor dem Branchenriesen McKinsey, vor einer Rezession, vor Arbeitsplatzverlust. Die Messesituation wirkt sich äußerst belastend auf die Beteiligten aus. Sie sind alle Workaholics; nun müssen sie tagelang am Stand präsent sein, ohne wirklich zu arbeiten; und sie alle haben ohnehin Schwierigkeiten mit freier Zeit, denn sie stehen derart unter Leistungsdruck, dass sie keine eigenen Interessen entwickeln können.– Die Präsenz der Interviewerin deutet sich nur in den Antworten der Personen an. Im Laufe der Zeit stellen sich bei allen Störungen ein – Müdigkeit, Frustration, Ungeduld, Langeweile, Existenzängste, körperliche und psychische Stresssymptome bis hin zu Selbstentfremdungsgefühlen, Wahrnehmungsstörungen und Anflügen von innerer Panik. Hinzu kommen Reizbarkeit, Reibereien untereinander, Konkurrenzverhalten und Selbstbehauptungsspiele. Der Interviewerin gelingt es immer wieder, den Personen authentische Äußerungen zu entlocken und so ihr berufliches Rollenverhalten aufzubrechen; spürbar werden auch die Anstrengungen, die zur Wiederherstellung der Contenance, der Berufsrolle nötig sind. Alle Personen äußern sich mehr oder weniger offen zu ihren persönlichen Problemen; sie sind bis auf den Partner Singles, oft unterwegs, einsam. Die Online-Redakteurin ist Alkoholikerin, der Senior Associate empfindet vieles an seiner Arbeit als Zumutung. Die junge Praktikantin, die am Anfang nichts so sehr ersehnt wie Arbeitserfahrung und eine Stellung in einer kommunikativen Branche, bekommt im Theaterstück das Schlusswort, in dem sie ihren Widerwillen gegen die Zumutungen der Personaleinsparungsaufträge ausspricht – sie zieht ihre bisherige prekäre Existenz einer sicherlich gut dotierten Anstellung bei dieser Firma vor. (Dieser Schlusspunkt des Stücks steht im Roman übrigens an einer wenig exponierten Stelle und wird vom Senior Associate geäußert – dieses Beispiel der Bearbeitung des dokumentarischen Materials gibt Hinweise auf die Intention der Autorin, die keine Reportage anstrebt, sondern ein kollektives Mentalitätsportrait). Drei der Personen (die Key Account Managerin, die Online-Reporterin und offenbar auch der Partner) haben einen Bruch in ihrer Arbeitsbiografie erlebt. Die Namen erscheinen nur im Personenverzeichnis, in den Texten taucht nur die Berufsbezeichnung auf, zum größten Teil BWL-Titel, die für den normalen Leser unverständlich bleiben. Die eingeklammerten Hinzufügungen finden sich weder im Roman noch im Theaterstück. Das Personenverzeichnis des Theatertexts enthält darüber hinaus Altersangaben. Top – down geordnet sind es:

- der Partner (der Mitinhaber der Firma) (44–48 Jahre)
- der Senior Associate (fortgeschrittener Anfänger auf der Ebene des Managements) (28–32)
- die Key Account Managerin (zuständig für die Kontakte zu Großkunden) (32–37)
- der IT-Supporter (ein Computerspezialist, hier unter seinem Niveau für die Wartung des Computers eingesetzt) (33–37)
- die Praktikantin (22–24)
- die Online-Reporterin (ehemalige TV-Reporterin) (40–42)

Die Online-Reporterin gehört nicht zu der Consulting-Firma. Wie die Praktikantin, deren naive Bemerkungen zuweilen für Irritationen sorgen, ist sie eine Außenstehende; aber sie zeigt dieselben Symptome wie die anderen. Permanent am Stand sind die Key Account Managerin und der IT-Supporter (im Theaterstück: DIE KEY und DER IT), sie sind dem Messestress am stärksten ausgesetzt. DIE KEY wartet auf einen Großkunden, der sich nie meldet, sie kann ihre Telefonliste nicht abarbeiten, weil die Kunden die Termine nicht einhalten bzw. gar nicht erscheinen. Zu ihrem Ärger ist die Praktikantin fast ständig in den Hallen unterwegs. DER SENIOR und DIE ONLINE kommen und gehen, ebenso DER PARTNER. Eine eigentliche Handlung gibt es nicht, ebenso wenig einen Plot – es handelt sich um postdramatisches Theater. Doch es gibt eine innere Entwicklung, fast einen Sog, durch die im Setting verankerten Stressfaktoren. Neben der Untätigkeit gehören dazu die ungünstige Platzierung des Stands in einem toten Winkel der Halle und die mangelnde Nachfrage von Kunden und Interessenten, was die Ängste vor einer Rezession verstärkt. Echte Stresskatalysatoren sind das cholerische und aggressive Verhalten des Partners, der sie beschimpft und indirekt mit Rausschmiss droht, was die latenten Krisen- und Abstiegsängste verstärkt, ferner eine in der Halle ausbrechende Hektik, offenbar ein Probealarm, der sie wegen der Randlage des Standes nicht erreicht hat; die allgemeine Unruhe und das Gerenne in der Halle verstärken die innere Panikbereitschaft. Der Roman und das Theaterstück kulminieren in einem langen, etwas wirren Bericht des Partners, in dem sich andeutet, dass er vor oder während einer entscheidenden Vorstandssitzung kollabiert ist und dass er die Insolvenz der Firma befürchtet.

Die Figuren

Das Interesse der Zuschauer konzentriert sich auf das Verhalten und Sprechen der Figuren. Diese werden weder mit Empathie noch denunzierend vorgeführt, sondern mit dem Anspruch der repräsentativen Darstellung eines zeitgenössischen Sozialisationstypus – des engagierten, dynamischen und mobilen Mitarbeiters, wie er auch in der Werbung, in Filmen und am deutlichsten in Stellenanzeigen in Erscheinung tritt. Sie sind eloquent und reflektiert, sie wissen, dass sie sich bis zur Selbstaufgabe mit ihrem Job identifizieren, dass ihr positives Selbstbild in Selbstdestruktion kippen kann; sie erkennen aber nicht die Grenze. Man könnte nicht einmal sagen, dass sie medialen Glücksbildern nachjagen. Sie sprechen alle von körperlichen Beschwerden, die deutlich psychosomatisch sind. Am Ende befinden sie sich in einem Zustand, den der Zuschauer als Burnout deuten kann, während die Personen selber über das Gefühl der eigenen Leblosigkeit sinnieren. Die Literatur ist hier das Medium, durch das die in der Soziologie und Philosophie verhandelte ‚Pathologie des Sozialen' (Axel Honneth) konkretisiert wird, die Bühne der Raum, wo diese verkörpert wird. – Die Arbeitsblätter demonstrieren zwei Arten der Anpassung: Arbeitsblatt 16 zeigt die verinnerlichte Selbstdisziplin im Verleugnen von natürlichen Bedürfnissen, Arbeitsblatt 17 die Arbeits-Sucht.

3.3.2 Im Zentrum der Erarbeitung: Selbstdisziplin und Arbeitssucht – zwei exemplarische Szenen

wir schlafen nicht. 1. Bild 2. Szene: der betrieb (Arbeitsblatt 16, S. 160)

- *Wie gehen die Personen mit ihrer Müdigkeit um?*
- *Welche Aussage vermuten Sie hinter dem Titel: „wir schlafen nicht"?*
- *Hörspielaufnahme und Vergleich der zwei möglichen Versionen.*
  Gruppe 1: Verwenden Sie diesen Text als Vorlage für eine Hörspielaufnahme.
  Gruppe 2: Setzen Sie den Text vor der Aufnahme in direkte Rede um.
- *Welche Wirkung hat der in diesem Drama verwendete Textwiedergabemodus (indirekte Rede)? Angenommen, Sie wären der Regisseur – für welche Version würden Sie sich entscheiden? Warum?*

Als Einstieg vor der Lektüre der Szene bietet sich eine Gruppen-Improvisation an: Müdigkeit. Mitarbeiter einer Firma nach 8 Stunden Arbeit, die noch etliche Überstunden vor sich haben. – Es ist zu vermuten, dass hier vor allem Müdigkeit, Unlust, Verdruss, ein angestrengtes Sich-Aufraffen, offenes oder direktes Stöhnen und Schimpfen auf die Firma laut wird, begleitet von Gähnen, Sich-Recken etc. Dies schärft den Blick auf das Verhalten der Personen in dieser zunächst unscheinbaren Szene.

Hinweise zu den Aufgaben:

Der Umgang der Personen mit ihrer Müdigkeit: Es gibt weder Gähnen noch offenes Klagen. Die Müdigkeit wird nur ironisch geäußert, aber nicht ausgedrückt. Dass sie müde sind, geht aus dem Smalltalk-Thema hervor, das der IT anstößt (Z. 6 ff.). Es folgt der Austausch schlauer Tricks, wie man sich in der Firma etwas Schlaf verschafft. Hier gibt es einen feinen Unterschied zwischen den Mitarbeitern der Consultingfirma und der ONLINE: diese spricht ehrlicher über ihr Schlafbedürfnis, während die anderen spielerischer auftreten und ihre Leistungsfähigkeit betonen. Als DIE ONLINE allzu unverblümt über die menschliche Normalität spricht, stellt sich eine „peinliche Stille" ein (Z. 32–34). Offenbar hat sie der KEY aus dem Herzen gesprochen, denn diese erwähnt die Uhrzeit, leicht verschämt („das werde man noch aussprechen dürfen – nein?"), als rühre sie an ein Tabu (Z. 35); denn Überstunden zeichnen Menschen in Entscheidungspositionen aus. Wer über Arbeitsüberlastung klagt, hat schon verloren. So folgt routiniert der Hinweis auf die noch zu erledigende Agenda, bevor sie die Uhrzeit (16.30: ist das Ende der täglichen Dienstzeit von Normalverdienern) vorwurfsvoll wiederholt (Z. 43) und das Gespräch abbricht, als sei ihr das Thema peinlich. Der IT bleibt beim Thema und entwickelt die witzige Sehnsuchtsvision von Schlafbanken; als die ONLINE mit ihrem Einwurf „umgekehrtes koks" (Z. 61) psychische Labilität durchblicken lässt, versucht die leistungsorientierte KEY nochmals das Thema zu beenden, das die von Müdigkeit geplagten Kollegen aber nicht aufgeben wollen. Auf die abschließende realistische Bemerkung der KEY über die Folgen von durcharbeiteten Nächten antwortet der IT mit einer überbietenden Leistungsdemonstration (möglicherweise, weil der SENIOR anwesend ist). Sie alle können wesentlich besser mit 14–16-Stundentagen umgehen als mit Freizeit oder Urlaub, keiner von ihnen kann abschalten. – Das Thema von Übermüdung und Durchhalten zieht sich als roter Faden durch das Stück und bildet auch den Höhepunkt des Epilogs der Praktikantin: „all das short-sleeping, quick-eating und diese ganzen nummern, das hotelgeschlafe, [...] irgendwann könne man das alles nicht mehr sehen" (S. 67).

Es lohnt sich, dem Titel nachzugehen. Als Antwort ist zu erwarten: Wir sind nicht von gestern/wir lassen uns nichts vormachen; oder: wir sind übermüdet und leiden an Schlaflosigkeit. Nach der Lektüre der Szene ergibt sich eine andere Deutung des Titels, den die Schülerinnen und Schüler als Abschluss ebenfalls schriftlich formulieren.
– Als Resultat könnte an der Tafel stehen:

> „Wir schlafen nicht" = Wir sind mit Haut und Haar zur Selbstausbeutung bereit.
> Wir haben das Diktat des Wettbewerbs verinnerlicht.

Der Titel enthält eine Anspielung auf die Szene im Garten Gethsemane der Passionsgeschichte. Die Aussage „Wir schlafen nicht" korrespondiert mit dem zum geflügelten Wort gewordenen Ausspruch: „Der Geist ist willig, aber das Fleisch ist schwach". Mit diesem Satz revidiert Jesus seine Enttäuschung darüber, dass die Jünger seine Bitte, mit ihm zu wachen, nicht erfüllen; der Satz ist resignativ, aber nachsichtig. Er gesteht ihnen die natürlichen Bedürfnisse selbst in der Ausnahmesituation zu. Er bittet die Jünger, wachzubleiben, weil er im Bewusstsein dessen, was ihm bevorsteht, ihren Beistand braucht: Die Stunde ist gekommen, wo der Menschensohn den Sündern ausgeliefert wird. Sie schlafen ein, weil ihnen nicht bewusst ist, dass ein welthistorisch entscheidender Moment sich ankündigt. Diese Szene bekommt in den Evangelien von Matthäus (26, 36–46) und Markus (14, 32–42) durch die dreimalige Wiederholung besonderes Gewicht. – Die Manager im Stück würden locker leisten, was die Jünger nicht schaffen – „wir schlafen nicht" klingt dagegen fast wie ein Victory-Ruf. Sie beherrschen die Tricks, die Natur zu überlisten und ihre Müdigkeit durch Hyperaktivität zu verscheuchen. Der Anspielungskontext betont die Widernatürlichkeit dieser heute geforderten Ausdauerleistung und die Blindheit, die die Figuren mit den Jüngern gemein haben. Diese wird im Roman und im Theaterstück nicht explizit thematisiert, ist aber als Leerstelle vorhanden: Sie sprechen nie über Bedingungen und Möglichkeiten eines guten Lebens. Doch nicht individuelles Versagen wird vorgeführt, sondern die Wirkung struktureller Gewalt unter den Bedingungen des globalisierten Konkurrenzkampfs. Während die Jünger sich noch natürlich verhalten können, handeln die Manager fremdbestimmt und angstgetrieben. Deutlich wird die Unmenschlichkeit der Arbeitsbedingungen. Nur wenn der Kampf gegen die Müdigkeit allzu anstrengend wird, nehmen sie ihren Status als Ausgebeutete schemenhaft wahr. Doch sie reden sich tapfer ein, selbstbestimmt zu handeln, da sie sich ja aus freien Stücken für diese Existenzweise entschieden haben:

DIE KEY und außerdem: man ist ja nicht direkt hierher entführt worden, nein, das kann man nicht sagen, man ist ja aus freien stücken hierhergelangt.
DER IT nein, von einer entführung kann man nicht reden.
DER SENIOR nein, also wirklich nicht.
DER PARTNER na also. (3. Bild, 2. Szene, S. 63)

„Der Titel stellt die Forderung nach andauernder physischer Präsenz und mentaler Handlungsbereitschaft auf, an denen sich die im Theatertext versammelten Experten in ihrem beruflichen Alltag kontinuierlich abarbeiten und scheitern." (Bähr 2008, S. 229) – Interessant ist auch die im Kompositum „Killerschlaf" steckende Pointe, die die Mentalität der Beraterbranche – unwillkürlich oder selbstironisch – freilegt.

Hinweise zu den weiteren Aufgaben des Arbeitsblatts:
Das auffallendste sprachliche Merkmal ist die Verwendung des Konjunktivs, eine Weiterentwicklung des Brechtschen Gestus des Zeigens. Die indirekte Rede mit nur wenigen Einsprengseln des Indikativs hat, besonders im Bühnentext, eine irritierende Wirkung: sie schafft Distanz zu den Figuren, sie verwischt die Grenze zwischen existenziell authentischen und rollenkonformen Aussagen. Vor allem wird durch den Redewiedergabemodus das eigentlich Dramatische eines Dramas, die unmittelbare Verkörperung durch Handlung und Sprache, abgeschwächt – der Zuschauer bleibt stärker in der Rolle des Beobachters, das Sprechen wird von den Personen abgetrennt; die dynamischen Workaholics wirken bereits am Anfang so, wie sie sich am Ende fühlen – leblos. Neben dem Fehlen eines Plots gehört der Konjunktiv zur postdramatischen Signatur des Stücks. Zur Vertiefung sei auf das Zusatzmaterial 4 verwiesen.

Wir schlafen nicht. 3. Bild, 3. Szene: runterkommen (Arbeitsblatt 17, S. 162)

- *Beschreiben Sie den Verlauf des Dialogs*
- *Was bringt die Personen auf das Thema Arbeitssucht?*
- *Warum wehren sich alle so vehement gegen das Etikett „Arbeitssucht"?*

Der Verlauf des Dialogs lässt sich im Tafelanschrieb festhalten:

> **Verlauf des Dialogs 3,3**
>
> - wütender kollektiver (begründeter) Tadel durch den PARTNER (den ranghöchsten Manager am Messestand)
> - (Z. 1–12) Versuch des PARTNERS, diese Zurechtweisung herunterzuspielen: sie müssten alle mal ein wenig „runterkommen"
> - (Z. 18–24) dankbar aufgenommenes Stichwort: sie schildern die Schwierigkeiten „runterzukommen" als Demonstration ihres überdurchschnittlichen Engagements
> - (Z. 25–38) überzogene Selbstdarstellung des SENIORS (Blechschäden als Folge seiner Hyperaktivität)
> - (Z. 50): DIE KEY gibt das zweite Stichwort: „und dann werde arbeitssucht behauptet […]" – begeisterte Zustimmung aller, sie lehnen dieses Etikett ab.
> - (Z. 59–Schluss): Grübelei des PARTNERS über die Bedeutung und Verwendung des Wortes „arbeitssucht"

Dem Textausschnitt geht ein empörter Tadel des PARTNERS voraus, in den er sich förmlich hineinsteigert. Widerspruch ist unmöglich, denn der Tadel war begründet: Er hat sie dabei erwischt, wie sie mit dem Rücken zum Publikum standen. So benutzen sie dankbar das Stichwort des Partners („runterkommen") dazu, ihr voriges Versagen mehr als wettzumachen. Mit ihrer Bemerkung (Z. 50) stößt DIE KEY eine Diskussion darüber an, ob es statthaft ist, ihr Engagement mit dem pejorativen Wort „Arbeitssucht" zu bezeichnen. Es folgt der kollektive Versuch, diese Selbstzweifel auszuschalten.

Die Personen sagen übereinstimmend, dass sie nicht „runterkommen" können, dass der Stress also zum Dauerzustand geworden ist. Niemand widerspricht dem SENIOR, als er vom „Adrenalin im Blut" spricht, das er brauche wie ein Alkoholiker; auf dieses Eingeständnis folgt unisono die Ablehnung der Diagnose „Arbeitssucht". Der PARTNER fragt nach den Grenzen zwischen dem Gefühl der Selbstverwirklichung durch Arbeit einerseits und Zwanghaftigkeit andererseits, zwischen lustvollem Tun und suchtähnlichem Verhalten. Keiner von ihnen will diese Diagnose für sich akzeptieren, was nicht verwundert, denn Arbeitssucht unterstellt Suchtverhalten, also den Mangel an Autonomie. Das Phänomen der Überidentifikation mit dem Job hat verschiedene Ursachen. Die Frage, ob die Personen arbeits-„süchtig" sind, kann man nicht beurteilen, weil man nichts über ihr Privatleben und ihren Werdegang erfährt, aber klar ist, dass sie arbeits-„getrieben" sind, dass sie alle den Hang zur Selbstausbeutung zeigen. Nirgendwo sprechen sie über den Spaß oder die Lust an ihrer Arbeit.

3.3.3 Weiterführende Erarbeitungsideen

Das Phänomen der Arbeitssucht

Das Wort workaholism kam in den 70er-Jahren in den USA auf. Im Internet finden sich zahlreiche Artikel, meist Ratgebertexte. Fast ausnahmslos wird Arbeitssucht als ein individuelles Fehlverhalten, als nicht-materielle Sucht, dargestellt – dies zeigt sich exemplarisch am Artikel der Bundeszentrale für politische Bildung (Poppelreuter 2004, Reihe APuZ, ebenfalls im Internet). Gemeinhin bezeichnet „Arbeitssucht" einen persönlichen Defekt, der mit familiendynamischen Prägungen oder (narzisstischen) Persönlichkeitsstörungen erklärt wird, gefolgt von Ratschlägen zur Selbstreflexion und Verhaltensänderung. Die Zahl der Betroffenen kann nur geschätzt werden – in Deutschland soll jeder 7. Arbeitnehmer betroffen sein. Die Symptomatik ist vielfältig. Im genannten APuZ-Artikel fehlt (wie in den meisten Internetbeiträgen) der Hinweis auf äußere Ursachen wie Beschleunigung durch die elektronische Kommunikation und durch Personaleinsparungen, überfordernde Erwartungen an Belastbarkeit, Energie und Perfektion, der verstärkte Konkurrenzdruck, die Angst vor den Folgen beruflicher Inkompetenz oder von Überforderung; dem Betroffenen wird eine Verhaltensänderung empfohlen. Schwierig ist die Grenzziehung zu hohem Engagement durch Interesse an der Sache. Der hohe Anteil an Eustress (positivem Stress), Selbstwertsteigerung durch Erfolg und Lust am Tempo führt dazu, dass diese menschlichen Bedürfnisse mit den Interessen der Wirtschaft konvergieren und sich zur Ausbeutung anbieten.

Rögglas Gesellschaftskritik

Die Überidentifikation mit der Arbeit gehört zum heute allgemein akzeptierten Leitbild des „unternehmerischen Selbsts". Dieses Wort ist zum Inbegriff des neuen Umgangs mit den eigenen Fähigkeiten geworden, dem eigenen Humankapital, das jeder Einzelne optimal managen muss. Damit verbunden sind Forderungen wie Flexibilität, Kreativität und Selbstverantwortung. Das unternehmerische Selbst „steht für ein Bündel von Deutungsschemata, mit denen heute Menschen sich selbst und ihre Existenzweisen verstehen, aus normativen Anforderungen und Rollenangeboten, an denen sie ihr Tun und Lassen orientieren, sowie aus institutionellen Arrangements, Sozial- und Selbsttechnologien, die und mit denen sie ihr Verhalten regulieren sollen. Anders ausgedrückt, und um eine Modevokabel aus der Unternehmenswelt aufzugreifen: Das unternehmerische Selbst ist ein Leitbild. […] [im] Rang einer politischen Zielvorgabe" (Bröckling 2007, S. 7; vgl. auch Zusatzmaterial 9). Dem Autor geht es darum zu zeigen, dass es sich um eine – unerfüllbare – Norm handelt, die in der Arbeitswelt selbstverständlich und bis in die Bildungsziele diffundiert ist, also um ein Postulat, an dem die Menschen sich in ständiger Überforderung und Untererfüllung bis zur Erschöpfung abarbeiten. Dies entspricht der Position Kathrin Rögglas: für beide ist der Begriff der Gouvernementalität im Sinne Michel Foucaults von zentraler Bedeutung. In einem Interview beruft sich Kathrin Röggla auf diesen im Jahr 1977 von Michel Foucault geprägten Begriff, der im Zentrum des Diskurses um den homo oeconomicus steht: „mir scheint dieser begriff, der sich aus ‚regieren' und ‚mentalität' zusammensetzt, also auch internalisierungen von herrschaft beschreibt, gerade in einer gesellschaftlichen situation, die durch neoliberales denken geprägt ist, sehr brauchbar. genauer gesagt handelt es sich bei ‚gouvernementalität' um das funktionieren von herrschaft als einem ineinander von regierung und selbstregierung." (Kasaty 2007, S. 269) Auch wenn es sich möglicherweise um ein Missverständnis des Foucaultschen Begriffs handelt, indem die Nachsilbe als Nomen mit eigener Bedeutung verstanden wird, so ist es ein kreatives Fehllesen.

Am Ende des Stücks „wir schlafen nicht" „kommt eine Widerständigkeit zum Ausdruck, die sich gegen den suchtgleichen Rausch und die Hektik des Arbeitsalltags richtet. […] [Damit] korreliert das Postulat einer Humanität, die sich in einer auf das Lebendige zielenden Sinnlichkeit […] zeigt. […] Die Lebendigkeit des flexiblen Menschen, die über das Jetzt und Hier eines an Effizienz und Kurzfristigkeit ausgerichteten Arbeitsalltags hinausreicht, ist nur gespenstischer Schein." (Bähr 2008, S. 242)

3.4 Dea Loher: Klaras Verhältnisse

Die 1964 geborene Autorin Dea Loher ist – so die Einschätzung von Birgit Haas – „sicherlich die bedeutendste deutsche Dramatikerin der letzten fünfzehn Jahre, deren herausragendes Schaffen bereits mit zahlreichen Preisen und Auszeichnungen gewürdigt wurde. Bekannt wurde sie mit ihrem erfolgreichsten und meistgespielten Stück „Tätowierung" (1992), das vom Kindesmissbrauch innerhalb einer Familie handelt und mittlerweile in sieben Sprachen übersetzt wurde." (Haas 2006, S. 9) Seit ihrem ersten Stück „Olgas Raum" (1990) hat D. Loher zahlreiche weitere Stücke geschrieben, oft im Auftrag eines Theaters. Ihr Werdegang: Nach einem Germanistik- und Philosophiestudium in München und einem einjährigen Brasilienaufenthalt absolvierte sie ein Zweitstudium in Szenischem Schreiben an der Hochschule der Künste in Berlin, unter anderem bei Heiner Müller. 1998 und 2008 erhielt sie den Mühlheimer Dramatikerpreis.

Theaterstücke (Auswahl): Olgas Raum (1992), Tätowierung (1996), Blaubart – Hoffnung der Frauen (1997), Adams Geist (1998), Unschuld (2003), Das Leben auf der Praça Roosevelt (2004), Diebe (2010)

3.4.1 Vorüberlegungen

Charakteristik des Stücks

Der Titel „Klaras Verhältnisse" ist mehrdeutig: Er spielt an auf die Beziehungen der Titelfigur zu Männern, aber auch auf ihre Lebensverhältnisse und, darin gespiegelt, auf Lebensverhältnisse unter Bedingungen des Kapitalismus. Das aus 17 Szenen bestehende Stück ist der Form nach ein Stationendrama. Die Zeilenumbrüche des gedruckten Textes gleichen denen von modernen lyrischen Texten, die Dialoge sind also nicht einfach wie Prosatexte zu sprechen; außerdem kommen als Satzzeichen nur Punkte und Kommas vor, keine Fragezeichen, sie müssen von den Sprechern ergänzt werden. Rhythmus und Pausen weichen von der alltäglichen Umgangssprache ab, der Wortschatz nur an bestimmten Stellen. Das ist zunächst als Hinweis darauf zu verstehen, dass die Dialoge nicht ‚abbildend-realistisch' sind, man kann mit Brechts theaterästhetischer Terminologie von einem Element der Verfremdung sprechen, ohne damit Loher einseitig in die Brecht-Nachfolge zu stellen. Ihr Theater ist nicht ‚postdramatisch', was sich allein schon daran zeigt, dass dem Stück eine Fabel zugrunde liegt. „Klaras Verhältnisse", das muss betont werden, kann nicht als psychologisches Drama in der Tradition Ibsens gelesen und verstanden werden, dem stehen Figurendarstellung und Verfremdungsmittel, über die zu sprechen sein wird, entgegen. B. Haas verweist darauf, dass die ersten Aufführungen des Stücks Schwierigkeiten mit seiner sprachlichen Form und der „Balance zwischen Ernst und Ironie" hatten (Haas 2007, S. 155). Gerade diese Schwierigkeit, die Doppelbödigkeit der Sprache, sowie die Thematik – die vergebliche Suche nach einem guten Leben in einer unübersichtlichen, widersprüchlichen Welt – machen die Beschäftigung mit diesem Theaterstück interessant. Nicht nur wegen der Namensgleichheit (Klara heißt die Hauptfigur in beiden Stücken) lassen sich Hebbels „Maria Magdalene" und „Klaras Verhältnisse" zueinander in Beziehung setzen; inhaltliche Bezüge bestehen auch zu Brechts „Der gute Mensch von Sezuan".

Inhalt

Das Stück beginnt mit einem aus dem Off gesprochenen Antiwerbungstext, der, wie man später erfährt, von Klara stammen könnte, die als Texterin gearbeitet und ihren Job verloren hat, weil sie durch ironische Texte die Intentionen ihres Arbeitgebers konterkariert hat. In der ersten Szene verkündet sie, eine junge Frau Anfang dreißig, ihrer Schwester Irene und ihrem Schwager Gottfried, dass sie ihren Job als technische Redakteurin für Montage- und Betriebsanleitungen sowie Gebrauchsanweisungen verloren hat (vgl. Szene 5), weil sie Gebrauchsanweisungen ironisch abgefasst hat. Sie trifft auf ein „familiäres Vernichtungsschweigen" (S. 9). Da sie aus Stolz keine Arbeitslosen- oder Sozialhilfe beziehen möchte, wendet sie sich an Gottfried, einen Bankangestellten, mit der Bitte, ihr bei der Beschaffung eines Bankkredits behilflich zu sein; da sie keine Sicherheiten bieten kann und auch ihr Freund Tomas mit seinem – angeblichen – Trödelgeschäft als Bürge nicht in Frage kommt, hat Klara keinen Erfolg mit ihrer Bitte. In dieser Konstellation erscheinen Irene und Gottfried als die etablierten Spießer und Klara und Tomas als die unkonventionellen jungen Aufmüpfigen. Als Gottfried einen Moment mit Tomas allein ist, versucht er, sich bei ihm anzubiedern und warnt ihn davor, Klara zu heiraten, was dieser allerdings auch gar nicht beabsichtigt. Denn in der folgenden Szene zeigt sich, dass er eine Art Doppelleben führt, er hat noch ein Verhältnis mit der sehr viel älteren Elisabeth, einer frühpensionierten Lehrerin. Elisabeth möchte Tomas dazu bringen, dass er Klara die Wahrheit über ihre Beziehung sagt, doch er lehnt das – angeblich aus Rücksicht auf die Freundin – ab.

Die Szenen sind locker miteinander verknüpft; es geht nicht primär um eine auf ein Ende zielende dramatische Handlung, sondern um die Lebenssituationen von Menschen und ihre Reaktionen darauf. So zeigt die vierte Szene den Traum Irenes, aus dem hervorgeht, dass sie mit ihrem geordneten Leben in Sicherheit keineswegs zufrieden ist, sondern eigentlich ausbrechen möchte. Den Hauptstrang der Handlung bildet Klaras Geschichte. Sie bietet sich vergeblich der medizinischen Forschung als Versuchsperson an, um an Geld zu kommen, und lernt dabei den Arzt Georg kennen, der mit ihr ein Verhältnis beginnt, dabei aber vor allem an Sex interessiert ist und Klara dafür quasi entlohnt. In einer Szenenfolge (9.1–9.3) sieht man Klara und Georg, die sich in der kleinen Pension treffen, in der Klara wohnt, da Tomas sie nicht bei sich aufnehmen wollte. Dabei wird Georgs sexuelles Interesse deutlich, das er mit seiner Frau nicht ausleben kann und an dem er auch Tomas beteiligen will; darüber erfährt der Zuschauer durch Klaras Erzählung, nicht durch direkte Darstellung auf der Bühne. Sie wird schwanger. Auch ihr Schwager Gottfried, der mit seiner Ehe mit Klaras Schwester Irene nicht zufrieden ist, hat sich in sie verliebt; er unterschlägt bei seiner Bank eine größere Summe, die aber Klara, die seine Gefühle nicht erwidert, nicht ausreicht, um ein neues Leben zu beginnen. Faktisch lebt Klara eine Weile von Prostitution. Elisabeth, die Tomas verlassen hat, beginnt eine Beziehung mit Irene, die ihrerseits Mann und Kind verlassen hat und wieder berufstätig sein möchte. Georg, der Arzt, bleibt bei seiner Frau. Die schwangere Klara will das Geld, das Gottfried ihr aufgedrängt hat, einem arbeitslosen chinesischen Totengräber vermachen, dem sie in einer der Szenen begegnet ist. Die Schlussszene: Klara nimmt Tabletten, um zu sterben, wird aber noch rechtzeitig vom Chinesen gefunden und gerettet; das Plastikherz an der Wand in ihrem Zimmer, das von Tomas stammt, „beginnt zaghaft zu blinken" – ein fantastischer Schluss, dem das ironische Dementi sozusagen eingeschrieben ist.

Die so zusammengefasste Handlung deutet auf eine Geschichte des Scheiterns, deren tragischer Ausgang im letzten Augenblick verhindert wird, ohne dass es damit zu einer wirklichen Lösung kommt. Die Inszenierung dieser Rettung ist verhalten komisch bzw. ironisch (die letzte Regieanweisung lautet: *„Das Herz an der Wand beginnt zaghaft zu blinken."*), so dass man weder an ein Happyend noch an einen offenen Schluss denken kann, dieser Schluss bleibt frag-würdig. In diesem Sinne hat sich auch die Autorin in einem Interview geäußert: „Jetzt mache ich es noch ein bisschen optimistischer, und dann muss es aber wirklich grausam kitschig sein." (Spectaculum 72. Frankfurt 2001, S. 265)

Thema

Klara steht im Zentrum des Stücks: Sie verweigert sich einem Arbeitsverhältnis, in dem sie ihrer Meinung nach sinnlose Texte verfassen muss zugunsten eines Konsums, den sie ablehnt. Im Widerspruch dazu steht andererseits die Tatsache, dass sie ihren Körper gegen Geld der medizinischen Forschung zur Verfügung stellen will oder durch eine Art Prostitution Geld verdienen will, also indem sie sich verkauft. Doch sie lehnt es ab, sich mit ihrem Schwager einzulassen, nicht unbedingt aus Rücksicht auf ihre Schwester, sondern weil sie ihn nicht liebt. Das sind Widersprüche, die sich nicht mit der Idee eines tragischen Scheiterns vereinbaren lassen; Klara wird nicht als eine Frau vorgestellt, die immer mehr verzweifelt, obgleich man ihre Lage als verzweifelt ansehen kann. Es handelt sich nicht um ein psychologisches Drama; Dea Loher will kein realistisches Theater, denn Realismus „verkleinert nur das, was man selber [als Zuschauer, mit dem Stück] anfangen kann. Der Wiedererkennungseffekt verkürzt sofort die Distanz, verhindert die Weite des Blicks, den man unbefangen auf etwas anderes, Neues werfen kann. Das ist ja der normale Vorgang in der Kunst: Sachen zu verknappen, zu verkürzen, zu verdichten und dadurch in eine Künstlichkeit zu treiben, die über das bloß Realistische hinausgeht." (Spectaculum 72, S. 263) Hier formuliert die Autorin knapp die Grundlagen ihres Theaterkonzepts, das also nicht in erster Linie auf identifikatorische Einfühlung, sondern auf Erkenntnis, zumindest Beobachtung zielt; ihr Theater kann und will keine Lösungen anbieten, sondern Fragen aufwerfen: „Schreiben als Forschung und Entwurf, über und von menschlichem Zusammenleben", so charakterisiert sie ihre Arbeit. (Rede zur Verleihung des Bertolt-Brecht-Preises 2006, abgedruckt in: Haas 2009, S. 120) Zweifellos ist das ein ähnlicher Ansatz wie bei Brecht; da er jedoch nicht mit dessen weltanschaulichen/gesellschaftstheoretischen Prämissen übereinstimmt, muss Loher auch formal andere Wege gehen: „Loher benutzt die Mittel des epischen Theaters, ergänzt diese jedoch um eine Ästhetik, die die modellhaften Sicherheiten Brechts zum Einsturz bringt." (Haas 2006, S. 34)

Wie kann man in einer vom Kapitalismus geprägten Welt authentisch leben? So könnte man das Thema des Stücks formulieren und findet sich damit wiederum in der Nähe Brechts, vor allem denkt man an „Der gute Mensch von Sezuan"; der Vergleich wäre reizvoll, doch es ist undenkbar, dass man im Theater der Gegenwart eine Lösung (geschweige denn eine Utopie) findet. So stellen sich auch die Widersprüche anders dar: Loher will verhindern, dass die Zuschauer in einfachen Gegensätzen denken (hier die Guten, da die Bösen, hier die Bürgerlichen, da die Antibürgerlichen, hier die kapitalistische, da die nichtkapitalistische Praxis); Gottfried und seine Frau Irene zeigen Züge von Spießertum, aber sie lassen sich nicht darauf reduzieren, sie werden nicht als Spießer identifiziert bzw. definiert. Klara wird durch ihre kritische Haltung nicht zum besseren Menschen, der Arzt Georg ist nicht durch seinen Zynismus definiert. Jegliche Menschheitsperspektive, das Nachdenken über das globale System werden von Klara ad absurdum geführt (Szene 5, vgl. Arbeitsblatt 19). Statt Antworten auf die ‚großen Fragen' zu suchen oder zu geben, beschränkt sich das Stück auf die „Verhaltenslehren der Kälte" (so der Titel eines Buches über die Literatur der Weimarer Republik von Helmut Lethen). Die Beziehungen zwischen den Menschen sind von subjektiven Interessen und Bedürfnissen geleitet, das wird nicht beklagt, aber es macht die Menschen einsam. Das gute Leben in Freiheit, Spontaneität, das authentische Leben scheint nicht möglich; das einzige positive Beispiel dafür ist Klaras Bruder, der an einer Überdosis Heroin gestorben ist – Klara hält seinen Tod für einen Unfall, doch sehr überzeugend wirkt ihre Version der Geschichte nicht. Zum Leben im globalisierten Kapitalismus vgl. das Zusatzmaterial 9.

3.4.2 Im Zentrum der Erarbeitung – Unterschiedliche Lebensentwürfe

Hinweise zu den Arbeitsblättern

Der Beschäftigung mit der 2. Szene könnte eine Vorproduktion vorausgehen, dadurch hätten die Schülerinnen und Schüler eine Erwartung konkretisiert und sie könnten das Besondere der Szene besser erfassen. Man würde folgende Situation vorgeben: Klara hat ihren Job als technische Redakteurin verloren; zusammen mit ihrem Freund Tomas, der mit Trödel handelt, besucht sie ihre nicht berufstätige Schwester Irene, die mit dem Bankangestellten Gottfried verheiratet ist; sie möchte Gottfried dazu bringen, dass er ihr bei der Beschaffung eines Kredits behilflich ist. Die Vorgaben könnten auch neutraler sein. Wichtig ist, dass sich die einzelnen Vierergruppen Gedanken über die Figurenkonstellation und mögliche Gesprächsverläufe machen; das Ergebnis sollte nicht vorgegeben werden.

Dea Loher: Klaras Verhältnisse, Szene 2 (Arbeitsblatt 18, S. 163)

- *Analysieren Sie das Gespräch und das Verhalten der Personen zueinander: Erarbeiten Sie die Figurenkonstellation.*
- *Charakterisieren Sie die Personen.*
- *Spielen Sie die Szene.*

Die Lesung der Szene zeigt, dass wir es nicht mit einem durchgängig ‚realistischen' Gespräch zu tun haben; über die Wirkung und die Funktion der Verfremdungselemente wird man sich im Unterrichtsgespräch Gedanken machen, es ist also erforderlich, auch über die Form der Szene zu sprechen, vor allem das Herausfallen aus der Rolle bei Gottfried und Irene.

Die Figurenkonstellation ist zunächst eindeutig, Klara ist diejenige, die bei ihrem gutsituierten Schwager um Hilfe bittet, Tomas soll sie unterstützen. Doch Klara tritt nicht demütig als Bittstellerin auf, die Feindseligkeit zwischen den Schwestern belastet die Situation von Anfang an, überdies fällt Tomas Klara in den Rücken; indem er als Grund für ihre Entlassung einen grotesken Vorfall schildert, macht er sich über die Situation lustig. Gottfried, der die Wichtigkeit von Klaras Arbeit aufzeigen möchte, greift den Ton von Tomas auf, indem er absurde, grotesk übersteigerte Folgen fehlerhafter Gebrauchsanweisungen ausmalt und damit seine erklärte Absicht konterkariert. Tomas fährt im gleichen Stil fort, wenn er seinen – angeblichen – Metzgerberuf beschreibt. Die Figurenkonstellation und das Gesprächsverhalten werden im Tafelanschrieb festgehalten:

Figurenkonstellation

Klara und Tomas
- prekäre Lebenssituation
- Bitte um Hilfe bei der Kreditbeschaffung
- Position: Unterlegenheit

Irene und Gottfried
- gutsituiertes Paar mit traditioneller Rollenverteilung
- keine wirkliche Bereitschaft zu helfen (aus unterschiedlichen Gründen)
- Position: Überlegenheit

> **Gesprächsverhalten**
>
> | Klara | Tomas | Irene | Gottfried |
> |---|---|---|---|
> | • selbstbewusst | • macht sich lustig über die Situation | • aggressiv | • um Sachlichkeit bemüht |
> | • aggressiv | | • feindselig | • belehrend |
> | • defensiv | | • spöttisch | • spießig |
> | | | • bevormundend | • übertreibend |

Auffällig an der Szene ist die Wendung ins Groteske, Absurde, einmal durch Tomas, dann durch Gottfried und auch durch Irene, wodurch sich ein Widerspruch manifestiert, der noch nicht aufgelöst werden kann; man kann aber feststellen, dass dadurch die Darstellung verfremdet wird. Die Personen (Gottfried und Irene) verlassen für einen Moment ihre ‚eigentliche' Rolle als Kleinbürger, Moralwächter, Ordnungsfanatiker, Spießer, sie sind also nicht auf eine bestimmte soziale Rolle (Identität) festgelegt. Diese Doppelbödigkeit klingt schon in der ersten Szene an, in dem aus dem Off gesprochenen Text der Gebrauchsanleitung für ein Bügeleisen (es ist Symbol für spießige Ordnungsliebe), der ins Satirische umschlägt und damit – zunächst auf eher harmlose Weise – die Zuschauer einstimmt.
Die Funktion der Verfremdung wird in der 5. Szene sehr deutlich, die mit einem Monolog Klaras beginnt.

Dea Loher: Klaras Verhältnisse, 5. Szene (Arbeitsblatt 19, S. 165)

Auch hier kann es sinnvoll sein, die Schülerinnen und Schüler zunächst einen inneren Monolog zum Thema „Arbeitslos!" schreiben zu lassen, bevor sie sich mit Klaras Monolog beschäftigen.

■ *Üben Sie (jeweils zu zweit) den Vortrag der Szene ein. Überlegen Sie, was Sie den Zuhörern/Zuschauern vor allem vermitteln wollen.*

■ *Als Vorbereitung empfiehlt es sich, Klaras Gedankengang und Sprache zu analysieren: In welchem Verhältnis stehen die Situation und die Gedanken/Äußerungen zueinander?*

„Klara besteht aus einer Vielzahl von Widersprüchen" (Haas 2006, S. 158) – das gilt für ihr Verhalten insgesamt; sie ist nicht das ‚arme' Opfer, sie repräsentiert keinen Typus, es ist nicht ihr Charakter, um den sich das Stück dreht, sondern ihr Verhalten, auf das die Aufmerksamkeit gelenkt werden soll und damit auch auf ihre Sprache. Eine Textanalyse ist nötig, damit aus dem ersten Eindruck eine begründete Einsicht in die Ironie des Textes werden kann.

Klara beginnt mit der Überlegung, der Situation der Arbeitslosigkeit etwas Positives abzugewinnen; damit folgt sie eigentlich einer Klugheitsregel und einem in Lebenshilfebüchern immer wieder vorgebrachten Ratschlag. Doch es zeigt sich sehr schnell, dass sie einen solchen Rat nicht wirklich ernst nimmt, sondern ihn ironisiert, parodiert, ad absurdum führt und damit die gesamte Lebenshilfeliteratur sowie die öffentlich verkündeten Empfehlungen. Wenn die Ironie durchschaut ist, müssen die Schülerinnen und Schüler überlegen, wie sie szenisch umzusetzen ist, ohne dass der Monolog zum Klamauk wird.

Das erste Signal für Ironie bzw. Satire ist die Übertreibung: „ganz ganz einzigartige, ganz unglaubliche Chance" – damit wird des Guten zu viel getan, das Elend der Situation wird einfach durch forciertes positives Denken ausgeblendet. Die Frage der Sinngebung – in einer Situation, in der man dazu am wenigsten in der Lage sein dürfte – wird in einer schwülstigen Sprache durchdacht. Wieder kommt Klara zu Übertreibungen, wenn sie von Metaphysik und Menschheitsfragen, von den großen Zielen der Menschheit spricht. Der Umschlag in saloppe Alltagssprache – „das wars dann auch schon" – ist ein Kontrast, also ein weiteres Mittel der Ironie. Das Wort „Subproblem" spielt auf den Politiker- und Wissenschaftlerjargon an, die folgende Aufzählung ist so beliebig wie viele öffentliche Verlautbarungen. Immer wieder trifft man auf die Stilmischung, die Einfügung von Alltagsjargon („ich hänge da mit drin"), die Verwendung eines unpassenden Ausdrucks („Probleme, die uns im kommenden Jahrtausend so *unterhalten* werden"). Arbeitslosigkeit wird nicht als Gegenstand von Anteilnahme, Betroffenheit vorgestellt, sondern als gesellschaftliches und politisches Thema, und zwar durch die Art, wie darüber gesprochen werden kann; Zeitkritik erfolgt mit dem Mittel der Sprachkritik, insofern die Leser/Zuschauer ironisch mit der öffentlichen Sprache konfrontiert werden.

Die Ironie oder Satire basiert hier auf der Unangemessenheit der Gedanken, die Klara im Blick auf ihre Situation äußert; zwischen ihrer Lage und ihrer Reflexion besteht eine Diskrepanz, die komisch wirkt. Die Erkenntnisse sollten im Tafelbild festgehalten werden:

Klaras Monolog

Ihre persönliche Situation	Ihre Gedanken, ihre Sprache
• Arbeitslosigkeit	• positives Denken
• vergebliche Suche nach einer Arbeit, die sie befriedigt	• Ironiesignale: Übertreibungen, unangemessene Fragen
	• Phrasen
	• Stilbrüche

**Fazit: Diskrepanz zwischen individueller Lage und Art/Form der Reflexion
Funktion/Wirkungsabsicht: Aufforderung der Zuschauer zur Kritik**

Dementsprechend ist es die Aufgabe der szenischen Präsentation, die Zuschauer nicht ausschließlich zu unterhalten, sondern sie zur kritischen Reflexion anzuregen. Sprachkritische Analysen politischer, medialer Äußerungen könnten zur Erweiterung und Vertiefung herangezogen werden. – Ganz anders erscheint Klara in der 11. Szene, in der sie in einem langen Monolog die von Georg gewünschte Sexszene zu dritt (zusammen mit Thomas) schildert, bevor das Ereignis stattgefunden hat: Hier ist sie die Verletzliche, die sich gegen das „Gefüühl" wappnet, die sich darauf vorbereitet, „kalten Herzens" zu sein, die sich in die ‚Verhaltenslehren der Kälte' einübt.

Georg, der Arzt, erscheint im Dialog als Skeptiker, aber auch als Zyniker: Im weiteren Verlauf der Handlung des Stücks nutzt er Klaras Lage, um seine sexuellen Wünsche zu befriedigen. Im Unterschied zu Herrn Shu Fu (in Brechts „Der gute Mensch von Sezuan") versucht der Arzt nicht, seine Wünsche zu verschleiern, wodurch allerdings sein Zynismus nicht ‚gerechtfertigt' wird. Er vergleicht sich einmal mit Herrn Kurtz aus Joseph Conrads Roman „Herz der Finsternis" (Szene 9.1). Es geht – so ist es bei allen Personen des Stücks – weniger um die individuelle Charakterzeichnung, sondern mehr um die Darstellung von menschlichem

Verhalten; die Personen werden nicht als moralisch oder unmoralisch präsentiert, sondern widersprüchlich. Aus der Perspektive des Stücks gilt: Es zeigt, wie Menschen sich verhalten; die moralischen Urteile bleiben den Zuschauern überlassen. Das Verhalten kann nicht einfach auf gesellschaftliche Ursachen zurückgeführt werden, dennoch spielen diese Verhältnisse eine wichtige Rolle.

Der folgende Überblick zeigt einige Facetten der Figuren, wie sie in den Szenen dargestellt werden; man könnte die Profile auch für kreative Aufgaben nutzen und die Schülerinnen/ Schüler auffordern, aus den Merkmalen Plots zu Erzählungen zu entwickeln:

Facetten der Figuren (Identitätsprofile)				
Irene (Klaras Schwester)	‚Nur-Hausfrau'; kleinbürgerlich, spießig (Szene 1)	Traum von einer Beziehung zu einer Frau (Szene 4)	Verwirklichung des Wunsches (Szenen 8/12)	
Gottfried (Irenes Mann)	Der spießige Ehemann und Bankangestellte (Szene 1)	Selbstoffenbarung; Suche nach Nähe zu Klara (Szene 7)	Bankbetrüger mit Traum vom wilden Leben (Szene 15)	
Tomas (Klaras Freund)	Selbstdarstellung als witzig-ironischer Lebenskünstler (Szene 1)	Die große Kindheitsenttäuschung; Simulation als Ausweg (Szene 3)	Der Schwache, Ängstliche (Szene 6)	Der Verunsicherte, Verlassene (Szene 10)
Elisabeth (Tomas' bzw. Irenes Geliebte)	Angst vor der Nutzlosigkeit, Sinnlosigkeit (Szene 3)	Die enttäuschte, verlassene Geliebte, die sich wehrt (Szene 6)	Die Eroberung Irenes (Szene 8)	Die Herrische, die Zynikerin (Szene 12)
Georg (der Arzt, Klaras Geliebter)	Der Zyniker (Szene 5)	Liebe als Geschäftsbeziehung (Szenen 9.1–9.3)	Sexfantasie als Lebenskick (Szene 11)	

3.5 Igor Bauersima: norway.today

Igor Bauersima ist 1964 in Prag geboren, 1968, nach dem Ende des Prager Frühlings, emigrierte seine Familie in die Schweiz. An der ETH Zürich absolvierte er ein Architekturstudium. Er hat den Beruf des Architekten ausgeübt, arbeitet außerdem als Autor und Regisseur für Theater und Film, ferner als Musiker und Bühnenbildner. Mit „norway.today", das weltweit an über 100 Bühnen aufgeführt wurde, gelang ihm der Durchbruch.

Stücke (Auswahl): Forever Godard (1998), norway.today (2000), Das Maß der Dinge (2002), Tattoo (2002), Boulevard Sevastopol (2007).

3.5.1 Vorüberlegungen

Das auch international sehr erfolgreiche Stück „norway.today" des 1964 in Prag geborenen Schweizer Autors Igor Bauersima behandelt das Thema jugendlicher Identitätsfindung in Zeiten der Internetkommunikation. Die in einem Internetforum geäußerte Suizidabsicht einer jungen Frau von etwa 20 bildet den Kern des Plots eines Theaterstücks für zwei Personen, eben dieser Frau und eines 19-Jährigen, der sich ihr anschließen will; es konfrontiert jugendliche Leserinnen und Leser (bzw. Zuschauer) mit Themen, die auch ihre eigenen sind. Das geschieht mit verschiedenen medialen Brechungen (Internet; Videokamera; Popsongs), durch die eine Betroffenheitsebene vermieden wird. Denkbar wäre es, Teile des Unterrichts mit Kommunikationsmitteln des Internets (z. B. Blogs) durchzuführen.

Inhalt

Durch die Orts- und Szenenwechsel ist das Stück in fünf Teile untergliedert, formal also den fünf Akten eines Dramas angeglichen; die Handlung ist klar strukturiert. In der ersten Szene, die in einem Chatroom spielt, sucht Julie (ob es ein Pseudonym oder der wirkliche Name ist, wird nicht geklärt) jemanden, der bereit ist, mit ihr Selbstmord zu begehen, und es meldet sich August (Nickname? Im Verlauf der Handlung versichert er, das sei sein wirklicher Name), er ist – nach eigener Angabe – 19 Jahre alt. In der zweiten Szene kommen die beiden bei Schneetreiben auf einem Felsplateau in Norwegen an, 600 Meter oberhalb eines Fjords. Es werden keine geographischen Namen genannt; man könnte an den Prekestolen oberhalb des Lysefjords denken, darauf deutet die Quelle Bauersimas, eine Zeitungsnotiz (vgl. Arbeitsblatt 20); allerdings spricht auch manches gegen eine genaue geographische Situierung, das Geschehen bliebe dann in einer virtuellen Welt angesiedelt, man würde es nicht als Realitätsabbildung verstehen. Die beiden lernen sich im Gespräch als ‚wirkliche' Personen kennen, es treten Beziehungsprobleme auf, die im Chatroom nicht vorkamen. Die Konfrontation mit dem Ort des geplanten Selbstmordes verändert ebenfalls die Lage. Das wird in der dritten Szene noch deutlicher, als Julie über den Rand des Felsens in den Abgrund blickt und dabei ungewollt beinahe abgestürzt wäre, wenn August es (nach einigem Zögern) nicht verhindert hätte. In der folgenden Szene – es ist mittlerweile Nacht geworden und sie haben ihr Zelt aufgebaut – wird August ganz aufgeregt, als er das Polarlicht sieht oder zu sehen glaubt; er nimmt es mit der Videokamera auf. Im Konjunktiv – beschreibend – folgt eine Liebesszene im Zelt, die beiden sagen, was sie tun würden, wenn sie sich lieben würden: Das Virtuelle wird in der Sprache zur realen Vorstellung. Am folgenden Morgen (letzte Szene) wollen sie eigentlich zur Tat schreiten und gemeinsam vom Felsen springen. Zuvor nehmen sie mit der Videokamera gegenseitig ihre Abschiedsworte an die Angehörigen auf, doch als sie die Szenen auf dem Monitor anschauen, sind sie mit sich unzufrieden, sie vermissen am Gesagten die Echtheit. Sie werfen schließlich die Kassetten vom Felsen herunter und verlassen den Ort.

Songs, ein Film aus den 50er-Jahren (Denn sie wissen nicht, was sie tun), Videoprojektionen, der Chatroom sind wichtige Elemente des Stücks, das sich zwischen dem Virtuellen, Medialen und dem Realen bewegt. Es sind Inszenierungen, die latent von der Frage nach dem Authentischen begleitet werden: „Das, was beide vermissen, ist Authentizität, Lebensechtheit. Die Realität jedoch stellt eine Kunstwelt vor, die Julie und August selbst für sich in Anspruch nehmen: Video, Kamera, Internet. Sie hebt die Grenze zwischen tatsächlich Erfahrbarem und nur noch mittelbar Lebbarem auf […]." (Wehren-Zessin 2003, S. 53)

3.5.2 Im Zentrum der Erarbeitung: Virtuelle und reale Kommunikation

Igor Bauersima: norway.today (Arbeitsblatt 20, S. 167)

■ *Verfassen Sie eine Antwort aus der Perspektive der noch unbekannten Figur August.*

Baustein 3: Theater in Zeiten von Krisen – dramatisches und postdramatisches Theater der Gegenwart

- *Lesen Sie den Text von Julie sehr genau und versuchen Sie, sich ein Bild von ihr zu machen (Charakterisierung, Beschreibung ihrer Person: Wer ist Julie? Welche Motive hat sie?)*
- *Untersuchen Sie Julies Sprache am Beispiel der von ihr verwendeten Ausdrücke für ‚Selbstmord'.*
- *Entwerfen Sie einen Plot.*

Der Abdruck des Spiegel-Auszugs (Arbeitsblatt 20) belegt, dass auf einen realen Vorfall Bezug genommen wird. Julies Anfangstext (Monolog im Chat) enthält im Ansatz zentrale Gesichtspunkte für die Behandlung des Stücks im Unterricht. Es bietet sich an, mit einer Gestaltungsaufgabe zu beginnen (Augusts Antwort), denn dadurch kann der erwünschte persönliche Bezug zum Theaterstück hergestellt werden, und zwar aus der Rollenposition. Dazu muss Julies Text sehr genau gelesen werden. Es kann vorausgesetzt werden, dass die Schülerinnen und Schüler die Regeln (‚Chatiquette') für das Chatten kennen, was aber nicht ausschließt, die Internetkommunikation eigens zu thematisieren, dazu fordert auch das Stück auf.

August könnte in seiner Replik auf Julie versuchen, sie von ihrem Vorhaben (Selbstmord) abzubringen; oder er könnte schildern, weshalb er ebenfalls sein Leben beenden möchte; oder er versucht, auf diesem Wege eine Beziehung zu einer Frau herzustellen – das sind einige Möglichkeiten. Jede Äußerung ist auch Selbstaussage, Selbstdarstellung; geschrieben wird mit dem Bewusstsein, dass das Gegenüber auch etwas vorspielen, inszenieren könnte. Das gleiche Bewusstsein hat auch der Schreibende.

Welches Bild kann man sich von Julie machen? Der Weg dazu führt über eine Analyse ihrer Sprache.

Zunächst kann man untersuchen, welche Ausdrücke sie für den geplanten Selbstmord verwendet und welche nicht:

Julies Sprache

Julies Ausdrücke für ‚Selbstmord'	andere Ausdrücke
• sich umbringen (Z. 9)	• sich töten
• das Leben sein lassen (Z. 10; 45)	• sich das Leben nehmen
• Selbstmord begehen (Z. 15)	• Freitod
• es tun (Z. 18)	• Suizid
• in den Tod gehen (Z. 19)	• aus dem Leben scheiden
• von der Erdoberfläche kratzen (Z. 26 f.)	• Selbsttötung
• gehen wollen (Z. 30)	• sich etwas antun
• der höchste Akt des Lebensvollzugs (31)	• Hand an sich legen

Sie verwendet direkte Benennungen und euphemistische Umschreibungen, letztere in der Überzahl; zum Teil benutzt sie eine sehr abgehobene, intellektuelle Sprache; sie spricht nicht vom Freitod, vermeidet also eine ‚heroisierende' Sprechweise (vgl. Zusatzmaterial 10). Sie benutzt nicht das Verb ‚sich töten'. Ihre Sprache ist sehr bewusst.

Das Bild wird vervollständigt, wenn man nach den Motiven, die sie direkt oder indirekt vorbringt, fragt:

> **Warum will Julie Selbstmord begehen?**
>
> | **Julies Motive** | **mögliche Hinderungsgründe** |
> |---|---|
> | • die Schnauze voll habe von allem (22) | • der Lebensabschnittspartner, der es ganz okay findet [...] (23 f.) |
> | • es gibt nicht viele, die den höchsten Akt des Lebensvollzugs begreifen (30 f.) | • die Bande ... zu anderen (29) |
> | • Würde (33) | • in irgendwelchen sinnstiftenden, lebenserhaltenden Hirnkonstrukten gefangen sein (40 f.) |
> | • das Ganze kann man nicht ernst nehmen (39) | • emotionale Bindungen ... reaktionäre Bedürfnisse (42 ff.) |
> | • nicht unter die Menschen passen (53 f.) | |
> | • weil ich mich in Gesellschaft nicht zeige, wie ich es wünsche (58 f.) | |
> | • Notwendigkeit, eine Rolle zu spielen – ganz wahr sein wollen (59) | |

Sie verwendet überwiegend eine gehobene, intellektuelle Sprache für die eigenen Motive und wertet die möglichen Gegengründe durch die verwendete Sprache von vornherein ab. In Bezug auf das eigene Vorhaben spricht sie von Würde, die sie den andern abspricht. Auffällig ist, wie wenig konkret ihre Aussagen sind, sie bleibt im Allgemeinen, wenn man so will, im Theoretischen, Grundsätzlichen; von persönlichen Erlebnissen und Erfahrungen, von Kränkungen oder Demütigungen ist keine Rede, auch nicht zwischen den Zeilen. Ein Hauptmotiv ist ihr Authentizitätsbegehren, zu dem das Internet als Medium im Widerspruch steht, denn das Internet ist ein öffentlicher Raum der Selbstinszenierung. Anklänge an Goethes „Leiden des jungen Werther" sind unüberhörbar (Absatz Z. 70–80): Werthers Klage über die fatalen bürgerlichen Verhältnisse und über die Menschen, „deren ganze Seele auf dem Zeremoniell ruht" (8. Januar 1772); „Ich spiele mit, vielmehr, ich werde gespielt wie eine Marionette und fasse manchmal meinen Nachbar an der hölzernen Hand und schaudere zurück" (20. Januar, an Lotte). Julie bewegt sich mit einer gewissen Geläufigkeit in literarischen und philosophischen Diskursen; ihre sehr disziplinierte, kontrollierte, reflektierte Art der Selbstdarstellung ist ein Signal, dass sie nicht von starken Gefühlen geleitet wird, sondern eher vom Verstand (oder dass sie die Gefühle unterdrückt).

August, er ist jünger als Julie, ist jugendlicher, auch in seiner Sprache, wenngleich er sich auch intellektuell geben möchte. ‚Fake' ist sein Wort zur Bezeichnung des Unechten (vgl. **Zusatzmaterial 11**, S. 184). Er verhält sich cool, lässt jedoch erkennen, dass er sich für die Person, die Frau interessiert (er möchte wissen, wie sie aussieht), er scheint eine Beziehung zu suchen. Julie demonstriert, dass sie die überlegene Position beansprucht. Es bahnt sich schon in der ersten Szene an, dass sich die Kommunikation in ein Beziehungsspiel verwandelt zwischen einer jungen Frau und einem jungen Mann, die zwar behaupten, vom Leben Abschied nehmen zu wollen, durch ihr Handeln aber zugleich auch das Gegenteil tun. Die Situation im Chatroom ereignet sich im Schutz der Anonymität, spätestens mit der Begegnung in der zweiten Szene treffen zwei ‚reale' Personen aufeinander, damit ändert sich die Kommunikationssituation. Ein Vergleich der beiden Kommunikationsarten soll das verdeutlichen; ausgewählte Dialogteile der beiden Szenen sollten das – zunächst im Spiel, dann in der Analyse – deutlich machen. Im Tafelbild werden Unterschiede festgehalten:

> **Zwei Formen der Kommunikation**
>
> **Kommunikation im Chatroom**
> - anonym
> - unter Pseudonym
> - Mittel: Sprache (geschrieben bzw. gesprochen)
> - verschiedene Sprachebenen
> - Schutz durch Rolle
> - Blindheit in Bezug auf Adressaten
>
> **Face-to-face – Kommunikation**
> - personal
> - ohne den Schutz der Anonymität
> - Mittel: Sprache, Körpersprache, Mimik, Gestik
> - unmittelbare Reaktion, Direktheit
> - Rolle als solche eher zu durchschauen

Es geht nicht darum, die beiden Arten zu bewerten, sondern um die Bewusstmachung der Unterschiede. Man sollte verschiedene Arten, die Dialoge zu sprechen, ausprobieren, dabei auch eine Videokamera einsetzen.

3.5.3 Weiterführende Erarbeitungsideen
Die Entwicklung der Beziehung

Zum weiteren Verlauf des Unterrichts: Die Anlage des Stücks macht es nötig, der Textchronologie zu folgen, denn man muss erkennen, wie sich die Situation entwickelt und die Beziehung verändert: Das immer abstrakter erscheinende Vorhaben des Selbstmords wird zunehmend durch die Frage nach der Authentizität/Rolle in der Beziehung überlagert. Dazu einige Hinweise in Bezug auf die einzelnen Szenen:

In der 2. Szene wird das Gespräch zum Beziehungsgespräch, in dem August aktiver ist, sein Interesse an Julie deutlicher zu erkennen gibt, während Julie sich eher bedeckt hält und überlegen gibt. August äußert erste Zweifel am Sinn ihres Vorhabens: Es ist ein Beziehungs- und Machtspiel, in dem beide versuchen, ihre Unsicherheit möglichst gut zu überspielen.

In der 3. Szene gelingt es August schließlich (auch durch Julies Mutdemonstration, als sie bis zum Rand des Felsens geht), die überlegene Position einzunehmen. Es ist nun kaum noch zu übersehen, dass beide – auch – nach Liebe suchen. Das Interesse sollte auch der Frage gelten, wie im Stück verhindert wird, dass es zu einer trivialen Liebesgeschichte im Stil von schlichten TV-Serien wird. Diese Frage lässt sich anhand der verbalen Liebesszene im Konjunktiv in der vierten Szene beantworten, wobei auch diskutiert werden kann, ob das gelungen ist, auch unter Berücksichtigung der Musik und des Kameraeinsatzes.

In der 5. und letzten Szene schaffen die Personen erneut Distanz, indem sie ihre Abschiedsworte mehrfach sprechen und mit der Kamera aufnehmen. Nun erscheint ihnen alles, was sie sagen, unecht, inszeniert, falsch, eben als Fake, wie August immer wieder sagt. Sie geraten vollends aus dem Konzept und wissen am Ende nicht mehr, warum sie sich das Leben nehmen wollten.

Eine Übersicht über die Handlung könnte so aussehen:

Die Entwicklung der Handlung

1. Szene: Im Chatroom, in der virtuellen Welt

- Julies Selbstvorstellung
- Augusts Reaktion
- erster Dialog: Versuche, sich kennenzulernen, zu testen
- Julies Einverständnis, August mitzunehmen

2. Szene: auf dem Felsplateau oberhalb des Fjords in Norwegen

- Augusts Begeisterung über die Landschaft, Julies Schweigeaufforderung
- Beginn eines Beziehungsgesprächs durch August
- Gespräch über die Todesart (Augusts Konkretheit, Julies Abstraktheit)
- Augusts Lebensauffassung
- Streit über Motive
- Julies Streben, die überlegene Position einzunehmen/zu behaupten

3. Szene: am Rand des Felsens, Perspektive von unten

- Julies Mutdemonstration
- Kontroverse über die Tat und den Zeitpunkt
- Umkehrung der Positionen: Augusts Überlegenheit
- Julies versöhnliche Geste
- ‚Beziehungsgeplänkel' (Zeichen für die Abkehr vom Plan)

4. Szene: Nacht, im Zelt und vor dem Zelt

- Faszination: Polarlicht (Zeichen: Hinwendung zum Leben)
- Versöhnung
- Liebesdialog, vom Konjunktiv zum Indikativ

5. Szene: am folgenden Morgen, in der Frühe

- Julies Aufmachung als ‚Dame'
- die Aufzeichnung der Abschiedsworte: durch Fake und Verfremdung zur Selbsterkenntnis
- Zerstörung der Kassetten, Verlassen des Felsplateaus

Wie ist dieser Schluss, der gewiss den Wünschen der meisten Zuschauerinnen und Zuschauer entspricht, zu bewerten? Ein schlichtes, billiges Happyend? Eine pädagogische Antwort – mit dem Zeigefinger – auf das Selbstmordthema? Diese Diskussion sollte geführt werden: Das könnte in der Form einer Theaterkritik geschehen, über die anschließend im Plenum gesprochen wird. Die Hauptfrage dürfte sein, wie überzeugend die allmähliche Verwandlung der Situation vom virtuellen Geschehen im Internet zum persönlichen Beziehungsgeschehen gelungen ist; dabei spielen die Darstellungsmittel eine wesentliche Rolle.

Darüber hinaus bietet der Text eine sehr gute Gelegenheit, über das zu sprechen, was im Stück als Fake bezeichnet wird und den Themenkomplex „Fake, Fantasie, Fiktion, Authentizität, virtuelle Welt" umfasst (Zusatzmaterial 11). Außerdem wird man über das Thema Adoleszenz und Suizid sprechen müssen, indem man Informationen einholen lässt und im Gespräch verarbeitet (vgl. Zusatzmaterial 10).

Hinweise zum Thema „Fake, Fantasie, Fiktion, Authentizität" (Zusatzmaterial 11):
- Klärung der Begriffe: Fake, Fantasie, Authentizität (Cluster; Mindmap)
- Welches sind die Gegen-, Komplementärbegriffe? (Wirklichkeit, Wahrheit, Echtheit)
- Welche Kriterien gibt es für Authentizität?
- Welche Arten der Fantasie sind zu unterscheiden? Welche Funktionen hat Fantasie? (Fantasie, die aus der Wirklichkeit herausführt; ihr entgegengesetzt ist; die als Modell/Vorbild auf die Wirklichkeit zurückwirkt → mediale Welt)
- Was charakterisiert die Fantasie in der Romantik, z. B. in E.T.A. Hoffmanns „Der Sandmann", wo die Grenze zwischen Fantasie und Realität eingerissen wird?

Authentizität bei Kleist („Über das Marionettentheater") und in der Welt der Figuren des Stücks.
Fiktion als Simulationsraum (Die Literatur „ist ein der Lebenspraxis beigeordneter Simulationsraum, Spielfeld für ein fiktives Handeln, in dem man als Autor und als Leser die Grenzen seiner praktischen Erfahrungen und Routinen überschreitet, ohne ein wirkliches Risiko dabei einzugehen." (Dieter Wellershoff)
Wie verhält es sich mit Wellershoffs These, wenn die ‚Fiktion' zum Modell für das Leben genommen wird? (Beispiel: Der 1998 erschienene Roman „Agnes" von Peter Stamm)
Wie ist das Verhältnis von Fiktion (Rolle/Inszenierung) und subjektiver Befindlichkeit bei Heine?

Lutz Hübner wurde 1964 in Heilbronn geboren. Nach dem Studium der Germanistik, Philosophie und Soziologie absolvierte er eine Schauspielerausbildung. Es folgten Engagements als Schauspieler und Regisseur in verschiedenen Städten. Seit 1996 lebt und arbeitet er als freier Autor in Berlin. In der Spielzeit 1999/2000 war er laut Statistik des Deutschen Bühnenvereins der meistgespielte deutsche Dramatiker. Seine Werkliste ist umfangreich – 34 Titel sind beim Goethe-Institut aufgelistet (Neue deutsche Dramatik, Archiv ab 1999;   ). Lutz Hübner schreibt auch für das Jugendtheater.

Lutz Hübners Theaterkonzeption

Lutz Hübner versteht sich nicht als Avantgardist; er will keine Stücke für das Feuilleton schreiben, sondern für die Bühne: „‚Die Wahrheit ist aufm Platz' heißt es im Fußball. Im Theater ist die Wahrheit im Zuschauerraum, nicht im Feuilleton." (Haas 2009, S. 98) Die Frage, ob ein Autor „auf der Höhe der Diskussion" sei, ist ihm herzlich egal. „Eine gute Geschichte muss ein Publikum packen, und dazu braucht sie ein Identifikationspotenzial, sonst langweilt man die Leute. [...] Das bedeutet nicht, gefälliges Theater zu machen, sondern Theater, das Kopf und Herz des Zuschauers ansprechen muss. Dazu benötigt man gute Schauspieler, und diese Schauspieler benötigen eine gute Geschichte, die sie gemeinsam erzählen können. Das ist eine sehr altmodische Definition von Theater, aber ich glaube, dass gerade das Anachronistische dieser Kunstform ihr Überleben sichert." (Haas, S. 97) Mit diesem Bekenntnis zum Narrativ bezieht er Stellung gegen das postdramatische Theater. „Lutz Hübner ist ein handwerklicher Könner, ein sicherer Konstrukteur psychologischer Plots, sozusagen der Anti-Pollesch des deutschen Gegenwartstheaters." (Die Welt) (   ). Der Bezugspunkt seiner „Gebrauchsstücke" sei die Realität. „Damit ist jedoch keine platte Abbildung der Wirklichkeit gemeint, sondern eine komprimierte Darstellung menschlicher Lebensverhältnisse, zu der auch Ängste, Träume und Sehnsüchte gehören" (Haas, S. 99). Hotel Paraiso ist ein spannendes Theaterstück mit nachvollziehbarer Psychologie und erkennbarem Kommunikationsversagen, das Jugendliche anspricht, weil es sie angeht; mit seinen vorzüglich gebauten Dialogen eignet es sich für eine weitgehend schüleraktive Erarbeitung und zum handlungs- und produktionsorientierten Interpretieren. Lutz Hübner hat sich mit Jugendstücken einen Namen gemacht. Im Zentrum des Stücks „Hotel Paraiso" steht eine Adoleszenzproblematik – es geht um eine 18-Jährige, die sich dem Schritt zum Erwachsenwerden verweigert –, doch es ist kein speziell für das Jugendtheater verfasstes Stück. 2005 wurde die Aufführung des Staatstheaters Hannover zum Berliner Theatertreffen eingeladen.

Handlung

Der Schauplatz ist ein kleines Hotel an der Algarveküste während der Vorsaison. Eine unangenehme Familie (Günther und Verena Neuwirth mit ihrer 18-jährigen Tochter Kathi) verdirbt den beiden anderen Gästen gründlich den Urlaub. Denn auch diese sind dort, weil sie sich von ihren Problemen erholen wollen: Dana Golobka braucht eine Auszeit nach der Insolvenz ihrer Casting-Agentur, der Lehramtsstudent Jost will seine Angst vor der Referendarzeit einfach wegsurfen. Diese Probleme der Gäste kommen erst durch das provozierende Verhalten Kathis ans Licht. Im Zentrum stehen aber die Spannungen innerhalb der Familie Neuwirth, die aufgedeckt und gesteigert werden – ob bis zur Katastrophe oder einer Lösung, ergibt erst die Diskussion über die Schlussszene. Die Ehe der Neuwirths leidet unter dem Machtgefälle zwischen den Ehepartnern. Günther Neuwirth, von Beruf Architekt, legt ein unerträgliches Verhalten an den Tag – herrisch, arrogant, ungeduldig. Sichtbar eingeschüchtert verhält sich seine Frau Verena, die schon früh ihren Beruf zugunsten der Familie aufgegeben hat. Da die Tochter in wenigen Monaten von zu Hause wegziehen wird, um zu studieren, fürchtet sie sich vor einem leeren Leben. Bislang bestand ihr Lebensinhalt aus der Sorge um die schwierige Tochter. Günther Neuwirth verhält sich abweisend, Verena biedert sich schutzsuchend bei der selbstbewussten, gleichaltrigen Dana an, ohne zu merken, dass sie lästig fällt. Doch der größte Störenfried ist Kathi. Durch ihr irritierendes Verhalten – sie ignoriert alle Regeln der Höflichkeit – stößt sie jeden vor den Kopf. Sie ist undurchschaubar und widersprüchlich, Hilflosigkeit kippt in Aggression, sie verletzt ihr Gegenüber, um im gleichen Moment um Zuwendung zu betteln. Zum Eklat kommt es in der 4. Szene, als Kathi, die Dana den Studenten Jost ausgespannt hat, diesen so demütigt, dass er gewalttätig wird. Daraufhin (Szene 5) sucht Verena das Gespräch mit ihrem Mann. Sie hat in Kathis Tagebuch gelesen und hat eine neue Erklärung für Kathis Auffälligkeit: Nicht die mütterliche Überbehütung sei die Ursache, sondern die väterliche Kälte. Dieser Tagebucheintrag schildert ein zehn Jahre zurückliegendes Kindheitserlebnis im gleichen Urlaubsort, einen Spaziergang mit ihrem Vater oben auf der Steilküste, in dem sich verschiedene Erinnerungsmomente verbinden: der Stolz, vom Vater an diese gefährliche Stelle mitgenommen zu werden; eine Mutprobe, die sie besteht, aber als Versagen deutet (er verlangt, dass sie bis zum Rand der Klippe geht und hinunterschaut, sie tut es und wird dabei schwindlig), und seine Unzuverlässigkeit: Er steht nicht schützend hinter ihr, um sie aufzufangen, als sie sich nach hinten fallen lässt. Sie nimmt ihn als mächtig, überfordernd und teilnahmslos wahr und hungert nach seiner Anerkennung. In den beiden Schlussszenen verbindet sich die analytische Thematik mit einem neu einsetzenden Handlungsschub. Nun geht es um Kathis weitere Entwicklung, um die Frage, ob sie ein Opfer dieser Verhältnisse bleibt oder ob sie sich daraus befreit. Zunächst (Szene 6) kommt es zu einem Dialog zwischen Vater und Tochter, in dem er mit äußerster Härte von ihr fordert, sich zu ändern. Sie solle sich ihr Studium selbst erarbeiten. Kathi, die auf das Bedürfnis nach seiner Liebe und Anerkennung fixiert ist, versteht nicht, was er will. Sie verlässt das Hotel, wo sie einen Zettel mit einer Botschaft zurücklässt, die gleichzeitig die Andeutung eines Selbstmords und eines Neubeginns enthält. Die letzte (7.) Szene spielt während der bis dahin ergebnislosen Suche nach Kathi und enthält einen Dialog zwischen den Eltern, mit dem die Familienanalyse abgeschlossen wird. Nachdem Günther allen Anwesenden die Schuld an Kathis Verschwinden gegeben hat, dreht Verena den Spieß um: Er habe sich jahrelang die bequeme Erklärung zurechtgelegt, dass er wegen seiner Familie auf eine berufliche Karriere im Ausland verzichtet habe, damit habe er sie und die Tochter zum Sündenbock für sein berufliches Versagen gemacht; sie habe das Kind gegen seine Feindseligkeit beschützen müssen. Der Zuschauer erkennt: ein doppeltes Glücksopfer lastet auf der Tochter, was diese nicht durchschaut. Das Stück endet mit der Einblendung eines Tagebucheintrags von Kathi, den sie in einem Versteck in den Klippen verfasst hat. Hier zeigt sich der Ansatz einer Klärung der schwierigen Beziehung zum Vater. Sie imaginiert ihn als alten, schwachen, verzweifelten Menschen, der bei einem Badeunfall ertrinkt;

jetzt mischt sich Liebe mit Mitleid. Es endet mit dem Entschluss zu einem Neuanfang, bevor sie das Tagebuch verbrennt.

Das Stück ist interessant für Jugendliche, weil es sich nicht in der Ursachenanalyse erschöpft, die Kathi als Opfer dieser Familienkonstellation erscheinen ließe. Ihr Verhalten ist außerdem so unreif und kleinkindlich, dass es die Schülerinnen und Schüler provoziert – sie muss sich ändern, also erwachsen werden. Zu fragen ist, was das bedeutet.

3.6.2 Im Zentrum der Erarbeitung: Gestörte Familienbeziehungen

Thematik

Alle fünf Hauptpersonen befinden sich in einer existenziellen Krise: Kathi, Verena und Jost in einer Situation der Entscheidung, Günther muss eine Insolvenz befürchten, Dana hat sie gerade hinter sich. Jost weicht der Zukunftsfrage aus, Dana versucht durch einen Spontanurlaub eine berufliche Niederlage und die Angst vor dem Alter zu vergessen; die nicht berufstätige Verena empfindet sich als Versagerin und muss sich nach dem Wegzug der Tochter neu erfinden; sie fürchtet sich vor einer sinnleeren Zukunft. Kathi flüchtet sich in Kleinkindlichkeit. Günther wird durch seine Frau auf die Lebenslüge gestoßen, die darin besteht, dass er andere für seinen beruflichen Misserfolg verantwortlich macht. Kathi, unreif und überfordert an der Schwelle zwischen Schule und Studium, wird an den Punkt gebracht, wo sie beginnen könnte, über sich und ihren weiteren Weg nachzudenken. Sie wird mit der Unangemessenheit ihres kindlichen Aggressions- und Trotzverhaltens konfrontiert; indem sie die Überforderung und Schwäche ihres vermeintlich starken Vaters erkennt und sich von dem Wunsch nach seiner Zuwendung löst, kann sie aus seinem Schatten treten. Ob sie das schafft, bleibt offen, ist aber nicht ausgeschlossen. Die Familienproblematik ist mehr als nur eine personenzentrierte Individual- und Beziehungspsychologie; sie wurzelt im Konkurrenzdruck des Marktes, dem Günther Neuwirth nicht gewachsen ist. Seine verbissene Härte ist ein Reflex seines Existenzkampfs, seine Schuldzuweisungen an die Ehefrau sind ein Selbstschutz gegen berufliche Versagens- und Absturzängste, die dadurch gesteigert werden, dass er allein für die Familie verantwortlich ist, da seine Frau sich jedem Leistungsanspruch entzieht. Seine verkrampften Versuche, die kleine Kathi zu Mut und Aktivität zu erziehen, seine Wutanfälle angesichts ihrer Weigerung, erwachsen zu werden, spiegeln den verinnerlichten Leistungsdruck, der umso stärker wird, je mehr seine Frau sich und die Tochter schont.

Lutz Hübner: Hotel Paraiso – Exposition (Arbeitsblatt 21, S. 167)

- *Lesen Sie für sich die Szene; notieren Sie, was Ihnen an Verena auffällt.*

- *Who is who? Stummes Spiel. Zwei Spielerinnen verkörpern Verena und Dana, die Zuschauer finden heraus, wer wen spielt. Vorschläge: Gleiche Situation wie im Text.*
  Dana kommt gleichzeitig mit Verena herein. Sie wartet auf Pedro, dem sie ihren Zimmerschlüssel gegeben hat. Oder: Beide sitzen an je einem Tisch, studieren zuerst die Speisekarte, dann schreiben sie eine Urlaubskarte

- *Dana macht sich ihre Gedanken über Verena. Schreiben Sie einen inneren Monolog.*

Intendiert ist, dass die Schülerinnen und Schüler sich spielerisch in das Geschehen hineindenken; die Mini-Inszenierung dient als Anstoß zu einem genaueren Blick auf den Dialog. Das Spiel soll so realistisch wie möglich sein und möglichst nicht karikieren (vgl. auch Zusatzmaterial 1). Der Dialog macht die familiäre Problematik transparent und ist damit die Exposition für die an diesem Ort aufbrechenden Konflikte. Im nächsten Schritt entwerfen die Schülerinnen eine Personencharakteristik in Gestalt eines inneren Monologs:

Als Resultat könnte an der Tafel stehen:

Eigenschaften und Verhalten von Verena Neuwirth

- Unsicherheit, Unselbstständigkeit, (erlernte) Hilflosigkeit
- Abhängigkeit vom Ehemann
- Angst zu versagen, Übervorsicht; linkisches, gehetztes Verhalten
- distanzlose Redseligkeit (Suche nach Kontakt? Nach einer Freundin/Helferin?)
- angestrengter Versuch, die eigene Verzweiflung zu vergessen (Urlaub)
- unterschiedliche Interessen der drei Familienmitglieder, Dominanz des Mannes
- Betonung des Status ihres Mannes („Architekt")
- unglückliche Ehe

Im Anschluss daran wird Kathis Tagebuchtext ausgewertet: Welche dramatischen Möglichkeiten stecken in diesem Tagebuchtext? An der Tafel könnte stehen:

Kathis Tagebucheintrag

- Kathi hat einen Plan (Vermutungen).
- Sie leidet unter dem Verhalten der Eltern (Schimpfen des Vaters, beschützende Geste der Mutter).
- Ihr Umgang mit den Eltern: Weghören
- Vermischung von Gegenwart und Vergangenheit; es gab hier am Meer ein Kindheitserlebnis

Lutz Hübner: Hotel Paraiso (Szene 3, Auszug) – Kommunikationsprobleme (Arbeitsblatt 22, S. 169)

- *Untersuchen Sie den Aufbau des Dialogs.*
- *Gedanken-Stopp: Notieren Sie, was Dana und Kathi in diesem Moment durch den Kopf geht. Verfassen Sie dann eine spontane Antwort von Dana/von Günther/von Jost.*
- *Warum ist eine Reaktion auf solch ein Verhalten so schwierig?*
- *Was könnte man Kathi in aller Ruhe sagen oder schreiben, wenn man sie dazu bringen möchte, ihr Verhalten zu ändern?*

Als Ergebnis kann im Tafelanschrieb festgehalten werden:

Der Dialogverlauf

- überraschend freundliches Verhalten Kathis, das von Dana leicht ironisierend kommentiert wird („Zermonienmeister")
- taktlose Frage Günthers an Jost (nach dem Abschluss des Studiums statt z. B. nach Studienfächern oder Studienort) und herabsetzender Kommentar
- Danas Versuch, die Situation zu retten (Casting-Vorschlag)
- verletzende Bloßstellung von Danas beruflicher Situation durch Kathi

---

Kathis Angriff gegen Dana kommt aus heiterem Himmel und verstößt so eklatant gegen alle Regeln des Anstands, dass bei einer emotionalen Reaktion der Anwesenden alle weitere Kommunikation unmöglich wäre oder in Streit enden könnte. Kathi stellt Dana, die hier auch gar nicht mit ihrer Agentur prahlt, vor den anderen als Versagerin und Lügnerin dar. Damit verletzt sie den Anspruch auf Respekt. Es entspricht zwar der Wahrheit, dass Danas Agentur geschlossen ist, aber es besteht nicht die Notwendigkeit, dies auszusprechen. („Sei authentisch und selektiv in deinen Kommunikationen." Cohn 1999, S. 125)

Für den Fortgang des Unterrichtsgesprächs empfiehlt sich ein Gedanken-Stopp (vgl. Zusatzmaterial 1, „Kreative Methoden des Umgangs mit dramatischen Texten"). Kathis Bemerkung ergibt sich aus der Situation: Dana kommt Jost zu Hilfe, es ist also Eifersucht im Spiel (das zeigt auch der Fortgang der Szene S. 98). Kathis Internet-Recherche lässt vermuten, dass Dana sie interessiert, dass sie Dana wegen ihres Berufs und ihres selbstsicheren Auftretens bewundert; Bewunderung paart sich leicht mit Minderwertigkeitsgefühlen. Nur so ist es zu verstehen, dass Kathi unmittelbar nach ihrer Faux-pas versucht, sich bei Dana wieder einzuschmeicheln (S. 98). Offenbar fehlt ihr die Fähigkeit, ihr eigenes Verhalten einzuschätzen. Es ist anzunehmen, dass sie Dana mit ihrer Mutter vergleicht, dass sie also auch eine Botschaft an die Eltern aussendet.

Danas Antwort ist ironisch (Z. 39 f.), danach (nicht mehr auf dem Arbeitsblatt) macht sie eine souveräne Bemerkung, mit der sie die Verstimmung beilegt („Danke, Sie brauchen mich nicht zu verteidigen. Ich glaube, sie will sich nur unterhalten"). Doch es ist anzunehmen, dass sie ihre spontane Reaktion – Wut, Scham und Empörung – überspielt. Durch eine spontane Reaktion würde sie sich eine Blöße geben und die Definition Kathis bestätigen. Die Schwierigkeit liegt darin, dass Kathis Aggression in einer Sachaussage steckt, die sich nicht leugnen lässt. Die Botschaft an Kathi müsste über die Erinnerung an Höflichkeit hinaus den Hinweis enthalten, dass sie sich mit solch einem Verhalten wie ein kleines Kind aufführt und sich selber schadet.

Man könnte auch mithilfe des Kommunikationsmodells von Schulz von Thun (vgl. **Zusatzmaterial 12** „Grundlagen der Kommunikation", S. 185) die Szene analysieren lassen:

Sachaussage:	Du bist pleite.
Beziehung:	Deine Selbstsicherheit imponiert mir nicht.
Selbstoffenbarung:	Ich bin stark, schlau („gegoogelt") und gefährlich.
Appell:	Lass die Finger von Jost. Er ist meine Altersgruppe.

Das Modell lässt allerdings kaum psychologische Deutungsspielräume. Die Schwierigkeit liegt darin, dass Kathis Attacke in Form einer Sachaussage daherkommt, dass sich der Sach-, der Selbstoffenbarungs- und der Beziehungsaspekt nicht trennen lassen. Außerdem enthält Kathis Äußerung auch verdeckte Botschaften an die Eltern:

Beziehung:	(an die Mutter) Von so einer wie dir lasse ich mir nichts sagen.
	(an den Vater) Ich bin im Umgang noch härter als du.
Appell:	Hört auf, euch einzumischen/mich zu erziehen!
Selbstoffenbarung:	(bewusst): Ich bin kein Kind mehr.
	(unbewusst): Ich bin ein Kind, das geradeheraus sagt, was es denkt.
	Enthält den Appell: beachtet, beschützt mich!

Interessanter für die Deutung der Szene und des Stücks ist das Vier-Ohren-Modell (**Zusatzmaterial 12**, S. 185). Die Antwort hängt davon ab, mit welchem „Ohr" die Botschaft gehört wird. Ein sachliches Hören ist in diesem Fall unmöglich, weil die Attacke in der Sachaussage steckt. Dem Wesen nach handelt es sich um eine Beziehungsaussage. Diese würde Dana wenig oder gar nicht treffen, wenn sie mit Kathi allein wäre, denn sie hat kein Bedürfnis nach Anerkennung durch Kathi. Doch durch die Anwesenheit von Zeugen ist das für Vorwürfe besonders sensible „Beziehungs-Ohr" natürlich aktiv. Am resistentesten gegen solche Ausfälle ist das „Selbstaussage-Ohr". „Verglichen mit dem überempfindlichen Beziehungs-Ohr kann es seelisch gesünder sein, ein gut gewachsenes Selbstoffenbarungs-Ohr zu haben, welches die Nachricht unter dem Aspekt aufnimmt: ‚Was sagt sie mir über *dich*?' […] Es wäre viel gewonnen, wenn wir gefühlsmäßige Ausbrüche, die Anklagen und Vorwürfe unserer Mitmenschen mehr mit dem Selbstoffenbarungs-Ohr zu empfangen in der Lage wären. […] Wir wären weniger mit unserer eigenen Rehabilitation beschäftigt und könnten stattdessen besser zuhören und so besser dahinterkommen, was mit dem andern wirklich los ist." (Schulz von Thun 1989, S. 54f.) Für Dana ist es in dieser Situation natürlich schwierig, Verständnis für die Nöte Kathis aufzubringen. Aber der Zuschauer ist aufgerufen, die Position der Meta-Kommunikation einzunehmen; er muss es sogar, wenn er Kathi verstehen will. Fragen zu Kathis Verhalten in Szene 3 könnten an der Tafel gesammelt und als Leitfragen für die weitere Lektüre verwendet werden:

Fragen zu Kathis Verhalten

Was ist mit Kathi los?
Wie lässt sich ihr Verhalten beschreiben?
Welche Ursachen sind erkennbar?

- Spannung zwischen den Eltern
- Umgang der Eltern mit der Tochter
- Lebenssituation

Was fehlt ihr? (Empathie, die Fähigkeit, sich in andere hineinzuversetzen)
Ist sie krank oder nur noch nicht erwachsen geworden?
Verrät dieser Angriff innere Not? Worunter könnte sie leiden?
Was an Dana macht sie so aggressiv?

Der Schlüssel für ihre Probleme liegt in den Tagebucheinträgen, besonders dem nach der 5. Szene und dem abschließenden Tagebucheintrag, den sie verbrennt – auch dies könnte gedeutet werden: Ist es ein Versuch, sich von ihrer Vergangenheit und den familiären Zwängen zu lösen?

3.6.3 Weiterführende Erarbeitungsideen

Zur Rezeption

In den Rezensionen wird Kathi unterschiedlich beschrieben:
- Eine „gnadenlos verdorbene Tochter". „Eines wird deutlich: Das alles geschieht, weil ein Kind in einer zerrütteten Ehe aufwuchs, sich nie geliebt fühlte." (Juliane Kuhn in der Kritik der Uraufführung 2005, http://www.staatstheater-hannover.de/schauspielneuindex.html)
- „Trotzdem leidet ‚Hotel Paraiso' an einem Konstruktionsmangel: Eine Krankheit hält den Plot am Laufen. Katharina ist eine sogenannte Borderline-Persönlichkeit." (Ronald Meyer-Arlt in: Theater heute 01.05, S. 43)
- „Katharina ist eine hochsensible junge Frau. Ihr Verhalten ist äußerst widersprüchlich: Sie schwankt zwischen kleinkindlichem ‚Getue' und messerscharfer Situationsanalyse." (http://www.tauberbischofsheim.de/city über eine Aufführung der Badischen Landesbühne, 2006)
- „Katharina zeigt sich […] als eine psychisch höchst labile junge Frau […] Ihr Verhalten schwankt permanent zwischen anbiedernder Selbstentäußerung und geradezu panischer Aggression." (Frank Raudszus über eine Aufführung in den Kammerspielen des Staatstheaters Darmstadt, 2008, http://www.egotrip.de/theater/08/0806_paraiso.html)

Darüber lässt sich diskutieren: Welcher Äußerung kann man zustimmen, welcher nicht? Am problematischsten ist sicherlich die Stigmatisierung Kathis als geistig gestörte („Borderline"-)Persönlichkeit", die sich wohl auf Danas empörte Aussage stützt, Kathi sei ein Fall für die Psychiatrie (S. 118). Die Deutungen bewegen sich zwischen Schuldzuweisungen an die Eltern („gnadenlos verdorben") und der Diagnose einer Persönlichkeitsstörung an der Grenze zur psychiatrischen Erkrankung („Borderline"), dazwischen stehen die wertungsfreien Attribute „hochsensibel" und „psychisch labil". Alle Rezensionen erklären Kathis Störungen aus der zerrütteten Ehe der Eltern. Nirgendwo findet sich jedoch der Hinweis darauf, dass das Stück mit der Andeutung einer möglichen Emanzipation Kathis endet. Gerade dieser Aspekt ist für Jugendliche wichtig, soll das Stück nicht nur als die Geschichte eines hilflosen Opfers elterlicher Inkompetenz gelesen werden. Zur Vertiefung des Themas der hier beschriebenen Adoleszenzkrise, die Kathi in die Nähe des Suizids führt, sei auf Zusatzmaterial 10 (Adoleszenz und Suizid) verwiesen.

Figurenäußerungen über Kathi

Die folgenden widersprüchlichen Figurenaussagen über Kathi eignen sich als Diskussionsgrundlage:
- Günther: „Das ist es, was dich unerträglich macht. Diese Müdigkeit, die Müdigkeit deiner Mutter, die sie dir eingepflanzt hat als letzte Flucht. Dieser Rückzug in eine dumme, verantwortungslose Müdigkeit. Eine als Erschöpfung getarnte Überforderung" (S. 121) – eine Doppelbotschaft von Faulheit und Unfähigkeit, verbunden mit Schuldzuweisungen an die Mutter. Unmittelbar zuvor hat er Kathi mit der unerfüllbaren Forderung konfrontiert, sich ihr Studium durch Arbeit selbst zu finanzieren (S. 120).
- Verena: „Sie hat eine schwierige Zeit. Sie macht sich das Leben schwer, immer schon, sie hat keine Wurzeln, sie steht nicht in der Welt, das war schon als Kind so, nie hat sie ihren Platz gefunden, alles wird ihr zur Mühe, und nun ziehen die Freunde weg, und sie ist so alleine, so unendlich allein" (S. 117) – das Bild der Eltern ist deutlich eine Projektion aus den eigenen Problemen heraus (berufliche Überforderung/Passivität).
- Dana: „Ihre Tochter muss in psychiatrische Behandlung, und zwar so schnell wie möglich" (S. 118) – eine wütende Äußerung, mit der sie versucht, sich der Aufdringlichkeit Verenas und Kathis durch Abwertung zu erwehren.

- Pedro: „Sie wird erwachsen, oder? […] Ja, sie muss, alle müssen das in ihrem Alter, oder" – er spricht als distanzierter Beobachter.

Alle Aussagen (außer der Pedros) fallen in einem erregten Dialog und sind alles andere als objektiv. Nimmt man Pedros Aussage als die objektivste, ergibt sich daraus die für die Schülerinnen und Schüler wichtigste Frage: Was müsste sie verändern? Was kann sie verändern? Was müsste sie ihren Eltern klarmachen? Welche Stärken hat sie?

Produktionsorientierte Aufgaben

- Kathi schreibt nach ihrem Verschwinden – sie hat sich einen Ferienjob gesucht – den Eltern einen Brief. Sie beschreibt, was sie an den Eltern und an ihrem eigenen Verhalten stört und was sie verändern möchte.
- Dialog der Eltern nach dem Wiederauftauchen Kathis.
- Kathi – sie ist nach einigen Tagen wieder aufgetaucht – schreibt Dana nach dem Urlaub einen Brief, in dem sie ihr Verhalten zu erklären versucht – Dana antwortet.

Die Familienstruktur weist Parallelen zu Lessings „Emilia Galotti" auf: In beiden Texten herrscht ein rigider, fordernder Vater, versucht eine schwache, taktierende Mutter sich mit der Tochter zu verbünden und trägt so zur Katastrophe bei. Vergleichbar sind auch die beiden energischen Nebenfiguren Dana und die Orsina und die beiden zurückhaltenden jungen Männer Appiani und Jost. Emilia und Kathi sind Vatertöchter, die sich im Kampf um seine Anerkennung in Gefahr (Kathi) bzw. in eine ausweglose Situation bringen. Wenn beide Stücke gelesen wurden, ergeben sich reizvolle Improvisationsaufgaben mit imaginären Begegnungen von je zwei Figuren. Denkbar ist auch ein Vergleich des Ehepaars Neuwirth mit dem Ehepaar Helmer in Ibsens „Nora".

3.7 Yasmina Reza: Der Gott des Gemetzels

> **Yasmina Reza** (geb. 1959 in Paris) lebt und arbeitet als Schauspielerin und Schriftstellerin in Paris. Sie wurde in den letzten zehn Jahren insbesondere durch die Stücke „Kunst" (1994) und „Drei Mal Leben" (2000) zur weltweit meist gespielten zeitgenössischen Dramatikerin. Ihre Romane und Theaterstücke wurden in 40 Sprachen übersetzt; ihre Stücke werden an den renommiertesten Bühnen aufgeführt. Sie erhielt zahlreiche Preise und Auszeichnungen. Die Uraufführung ihres Stücks „Der Gott des Gemetzels" am 2. Dezember 2006 am Schauspielhaus Zürich wurde 2007 mit dem Nestroy-Theaterpreis als *Beste deutschsprachige Aufführung des Jahres* ausgezeichnet. In den Spielzeiten 2006/07 und 2007/08 wurde es an ca. sechzig deutschsprachigen Bühnen inszeniert und gehört damit zu den erfolgreichsten Theaterstücken der Gegenwart. Es besteht also die gute Chance, eine Aufführung dieses Stücks oder eines der anderen Erfolgsstücke Yasmina Rezas mit der Klasse zu besuchen.

3.7.1 Vorüberlegungen

Einsatz im Deutschunterricht

„Der Gott des Gemetzels" ist eine Komödie mit furiosem Handlungsablauf, die aufgrund der zahllosen Slapstick-Elemente ihre Wirksamkeit erst auf der Bühne entfaltet. Wenn ein gemeinsamer Theaterbesuch ansteht, empfiehlt es sich nicht, das ganze Stück vorab zu lesen, in diesem Fall eignen sich die beiden Arbeitsblätter als Einstieg und als Abschluss. Die Komik dieses tragikomischen Stücks ergibt sich aus misslingender Kommunikation, welche wiederum im latenten Elend der beiden Partnerbeziehungen wurzelt, durch das sich störende Verhaltensweisen breitgemacht haben. In der Konfliktsituation entladen sich die aufgestauten und fortlaufend angeheizten Gefühle. Das Stück spielt im gehobenen, politisch wachen Bildungsbürgertum und entlarvt das zur Schau getragene Engagement für weltumspannende Solidarität als egozentrische Selbstgerechtigkeit. Durch das Dekuvrieren einer modernen Lebenslüge ergeben sich Bezugsmöglichkeiten zu Ibsen und Hauptmann.

Handlung

Die Vorgeschichte: Zwei elfjährige Jungen prügeln sich in einem Park. Dabei bekommt der eine einen Stockschlag auf den Mund, zwei Schneidezähne sind beschädigt. Die Bühnenhandlung: Die Eltern des Geschädigten bitten die des Täters zu sich, um die Angelegenheit gemeinsam zu klären, die Sache beizulegen und ein Schreiben an die Versicherung zu formulieren. Das gut gemeinte Treffen endet in einem Desaster. Die bürgerliche Fassade beginnt zu bröckeln, bis die Situation entgleist und in Weinen, Schreien und Handgreiflichkeiten endet. Doch eigentlich geht es um die durch dieses Ereignis an den Tag tretenden Spannungen in beiden Ehen. Zwar gibt es immer wieder Versuche der Solidarisierung der Paare, doch das Leiden der Partner aneinander ist stärker. – Alle Beteiligten sind Angehörige des gehobenen Mittelstands – Michel Houillé, der Vater des verletzten Jungen, hat einen Großhandel mit Haushaltsartikeln, seine Frau Véronique arbeitet halbtags in einer Kunst- und Geschichtsbuchhandlung und schreibt an einem Buch über den Konflikt in Darfur. Alain Reille, der Vater des Täters, ist ein international agierender Anwalt, seine Frau Annette ist Vermögensberaterin. Die aktivste Rolle spielt Véronique. Sie hat das Treffen initiiert, einen Kuchen gebacken, riesige Tulpensträuße in Vasen arrangiert und auch schon ein Schreiben an die Haftpflichtversicherung aufgesetzt. Der erste Satz ihres Textes, mit dem das Stück eröffnet wird, enthält mit dem Ausdruck „bewaffnet" bereits den Konflikt in nuce: Véronique sieht ihren Sohn Bruno als Opfer einer brutalen Aggression. Ihr entschiedener Kontrahent ist von Anbeginn der eloquente Alain, der das Wort sofort zurückweist. Man einigt sich schnell auf den neutralen Ausdruck „ausgestattet" mit einem Stock, dann macht man noch ein wenig Konversation. Doch in die anfänglichen Höflichkeiten mischen sich zunehmend Schärfen und Unterstellungen, vor allem von Seiten Véroniques, denen Alain zunehmend mit Ironie begegnet. Sie will im Grunde nicht, was sie verkündet – dass die Jungen sich vertragen –, sondern den Triumph des unschuldigen Opfers über den brutalen Täter und dessen erziehungsunfähige Eltern. Mit ihrem starrsinnigen Festhalten an ihrem Ziel einer diktierten Versöhnung löst sie den Konflikt zwischen den Eltern aus, mit ihren immer höher geschraubten Anforderungen an den kleinen Täter hält sie ihn in Gang und verschärft ihn laufend. Für sie hat Ferdinand Reille ihren Sohn „entstellt", und zwar „absichtlich", sie zweifelt an seiner Bereitschaft zur Einsicht und bezeichnet ihn am Schluss, als bereits eine andere Version des Streits vorliegt, als „Henker". Die zweite Störung geht von Alain aus, der ständig Anrufe auf seinem Handy bekommt. Er vertritt eine Pharmafirma, die in einen Skandal wegen gefährlicher Nebenwirkungen eines Medikaments verwickelt ist. Das rücksichtslose Telefonieren ihres Mannes und die Rolle, in die Véronique sie zu drängen versucht, setzen der bis dahin verbindlichen Annette physisch zu – sie übergibt sich heftig; „ein jäher, katastrophaler Strahl" (S. 43) trifft nicht nur ihren Mann, sondern auch die auf dem Tischchen ausgelegten Kunstbücher Véroniques, darunter einen unersetzlichen Kokoschka-Katalog, der hektisch Seite um Seite trocken geföhnt wird. Als Annette aus dem Bad zurückkommt, hat sie eine neue Theorie des Jungenstreits: Der tätliche Angriff Ferdinands sei die Antwort auf eine verbale Aggression Brunos: Dieser habe Ferdinand nicht in seine Bande aufgenommen und ihn als „Petze" beschimpft. Mit dem sarkastischen Satz Michels: „Das Kotzen ist Ihnen gut bekommen" (S. 56) eskaliert die Situation, sein darauf folgender Schlichtungsversuch scheitert. Annette

spielt nun wiederholt den Trumpf aus, den sie auf der Hand hat: Véronique hat leichtsinniger-
weise erzählt, dass Michel den Hamster seiner Tochter auf der Straße ausgesetzt hat. Damit
gewinnt Annette moralische Überlegenheit über Michel und über Véronique, die sich bis dahin
als Vorkämpferin für zivile Umgangsformen inszeniert hat, und bringt den latenten Konflikt in
der Ehe der Houillés ans Licht. Alain verwickelt die erregte Véronique in einen Grundsatzstreit
um Moral und die menschliche Natur. Statt seiner Frau beizustehen, demonstriert Michel sein
Leiden an der Ehe mit dieser Moralistin, was aber die von den Dauertelefonaten genervte Annette nicht daran hindert, die Unerträglichkeit ihrer Ehe mit Alain preiszugeben. Der Riss in
beiden Streitparteien liegt jetzt offen. Damit ist der Tiefpunkt erreicht, doch nun geht es erst
recht los. Die Bühnenaktion überschlägt sich, die Situation gerät durch Um-sich-Schlagen und
Sachbeschädigungen von Seiten der beiden Frauen außer Kontrolle. Nach einer Szene schwei-
gender Zerknirschung endet das Stück mit kleinen Versuchen der Wiedergutmachung der
beiden Paare untereinander – Michel kümmert sich um Annettes Brille, Alain macht schwache
Aufräumversuche –, bevor die Schlusspointe für ein Gefühlsgemisch aus Schadenfreude und
Erleichterung sorgt: Véronique beruhigt am Telefon ihre über den verschwundenen Hamster
untröstliche kleine Tochter mit einer Schwindelei, mit der sie die Tierquälerei ihres Mannes
vertuscht. So wird der Abgrund zwischen beiden durch solidarische Unredlichkeit überbrückt.
Deutlich wird, dass Véronique nicht aufrichtig ist, aber auch, dass sie mit ihrem Einstehen für
die Menschenrechte das Ungenügen an ihrer Versorgungsehe kompensiert.

Aufbau

Das Stück ist ein Einakter. Außer der Sequenz nach Annettes Übelkeit gibt es keinen Auftritts-
wechsel; die vier Protagonisten sind ständig präsent. Es fehlt also die Türen-Komik des
Boulevardtheaters; Handlungsanstöße von außen kommen nur über das Handy und das
Telefon. Komische Störungen gehen von den beiden Telefonanrufen von Michels Mutter
aus, die das inkriminierte Medikament einnimmt, während Alain mit seinem Dauertelefo-
nieren die Geduld der anderen zermürbt. Ein weiterer Verstärker ist Annettes wiederholte
Stichelei mit dem Hamster. Eine Wendung des Gesprächs ergibt sich nur einmal durch Annettes neue Interpretation der Schuldfrage. Dadurch verhärtet sich die Front zwischen den
beiden Paaren, gleichzeitig aber auch zwischen Véronique und Michel, dem die Tiraden
seiner Frau im Streit mit Alain so auf die Nerven gehen, dass er Hilfe beim Ehepaar Reille
sucht. Ein kleines Versöhnungsritual der Männer (Anbieten von Zigarren) bringt beide Frau-
en außer sich und die angestauten Feindseligkeiten brechen aus, und zwar in alle Richtungen. Die Modernität des Stücks liegt in der psychologischen Fundierung, der Unbere-
chenbarkeit spontaner, also unbewusster Reflexe, im Lachen wider Willen, denn es handelt
sich um zwei Ehen, die zu zerbrechen drohen, was am Ende durch einen Gnadenakt der
Komödiendichterin noch einmal abgewendet wird. Das folgende Schema kann die Grund-
struktur verdeutlichen, nicht aber die Fülle der Volten und Wendungen.

Bühnenaktion	Gesprächsthemen	Störungen von außen	Handlungs-Kicks
Sprachregelung im Text für die Versiche-rung (S. 13 f.)	Der Streit der Jungen, Plan eines Treffens der Jungen; Sich-Kennen-lernen. Der Hamster.	Alains Handy (ca. 4x)	„bewaffnet"
Servieren von Clafoutis (S. 19)	Das Kuchenrezept; V. erschwert die Be-dingungen des Tref-fens		Sticheleien Alains gegen V.'s pädago-gischen Ehrgeiz – Ferdinand: „ein Wilder"
Kaffee (S. 30)	Streit der Jungen Brunos Bande		
------------------------------	------------------------------	------------------------------	------------------------------

Annettes Übelkeit und Folgen (S. 43)	Véronique u. Michel lästern über Annettes Spitznamen	Das Lästern wird bemerkt	Die beschädigten Kunstbücher
--------------------------	--------------------------	----------------	--------------------------
Fönen (S. 45–51)			Michel: „Das Kotzen ist Ihnen gut bekommen." (S. 56)
	Über Spitznamen (S. 51)		
	Annettes neue Theorie (verbale Aggression) (S. 53–57), Hamster (S. 58) Streit über den Bubenstreit (S. 60) Michel gegen Véronique (S. 61 ff.)	Anruf von Michels Mutter (Medikament) (S. 57)	Michel (gegen Véronique): „Schaut euch mein Leben an!" (S. 68)
Rum (S. 63)	Michel u. Alain über Jungenbanden (S. 64) Véronique über ihren mittelmäßigen Mann (S. 66) Moraldiskussion (S. 66–68)		
Zigarren (S. 70)	Michel über die Mühsal des Ehe- und Familienlebens (S. 69) Neuinterpretation des Jungenstreits im Licht von Alains Moralvorstellungen: „Gott des Gemetzels" (S. 73) Afrika (S. 73–75) Hamster (S. 82)	Telefonate Alains	Michel klagt über Véronique: „Bringen Sie sie nicht auf dies Thema!" (S. 74)
Gewaltausbrüche: Véronique schlägt Michel (S. 74), Annette ertränkt das Handy, Fönen (S. 79–83) Handtasche (S. 85), Tulpen (S. 89)	Alain über Véronique als Hysterikerin (S. 88)	Alain gibt sich am Telefon als Arzt aus (S. 83 f.)	Annette: (ihren Mann nachäffend): „grenade launcher" (S. 78); Michel über V.'s „Binsenwahrheiten" (S. 78)
Versöhnungsgesten (S. 92) Anruf von Véroniques Tochter.			Beschimpfungen (S. 87)

Es lässt sich ein fünfschrittiger Aufbau erkennen, ohne dass man deutliche Einschnitte ausmachen könnte:
1) Versuch der Klärung
2) Störendes Ereignis (Annettes Übelkeit)
3) Neuausbruch des Streits, Aufbrechen der Feindseligkeiten in beiden Paaren
4) Gewalt gegen Sachen und Personen
5) Andeutung von Versöhnungszeichen

Außer Véronique und Alain als Dauerkombattanten tragen auch Michel und Annette zur Eskalation der Lage bei: Michel durch seine oft täppischen Schlichtungsversuche und Annette durch ihr Naturell – sie schluckt das Unerträgliche, bis es zu unerwarteten Ausbrüchen kommt, physisch (Erbrechen, Attacke gegen das Handy und die Tulpen) und verbal: Nach den Sticheleien mit der Hamstergeschichte wird die anfangs Verbindlichste von allen plötzlich unflätig: „Mit Ihren Menschenrechten wische ich mir den Hintern ab!" (S. 87) oder: „Wenigstens haben wir nicht so eine winselnde kleine Schwuchtel!" (S. 89)

Zur Frage der Gattung: Komödie oder Tragikomödie?

Dieses Stück ist eine Komödie an der Grenze zur Tragikomödie. Zur Komödie gehört das burleske Motiv des Platzens der dünnen Haut der Kultur; Stoff für eine Tragödie steckt im drohenden Scheitern beider Ehen, das dann abgewendet wird; beide Paare schauen in den Abgrund und bekommen so die Chance eines Neubeginns. Mit Véronique und Alain werden zwei zeittypische Sozialisationstypen satirisch aufs Korn genommen. Alain als skrupelloser Spieler im Konkurrenzkampf der Konzerne, dem Erfolg vor Recht geht, Véronique als Repräsentantin modernen weltbürgerlichen Denkens, deren Betroffenheitspathos jedoch immer phrasenhafter wird. Damit steht das Stück in der Tradition der politischen Komödien Molières. Véronique erscheint in der erkennbaren Fassadenhaftigkeit ihres Verhaltens als Abkömmling des Tartuffe, Alain in seiner Skrupellosigkeit als dessen böser Kern. Doch beide sind komplexe Figuren, das Gut-Böse-Schema versagt. Véronique ist keine Heuchlerin, die sich verstellt, sondern sie glaubt an ihre Ideen und merkt in ihrer mütterlichen Angst und Liebe nicht, dass ihr Gerechtigkeitsgefühl vom Streben nach Selbstgerechtigkeit dominiert wird. Auch Alain ist nicht einfach mit der Elle der Moral zu messen – ein Anwalt vertritt eben die beschuldigte Partei. Er ist ein Zyniker, aber er verstellt sich nicht. Sein illusionsloser, kalter Blick auf den Menschen macht ihn empfindlich für alle Formen des Selbstbetrugs. Er ist Véronique durch seine Ironie überlegen: „Sie schreiben ein Buch über Darfur, ich verstehe schon, dass jemand denkt, au ja, jetzt schreibe ich mal was über ein Massaker, die ganze Weltgeschichte besteht aus nichts Anderem, darüber schreibe ich ein Buch. Man rettet sich, wie man kann" (S. 67), was Véronique empört zurückweist, ohne dagegen zu argumentieren. – Die bürgerliche Normalität der Figuren, das rasante Tempo, die unvorhersehbaren plötzlichen Wechsel der Konstellationen rücken das Stück in die Nähe des Boulevardtheaters. Doch gerade gegen diese Zuschreibung wehrt sich die medienscheue Autorin in den wenigen Interviews, die sie gegeben hat. „Die guten Kritiken sind die schlimmsten. Ich war schon sehr, sehr deprimiert wegen guter Kritiken, weil sie dermaßen dumm waren. Dumm und oberflächlich. Und weil das, was ich schreibe, häufig komisch ist […], ist das Lachen in meiner Literatur die Maske des Abgründigen. Die Kritik aber sieht das Lachen und sieht nicht, was dahinter steht." (Reza 2004, S. 25) Das Stück reizt zum Lachen über den Sieg der Natur über den dünnen Firnis der Kultur. Das unzivilisierte Verhalten der Figuren ist ein Ausbruch aus dem bis dahin diszipliniert ertragenen Unglück ihrer Ehe; die Verzweiflung am Ungenügen ihres Lebens, an den existenziellen Sinndefiziten, wird akut. Yasmina Reza ist keine Feministin. Am Ende sind es die beiden Frauen, die gewalttätig werden. Annette kann die Vernichtung ihres Privatlebens durch das zu jeder Zeit klingelnde Handy nicht ertragen, Véronique, prekär beschäftigt, flüchtet vor der intellektuellen Schlichtheit ihres Mannes in eine Gegenwelt von Kunst, Kultur und weltbürgerlicher Moral, die der Realität nicht standhält. Man lacht über die Figuren, ohne diese zu verlachen. Sie werden nicht denunziert. Die Autorin nimmt für sich die jüdische Fähigkeit des „Lachen[s] der Niederlage" in Anspruch. (Reza 2004, S. 41) „Mein Schreiben ist eher ein Blick …, ein Versuch jedenfalls, eine gewisse Art von Blick auf das Schicksal der Menschheit und die Komplexität des Lebens zu werfen. Und dieser Blick ist wesentlich ein Blick des Mitgefühls". […] „Ich glaube nicht, dass meine Geschichten kalt oder zynisch sind. Selbst wenn die Figuren fürchterlich sein können – ich liebe sie." (Reza, S. 48)

3.7.2 Im Zentrum der Erarbeitung: Der Umgang der Eltern mit dem Streitfall

Yasmina Reza: Der Gott des Gemetzels (Arbeitsblatt 23, S. 170)

■ *Markieren Sie am Rand mit zwei Farben: Versuche der Einigung/Verschärfung.*

Baustein 3: Theater in Zeiten von Krisen – dramatisches und postdramatisches Theater der Gegenwart

- *Notieren Sie, zwischen welchen Personen sich Spannungen andeuten.*
- *Welche Vorstellung von Kindererziehung haben die beiden Mütter (und Väter)?*
- *Wer übernimmt die führende Rolle im Gespräch?*

Die größten Spannungen bestehen zwischen Véronique und Alain. Dieser reagiert auf die Vorstöße Véroniques zunächst sachlich (Z. 33–41), anschließend nimmt er seinen Sohn in Schutz (Z. 75: „ein Wilder"), danach verhält er sich sprachkritisch (Z. 106), am Ende ist er erbost, bleibt dabei jedoch ironisch. Unstimmigkeiten deuten sich auch an zwischen Alain und Annette (Z. 35, 58, 86, 110). Jedes Mal reagiert Annette gereizt auf ihren Mann; sie will den Konflikt beilegen, sie versteht nicht den Hintersinn in Alains Aussage, Ferdinand sei ein Wilder (Alain meint damit: er verhalte sich natürlich); sie lässt durchblicken, dass er keinen Familiensinn hat (Z. 86). Auch zwischen Véronique und Michel werden Differenzen sichtbar: Sein geschmackloser Entspannungsversuch (Z. 6) zeigt seine Unkenntnis der „feinen Unterschiede", auf die sie allergrößten Wert legt; er wehrt sich etwas genervt gegen ihre Idealisierung seiner Väterlichkeit. Véronique und Alain heizen den Konflikt an, Michel und Annette versuchen, ihn beizulegen. Die beiden Mütter haben unterschiedliche Vorstellungen von Kindererziehung (Tafelanschrieb bzw. Folie):

Die Vorstellungen der Mütter über Kindererziehung

Véronique

- Ein Kind muss die Folgen seines Tuns erkennen,
- Verantwortung übernehmen,
- sich von sich aus entschuldigen wollen,
- sein Versagen bereuen,
- gerne zu diesem peinlichen Treffen gehen und es nicht als Strafe empfinden.
- Ferdinand hat moralisch versagt und wird sich nie bessern.
- Sie sorgt sich (vorgeblich) um Ferdinand.

– überzogene Moralansprüche, Überforderung
– unrealistisch
– Hochschrauben der Forderungen
– selbstgerecht (es geht nicht um ihr eigenes Kind); Denken in den Kategorien Täter – Opfer, gut – böse

Annette

- Wenn ein Kind sich schlecht aufgeführt und dabei ein anderes Kind verletzt hat, muss es sich zu der lästigen Pflicht der Entschuldigung bequemen.
- Ferdinand hat sich schlecht benommen, aber er ist „kein Wilder", er ist in Ordnung und ist einsichtsfähig.

– pragmatisch
– realistisch
– Sie sieht das Fehlverhalten, ohne das Kind zu verurteilen.
– gerecht; streng, aber liebevoll

Véronique ist im Grunde nicht an einer Einigung interessiert. Offenbar hat sie sich in der Opferrolle eingerichtet. Ihr Reden ist nicht redlich („Es geht mir um Ferdinand"), was Alain mit sarkastischer Ironie kommentiert. Es zeichnet sich ein Konflikt zwischen Véronique und Alain ab, der mit unterschiedlichen Sprachregistern (Pathos vs. Ironie) ausgetragen wird. – Folgende Textstellen bieten sich zur Mini-Inszenierung an: Z. 29–35, 124–128.

3.7.3 Weiterführende Erarbeitungsideen: Diskussion über die moralischen Positionen von Véronique und Alain (Arbeitsblatt 24, S. 172)

- *Untersuchen Sie die Argumente der Figuren; von welchen Grundsätzen lassen sie sich leiten?*

- *Bereiten Sie als Verteidiger Véroniques oder Alains eine Diskussion über die beiden Positionen vor.*

- *Wo können Sie Ihrem „Klienten" nicht zustimmen?*

Im Verlauf des Streits über das Verhalten der Jungen kommt es zwischen Véronique und Alain zu einer Diskussion über Natur und Moral. Selbst wenn Véronique am Ende als Blamierte dasteht, wird nicht einfach die Position Alains empfohlen – dazu tritt er auch allzu skrupellos auf. Der Auslöser für die Wertediskussion ist Véroniques belehrendes und selbstgerechtes Verhalten, das sich durch die kleinen Dolchstöße ihres – in ihren Augen allzu bequemen, mittelmäßigen – Mannes verhärtet; dieses reizt Alain zu einem betont süffisanten, zynischen Auftreten, dem sie nicht gewachsen ist. Dem Beziehungsgeschehen liegt eine moralische Grundsatzfrage zugrunde, die es wert ist, geklärt zu werden; Alain und Véronique haben unterschiedliche Menschenbilder:

Zwei Menschenbilder	
Véronique	**Alain**
• Sie glaubt an die zivilisierende Kraft der Kultur und versucht danach zu handeln. • Moralprinzipien sind unabdingbar. • Kinder lernen die Werte der westlichen Welt durch kulturelle Teilnahme. • Man muss für die Werte der westlichen Welt kämpfen, sie sind nicht selbstverständlich.	• Der Mensch verfolgt von Natur aus seine eigenen Interessen. Wer sich für andere einsetzt, tut es für sich selbst bzw. ist ein Hysteriker. • Dass Jungen sich prügeln, ist ein Naturgesetz. • Die Kriege in Afrika beweisen das. • Die Kinder lernen von allein, Gewalt durch Recht zu ersetzen. • Moral ist anstrengend und lebensfeindlich.

Zur Bewertung der beiden Positionen kann man die folgenden Gesichtspunkte heranziehen:

• Véronique stützt sich auf die Hypothese, dass die Kultur (Höflichkeit, Verständnis, Kunst) die Kraft hat, den Menschen zu zivilisieren; • sie glaubt an die zähmende Wirkung von Prinzipien, die man verkündet; • Blindheit für die kindlichen Verhaltensweisen – sie glaubt, ihr Sohn sei zivilisiert, weil sie ihm die Werte verkündet und beispielhaft vorlebt.	• Alain stützt sich auf eine Hypothese über das Wesen des Menschen, wonach dieser von Natur egoistisch ist; • fragwürdige Begründung mit den Greueln in Afrika; • er ignoriert andere Grundannahmen, z. B.: Der Mensch ist von Natur aus ein soziales Wesen, der Mensch hat zwar keine Tötungshemmung, hat aber die innere Instanz des Gewissens, ist damit schuldfähig.
– Sie geht über die Einhaltung von Moralforderungen (z. B. der kategorische Imperativ, die goldene Regel) hinaus, indem sie aktives, selbstloses Engagement als allgemeines Gesetz des Handelns fordert; – gleichzeitig blinder Glaube an die Kraft von Prinzipien; – naiver Idealismus	– Den Fall (Aggression, zwei verletzte Zähne) kann man nicht durch Berufung auf die menschliche Natur beilegen: – bequemes Laisser-faire – moralische Indifferenz

René Pollesch: Heidi Hoh arbeitet hier nicht mehr

Es spielen drei Frauen – Heidi Hoh (Rolli), Gong Scheinpflugova (Anja) und Bambi Sickafosse (Susanne); die Namen in Klammern erscheinen im Spieltext, es sind die Namen der Schauspielerinnen der Uraufführung. Die in Versalien gesetzten Textteile werden geschrien.
Ort: Mietwagenstation. Rolli ist nach L.A. gegangen, um zu surfen.

Rolli mit @ – Zeichen.
ANJA: Dinge die denken. Körpercomputer.
ROLLI: Da sind Dinge, die denken, und die sind an mir, Displays, die durch meine Haut leuchten. Da sind Dinge, die durch meine Haut leuchten, und ich bin irgendwie das.
ANJA: Du bist Dinge, die durch deine Haut leuchten.
SUSANNE: Du bist Disco.
ROLLI: Ich bin Disco! Da sind all diese Autos, und ich steh da mit einem Körpercomputer, und ich WEISS NICHT, WAS ICH JETZT MACHEN SOLL.
ANJA: Ja, gut; mach das.
SUSANNE: Du campst am Strand von L.A. oder Miami Beach, und du hast diesen Nebenjob auf einem Mietwagengelände. Aber du kommst nicht mehr zum Wellenreiten.
ROLLI: Ja, so siehts aus.
ANJA: Du wohnst, wo du surfen wolltest, und du rollerbladest an deinem Arbeitsplatz.
SUSANNE: Und du nimmst Prekärtechnologie in Tablettenform ein gegen Arbeitsverhältnisse.
ROLLI: Speed-Jobs. JA, SO SIEHTS AUS!
ANJA: Konzerne nehmen speed.
SUSANNE: Konzerne geben Speed-Jobs.
ROLLI: Dieser Konzern gibt mir Speed-Jobs. UND DAS IST, WAS ICH BRAUCHE.
SUSANNE: Du hast eine Büro-Suite in diesem Hotel, und da arbeitest du dann …
ROLLI: Büro-Suite-Hotel.
ANJA: Ja, genau.
SUSANNE: Und da tippst du all diese E-Mails.
ROLLI: Beat-Suite.
SUSANNE: Und dieses Hotel ist in Wirklichkeit ein Bürohochhaus. Und alle arbeiten in diesem Betrieb und tippen in ihre Computer.
ROLLI: Beat-Suite.
ANJA: Hotel California.
SUSANNE: Und da sind auch nie Rockgruppen und Beatnicks, die Zimmer zerlegen mit Kettensägen und so was.
ROLLI: In diesem Hotel wohnen nur Kundendienstlerinnen, die tippen.
ANJA: Beat-Suite. Rockkonzert.
SUSANNE: Und da gibt es ein Hotel für Sekretärinnen und ein Hotel für Rockgruppen, aber die begegnen sich nie.
ANJA: Und da verirrt sich auch nie eine Mädchenband in das Hotel für die Rockgruppen. Das passiert einfach nicht. DAS PASSIERT EINFACH NICHT!
ROLLI: Und da gibt es Hotels für Telearbeiter, die irgendwo unterkommen müssen.
ANJA: Guerilla-Hotels.
SUSANNE: Und da gibt es Hotels für Schönheitschirurgen, und die operieren in der Hotelbar oder im Hotelfitnessraum, und Hotels für Pizzakuriere, die auch irgendwo unterkommen müssen, und Hotels für Friseurinnen, die auch immer unterwegs sind, und Hotels für Callboys, die dort aber nie wohnen, weil sie mit speed unterwegs sind. Und dann gibt es Hotels für jeden Beruf. Irgendwo müssen die Leute ja unterkommen.
ANJA: Leute vom Dienstleistungsservice sind immer unterwegs.

© by Rowohlt Theater Verlag 1999, 2000. Veröffentlicht im Rowohlt Taschenbuch Verlag GmbH, Reinbek bei Hamburg, März 2003

ROLLI: Und da gibt es ein Hotel für Cowboys, und die treiben Rinderherden durch die Hotelhalle.
SUSANNE: Und da gibt es für alles Hotels, für das Leben.
ANJA: UND DA GIBT ES FÜR ALLES HOTELS! Und du checkst ein, und da gibt es Hotels für dein Scheißleben.
ROLLI: Dein Leben hat irgendwo ein Hotel, und da ist es dann.
SUSANNE: Wir sind in diesem Hotel oder Beat-Suite …
ROLLI: High-Tech-Hotel.
SUSANNE: Und da gibt es Zimmer, in denen Gen-Sequenzen entschlüsselt werden, und die Leute schlafen auch da.
ROLLI: Gentechnik ist Frauenarbeit! Frauen sitzen in Labors herum und entschlüsseln Gensequenzen! NEIN, NICHT WIRKLICH! VERDAMMTE SCHEISSE!
ANJA: Ich entschlüssel Gensequenzen, aber ich räum einfach niemandem mehr die SCHEISSE HINTERHER! Das machen dort Zimmermädchen.
SUSANNE: Du arbeitest an diesem Computer in den hochtechnologischen Bereichen in einem Labor-Hotel. Und überall gibt es da diese Labors, und alle entschlüsseln Gensequenzen, und die Zimmermädchen versuchen die Zimmernummern zu entschlüsseln und ihre verdammte Arbeit zu erledigen, während diese Leute in hochtechnologischen Bereichen an ihren Computern sitzen und Geschichte schreiben.
ROLLI: Menschen im Hotel, die Schafe klonen.
ANJA: Ich wohne in diesem Büro-Suite-Hotel, wenn ich unterwegs bin. Die Zimmermädchen stellen Chefsessel an mich ran.
ROLLI: HALTS MAUL!
ANJA: Was ich wirklich genieße, ist der logische und wissenschaftliche Charakter meiner Arbeit. Eine Arbeit, die eigentlich männlich kodiert ist, deshalb werde ich oft in diesem Hotel mit einem Zimmermädchen verwechselt und versuche unattraktive Tätigkeiten und so was für jedermann sichtbar vom Personal erledigen zu lassen.
ROLLI: SCHEISSASSISTENTIN!
ANJA: Meine Arbeit gibt mir irgendwie das Gefühl, in etwas gut zu sein.
SUSANNE: Ja, gut, mach das.
ANJA: Du kannst in allem nicht gut sein, in allem, nur nicht in deiner Arbeit. Und da versage ich lieber in allem anderen. Aber irgendwie fühle ich mich isoliert von den Ungewissheiten und den möglichen emotionalen Anforderungen in meinem LEBEN!
ROLLI: HALTS MAUL!
ANJA: Ich bin isoliert. VON ALLEM! Ich fühle mich überfordert von der LIEBE. Von allem Emotionalen: was normalerweise mit Frauen identifiziert wird. Also konzentriere ich mich lieber auf meine Arbeit. Ich sag mir dann, ich kann unmöglich in beidem gut sein. In meiner Arbeit und in irgendwelchen emotionalen Bereichen. Was gesellschaftlich Gott sei Dank akzeptiert ist. Jedenfalls bei Männern.
ROLLI: Du bist in deinem hochtechnologisierten Bereich abgespalten von den Bereichen des Emotionalen. Aber da bist du dann …
SUSANNE: … weg von den Gefühlen.
ROLLI: Hochtechnologie-Jobs.
ANJA: Ja, gut.
SUSANNE: Du arbeitest in Hochtechnologie-Jobs in diesem Gentechnik-Hotel und du hast …
ROLLI: In den letzten vierzig Jahren keinen Schlaf mehr gehabt.
ANJA: Da sind so viele Räume, und nicht in jedem kannst du was fühlen.
SUSANNE: Zum Beispiel in der Sphäre der Sinnlichkeit in deinem Büro-Suite-Hotel, da kannst du nichts fühlen!
ANJA: WO VERDAMMT DANN? Warum ist es so schwer, in dieser Welt was zu fühlen. Gleichzeitig was zu fühlen und einer verdammten hoch qualifizierten Arbeit nachzugehn. Warum ist das so schwer?
ROLLI: Ich weiß nicht, vielleicht solltest du aufhörn, einer hoch qualifizierten Arbeit nachzugehn. VIELLEICHT IST ES DANN NICHT MEHR SCHWER.

René Pollesch, „Heidi Hoh arbeitet hier nicht mehr". In: René Pollesch, world wide web-slums. Herausgegeben von Corinna Brocher. Copyright © by Rowohlt Theater Verlag 1999, 2000. Veröffentlicht im Rowohlt Taschenbuch Verlag GmbH, Reinbek bei Hamburg, März 2003, S. 41–43

- Schreiben Sie nach dem ersten Lesen eine inhaltliche Zusammenfassung und notieren Sie Auffälligkeiten der Textsequenz im Vergleich mit Ihnen bekannten dramatischen Texten.

- Erarbeiten Sie in Gruppen eine Choreographie für die Aufführung der Szene (Sprechweise, Lautstärke, Sprechtempo, Rhythmus, Bewegung im Raum, Medieneinsatz – Musik, Mikrophon, Videoeinspielungen).

- In welcher Situation befindet sich der Zuschauer und inwiefern muss die Regie darauf Rücksicht nehmen?

Leben im globalisierten Kapitalismus

Richard Sennett: Die Kultur des neuen Kapitalismus

„Nur eine bestimmte Art von Menschen vermag unter instabilen, fragmentierten sozialen Bedingungen zu prosperieren. Dieser Idealmensch muss drei Herausforderungen meistern.

Die erste betrifft die Zeit: Er muss mit kurzfristigen Beziehungen und mit sich selbst zurande kommen, während er von einer Aufgabe zur anderen, von einem Job zum nächsten, von einem Ort zum anderen wandert. Wenn Institutionen keinen langfristig stabilen Rahmen mehr bereitstellen, muss der Einzelne möglicherweise seine Biografie improvisieren oder sogar ganz ohne ein konstantes Ichgefühl auskommen.

Die zweite Herausforderung betrifft die Qualifikation: Wie kann man neue Fertigkeiten entwickeln und mögliche neue Fähigkeiten erschließen, wenn die Anforderungen der Realität sich verändern? In der modernen Wirtschaft haben viele Fertigkeiten praktisch nur noch eine kurze Lebensdauer. In Technologie und Naturwissenschaften wie auch in den avanciertesten Bereichen der Produktion müssen die Beschäftigten im Schnitt alle acht bis zwölf Jahre ganz neue Fähigkeiten erlernen. […]

Die dritte Herausforderung resultiert aus der zweiten und betrifft die Bereitschaft, Gewohnheiten aufzugeben und sich von der Vergangenheit zu lösen. […] Dazu bedarf es einer besonderen Ausprägung der Persönlichkeit, die bereits gemachte Erfahrungen gering schätzt. Diese Persönlichkeitsausprägung ähnelt eher einem Konsumenten, der ständig nach Neuem sucht und dafür selbst noch völlig intakte alte Güter wegwirft, als einem Eigentümer, der eifersüchtig über seinen Besitz wacht. […] Ein kurzfristig orientiertes, auf mögliche Fähigkeiten konzentriertes Ich, das vergangene Erfahrungen bereitwillig aufgibt, ist – freundlich ausgedrückt – eine ungewöhnliche Sorte Mensch. Die meisten Menschen sind nicht von dieser Art. Sie brauchen eine durchgängige Biografie, sind stolz darauf, bestimmte Dinge gut zu können, und legen Wert auf die Erfahrungen, die sie in ihrem Leben gemacht haben. Das von den neuen Institutionen erhobene Ideal verletzt viele der in ihnen lebenden Menschen."

Richard Sennett: Die Kultur des neuen Kapitalismus (Auszug). Berlin: Berlin Verlag GmbH 2005, S. 8 ff.

Klaus Dörre: Ende der Planbarkeit? Lebensentwürfe in unsicheren Zeiten

Die Spatzen pfeifen es von den Dächern: Wir leben – nicht erst seit der Finanz- und Wirtschaftskrise – in unsicheren Zeiten. Der Verlust der Planbarkeit des eigenen Lebens ist zu einer Schlüsselerfahrung geworden. Zwar ist unser gesamtes Leben in rechts- und wohlfahrtsstaatliche Sicherheitsnetze eingebettet, aber dennoch „bleiben die Sorgen um die Sicherheit allgegenwärtig". Sie beschäftigen weite Teile der Bevölkerung, obwohl oder gerade weil die schlimmsten Auswüchse von Gewalt und sozialem Elend in den westlichen Gesellschaften weitgehend eingedämmt sind. […] Dass sich soziale Unsicherheit zunehmend auf Lebensentwürfe und individuelle Biografien auswirkt, mag auf den ersten Blick als eine wenig überraschende Beobachtung erscheinen. Schließlich hatten Individualisierungstheoretiker wie Ulrich Beck bereits Mitte der 1980er-Jahre diagnostiziert, eine Befreiung von den Zwängen und fraglosen Verbindlichkeiten der ersten Moderne bewirke, dass sich das Individuum mehr und mehr zur „letzten Reproduktionseinheit des Sozialen" mausere. Jeder und jede Einzelne sei bei Strafe permanenter Benachteiligung gezwungen, sich als Planungszentrum des eigenen Lebensentwurfs zu betätigen. Während diese Diagnose wesentlich auf das Phänomen steigender biografischer Optionenvielfalt abhob, die es im Alltag zu bewältigen galt, macht sich heute auf biografischer Ebene eine andere Problematik bemerkbar. Der kollektive „Fahrstuhleffekt", an den Beck seine Zeitdiagnose knüpfte, hat längst die Richtung gewechselt. Statt nach oben, geht es für große soziale Gruppen kollektiv nach unten. Dies wirkt sich unweigerlich auf die Möglichkeiten und die Fähigkeiten zur biografischen Bewältigung von Unsicherheit aus. […]

Klaus Dörre: Ende der Planbarkeit? Lebensentwürfe in unsicheren Zeiten. Aus Politik und Zeitgeschichte 41/2009, S. 19 (auch unter: www.bpb.de/apuz)

- *Welche gesellschaftlichen Veränderungen beschreiben Sennett und Dörre?*
- *In welcher Verfassung sind Menschen, die unter derartigen Bedingungen leben? Welche Eigenschaften und Fähigkeiten benötigen sie?*
- *Inwiefern könnte man im postdramatischen Theater eine adäquate Ausdrucksform für diese Lebens- und Arbeitsverhältnisse sehen?*

Kathrin Röggla: wir schlafen nicht 1. bild 2. szene: der betrieb: key, senior, online, it

„wir schlafen nicht" ist ein Dokumentarstück, das sich mit den Auswirkungen des globalisierten Markts auf das Denken und die Psyche der Arbeitnehmer befasst. Es basiert auf umfangreichen Recherchen und Interviews, die sich über mehrere Jahre erstreckten. Der Ort der Handlung ist der Stand einer Consultingfirma auf einer mehrtägigen Messe. Diese Szene spielt am späten Nachmittag des ersten Tags.

Die Personen gehören zum mittleren Management der Firma. Die Key Account Managerin ist zuständig für die Kontakte zu Großkunden, der Senior Associate ist ein fortgeschrittener Anfänger auf der Management-Ebene, der IT-Supporter ist ein Computerspezialist. Die Online-Reporterin (eine ehemalige TV-Reporterin), gehört nicht zur Firma. In der Szene ist der Mitinhaber der Firma (der Partner), gerade nicht anwesend.

DIE KEY [Key Account Managerin] aber wo waren wir stehengeblieben?
DER IT [IT Supporter] ja, wo waren wir stehengeblieben?
5 DIE KEY sagen sie, wo waren wir stehengeblieben?

DER IT noch einmal sage er: man könne nicht vorschlafen, das sei seine meinung, also, wenn man ihn fragen würde, dann müsse er sagen, praktisch ein ding der unmöglichkeit. Der körper speichere schlaf nicht, er speichere alles mögliche, aber schlaf, das 10 schaffe er nicht. Man müsse sich eben nach anderen möglichkeiten umsehen –
DIE ONLINE [-Redakteurin] vielleicht ein nickerchen zwischendurch?
DIE KEY oder der minutenschlaf! 15
DIE ONLINE am bürotisch!
DER SENIOR [Senior Associate] oder schlafen in geparkten autos, auch schon gemacht, in tiefgaragen, in parkhäusern.
DER IT manche sagen ja, sie schliefen im stehen, doch 20 das hat er noch nie gesehen –
DIE KEY also sie hat sich angewöhnt, sich beim fliegen eine stunde killerschlaf zu holen. Und wenn tage superheftig waren, hat sie sich manchmal in irgendein büro zurückgezogen und nur kurz zehn, fünfzehn 25 minuten die augen zugemacht.
DER SENIOR jeder kennt das doch. man sagt dann: ich geh mal frische luft schnappen. in wirklichkeit geht man nur drei räume weiter, setzt sich auf einen leeren bürostuhl und knackt dann einfach mal zehn minu- 30 ten weg.
DIE ONLINE klar, wir sind alle nur menschen!
DER IT aber sag das mal jemandem auf den kopf zu!
(kurze peinliche stille)
DIE KEY „es ist 16.30!" das werde man noch ausspre- 35 chen dürfen – nein? dürfe man nicht? „ist gut." sie rede schon von was anderem weiter, sie rede gleich von anderen dingen weiter – nein, sie werde jetzt nicht von den terminen sprechen, die noch zu erledigen seien oder die sie erledigen hätte sollen: den 40 vormittagsterminen, den nachmittagsterminen, nein, damit fange sie nicht an, aber es entspreche nunmal der wahrheit, „dass jetzt 16.30 ist", das möchte sie doch sagen dürfen, möchte sie schon mal anmerken dürfen, „aber, wenn dem nicht so 45 ist" –
(die key bricht ab)
DER IT er könne es nur wiederholen: nein, man könne nicht vorschlafen, das ginge nicht. Auch wenn sie es nicht wahrhaben wolle, das funktioniere einfach 50 nicht. genetischer defekt von anfang an sozusagen – keine ahnung! aber man müsse sich mal vorstellen, was da los wäre, wenn man es könnte, wenn man das entwickeln könnte, die fähigkeit, schlaf zu speichern, da wären die meisten doch nicht mehr zu halten. 55 Ganze kindheiten würden da investiert, nur, um genügend schlaf für später zusammenzukratzen. oder

wenn man schlaf übertragen könnte: so von einem menschen zum anderen, das wäre es doch, ganze
60 schlafbanken würden da angelegt.
Die Online so ein umgekehrtes koks!
(kurze stille, dann versucht die key auf ein anderes thema zu kommen) [... sie spricht von Messen in anderen Kontinenten]. *(kurze peinliche stille, dann rückkehr zum*
65 *thema)*
Der Senior er habe eher den eindruck man trainiere das grundsätzlich ab. er habe ja beobachtet, mit wie wenig schlaf die kollegen auskämen, „da wird ja direkt ein wettbewerb gemacht." besonders auf projekten werde kaum noch geschlafen, und auf messen? „fragen sie nicht!"
Die Key wo doch jeder weiß: nach einer durchwachten nacht ist mit konzentration nichts mehr zu machen.
Der It also er hat das gefühl, seine konzentrationsfähigkeit wird durch schlafentzug eher gesteigert.
Die Key da hat er aber glück gehabt! [...] aber lange durchhalten wird er das nicht.
Der It einige monate schafft er es bestimmt. *(pause)* es ist wahr, sie wird es schon sehen.

K. Röggla: Wir schlafen nicht. © S. Fischer Verlag GmbH, Frankfurt am Main 2004

- *Wie gehen die Personen mit ihrer Müdigkeit um?*

- *Hörspielaufnahme – Vergleich der zwei möglichen Versionen.*
  Gruppe 1: Verwenden Sie diesen Text als Vorlage für eine Hörspielaufnahme
  Gruppe 2: Setzen Sie den Text vor der Aufnahme in direkte Rede um.

- *Welche Wirkung hat die in diesem Drama verwendete indirekte Rede?*
  Angenommen, Sie wären der Regisseur – für welche Version würden Sie sich entscheiden?
  Warum?

Kathrin Röggla: wir schlafen nicht 3. bild 3. szene runterkommen

(Kurz zuvor hat der Partner die Mitarbeiter in einer langen Rede aufs schärfste zurechtgewiesen und indirekt mit Entlassung gedroht, weil er beobachtet hat, dass sie mit dem Rücken zum Publikum stehen. Daraufhin hat er den Stand verlassen.)

3. szene: runterkommen. alle sind wieder da.

DER PARTNER er wolle das mal runterkochen, ja, er würde das hier gerne einmal runterkochen. „tatsache ist, wir sind alle etwas durcheinander."
DIE KEY „tatsache ist, man wartet hier schon ein wenig lang."
DER PARTNER aber dennoch solle man deswegen nicht gleich durchdrehen, er finde, es ist jetzt absolut nicht die zeit durchzudrehen, und sie wären alle ganz gut damit beraten, jetzt nicht durchzudrehen, nein, er würde mal viel eher sagen, es wäre die zeit, insgesamt mal ein wenig runterzukommen, „finden sie nicht?"
DER IT aber runterkommen ist einfach anstrengend
DER SENIOR ja, runterkommen, runterkommen, das sagen sie alle andauernd. andauernd werde einem gesagt, dass man runterkommen soll. er komme aber gar nicht runter, er denke gar nicht dran.
DER IT er sei ja meist nicht ansprechbar
DIE KEY sie sei ja auch nicht ansprechbar, sie trinke dann meist wasser. ja, wasser, richtig wasser, literweise, als wäre ihr körper völlig dehydriert.
DIE ONLINE sie komme auch nicht runter. müsse dann dauernd mit freunden reden, sie stünde dann einfach unter redezwang.
DER SENIOR wie gesagt, er komme nicht runter. er suche sich lieber einen neuen stress, das sei viel weniger stressig als runterzukommen. *(die anderen sehen ihn an.)* na, zum beispiel müsse er immer unfälle bauen, d. h. er fahre meist sein auto kaputt. einmal im monat fahre er mit sicherheit sein auto kaputt. er wisse selbst, dass das unverantwortlich sei, er wisse selbst, dass das quatsch sei […] das sei ähnlich wie bei einem alkoholiker. er brauche wahrscheinlich einen gewissen pegel. er brauche eben ständig etwas adrenalin im blut. er meine, „wer ist schon nicht auf adrenalin heutzutage?" alle, alle seien sie auf adrenalin. man müsse sich diese runde mal ansehen. ob man da jemand sehen könnte, der nicht auf adrenalin sei?
DIE KEY und dann werde arbeitssucht behauptet, als könne man das so einfach sagen.
DER IT „ja, plötzlich hast du den schwarzen peter."
DER SENIOR und dann werde arbeitssucht behauptet, da nennen sie einen krank, dabei stimme das gar nicht. er würde zumindest keine arbeitssucht bei sich feststellen können, bzw. er sei ja kein junkie, zumindest nicht im herkömmlichen sinn. er litte nicht unter entzugserscheinungen, würde er keine arbeit haben, das nehme er zumindest an, denn, wenn er es so recht überlege, sei immer arbeit da.
DIE KEY und dann werde arbeitssucht behauptet, dann werde gesagt: „die schlafen ja gar nicht mehr. sie werden schon sehen." da heiße es schon mal „kreislaufzusammenbruch", da heiße es schon mal „nervenzusammenbruch", wenn man nicht aufpasse. –
DER IT und dann werde arbeitssucht vorgeschlagen, so als interpretation seiner lage, als antwort auf alle fragen, als ob man mit dieser erklärung alle fragen an die wand schmettern könnte.
DER PARTNER also er könne jetzt nicht mit bestimmtheit sagen, ob er arbeitssüchtig sei oder nicht, d. h. er könne nicht mit bestimmtheit eine arbeitssucht ausschließen, aber welcher mensch wolle diese entscheidung noch treffen. „viel interessanter ist doch: warum nennen sie einen arbeitssüchtig und warum tun sie das?" […]
Ja, warum nennen sie einen arbeitssüchtig? Das sei eine gute frage, da lohne es sich schon, eine weile drüber nachzudenken. […] aber man mache es manchmal, wenn jemand seine zeit fast vollständig mit arbeit verbringe. Da kursierten so vorstellungen, da würden plötzlich sauber getrennt die arbeitszeiten von den freizeiten, als ob man das noch könnte. […] „nein, man nennt jemanden arbeitssüchtig, wenn etwas nicht funktioniert. […] arbeitssüchtig nennt man jemanden, der übermüdet aussieht, der schweißausbrüche kriegt, wo man eben schon sieht: der packt es nicht mehr. Der hat das typische herz-kreislauf-syndrom[…] also, bei ihm träfe das alles nicht zu. […]"

K. Röggla: Wir schlafen nicht. © S. Fischer Verlag GmbH, Frankfurt am Main 2004

■ *Was bringt die Personen auf das Thema „Arbeitssucht"? Klären Sie den Dialogverlauf.*

■ *Warum wehren sich alle so vehement gegen das Etikett „Arbeitssucht"?*

Dea Loher: Klaras Verhältnisse

Klara, die ihren Job als technische Redakteurin verloren hat (wie man später erfährt: weil sie ihre Texte ironisiert hat), geht mit ihrem Freund Tomas zu ihrer Schwester Irene, die mit einem Bankangestellten verheiratet ist.

2
Bei Klaras Schwester. Später Abend.
KLARA Ja also wie gesagt.
Sie haben mich entlassen.
Das ist jetzt keine Veranlassung
5 zu so einem unangenehmen
familiären Vernichtungsschweigen.
Pause.
Das kann ja mal passieren.
Ein- oder zweimal im Leben
10 kann das schon passieren.
Mindestens womöglich
muss man damit rechnen
heutzutage.
Und da hab ich mir gedacht, Gottfried,
15 deswegen wollte ich dich bitten –
Kannst du mir bei deiner Bank
einen Kredit verschaffen.
IRENE Eine Unverfrorenheit.
Also so eine Unverfrorenheit,
20 lässt sich fast zwei Jahre nicht blicken,
man vermutet weiß Gott was,
und marschiert dann hier rein,
weil sie Geld von uns will.
KLARA Von dir würde ich geschenkt
25 keine fünf Mark nehmen,
und wenn du mich darum bittest,
aber die Bank kann ein Geschäft machen.
GOTTFRIED Mit dir.
KLARA Tomas und ich werden heiraten.
30 Er kann für mich bürgen.
IRENE Aber doch nicht ohne Grund.
Ohne Grund gibt es nicht.
Ohne Grund haben die dich nicht entlassen.
Was
35 ist wieder vorgefallen,
Klara.
KLARA Doch. Ganz ohne Grund. Ich schwöre.
TOMAS Da hat sich zum Beispiel ein Kunde
aufgrund des Studiums von Klaras Gebrauchsanweisung
40 mit dem Oberkörper
in der Trommel seiner Waschmaschine verfangen,
sodass während des einsetzenden Schleudervorgangs
sein Kopf durch fortgesetzten rhythmischen Kontakt
45 mit der Innenseite dieses Trommelstahlkörpers
erheblich beschädigt wurde,

Uraufführung am Wiener Burgtheater, 2000

und ihm Blutergüsse, Platzwunden und ein
gerissenes Trommelfell blieben.
Er hat die Firma verklagt
und seitdem einen Tinnitus im Ohr. 50
KLARA Ist Tomas nervös, lügt er chronisch.
Durch meine Gebrauchsanweisungen ist nie
jemand zu Schaden gekommen.
TOMAS Und für die Zukunft
hat das dein Arbeitgeber 55
glücklicherweise verhindert.
KLARA Was ist denn los mit dir.
GOTTFRIED Ich würde sagen,
es gibt Schlimmeres,
weitaus Schlimmeres 60
als eine saubere gutbezahlte Tätigkeit,
die ja nicht ohne Anspruch ist,
letztlich.
KLARA Bedienungsvorschriften für Wäschetrockner,
nicht gerade eine Befriedigung, 65
geschweige denn ein Höhepunkt.
IRENE Kannst du dir das leisten,
wählerisch zu sein.
KLARA Nein.
GOTTFRIED Ich würde so weit gehen zu sagen, 70
dass in deutschen Haushalten
landauf landab latente Gefahrenquellen lauern,
scharfgemachte Bomben sozusagen,
durch fehlende oder fehlerhafte
                          Gebrauchsanweisungen 75
Daher ja auch die häufigen Haushaltsunfälle.
Durchbrennende Toaster,
lässig vor sich hin schmorende Bügeleisenkabel;
unbeaufsichtigte Schnellkochtöpfe explodieren
und verwüsten ganze Kücheneinrichtungen, 80
und die Bewohner mit dazu.
Gasherde immer wieder Gasherde,

ein einziger winziger Gasherd
ohne Bedienungsanleitung
sprengt komplette Familien in die Luft,
Häuser Wohnblöcke Straßenzüge Stadtviertel
stehen lichterloh in Flammen,
ein Inferno ohne Pflegeanleitung.
Ich muss schon sagen,
du hast einen Beruf
mit Verantwortung
aufgegeben,
das gefällt mir
gar nicht.
IRENE Und wer schreibt jetzt
die Gebrauchsanweisungen,
ein Saboteur womöglich.
KLARA Auf jeden Fall
nicht ich.
IRENE Das ist Vernachlässigung der Aufsichtspflicht
gegenüber den Haushaltsgegenständen.
TOMAS So
hab ich das noch gar nie
betrachtet.
IRENE Und wem so eine Perspektive nicht genügt,
der hätte seine Ausbildung eben nicht
abbrechen dürfen.
KLARA *zu Tomas* Meine Schwester ist nämlich
MTA mit Auszeichnung.
Das hat sie schriftlich.
Aber dann musste sie heiraten
und das Kind zum Beruf machen.
Zu Irene Erfüllt dich das nicht,
dass du deinem Gör eigenhändig
die Spritzen setzen kannst, wenn nötig.
GOTTFRIED Kaum kommst du,
gibt es Streit.
Er geht zum Fenster.
Jetzt sind sie schon wieder da.
Er sieht auf die Uhr.
Das ist viel mehr ein Grund zur Aufregung.
Fixen die vor unserm Haus.
Ist Carola oben.
IRENE Ja.
GOTTFRIED Wenn sie jetzt
aus dem Fenster sieht.
Die soll jetzt bloß nicht
aus dem Fenster sehen.
IRENE Sie schläft.
GOTTFRIED Woher weißt du.
Geh doch mal nachsehen.
IRENE Jetzt nicht.
KLARA Ich gehe.
Zwei Jahre hab ich sie nicht gesehen.

IRENE Jetzt nicht.
Du wirst sie wecken. Und dann erschrickt sie.
Sie erkennt dich doch nicht mehr.
KLARA Hab ich mich so verändert.
IRENE Du gehst nicht hinauf.
GOTTFRIED *zu Klara* Sie ist genauso stur wie du.
Pause.
Na ja.
Das ist alles nicht so einfach.
KLARA Wieso nicht. Wieso ist es nicht einfach.
GOTTFRIED Zum Beispiel,
du hast keine Sicherheiten.
KLARA Doch.
Tomas ist meine Sicherheit.
GOTTFRIED Das wird für die Bank kaum
Ins Gewicht fallen.
Was machen Sie denn so
beruflich.
TOMAS Och, mal dies mal das.
KLARA Tomas –
TOMAS Ich hab Metzger gelernt.
Schweigen.
TOMAS Metzger, Fleischhauer,
Viecher zerlegen,
tschopptschopptschopp.
IRENE Ja.
Das haben wir verstanden.
KLARA Tomas macht nur Spaß.
Er ist –
TOMAS Metzger.
Ich habe Metzger gelernt,
nein nein,
ich mache keinen Spaß,
im Gegensatz zu Klara
nehme ich meine Berufe sehr ernst.
Eben noch im Schlachthof unter der
                Stromkeule gezuckt,
schon unter meinen Händen in kleine feine
                Filets zerhackt,
oder durch den Fleischwolf propelliert,
Hausfrauenfutter,
ungarische Salami
zum Beispiel.
GOTTFRIED *geht wieder zum Fenster*
Man mag gar nicht hinsehen,
die kennen keine Scham.
So weit ist es schon,
rollt seinen Ärmel hinauf und bindet ihn ab,
und jeder kann zusehen.
O Gott mir wird übel.
[...]

Dea Loher: Klaras Verhältnisse. Frankfurt/Main: Verlag der Autoren 1999

■ *Analysieren Sie das Gespräch und das Verhalten der Personen zueinander.*
■ *Charakterisieren Sie die Personen und spielen Sie die Szene.*

Dea Loher: Klaras Verhältnisse, Szene 5

Klara hat ihren Job als technische Redakteurin verloren.

Klara im Uni-Klinikum. Allein.
KLARA Das ist ja auch eine Möglichkeit. Es ist ja auch eine ganz ganz einzigartige, ganz unglaubliche Chance. Arbeitslos zu sein. Wann hat unsereins schon mal
5 so eine Gelegenheit. Ich habe jetzt endlich Zeit, darüber nachzudenken, was ich mit meinem Leben anfangen will. Was für einen Sinn gebe ich ihm. Was für eine Bedeutung gebe ich ihm. Und mir. Was für Ziele gebe ich mir. Habe ich überhaupt welche. Und
10 wenn ja, wo sind sie. Was wollte ich einmal erreichen und was habe ich erreicht. Fragen, die man sich sonst nur am Ende seines Lebens stellt, endlich von der immer abgeleugneten Metaphysik in die Enge der letzten Tage getrieben; am finalen Tropf hängend, das
15 EKG hat manchmal kleine Aussetzer, und Panik pocht in der Herzkammer. Was wollte ich einmal erreichen und was habe ich erreicht. Wo bin ich. Wer bin ich. Wofür bin ich. Und schließlich: Was tun ...
Es stellt sich ja nicht nur der einzelne diese Frage: was
20 tun – ist doch die entscheidende Menschheitsfrage. Und da halte ich mir also die großen Ziele der Menschheit vor Augen, die da heißen ... nie mehr Krieg ... nie mehr Krankheit ... nie mehr Hunger ... nie mehr Durst ... und ... und ... das wars dann auch schon.
25 Dazu kommen dann Subprobleme, das Ozonloch, Aids, Rassismus, die Aktienkurse, rot-grün und die Albaner. Und ich frage mich, wo ich stehe, innerhalb dieser Gesamtproblematik, dieses globalen Systems, wo alles mit allem irgendwie zusammenhängt, also
30 auch mit mir, ich hänge da mit drin. Wo stehe ich und was ist mein Beitrag zur Lösung der Probleme, die uns im kommenden Jahrtausend so unterhalten werden.
Schweigen.
Auftritt Georg (der Arzt).
35 Deshalb habe ich beschlossen,
mich,
mich ganz,
meinen Geist und meinen Körper,
in den Dienst der Wissenschaft zu stellen.
40 Um damit wenigstens ein ganz winziges kleines bisschen
zum Überleben und zum Fortschritt der Menschheit beizutragen.
Das ist mein Angebot.
45 Ich stelle mich hiermit
in meiner Ganzheit als Gesamtperson
der medizinischen Forschung zur Verfügung.
GEORG Es steckt ja auch
eine gewisse Poesie
in diesem Gedanken, 50
nicht.
Kranksein für andere,
leiden für andere,
um schließlich Heilung zu bringen
für andere. 55
Das ist hübsch altruistisch gedacht,
und stinkt doch zum Himmel
nach Egozentrismus.
KLARA Kein heimliches Märtyrertum
und auch kein versteckter Masochismus. 60
Wenn ich sage
für die Wissenschaft,
meine ich das ganz zweckorientiert,
eine rationale Kosten-Nutzen-Rechnung,
mit dem einzigen Hintergedanken, 65
dass mein Leben
nicht umsonst gewesen sein soll.
GEORG Sag ich doch,
eine Sinnsucherin.
Lacht. 70
KLARA Ideeller Pragmatismus.
GEORG Und was haben Sie bisher gemacht,
ich meine so als gemeiner Broterwerb.
KLARA Ich habe ich bin ich war
Technische Redakteurin. 75
Montage- und Bedienungsanleitungen,
Gebrauchsanweisungen,
für Haushalts- und Elektrogeräte,
mehrsprachig.
Pause. Unsicher. 80
Ich habe meine Entlassung provoziert.
Die mir gestellten Aufgaben haben mich nicht befriedigt. Ich habe ein Recht auf
eine anspruchsvolle Tätigkeit,
die mich ausfüllt und weiterbringt. 85
GEORG Sie meinen Ihre Bewerbung doch
nicht ernst,
oder?
KLARA *hat sich wieder gefangen*
Doch. 90
Doch.
Pause

Dea Loher: Klaras Verhältnisse. Frankfurt am Main: Verlag der Autoren 1999

■ *Üben Sie (jeweils zu zweit) den Vortrag der Szene ein. Überlegen Sie, was Sie den Zuhörern/Zuschauern vor allem vermitteln wollen.*

■ *Als Vorbereitung empfiehlt es sich, Klaras Gedankengang und Sprache zu analysieren.*

Igor Bauersima: norway.today

Das Stück handelt von zwei jungen Erwachsenen, die sich in einem Chatroom kennenlernen; am Anfang des Stückes stellt Julie sich vor. August reagiert auf ihren Chat.

Die Luft klingt ein wenig nach „see you in another world" von Nurse with wound und nach Stille. Weißes Rauschen. Auftritt Julie. Sie trägt ein T-Shirt mit der Aufschrift julie@home.shirt

JULIE Hallo, ich bin Julie. Dies sind meine ersten Worte an diesem Ort. Wenn meine Mitteilung deshalb womöglich unpassend ist, bitte ich um Entschuldigung. Meine Nachricht ist nämlich nur für Leute bestimmt, die sich umbringen wollen. Ich bitte deshalb diejenigen, welche nicht die Absicht haben, das Leben sein zu lassen, mir keine weitere Beachtung zu schenken und diesen Chatroom vielleicht kurz mal zu verlassen.
– –
Ich werde, und das ist keine plötzliche Entscheidung, bald Selbstmord begehen. Ich habe mir das lange überlegt. Mein Entschluss ist gefasst. Auch wenn sich das für einige vielleicht ein bisschen seltsam anhört, ich möchte es mit jemandem zusammen tun. Deshalb hier meine Frage: Möchte jemand mit mir in den Tod gehen? Ihr braucht jetzt nichts zu sagen. Ich verstehe absolut, wenn sich hier keiner öffentlich dazu bekennen will, dass er die Schnauze voll hat von allem. Womöglich sitzt ihr neben eurem Lebensabschnittspartner, und der findet es ganz okay, noch eine Weile die Ressourcen der Erde zu plündern und zu warten, bis ihn Krebs oder sonst eine Seuche von der Erdoberfläche kratzt. Aber ich will keine schlechte Stimmung machen, hier. Smile. Was ich sagen will ist, da sind ja normalerweise noch viele Bande da, zwischen einem, der gehen will, und den anderen. Es gibt nicht viele Leute, die den höchsten Akt des Lebensvollzugs begreifen, also verstehen, was „sich selbst aus der Welt schaffen" heißt für die Würde eines Menschen. Normalerweise will einer ja so lange leben, bis er merkt, dass alle weg sind und er ganz alleine ist und immer war. Ich meine, einer unter uns hier wird alle anderen überleben. Und das ist todsicher. Aber ich will hier keine Uneinigkeit säen, auch, im Gegenteil. Weil, wer das Ganze noch ernst nimmt, der ist ja die Regel. Ich meine, die m e i s t e n sind ja in irgendwelchen sinnstiftenden, lebenserhaltenden Hirnkonstrukten gefangen. Emotionale Bindungen, Verantwortungsgefühle, ja? Erfolgswahn, Vermehrungstrieb, Genusssucht und andere reaktionäre Bedürfnisse. Gut. Aber ihr seid ja alle da, weil ihr das Leben sein lassen wollt, früher oder später. Wenn das eben keine Verarschung war, dann sind wir unter uns. Ja. Ja. Also.
– –
Ja. Also wie gesagt, alle ernst gemeinten Antworten sind willkommen. Ihr könnt mir natürlich auch eine Mail schicken, und wir arrangieren das. Smile.
– –
Weil, Leute, das habt ihr vielleicht schon bemerkt, ich passe nicht unter die Menschen, auch nicht unter Lebensmüde. Es ist eine traurige Wahrheit, aber eine Wahrheit. Wenn ich mich in Gesellschaft nicht wohl befinde, so geschieht dies weniger, weil andere, als vielmehr weil ich mich selbst nicht zeige, wie ich es wünsche. Die Notwendigkeit, eine Rolle zu spielen, und ein innerer Widerwillen dagegen machen mir jede Gesellschaft lästig, und froh kann ich nur in meiner eigenen Gesellschaft sein, weil ich da ganz wahr sein darf. Das darf man unter Menschen nicht, und keiner ist es …
– –
Nehmt es mir also nicht übel. Ich tue jetzt ganz einfach so, als wärt ihr nicht da.

Auftritt August. Er trägt ein T-Shirt mit der Aufschrift august@home.shirt […]

Igor Bauersima: norway.today. © S. Fischer Verlag, Frankfurt am Main 2000

Bauersimas Anregung zu dem Stück:

„Zum ersten bekannt gewordenen, übers Netz verabredeten Todes-Rendezvous kam es im Februar vorigen Jahres. Daniel V., 24, ein norwegischer Computer-Freak, und die Österreicherin Eva D., 17, hatten sich via Internet zu einem Treffen in Oslo verabredet. Von dort aus reisten sie nach Südnorwegen und sprangen zusammen von einer Felsenklippe in den Abgrund." (Der Spiegel, 9/2001, S. 78)

- Verfassen Sie eine Antwort aus der Perspektive der noch unbekannten Figur August.
- Lesen Sie den Text von Julie sehr genau und versuchen Sie, sich ein Bild von ihr zu machen (Charakterisierung, Beschreibung ihrer Person: Wer ist Julie? Welche Motive hat sie?)
- Untersuchen Sie Julies Sprache am Beispiel der von ihr verwendeten Ausdrücke für ‚Selbstmord'.
- Entwerfen Sie einen Plot.

Lutz Hübner: Hotel Paraiso – Exposition: Welche Konflikte zeichnen sich bereits ab?

Ort: Frühstücksraum des Hotel „Paraiso" in Sagres/Portugal, einem kleinen Touristenort westlich der Algarve in der Nähe des Cabo Sao Vicente unweit von Lagos. Der Frühstücksraum befindet sich im Erdgeschoss. (einfache Einrichtung)
Zeit: Vorsaison, Gegenwart
Personen: Verena Neuwirth, 46 Jahre, Hausfrau
Dana Golobka, 45 Jahre, eine Casterin
Pedro Horta, 25 Jahre, Student, in den Semesterferien angestellt im Hotel Paraiso

1. Szene *Früher Nachmittag, Dana sitzt im Frühstücksraum und trinkt Campari Orange. Verena kommt herein, etwas außer Atem. Sie sieht sich um, bemerkt Dana.*

VERENA Rezeption? Hotel Manager? Where?
DANA Er ist oben, er müsste gleich kommen.
VERENA Ach so. Gut. Ich wusste nicht, dass Sie …
DANA Wie sollten Sie.
    Stille
VERENA Schön hier. Sehr schön. Sind Sie zufrieden, wenn ich fragen darf?
DANA Ja.
VERENA Man kann ja böse Überraschungen erleben. Obwohl wir den Ort kennen. Aber in zehn Jahren verändert sich so viel. Nur die kleinen Lokale an der Bushaltestelle habe ich wiedererkannt. Und Blick auf das Meer. Dieses Licht. Dieses ganz besondere Licht. Sind Sie auch mit Ihrer Familie hier?
DANA Nein.
VERENA Mein Mann holt gerade den Leihwagen. Das Gepäck konnten wir so lange bei der Tourist-Info unterstellen. Kathi wollte gleich ans Meer. Aber ich schaffe das ja auch allein. So ein kleiner Strops war sie damals, und jetzt ist sie schon volljährig. Zehn Jahre, das ist doch nichts. Aber das denkt man nur. Entschuldigen Sie, ich habe mich gar nicht vorgestellt. Verena Neuwirth
DANA Dana Golobka. Freut mich.
    Stille
VERENA Nun müsste er aber langsam kommen. Nachher kommt Günther und ich habe die Zimmer noch nicht.
DANA Pedro macht die Zimmer, die anderen Gäste sind ja erst heute Mittag abgereist.
VERENA Dass das ein Mann alleine macht? Aber es ist ja Vorsaison. Da ist alles viel entspannter. Himmlisch.
    Stille
VERENA Vielleicht ist es ja auch ganz gut, wenn Günther das allein regelt. Er hat da mehr Erfahrung.
DANA Sie schaffen das schon.

Inszenierung am Staatstheater Darmstadt, 2008

VERENA Danke. Ich bin sonst nicht so nervös. Aber bis man weiß, wo alles ist, wo alles hingehört, man will ja keine Fehler machen. Es soll doch alles schön sein. Man will sich ja gehen lassen, mal alles vergessen. Man will ja das Nichtvertraute, vielleicht etwas Neues, ein Fenster aufstoßen. Aber es ist eine Mühe. Eine schöne Mühe, aber eine Mühe.
    Pedro kommt. Verena springt auf.
PEDRO Guten Tag.
VERENA Neuwirth. Familie Neuwirth.
    Verena wühlt in ihrer Handtasche.
VERENA So, jetzt hat Günther die Pässe. Da müssen Zimmer gebucht sein. Ein Doppel und ein Einzel. Nebeneinander, wenn es geht. Kann ich Ihnen die Ausweise nachher geben? Ich habe irgendwo eine Kopie der Buchung.
PEDRO Das geht schon.
    Pedro legt ihr einen Meldezettel und zwei Schlüssel hin.
Hundertvier und hundertfünf.
VERENA Das ist aber nicht zur Straße, oder?
PEDRO Zum Pool.
VERENA *tapfer* Kann ich die Zimmer jetzt sehen?
    Pedro sieht sie verständnislos an.
DANA Die Zimmer sind alle gleich.
VERENA Ach so. Ja dann …
PEDRO Wenn Sie die Zimmer nicht wollen, können Sie andere haben.
VERENA Nein, nein. Ich vertraue Ihnen.
    Verena nimmt die Schlüssel, sieht den Meldezettel.
VERENA Kann das mein Mann gleich ausfüllen? Er muss ja auch unterschreiben.
PEDRO Ist egal wer von Ihnen. Sie können auch unterschreiben. Frühstück von sieben bis neun Abendessen

von sieben bis acht. [...] *Pedro legt ihr einige Prospekte hin.* Der Bus nach Lagos fährt alle zwei Stunden.
VERENA Wir haben einen Leihwagen. Wir wollen Exkursionen machen. Mein Mann ist Architekt.
DANA Aber ein bisschen Strand muss doch auch sein, oder?
Verena lacht.
VERENA Da haben Sie es genau getroffen. Das wird die große Kunst. Ein alter Mann, eine junge Tochter. Kirchen, das Meer und die Sonne. Aber das kriegen wir schon hin. Das wird schon alles.
Verena unterschreibt schwungvoll und gibt das Formular zurück. Pedro verstaut es in einer Schublade. Sie dreht sich Dana zu.
VERENA So, nun geht es los. Jetzt hat der Urlaub wirklich begonnen.
DANA Willkommen in Sagres.
VERENA Danke.

Lutz Hübner: Vier Theaterstücke. Reihe Dialog 6. © Theater der Zeit, Berlin 2005

- *Who is who? Stummes Spiel. Zwei Spielerinnen verkörpern Verena und Dana, die Zuschauer finden heraus, wer wen spielt. Vorschläge: Gleiche Situation wie im Text. Dana kommt gleichzeitig mit Verena herein. Sie wartet auf Pedro, dem sie ihren Zimmerschlüssel gegeben hat. Oder: Beide sitzen an je einem Tisch, studieren zuerst die Speisekarte, dann schreiben sie eine Urlaubskarte.*

- *Dana macht sich ihre Gedanken über Verena. Schreiben Sie einen inneren Monolog.*

Die Szene endet mit:

Tagebuch Katharina
Wenn man aus dem Bus steigt, eine Böschung, dann Felsen, der Strand, das Meer. Eine Bucht, die Klippen. Ich sehe das Meer nicht, ich starre nur auf die Wellen. Ein Geruch von verbranntem Müll. Ich darf nichts überstürzen. Eins nach dem Andern. Diese Stimmen ausschalten. Nicht hinhören. Vater schimpft. Er schimpft, seit wir losgefahren sind. Nicht hinhören. Das hat nichts mit mir zu tun. Mutter geht. Dann Vater. Ein Moment der Ruhe. Der Wind. Der Müll. Scharfer Gestank von der Böschung. Ich bin acht Jahre alt. Zerfetzte Plastiktüten in trockenen Sträuchern, Staubgeruch. Eine Rauchfahne, leicht salzig.
Jetzt sehe ich das Meer.

Ebenda, S. 85 f.

- *Welche dramatischen Möglichkeiten stecken in diesem Tagebuchtext?*

Lutz Hübner: Hotel Paraiso – (Szene 3, Auszug)
Kommunikationsprobleme

Personen: Kathi Neuwirth, 18. Ihre Eltern Verena (46) und Günther (54). Zwei weitere Hotelgäste: Dana, eine Casterin (45) und Jost (22) Student Germanistik und Sport auf Lehramt.

Situation: Abend, der Frühstücksraum. Vor dem allwöchentlichen Grillabend. Kathi, die sich anfangs abweisend verhält, taut plötzlich auf, erhebt mit den anderen ihr Glas, stößt mit allen an und wünscht sich und den anderen einen fröhlichen Abend.

KATHI […] Auf die Gesundheit und die Liebe, die wollen wir nicht vergessen, auf uns, auf uns alle.
Die Anderen stutzen kurz, Kathi strahlt sie an.
KATHI Nicht, oder nicht?
Die Andern lachen, man trinkt.
KATHI Pedro, darf ich das Licht ausmachen?
Kathi macht das Licht aus und knipst die Lampionkette an, geht dann zur Musikanlage, nimmt sich einen Stapel CDs und blättert sie durch.
Ich mache uns Musik, unterhaltet euch doch ein bisschen, fühlt euch doch wohl.
VERENA Kathi, das ist wirklich lieb von dir.
DANA Offensichtlich haben wir einen Zeremonienmeister.
Kurze Verlegenheit

GÜNTHER *zu Jost* Und wann wirst du dein Studium beenden?
JOST Ich bin eigentlich schon über die Zeit, aber das hat keine Eile.
GÜNTHER Wenn man sich das leisten kann.
JOST Ich habe ganz gute Jobs, ich muss nur noch für mich klar kriegen, ob Lehrer das Richtige für mich ist.
VERENA Lehrer werden doch immer gebraucht, oder?
KATHI Ich dachte, wir sterben aus.
JOST Vor einer Klasse zu stehen … ich habe mir das nicht so klar gemacht. Ich muss mal sehen, ich lasse mir Zeit.
DANA Hast du dir schon mal überlegt, ein Casting zu machen? Du bist ein gesuchter Typ.
KATHI Aber deine Agentur ist doch geschlossen.
DANA Woher willst du das wissen?
KATHI Ich habe heute ein bisschen gegoogelt, als ich meine E-mails gecheckt habe.
DANA Dein Interesse ehrt mich.
KATHI Bist du pleite gegangen?
VERENA Kathi, was soll das?

In: Lutz Hübner: Vier Theaterstücke. Reihe Dialog 6. © Theater der Zeit, Berlin 2005, S. 97 f.

- *Untersuchen Sie den Aufbau des Dialogs.*
- *Gedanken-Stopp: Notieren Sie, was Dana und Kathi in diesem Moment durch den Kopf geht. Verfassen Sie dann eine spontane Antwort von Dana/von Günther/von Jost.*
- *Warum ist eine Reaktion auf solch ein Verhalten so schwierig?*
- *Was könnte man Kathi in aller Ruhe sagen oder schreiben, wenn man sie dazu bringen möchte, ihr Verhalten zu ändern?*

Yasmina Reza: Der Gott des Gemetzels – Umgang der Eltern mit dem Streitfall

Inszenierung am St.-Pauli-Theater Hamburg, 2010

Der Anlass der Begegnung der Ehepaare Véronique und Michel Houillé und Annette und Alain Reille ist eine Prügelei ihrer elfjährigen Söhne, wobei Bruno Houillé durch einen Stockschlag Ferdinands zwei Schneidezähne verloren hat. Um die Sache durchzusprechen und ein Schreiben an die Versicherung zu formulieren, haben Véronique und Michel die Eltern Ferdinands zu sich gebeten. Der Textausschnitt dieses Einakters steht noch vor dem zwischen den vier Erwachsenden aufbrechenden Konflikt. Man hat sich gegenseitig vorgestellt, kleine erste Spannungen besänftigt, selbst gebackenen Kuchen angeboten, das von Michels Mutter stammende Kuchenrezept gewürdigt.

MICHEL: Ihr [der Mutter] wird ein künstliches Kniegelenk eingesetzt, aus Metall und Polyäthylen. Sie fragt sich, was daraus wird, wenn sie sich einäschern lässt.
VÉRONIQUE: Du bist gemein.
MICHEL: Sie will nicht zu meinem Vater ins Grab. Sie will sich einäschern lassen und neben ihrer Mutter beigesetzt werden, die ganz allein in Südfrankreich liegt. Zwei Urnen, die sich mit Meerblick unterhalten. Hahaha! …
Lächelnde Unschlüssigkeit.
ANNETTE: Wir sind Ihnen wirklich sehr dankbar für Ihre Großzügigkeit, wir wissen es zu schätzen, dass Sie die Sache beilegen möchten, statt sie zu verschärfen.
VÉRONIQUE: Das ist ja das Mindeste, aber wirklich.
MICHEL: Ja!
ANNETTE: Keineswegs. Wie viele Eltern ergreifen absolut kindisch die Partei ihrer Kinder. Wenn Bruno unserem Ferdinand zwei Zähne ausgeschlagen hätte, würden Alain und ich nicht viel gereizter reagieren? Ich weiß nicht, ob wir so gelassen wären wie Sie.
MICHEL: Aber sicher!
ALAIN: Gar nicht so sicher, sie hat recht.
MICHEL: Doch, wir alle wissen sehr gut, dass es auch umgekehrt hätte passieren können.
Unschlüssigkeit
VÉRONIQUE: Und was sagt Ferdinand? Wie geht er mit der Situation um?
ANNETTE: Er redet nicht viel. Ich glaube, er ist überfordert.
VÉRONIQUE: Aber ihm ist klar, dass er seinen Klassenkameraden entstellt hat?
ALAIN: Nein. Nein, ihm ist nicht klar, dass er seinen Klassenkameraden entstellt hat.
ANNETTE: Warum sagst du das?
ALAIN: Ihm ist klar, dass sein Verhalten brutal war, aber nicht, dass er seinen Klassenkameraden entstellt hat.
VÉRONIQUE: Ihnen gefällt das Wort nicht, aber leider ist es das treffende Wort.
ALAIN: Mein Sohn hat Ihren Sohn nicht entstellt.
VÉRONIQUE: Ihr Sohn hat unseren Sohn entstellt. Kommen Sie um fünf wieder und sehen Sie sich seinen Mund und seine Zähne an.
MICHEL: Vorübergehend entstellt.
ALAIN: Sein Mund wird wieder abschwellen, und falls man wegen der Zähne zum besten Zahnarzt gehen muss, bin ich auch bereit, mich an den Kosten …
MICHEL: Dafür gibt es Versicherungen. Wir möchten einfach, dass die beiden Jungen sich wieder vertragen und dass so etwas nicht wieder vorkommt.
ANNETTE: Wir könnten eine Begegnung arrangieren.
MICHEL: Ja, genau.
VÉRONIQUE: In unserer Gegenwart?
ALAIN: Sie brauchen kein Coaching. Sie können das unter Männern regeln.
ANNETTE: Unter Männern, Alain, das ist doch lächerlich. Aber ich finde auch, wir brauchen vielleicht nicht dabei zu sein. Es wäre besser, wenn wir nicht dabei sind, oder?

VÉRONIQUE: Die Frage ist nicht, ob wir dabei sein sollten. Die Frage ist, wollen sie miteinander reden, wollen sie sich aussprechen?
MICHEL: Bruno will.
VÉRONIQUE: Aber Ferdinand?
ANNETTE: Der wird nicht nach seiner Meinung gefragt.
VÉRONIQUE: Er muss es von sich aus wollen.
ANNETTE: Er führt sich auf wie ein Rüpel, da sind uns seine Gefühlsregungen egal.
VÉRONIQUE: Was soll Gutes dabei herauskommen, wenn Ferdinand es als eine Strafmaßnahme empfindet, dass er Bruno treffen muss?
ALAIN: Madame, unser Sohn ist ein Wilder. Es ist illusorisch, von ihm spontane Reue zu erwarten. Gut, tut mir leid, aber ich muss in die Kanzlei zurück. Annette, du bleibst hier, Sie werden mir erzählen, was Sie beschlossen haben, ich bin hier sowieso überflüssig. Die Frau denkt, der Mann muss dabei sein, der Vater, als wäre er zu etwas nutze. Der Mann ist nur ein Päckchen, das man mit sich herumschleppt, prompt steht er im Weg und ist ungeschickt, ach Sie sehen ein Stück von der Hochbahn, wie lustig.
ANNETTE: Es tut mir leid, aber ich kann auch nicht länger bleiben. … Mein Mann war nie einer von den Vätern, den Kinderwagen schieben! …
VÉRONIQUE: Schade. Es ist wunderbar, ein Kind spazieren zu fahren. Es ist so schnell vorbei. Michel, du hast dich gern um die Kinder gekümmert und hast mit Vergnügen den Kinderwagen geschoben.
MICHEL: Ja, ja.
VÉRONIQUE: Also, was beschließen wir?
ANNETTE: Könnten Sie heute Abend gegen neunzehn Uhr dreißig mit Bruno bei uns vorbeikommen?

[kurze Unstimmigkeit über den Termin und wer zu wem geht. Störung durch einen Anruf auf Alains Handy. Alain kann nicht dabei sein, er hat einen Termin am Internationalen Gerichtshof in Den Haag. Annette will am Abend mit Ferdinand kommen, Véronique sieht nicht überzeugt aus.]

VÉRONIQUE: Wenn Ferdinand nicht gezwungen wird, die Verantwortung für sein Handeln zu übernehmen, starren sie sich nur an wie zwei Kampfhähne und es gibt eine einzige Katastrophe.
ALAIN: Was wollen Sie damit sagen, Madame? Was heißt gezwungen wird, die Verantwortung für sein Handeln zu übernehmen?
VÉRONIQUE: Ihr Sohn ist ganz sicher kein Wilder.
ANNETTE: Ferdinand ist absolut kein Wilder.
ALAIN: Doch.
ANNETTE: Alain, das ist idiotisch, warum sagst du so was?
ALAIN: Weil er ein Wilder ist.
MICHEL: Was sagt er selbst zu seiner Tat?
ANNETTE: Er will nicht darüber reden.
VÉRONIQUE: Das wäre aber wichtig.
ALAIN: Madame, vieles wäre wichtig. Es wär wichtig, dass er herkommt, es wäre wichtig, dass er darüber redet, es wäre wichtig, dass es ihm leid tut, Sie verfügen ganz offensichtlich über Kompetenzen, die uns abgehen, wir werden uns bessern, aber bis dahin seien Sie bitte nachsichtig.
MICHEL: Bitte, bitte! So wollen wir doch nicht auseinandergehen.
VÉRONIQUE: Es geht mir um ihn, es geht mir um Ferdinand.
ALAIN: Das war mir klar.

Yasmina Reza: Der Gott des Gemetzels. Lengwil (Libelle) 2006, S. 25–30

- Markieren Sie am Rand mit zwei Farben: Versuche der Einigung/Verschärfung
- Notieren Sie, zwischen welchen Personen sich Spannungen andeuten.
- Welche Vorstellung von Kindererziehung haben die beiden Mütter (und Väter)?
- Wer übernimmt die führende Rolle im Gespräch?

Yasmina Reza: Der Gott des Gemetzels – Diskussion über die moralischen Positionen von Véronique und Alain

Veronique:

„Wir versuchen, [unsere Kinder] zum Lesen zu bringen. Wir nehmen sie in Konzerte und Ausstellungen mit. Wir sind so naiv, an die zivilisierende Kraft der Kultur zu glauben!" (S. 31)

„Ich weiß nicht, was das heißen soll, zu viel argumentieren. Und ich weiß nicht, wozu das Dasein ohne Moralvorstellungen gut wäre." (S. 68)

[nachdem sie auf ihren Mann eingeschlagen hat, der ihre Haltung verspottet] „Wir leben in Frankreich, Wir leben nicht in Kinshasa! Wir leben in Frankreich, mit dem Codex der westlichen Welt. Was auf dem Square de l'Aspirant Dunand passiert, steht in Bezug zu den Werten der westlichen Welt! Der anzugehören ich mich glücklich schätze, ob es Ihnen gefällt oder nicht!" (S. 75)

„Wir sind Weltbürger. Ich sehe nicht ein, warum man den zwischenmenschlichen Umgangston verkommen lassen sollte." (S. 78)

Michel: „Ja, ja, bleib dabei, dein Engagement für die Neger im Sudan färbt allmählich auf alles ab." [...]
Véronique: Irgendwann werdet ihr begreifen, wie ernst das ist, was in diesem Erdteil passiert, und dann werdet ihr euch für eure Untätigkeit und diesen infamen Nihilismus schämen." (S. 86)

Alain:

„Véronique, wer interessiert sich schon für etwas anderes als sich selbst? Wir alle möchten gern daran glauben, dass es besser werden könnte. Dass man selber dafür sorgen könnte, und zwar möglichst uneigennützig. Gibt es das? Manche Menschen sind träge, von Natur aus, andere nutzen den Augenblick und schmieden das Eisen, solange es heiß ist, wo ist der Unterschied? Die Menschen strampeln sich ab, bis sie sterben. Die Erziehung, das Elend der Welt ... Sie schreiben ein Buch über Darfur, ich verstehe schon, dass jemand denkt, au ja, jetzt schreibe ich mal was über ein Massaker, die ganze Weltgeschichte besteht aus nichts Anderem, darüber schreibe ich ein Buch. Man rettet sich, wie man kann." (S. 67)

„Sie sind jung, das sind Jungs, schon immer haben sich Jungs in der großen Pause gegenseitig vertrimmt. Das ist ein Gesetz des Lebens. [...] Es braucht eine gewisse Lehrzeit, um Gewalt durch Recht ersetzen zu können. Ursprünglich, vergessen Sie das nicht, ursprünglich herrschte das Gesetz des Stärkeren. [...] Véronique, ich glaube an den Gott des Gemetzels. Das ist der einzige Gott, der seit Anbeginn der Zeiten uneingeschränkt herrscht. Sie interessieren sich doch für Afrika, nicht wahr ... (S. 73)

Schauen Sie mal, zufällig bin ich gerade aus dem Kongo zurückgekommen. Da unten lernen Achtjährige das Gesetz des Tötens. Noch als Kinder bringen sie möglicherweise Hunderte von Leuten um, mit der Machete, mit der Twelve, mit der Kalaschnikow, mit dem Grenade launcher, da werden Sie verstehen, dass ich nicht gar so entsetzt und indigniert bin wie Sie, weil mein Sohn auf dem Square de l'Aspirant Dunand mit einem Bambusstab einem Klassenkameraden einen Zahn ausschlägt oder meinetwegen auch zwei." (S. 73 f.)

„Die Moral schreibt uns vor, unsere Triebe zu beherrschen, aber manchmal ist es besser, ihnen freien Lauf zu lassen. Wer das Agnus Dei singt, hat keine Lust zum Vögeln." (S. 75 f.)

„[Besorgt] sind wir alle, aber als Hysteriker, nicht als Helden der Gesellschaft." (S. 88)

Yasmina Reza: Der Gott des Gemetzels. Lengwil (Libelle) 2006

- *Untersuchen Sie die Argumente der Figuren; von welchen Grundsätzen lassen sie sich leiten?*
- *Bereiten Sie als Verteidiger Véroniques oder Alains eine Diskussion über diese beiden Positionen vor.*
- *Wo können Sie Ihrem „Klienten" nicht zustimmen?*

Kreative Methoden des Umgangs mit dramatischen Texten

Einen Dramentext/eine Szene erlesen

- im Sitzkreis eine Szene lesen: jede/r liest einen Satz/eine Dialogpartie
- im Stehen oder Umherlaufen die Texte gegen den Strich sprechen, nicht rollengerecht; verschiedene Sprechweisen ausprobieren
- Bewegungsabläufe auf der Bühne überlegen (Wie beginnt die Szene? Was machen die Figuren, bevor sie sprechen? Wie bewegen sie sich?)
- nach dem Lesen eine Szene (Sequenz) mit eigenen Worten sprechen/spielen

Eine Rolle erarbeiten

Rollenfindung durch Fragen:
- Wer bin ich? Wo befinde ich mich? Was mache ich dort? Was ist vorher geschehen? Wohin werde ich gehen?

Rollenbiografie:
- Fragen formulieren und beantworten, zum Beispiel: Wie ist dein Name? Wie alt bist du? Wie lebst du? Hast du Familie? Wie sieht dein Alltag aus? Wofür interessierst du dich? Wie ist dein Verhältnis zu Männern/zu Frauen? Wie siehst du dich selbst? Was magst du an dir, was nicht? Welches sind deine Wünsche/Träume?

Biografisches Rolleninterview:
- Eine Figur antwortet aus der Rolle heraus auf Fragen von Beobachtern/von anderen Figuren (in Partnerarbeit/in Kleingruppenarbeit/im Plenum); inhaltlich wie bei der Rollenbiografie

Gedanken – Stopp:
- Die Lesung wird durch Zuruf unterbrochen, der Spieler/Sprecher ‚erstarrt' in der gerade eingenommenen Haltung und sagt, was er/sie gerade denkt.

Rollenmonolog:
- Die Spieler werden aufgefordert, Gedanken/Gefühle/Wünsche entsprechend ihrer Rolle zu äußern.

Beziehungen zwischen Figuren erarbeiten:
- Die Stellung von Dialogpartnern zueinander im Raum ausprobieren (nah – fern; mit/ohne Blickkontakt ...)
- Standbilder: die Figuren ‚frieren' in einer Situation ein, um die Verhältnisse zwischen den Rollen deutlich zu machen durch die Haltung, Mimik und Gestik.

Konkretisation von Dramentexten

- einen Dramenanfang weiterführen
- den Schluss verändern/fortsetzen
- Vorgänge, über die im Text nur berichtet wird, ausgestalten – innere Vorgänge durch Denkblasen zum Ausdruck bringen
- Subtexte schreiben (z. B. als inneren Monolog)
- Episoden aus der Biografie hinzuerfinden
- Begegnungen von Figuren hinzuerfinden, auch in der Weise, dass eine Figur einer anderen aus einem anderen Drama begegnet

Literatur:

Barbara Müller/Helmut Schafhausen: Spiel- und Arbeitsbuch Theater. (Unterrichtsprojekt Einfach Deutsch) Paderborn 2000
Ingo Scheller: Szenische Interpretation. Seelze ²2008
Günter Waldmann: Produktiver Umgang mit dem Drama. Hohengehren ³2001

Fragebogen zu Theateraufführungen

Globaler Eindruck:

- Was gefällt an der Inszenierung? Was stört? [starke/schwache/langweilige Momente der Aufführung]
- Erscheint die Inszenierung kohärent [in sich stimmig] oder inkohärent? Handelt es sich eventuell um eine beabsichtigte Inkohärenz?
- War die Inszenierung (nach einer vorausgegangenen Lektüre/Besprechung) überraschend/unerwartet oder bestätigend? Wirkung?
- Wurde die eventuelle Mehrdeutigkeit eines Stücks beibehalten oder in Eindeutigkeit umgewandelt?

Bühnenbild/Beleuchtung/Musik:

- Wie ist der Raum gestaltet? (naturalistisch/symbolisch/gestisch)
- In welchem Verhältnis stehen Zuschauerraum und Spielraum zueinander? („gläserne Wand', Verbindung, Öffnung)
- Welche Bedeutung haben Farben?
- Welche Funktion haben Musik, Geräusche, Schweigen?

Gegenstände/Kostüme:

- Welche Art von Kostümen wird verwendet? (historisch – wirklichkeitsgetreu; modernisierend; symbolisch)
- Was bedeuten sie für den Körper?

Spielweise:

- Welche Figur/en hat/haben besonders gefallen?
- Welche Figur hat besonders genervt? Warum? Liegt es an der Figur oder am Schauspieler?
- Ist eine solche Unterscheidung möglich oder nicht? Warum?
- Wie verteilen sich Sympathie und Antipathie? Wodurch kommen sie zustande?
- Besteht für den Zuschauer Nähe zu den Figuren? Wodurch kommt sie zustande?
- Wie wird die Körperlichkeit der Schauspieler eingesetzt? Mit welcher Wirkung?
- Überwog das Ensemblespiel oder das Bemühen um Einzelleistung?
- Besteht der Eindruck, dass Spieler gezielt um die Gunst des Publikums werben?
- Wie ist das Verhältnis des einzelnen Schauspielers zur Gruppe?

Publikum:

- Wie hat das Publikum reagiert?
- Gab es spürbare/hörbare/sichtbare Publikumsreaktionen? An welchen Stellen? Mit welcher Wirkung?
- Konnte man sich in die (in einzelne) Figuren einfühlen? Wodurch wurde das möglich?
- Wurde der Zuschauer bewusst auf Distanz gehalten? Wodurch?
- Welche Figuren waren/blieben fremd? Warum?
- Welche Rolle gibt die Inszenierung dem Publikum?
- Wie geht die Inszenierung mit den (möglichen) Erwartungen des Publikums um?

Der Fragenkatalog nutzt Anregungen von Patrice Pavis: Semiotik der Theaterrezeption. Tübingen 1988 und Jens Roselt: Kreatives Zuschauen – Zur Phänomenologie von Erfahrungen im Theater. In: Der Deutschunterricht 2/2004, S. 46–56

Schauspielkunst

Im Zentrum des Interesses an der Schauspielkunst stand lange der Streit zwischen „Emotionalisten" und „Anti-Emotionalisten" um die Frage der totalen Identifikation mit der Rolle oder der Rollendistanz. Dieser Frage steht die moderne Theaterwissenschaft relativ gelassen gegenüber, denn es macht wenig Sinn, einen schroffen Dualismus zwischen beiden Positionen zu verfechten. Die Theaterpraxis zeigt, dass viele Schauspieler sich in der Probenphase zunächst in ihre Rolle einfühlen und erst allmählich Distanz zu der Figur, die sie darstellen, gewinnen. Unbestritten ist, dass die Rollen-Beherrschung die Distanz zur Rolle voraussetzt.

Gotthold Ephraim Lessing (1729–1781) Auszüge aus der Hamburgischen Dramaturgie (1767–69)

[Der Akteur] muss uns durch den richtigsten, sichersten Ton überzeugen, dass er den ganzen Sinn seiner Worte durchdrungen habe.
Aber die richtige Akzentuation ist zur Not auch einem Papagei beizubringen. Wie weit ist der Akteur, der eine Stelle nur versteht, noch von dem entfernt, der sie auch zugleich empfindet! […] Die Seele muss ganz gegenwärtig sein; sie muss ihre Aufmerksamkeit einzig und allein auf ihre Rede richten, und nur alsdann – Aber auch alsdann kann der Akteur wirklich viel Empfindung haben und doch keine zu haben scheinen. Die Empfindung ist überhaupt immer das streitigste unter den Talenten eines Schauspielers. Sie kann sein, wo man sie nicht erkennet; und man kann sie zu erkennen glauben, wo sie nicht ist. […]
Der Akteur kann eine gewisse Bildung des Gesichts, gewisse Mienen, einen gewissen Ton haben, mit denen wir ganz andere Fähigkeiten, ganz andere Leidenschaften, ganz andere Gesinnung zu verbinden gewohnt sind, als er gegenwärtig äußern und ausdrücken soll. Ist dieses, so mag er noch so viel empfinden, wir glauben ihm nicht: denn er ist mit sich selbst im Widerspruche. Gegenteils kann ein anderer so glücklich gebauet sein; er kann so entscheidende Züge besitzen; alle seine Muskeln können ihm so leicht, so geschwind zu Gebote stehen; er kann so feine, so vielfältige Abänderungen der Stimme in seiner Gewalt haben; kurz er kann mit allen zur Pantomime erforderlichen Gaben in einem so hohen Grade beglückt sein, dass er uns in denjenigen Rollen, die er nicht ursprünglich, sondern nach irgendeinem guten Vorbilde spielet, von der innigsten Empfindung beseelet scheinen wird, da doch alles, was er sagt und tut, nichts als mechanische Nachäffung ist.
Ohne Zweifel ist dieser, ungeachtet seiner Gleichgültigkeit und Kälte, dennoch auf dem Theater weit brauchbarer, als jener. (S. 151 f.)

Aus: Gotthold Ephraim Lessing: Gesammelte Werke. Hg. Wolfgang Stammler. München: Hanser 1959 Bd. 2, S. 341 f.

Denis Diderot (1713 1–1784): Das Paradox über den Schauspieler (1769)

[…]. Und wie sollte die Natur ohne Hilfe der Kunst einen großen Schauspieler hervorbringen können, da sich doch auf der Bühne nichts genauso abspielt wie in der Natur und alle dramatischen Dichtungen nach einem bestimmten System von Prinzipien verfasst sind? Und wie könnte eine Rolle von zwei verschiedenen Darstellern auf die gleiche Art und Weise gespielt werden, da selbst beim klarsten, präzisesten und kraftvollsten Schriftsteller die Worte nur annähernde Bezeichnungen eines Gedankens, eines Gefühls, einer Idee sein können – […]
Ich verlange [von einem großen Schauspieler] sehr viel Urteilskraft; für mich muss dieser Mensch ein kühler und ruhiger Beobachter sein; ich verlange daher von ihm Scharfblick, nicht aber Empfindsamkeit, verlange die Kunst, alles nachzuahmen, oder – was auf dasselbe hinausläuft – eine gleiche Befähigung für alle möglichen Charaktere und Rollen. […]
Wenn ein Schauspieler empfindsam wäre, könnte er dann wirklich zweimal nacheinander die gleiche Rolle mit dem gleichen Feuer und dem gleichen Erfolg spielen? […]
Was mich in meiner Meinung bestärkt, ist vor allem die Unausgeglichenheit der Darsteller, die aus der Seele heraus spielen. […]
Ich bleibe bei meiner These und sage: übertriebene Empfindsamkeit macht mittelmäßige Darsteller; mittelmäßige Empfindsamkeit macht die Masse schlechter Schauspieler, und das vollständige Fehlen von Empfindsamkeit ist die Voraussetzung für erhabene Schauspieler. Die Tränen des Schauspielers stammen aus seinem Gehirn; die des empfindsamen Menschen steigen aus seinem Herzen auf.
(S. 157 ff.)

Aus: Denis Diderot: Ästhetische Schriften. Hg. Friedrich Bassenge. Übersetzt von Friedrich Bassenge und Theodor Lücke. 2 Bde. Berlin/Weimar: Aufbau 1967, Bd. 2, S. 482 ff.

Constant Coquelin (1841–1909): Die Kunst des Schauspielers (1887)

Der Schauspieler muss immer Herr seiner selbst sein. Sogar dann, wenn das von seiner Darstellung hingerissene Publikum glaubt, er sei außer sich, muss er *sehen*, was er macht, muß er sich selbst beurteilen und beherrschen; kurz: er darf die Gefühle, die er ausdrückt, nicht erleiden, selbst dann nicht, wenn er sie mit größtmöglicher Wahrheit und Ausdruckskraft spielt. [...]

Es ist falsch und lächerlich zu glauben, daß der Gipfel der Kunst dann erreicht sei, wenn der Schauspieler vergißt, daß er vor Publikum spielt. Wenn Sie sich mit Ihrer Rolle dermaßen identifizieren, dass Sie sich, wenn Sie Zuschauer sehen, fragen: „Was sind denn das für Leute?" – und nicht mehr wissen, wo Sie sich befinden, dann sind Sie kein Schauspieler mehr, sondern ein Narr. Und ein gefährlicher Narr dazu. Stellen Sie sich Harpagon vor, wie er, die Rampe überspringend, den Herrn des Orchesters an die Gurgel greift und seine Geldkassette zurückfordert. Kunst ist, ich wiederhole es, nicht Identifikation, sondern *Darstellung*. [...]

Gewisse Schauspieler behaupten, dass man „nur das gut spielt, was man selbst erlebt hat". Das sind diejenigen, die zu Recht des Naturalismus angeklagt werden! Denn wenn sie selbst wirklich weinen müssten, um [ihre Zuschauer] zum Weinen zu bringen, müssten sie sich logischerweise auch wirklich betrinken, um einen Trunkenbold spielen zu können.
(S. 218 ff.)

Aus: Constant Coquelin: L'art du comédien. Paris: P. Ollendorff 1894, S. 3 ff. Übersetzung: Anja Lazarowicz

Bertolt Brecht (1898–1956): Vierter Nachtrag zur Theorie des „Messingkaufs" (1940)

Um den V-Effekt [Verfremdungseffekt] zu setzen, muß der Schauspieler die *restlose Verwandlung* in die Bühnenfigur aufgeben. Er *zeigt* die Figur, er *zitiert* den Text, er *wiederholt* einen wirklichen Vorgang. Der Zuschauer ist nicht völlig „in Bann gezogen", seelisch nicht gleichgeschaltet, nicht in eine fatalistische Stimmung dem vorgeführten Schicksal gegenüber gebracht. (Er kann Zorn empfinden, wo die Bühnenfigur Freude empfindet und so weiter. Es ist ihm freigestellt, mitunter sogar nahegelegt, sich einen anderen Verlauf vorzustellen oder einen anderen Verlauf zu suchen und so weiter.) Die Vorgänge werden *historisiert* und sozial *milieurisiert*. (Das erstere findet natürlich vor allem bei Vorgängen der Gegenwart statt: Was ist, war nicht immer und wird nicht immer sein. Das zweite stellt die momentane Gesellschaftsordnung in Frage und zur Diskussion.) Die Setzung des V-Effekts ist eine Technik, die in den Grundzügen gelehrt wird. [...]

Im Begriffskreis des aristotelischen Theaters wäre die beschriebene Spielweise nur eine Stilangelegenheit. Sie ist viel mehr. Jedoch verliert das Theater mit ihr nicht seine alte Funktion der *Unterhaltung* und *Belehrung*, sondern erneuert sie geradezu. Die Darstellung wird wieder eine völlig natürliche. Sie kann die verschiedenen Stile aufweisen Die Beschäftigung mit der Wirklichkeit setzt die Phantasie erst in den rechten genußvollen Gang. Heiterkeit und Ernst leben in der Kritik auf, die eine schöpferische ist. Im ganzen handelt es sich um eine Säkularisierung der alten kultischen Institution. (S. 282 f.)

Aus: „Nachtrag zur Theorie des ‚Messingkaufs'" (Auszug), aus: Bertolt Brecht, Werke. Große kommentierte Berliner und Frankfurter Ausgabe, Band 22: Schriften 2 © Suhrkamp Verlag Frankfurt am Main 1993

Bertolt Brecht: Dialog über die Schauspielkunst (1929)

– Sag ein Beispiel!
– Als eine Schauspielerin der neuen Art die Magd im „Ödipus" spielte, rief sie, den Tod ihrer Herrin berichtend, ihr „tot, tot" mit ganz gefühlloser, durchdringender Stimme, ihr „Jokaste ist gestorben" ohne jede Klage, aber so bestimmt und unaufhaltsam, daß die nackte Tatsache ihres Todes gerade in diesem Augenblick mehr Wirkung ausübte, als jeder eigene Schmerz zustande gebracht hätte. Sie überließ also dem Entsetzen nicht ihre Stimme, wohl aber ihr Gesicht; denn durch die weiße Schminke zeigte sie die Wirkung an, die der Tod auf die Daseienden ausübt. Ihre Meldung, die Selbstmörderin sei wie unter einem Treiber zusammengestürzt, enthielt weniger Mitleid mit dieser Gestürzten als den Triumph des Treibers, so daß selbst dem gefühlseligsten Zuschauer klarwerden mußte, daß hier eine Entscheidung erfolgt sei, die sein Einverständnis verlangte.

Aus: „Dialog über die Schauspielkunst" (Auszug), aus: Bertolt Brecht, Werke. Große kommentierte Berliner und Frankfurter Ausgabe, Band 21: Schriften 1 © Suhrkamp Verlag Frankfurt am Main 1993
Aus lizenzrechtlichen Gründen erscheinen die Texte von Brecht nicht in reformierter Schreibung.

■ *Welche der Autoren sind eher ‚Emotionalisten', welche ‚Anti-Emotionalisten? Mit welchen Argumenten begründen sie ihre Position?*

Postdramatisches Theater

Postdramatisches versus dramatisches Theater

„In solchen Fällen, in denen bereits der traditionell erste Schritt der Drameninterpretation, die Inhaltsangabe, problematisch wird, muss der Status des Bühnengeschehens neu bestimmt werden." (G. Poschmann) Dementsprechend erweisen sich die in Bezug auf das dramatische Theater vertrauten und fruchtbaren Fragen nach der Handlungsstruktur, der Figurenkonstellation, der Sympathielenkung etc. als nicht sinnvoll.

Mögliche Gründe für die Entstehung des postdramatischen Theaters:

- Aufkommen und Verbreitung neuer Medien – zuerst des Films, später des Computers und des Internets
- Vorformen: absurdes Theater; Theater der Grausamkeit (Artaud); episches Theater
- Die Komplexität der modernen, von Institutionen beherrschten Welt ist nicht durch Menschen in Konflikten miteinander darstellbar

Strukturmerkmale des postdramatischen Theaters:

- Entliterarisierung des Theaters, Emanzipation des Theaters vom Primat des Textes
- der Text ist nur <u>ein</u> Element innerhalb eines plurimedialen Ensembles
- das Theatergeschehen ist nicht Repräsentation (Mimesis), es gibt keine kohärente Handlung, keine Narration in dramatischer Gestalt
- statt Repräsentation unmittelbare Erfahrung des Realen: Raum, Zeit, Körper
- Bruch mit dem Prinzip der Darstellungsästhetik und ihren Strukturelementen Dialog, Figuren, Handlung
- Entindividualisierung der Figuren → Abschied von der Figur
- Zerbrechen der Illusion – Theater soll als Theater kenntlich werden
- Fragment-, (Zitat-) Collagecharakter der Texte
- Dramaturgie der Statik, der endlosen Wiederkehr
- Text als „sound pattern"
- Verzicht auf dialogische Struktur; monologische bzw. chorische Gestaltung statt Dialog; Sinnentleerung des Dialogs
- Verdrängung des Wortes durch das Bild
- Körper als zentrales Ausdrucksmittel → Performance
- der *dramatische* Prozess spielt sich *zwischen* den Körpern, der *postdramatische* Prozess spielt sich *am* Körper ab

Zuschauerposition:

- Unerschließbarkeit von Bedeutung
- Theater eröffnet die Möglichkeit, sich mit Unsicherheit und Destabilisierung, mit Entgrenzung und Grenzüberschreitung, mit Irritation und Verstörung spielerisch auseinanderzusetzen.

Nach: Gerda Poschmann: Der nicht mehr dramatische Theatertext. Aktuelle Bühnenstücke und ihre dramaturgische Analyse. Tübingen 1997; Hans-Thies Lehmann: Postdramatisches Theater. Frankfurt ²2001; Franziska Schößler: Augen-Blicke. Erinnerung, Zeit und Geschichte im Drama der Neunzigerjahre. Tübingen 2004; Erika Fischer-Lichte: Transformationen. In: E. Fischer-Lichte, D. Kolesch, Chr. Weiler (Hg.): Theater der Neunzigerjahre. Berlin 1999

Zusatzmaterial

5 Performance

„Performance, allgemein: englische Bezeichnung für „Aufführung" im Schauspiel-, Musik- oder Tanztheater. Im engeren Sinne meint der Begriff eine in den Siebzigerjahren aufkommende Form der die Grenzen zwischen verschiedenen Medien überschreitenden Gegenwartskunst. In Abgrenzung zum Happening der Sechzigerjahre, das den Künstler oder den Betrachter in eine offene, nicht wiederholbare Situation hineinstellte, um derart die Grenzziehungen zwischen Kunst und Leben aufzuheben oder zu verwischen, basiert die Performance auf einer wieder neu betonten Distanz von Kunst- und Lebenswirklichkeit. So sind die Vorgänge und Handlungen der Performances im zeitlichen Ablauf genau geplant und strukturiert, die Künstler legen Wert auf analytische Durchdringung der Vorführungen und bemühen sich um eine Vermittlung ihrer Arbeiten an ein Publikum. Auch der Aspekt der Nicht-Wiederholbarkeit wird zurückgedrängt durch die Anfertigung von Dokumenten, die – etwa im Fall der Videoaufzeichnungen – wichtiger werden können als die Performance selbst."

C. Bernd Sucher (Hg.): Theaterlexikon Bd. 2 © 1996, Deutscher Taschenbuch Verlag, München

„Performances als Spielform und Kunstpraxis sind im Erscheinungsbild des Gegenwartstheaters nicht mehr wegzudenken. Unter Performance verstehen wir [...] eine Kunstpraxis, die das Reale des Augenblicks dem konventionellen Kunstgedanken von Werk und Illusion entgegenstellt. Diese performative Wende in allen Künsten (Bildende Kunst, Musik, Tanz und Medien) bringt eine Veränderung und Entgrenzung des dramatischen Theaterverständnisses und seiner Theaterpraxis mit sich. Im Mittelpunkt steht nicht mehr die Inszenierung einer dramatischen Textvorlage, sondern eine durch das Ensemble bestimmte Eigenproduktion mit einer Vielfalt möglicher thematischer und ästhetischer Setzungen oft mit biografischen und intermedialen Bezügen. Folgende Stichworte markieren die zentralen Unterschiede und das Selbstverständnis von Performance im Vergleich zum dramatischen Theater:
- Ereignis statt Werk
- Präsentation statt Repräsentation
- Handeln statt Spielen
- Selbstdarstellung statt Rollen- und Figurendarstellung
- Zuschaueransprache bzw. Unmittelbarkeit statt vierter Wand und Illusion.

Mit den Begriffen ‚Performance' und ‚postdramatisches Theater' verbindet sich ein verändertes Verständnis von Darstellung und Kunstpraxis. Selbst- und Rollendarstellung, Spiel und Repräsentation vermischen sich. Im Zentrum steht nicht mehr das Dramenwerk, sondern das Ereignis der Aufführung und die ästhetische Erfahrung des Zuschauers; nicht die Darstellung einer Rolle, sondern die Präsenz des Darstellungsaktes. Auch der Spielbegriff erfährt im Verständnis der Performance eine Ausweitung. Im Spiel wird dann nicht nur fiktive, sondern auch wirkliche Welt geschaffen. Performance verbindet Kunst, Ritual und Alltag, schafft einen Spielraum, ein liminales[1] Feld, für intensive sinnliche Erfahrungen. Performance erlaubt und bedingt also eine Entgrenzung von Fixpunkten konventioneller Theaterarbeit, die sich an Text, Figurendarstellung, Rolle, Handlungsdramaturgie, Narration, Trennung zwischen Spieler und Zuschauer, Bühne als Spielort und Schutzraum festmachen."

„Die Produktionsästhetiken der Performance und des experimentellen Theaters liefern in ihren formalen und methodisch-didaktischen Variationen einen Fundus an Vermittlungsformen für die innovative theaterpädagogische Arbeit."

Am Beispiel des englischen Devising Theatre werden die folgenden Arbeitsverfahren dargelegt:
- „Kollaboration: devising ist eine gruppenorientierte künstlerische Arbeit, die selbstbestimmte Projektkonzeption, Arbeitsteilung und Rahmenbedingungen erstellt;
- offene Dramaturgie- und Prozessorientierung: Während des Produktionsprozesses werden dramaturgische, ästhetische und arbeitstechnische Fragen verhandelt, sukzessive verdichtet und entschieden;
- generative Techniken: Material und Stoffe werden ausgehend von variablen starting points wie Themen, Stichworten, Bildern, Musik, Geräuschen, Artefakten, Erfahrungen durch Improvisation, Kreatives Schreiben, Formaufgaben, Recherche oder Interview selbst generiert;
- Komposition und Multiperspektivität: Durch das Zusammenspiel verschiedener künstlerischer Medien und Ausdrucksformen wie Körper, Bild, Film, Musik, Tanz, Performance, elektronische Medien ergeben sich neue Mischformen und Crossover-Stile;
- Reflexivität: Devising oder Eigenproduktion heißt, reflektiertes Theater zu machen, über den ganzen Produktionsprozess bewusste und begründete Entscheidungen zu treffen, was wird wie und warum gemacht;
- Produktionsorientierung: Ziel und Abschluss des gemeinschaftlichen Arbeitsprozesses ist immer das künstlerische Produkt und seine Präsentation."

Wolfgang Sting: Performance als Perspektive. Schultheater und Theaterpädagogik. In: Wolfgang Schneider (Hg.): Theater und Schule. Ein Handbuch zur kulturellen Bildung. Bielefeld: transcript 2009, S. 150ff.

---

[1] Liminalität ist ein von dem Ethnologen Victor Turner geprägter Begriff, der den Schwellenzustand beschreibt, in dem sich Individuen oder auch Gruppen befinden, nachdem sie sich rituell von einer bestehenden Ordnung gelöst haben, z. B. bei Initiationsriten.

Regietheater

„**Regietheater**, zu Beginn des 20. Jahrhunderts durchgesetzte Form des Theaters, in dem der Regisseur dominiert. Erst seitdem er mit seiner Handschrift den gesamten Arbeitsprozess prägt – von der Erstellung der „Strichfassung", der Einrichtung und Kürzung des zur Aufführung vorgesehenen Stücks, über die Proben bis zur Premiere –, kann man von der Inszenierung als dem spezifisch theatralischen Kunstwerk sprechen. […] Bis weit ins 19. Jahrhundert hinein kennt das Theater eine solche, in künstlerische Belange eingreifende, gestalterische Funktion, wie sie der Regisseur ausübt, nicht. Die Koordination betraf ausschließlich die Ordnung der äußeren Abläufe." […]

„Im Lauf des 19. Jahrhunderts bringt die sich rasch entwickelnde Bühnentechnik neue Gestaltungsaufgaben mit sich: Die – gegenüber der bis dahin gebräuchlichen Kulissenbühne – dazugekommen, komplexer gewordenen Mittel von Bühnenbild und Bühnenbeleuchtung erzwingen eine ästhetische Koordination, um die Szene als stimmungsvolles, in sich bewegtes, lebendes Bild erscheinen zu lassen." […]

„Otto Brahms Berliner Freie Bühne [naturalistisches Theater] fasste das „moderne Leben" ins Auge und unterstellte die Aufführungen der Forderung nach Realitätstreue in Gestalt eines konsequenten Verismus. […] Von nun an beinhaltete der Regietheater-Gedanke die Absage an alle Normierung der Bühnenkunst, er gehorchte der Forderung nach einzigartigen, ganz und gar besonderen Aufführungen, eben: nach der unverwechselbaren Inszenierung als dem Kunstwerk des Theaters. […] Die ersten, Maßstäbe setzenden Ergebnisse zeigen bereits die große Spannweite des Möglichen. Besonders einflussreich waren die sorgfältig geprobten, auf Einfühlung der Schauspieler in ihre Rollen aufbauenden und auf lebenswahre Wirkungen abzielenden Musteraufführungen der Stücke Tschechows und Gorkis durch Konstantin Stanislawski am Moskauer Künstlertheater; die festlichen, stimmungsvoll-farbigen, auf ausgeprägte Schauspieler-Persönlichkeiten abgestimmten Inszenierungen Max Reinhardts. […] Der Text war schließlich auch in Erwin Piscators politischem Theater nur ein Element unter anderen, ebenso wichtigen. Die radikalsten Folgerungen aus der Einsicht in den eigenständigen Kunstcharakter des Theaters zieht Antonin Artaud in den Zwanziger- und Dreißigerjahren, wenn auch nicht in seiner Inszenierungspraxis, so doch in seiner Theatertheorie. Brechts Episches Theater, das der Autor selbst als Regisseur am Berliner Ensemble erprobte, sieht schließlich eine entschiedene Alternative sowohl zum Einfühlungstheater Stanislawskis als auch zum Konzept des Gesamtkunstwerks bei Richard Wagner vor: Anstelle von Identifikation und Rollenverkörperung forderte Brecht Distanz, aus welcher der Schauspieler verschiedene, widersprüchliche Züge seiner Figur demonstrieren kann. Gegen die Verschmelzung der am theatralischen Ereignis beteiligten Künste setzte er die Trennung seiner Elemente, von Arrangement, Bild, Musik etc., um auf diese Weise eine widerspruchsreiche Komposition zu erzielen, in welcher die Beiträge der einzelnen Künste einander erhellen, kontrastieren und kommentieren können. Wesentliche Impulse erhielt die internationale Regie seit den Sechzigerjahren durch Anstöße, die von der bildenden Kunst kamen (Happening, Performance), durch den Einbezug von Raum und Bild in das Spiel und durch regieführende Bühnenbildner."

C. Bernd Sucher (Hg.): Theaterlexikon Bd. 2. © 1996 Deutscher Taschenbuch Verlag, München

„Auf der Suche nach neuen Erkenntnis- wie Darstellungsmöglichkeiten mit den Mitteln des Theaters ist Regie von der bloßen Rekonstruktion eines Textes zu dessen Veränderung durch Interpretation übergegangen. Regietheater ist, so gesehen, Interpretationstheater, das an der Erkenntnis der Gegenwart mit zeitgenössischen Stücken ebenso arbeitet wie mit tradierten Werken, die es auf neue Perspektiven hin zu befragen gilt. […] „Interpretation ist aber nun nicht mehr verstanden als Nachzeichnung, als Intonieren, Einfühlen, Ausarbeiten des Vorgefundenen, sondern als Herausziehen dessen, was uns angeht; als Ermittlung einer Erkenntnis und deren Darstellung durch einen szenisch denkenden Intellekt." (Rühle) […] Der freie Umgang mit Stücken und die Überwindung konventioneller Spielformen haben den Vertretern des Regietheaters nur allzu oft den (nicht immer unberechtigten) Vorwurf der Untreue am Werk, der Formzerstörung um ihrer selbst willen eingetragen. Kritiker sprechen von Regiewillkür, die zum Selbstzweck und damit letztlich auch beliebig wird."

Monika Sandhack, „Regietheater". In: Manfred Braunegg, Gerhard Schneilin (Hg.), „Theaterlexikon 1". Begriffe und Epochen, Bühnen und Ensembles. Copyright © 1986, 2007 by Rowohlt Verlag GmbH, Reinbek bei Hamburg

■ *Verfassen Sie ein Resümee zu den beiden Texten.*

Texte zum Geschichtsdrama

Aristoteles (384–322 v. Chr.)

„Daher ist Dichtung etwas Philosophischeres und Ernsthafteres als Geschichtsschreibung; denn die Dichtung teilt mehr das Allgemeine, die Geschichtsschreibung hingegen das Besondere mit. Das Allgemeine besteht darin, dass ein Mensch von bestimmter Beschaffenheit nach der Wahrscheinlichkeit oder Notwendigkeit bestimmte Dinge sagt oder tut – eben hierauf zielt die Dichtung."

Aus: Aristoteles: Poetik. Übers. V. M. Fuhrmann. Stuttgart 1994

Gotthold Ephraim Lessing (1729–1781)

„Was ist das erste, was uns eine Historie glaubwürdig macht? Ist es nicht die innere Wahrscheinlichkeit? Und ist es nicht einerlei, ob diese Wahrscheinlichkeit von gar keinen Zeugnissen und Überlieferungen bestätiget wird, oder von solchen, die zu unserer Wissenschaft noch nie gelangt sind? Es wird ohne Grund angenommen, dass es eine Bestimmung des Theaters mit sei, das Andenken großer Männer zu erhalten; dafür ist die Geschichte, nicht aber das Theater. Auf dem Theater sollen wir nicht lernen, was dieser oder jener einzelne Mensch getan hat, sondern was ein jeder Mensch von einem gewissen Charakter unter gewissen gegebenen Umständen tun werde. Die Absicht der Tragödie ist weit philosophischer, als die Absicht der Geschichte." (Hamburgische Dramaturgie, 19. Stück)

Aus: G.E. Lessing: Hamburgische Dramaturgie. Stuttgart 1958

Georg Büchner (1813–1837)

„Der dramatische Dichter ist in meinen Augen nichts, als ein Geschichtsschreiber, steht aber *über* Letzterem dadurch, dass er uns die Geschichte zum zweiten Mal erschafft und uns gleich unmittelbar, statt eine trockene Erzählung zu geben, in das Leben einer Zeit hinein versetzt, uns statt Charakteristiken Charaktere, und statt Beschreibungen Gestalten gibt. Seine höchste Aufgabe ist, der Geschichte, wie sie sich wirklich begeben, so nahe als möglich zu kommen. Sein Buch darf weder *sittlicher* noch *unsittlicher* sein, als die *Geschichte selbst*; aber die Geschichte ist vom lieben Herrgott nicht zu einer Lektüre für junge Frauenzimmer geschaffen worden, und da ist es mir auch nicht übel zu nehmen, wenn mein Drama ebensowenig dazu geeignet ist. Ich kann doch aus einem Danton und den Banditen der Revolution nicht Tugendhelden machen!" (Brief an die Familie, 28. Juli 1835)

Aus: Georg Büchner: Werke und Briefe. München 1988

Friedrich Dürrenmatt (1921–1990)

„Shakespeares ‚Cäsar' war aufgrund Plutarchs möglich, der noch nicht ein Historiker in unserem Sinne, sondern ein Geschichtenerzähler war, ein Verfasser von Lebensbildern. Hätte Shakespeare Mommsen[1] gekannt, hätte er den Cäsar nicht geschrieben, weil ihm in diesem Augenblick notwendigerweise die Souveränität abhanden gekommen wäre, mit der er über seine Stoffe schrieb. [...] Aus diesem Grunde muß denn auch der Künstler die Gestalten, die er trifft, auf die er überall stößt, reduzieren, will er sie wieder zu Stoffen machen, hoffend, daß es ihm gelinge: Er parodiert sie, das heißt, er stellt sie im bewußten Gegensatz zu dem dar, was sie geworden sind."

Aus: Friedrich Dürrenmatt: Theater. Essays, Gedichte, Reden. Copyright © 1986 Diogenes Verlag AG, Zürich

Heiner Müller (1929–1995)

„Geschichtsdrama ist ein Begriff, mit dem ich praktisch nicht viel anfangen kann, weil vom Theater her gesehen jedes Drama ein Gegenwarts- und damit ein Geschichtsdrama ist. Die Leute sitzen im Theater, erleben in diesem Augenblick, in dieser Zeit ein Stück und beziehen es auf die geschichtliche, gegenwärtige Situation, in der sie leben. Genau so ist es beim Schreiben. Jeder Autor befindet sich in einer bestimmten geschichtlichen Situation. Ich glaube, entscheidend ist: Der Historismus ist vorbei. Das war eine kurze Zeitspanne, in der man versucht hat, historische Dramen zu schreiben. Man nennt das Kostümstücke. Jetzt kann man über Geschichte nur noch schreiben, wenn man seine eigene historische Situation mitschreibt."

Heiner Müller: Gesammelte Irrtümer. Interviews und Gespräche. Verlag der Autoren, Frankfurt/M. 1986, S. 31

Die Texte von F. Dürrenmatt und H. Müller erscheinen aus lizenzrechtlichen Gründen nicht in reformierter Schreibung.

---

[1] gemeint ist der Historiker Theodor Mommsen, 1817–1903

■ *Stellen Sie in einer Tabelle, bezogen auf die Autoren, die Unterschiede von Dichtung und Geschichtsschreibung zusammen.*

Geschichte und Gedächtnis

„Die je eigenen biografischen Erinnerungen sind unentbehrlich, denn sie sind der Stoff, aus dem Erfahrungen, Beziehungen und vor allem das Bild der eigenen Identität gemacht ist. Allerdings ist immer nur ein kleiner Teil unserer Erinnerungen sprachlich aufbereitet und bildet das Rückgrat einer impliziten Lebensgeschichte. Der Großteil unserer Erinnerungen […] ‚schlummert' in uns und wartet darauf, durch einen äußeren Anlass ‚geweckt' zu werden. Dann werden diese Erinnerungen plötzlich bewusst, gewinnen noch einmal eine sinnliche Präsenz und können unter entsprechenden Umständen in Worte gefasst und zum Bestand unseres verfügbaren Repertoires geschlagen werden. Zu den verfügbaren und den unverfügbaren ‚vorbewussten' Erinnerungen kommen noch die unzugänglichen ‚unbewussten' Erinnerungen hinzu, die unter Verschluss gehalten werden, und deren Torwächter Verdrängung oder Trauma heißen. Diese Erinnerungen sind oft zu schmerzhaft oder zu beschämend, um ohne äußere Hilfe – durch Therapie oder Druck – an die Oberfläche des Bewusstseins zurückgeholt werden zu können.

Für unsere episodischen Erinnerungen gelten bestimmte Merkmale, die sich verallgemeinernd festhalten lassen. Erstens sind sie grundsätzlich *perspektivisch* und darin unaustauschbar und unübertragbar. Jedes Individuum besetzt mit seiner Lebensgeschichte einen eigenen Platz mit einer je spezifischen Wahrnehmungsposition, weshalb sich Erinnerungen bei allen Überschneidungen notwendig voneinander unterscheiden. Zweitens existieren Erinnerungen nicht isoliert, sondern sind mit den Erinnerungen anderer *vernetzt*. Durch ihre auf Kreuzung, Überlappung und Anschlussfähigkeit angelegte Struktur bestätigen und festigen sie sich gegenseitig. Damit gewinnen sie nicht nur Kohärenz und Glaubwürdigkeit, sondern wirken auch verbindend und gemeinschaftsbildend. Drittens sind Erinnerungen für sich genommen *fragmentarisch*, d.h. begrenzt und ungeformt. Was als Erinnerung aufblitzt, sind in der Regel ausgeschnittene, unverbundene Momente ohne Vorher und Nachher. Erst durch Erzählungen erhalten sie nachträglich eine Form und Struktur, die sie zugleich ergänzt und stabilisiert. Viertens sind Erinnerungen *flüchtig* und labil. Manche ändern sich im Lauf der Zeit mit der Veränderung der Person und ihrer Lebensumstände, andere verblassen oder gehen ganz verloren. Insbesondere verändern sich die Relevanzstrukturen und Bewertungsmuster im Laufe des Lebens, sodass ehemals Wichtiges nach und nach unwichtig und ehemals Unwichtiges in der Rückschau wichtig werden kann. Die in Erzählungen gebundenen und oft wiederholten Erinnerungen sind am besten konserviert, doch sind auch ihnen feste zeitliche Grenzen gesetzt: mit dem Ableben ihres Trägers lösen sie sich notwendig wieder auf." (S. 24 f.)

„Der Generationswechsel ist von großer Bedeutung für den Wandel und die Erneuerung des Gedächtnisses einer Gesellschaft und spielt gerade auch bei der späten Verarbeitung traumatischer oder beschämender Erinnerungen eine große Rolle. In Deutschland z. B. wurde das repressive und komplizitäre Beschweigen der historischen Schuld, das in der westdeutschen Gesellschaft nach dem Zweiten Weltkrieg bis in die Sechzigerjahre anhielt, von den Vertretern einer jüngeren Generation, den 68ern, gebrochen. Diese Generation brachte nicht nur die kritische Thematisierung der deutschen Schuld in Gang, sondern war auch führend beteiligt bei der Errichtung von Monumenten, der Konzeption von Ausstellungen in den Museen, der Produktion von Filmen und anderen Formen öffentlicher Erinnerungskultur. Eine solche öffentliche Erinnerungskultur stellt sich nach beschämenden oder traumatischen Ereignissen in der Regel erst nach einem zeitlichen Intervall von fünfzehn bis dreißig Jahren ein." (S. 27 f.)

„Im kollektiven Gedächtnis werden mentale Bilder zu Ikonen und Erzählungen zu Mythen, deren wichtigste Eigenschaft ihre Überzeugungskraft und affektive Wirkmacht ist. Solche Mythen lösen die historische Erfahrung von den konkreten Bedingungen ihres Entstehens weitgehend ab und formen sie zu zeitenthobenen Geschichten um, die von Generation zu Generation weitergegeben werden. Wie lange sie weitergegeben werden, hängt davon ab, ob sie gebraucht werden, d. h., ob sie dem gewünschten Selbstbild der Gruppe und ihren Zielen entsprechen oder nicht." (S. 40)

Aleida Assmann: Der lange Schatten der Vergangenheit. Erinnerungskultur und Geschichtspolitik. München: C. H. Beck 2006

- *Woraus bestehen die biografischen Erinnerungen?*
- *Wodurch sind die episodischen Erinnerungen charakterisiert?*
- *Welche Rolle spielt das Erzählen für die Erinnerungen?*
- *Was bedeutet der Generationenwechsel für das kollektive Erinnern?*
- *Wie entstehen aus Erinnerungen Mythen? Was bewirken sie?*

Das unternehmerische Selbst

[...] „Als Unternehmer ihrer selbst werden die Individuen heute in den unterschiedlichsten Lebenszusammenhängen angerufen. [...] Das unternehmerische Selbst lebt im Komparativ: Innovativ, findig, risikobereit und entscheidungsfreudig ist man nie genug und darf folglich niemals in der Anstrengung nachlassen, noch innovativer, findiger, risikobereiter und entscheidungsfreudiger zu werden. Die Einsicht, dass es ein Genug nicht geben kann, erzeugt den Sog zum permanenten Mehr. Weil die Anforderungen keine Grenzen kennen, bleiben die Einzelnen stets hinter ihnen zurück. [...]

Das unternehmerische Kraftfeld mag ungeahnte Potenziale freisetzen, aber es führt auch zu permanenter Überforderung; es mag den Glauben an sich selbst und auf diese Weise das stärken, was Psychologen *self efficacy*, Selbstwirksamkeitserwartung, nennen, aber es steigert auch das Gefühl der eigenen Ohnmacht; es mag Begeisterung wecken, doch es erzeugt nicht minder unbändige Wut. Weil der kategorische Komparativ des Marktes einen permanenten Ausscheidungswettkampf in Gang setzt, läuft der Einzelne fortwährend Gefahr, unterzugehen oder jedenfalls aus der prekären Zone permanenter Absturzgefahr nicht herauszukommen. Nicht alle sind in der Lage, dem Druck standzuhalten, und niemand ist es immer. [...] Den Individuen bleibt nichts anderes übrig, als den objektiven Widerspruch zwischen Aufstiegshoffnung und Deklassierungsangst, zwischen Empowerment und Überforderung subjektiv auszutragen, sei es dadurch, dass sie sich ganz auf eine Seite schlagen und zur jeweils anderen mit aller Kraft Abstand zu halten versuchen. Drei elementare Typen des Umgangs mit der unternehmerischen Anrufung selbst ergeben sich daraus: Enthusiast, Ironiker und Melancholiker. Die Unterscheidung ist idealtypisch, Mischformen und Überlappungen sind die Regel. [...]

Der Enthusiast feiert den *spirit of enterprise* als Geist der Befreiung – von hierarchischer Bevormundung, bürokratischen Zwängen und konformistischer Anpassung – und singt das Hohe Lied der Kreativität, Smartness, Selbstverantwortung und Risikobereitschaft. [...] Freiheit ist dem Enthusiasten gleichbedeutend mit *choice*, der Wahl zwischen möglichen Alternativen. Jede Handlung wird in dieser Perspektive zu einem Investment ins eigene Leben, und dieses zu einem Projekt, dessen Erfolg von nichts anderem abhängt als von Geschick und Fortune des unternehmerischen Selbst. Dass der Enthusiast freilich seinen Beschwörungen selbst nicht ganz traut, zeigt die Verbissenheit, mit der er auf die vermeintliche Unausweichlichkeit der unternehmerischen Ratio pocht. „There is no alternative", kurz TINA, lautet sein Margret Thatcher abgelauschtes Mantra. [...]

Der Ironiker will beides, mitmachen und dagegen sein, und er will sich vor allem nicht festlegen lassen. Er weiß und spricht es auch aus, welche Zumutungen die unternehmerische Anrufung dem Einzelnen abverlangt, um im nächsten Satz ein flapsiges „Na und, machen wir das beste draus!" folgen zu lassen. [...] Ironiker entschärfen die unternehmerische Anrufung, indem sie in den Modus des Als-ob umschalten. Kritik perlt an ihnen ab, weil sie sie immer schon selbst formuliert haben. Augenzwinkernd versichern sie zu durchschauen, was sie im nächsten Moment wieder vollziehen. [...]

Und der Melancholiker? Er tut, was Melancholiker so tun: Er klagt – mal mit empörter, mal mit trauriger Stimme – über die Ökonomisierung, die er als Kolonialisierung des Sozialen durch „die Wirtschaft" begreift, über den neoliberalen Staat, der sich den Kräften des Marktes kampflos ausliefert, statt sie zu bändigen, über das Leitbild des Unternehmers, in dem er das Schreckbild des ebenso rücksichts- wie geistlosen Ellenbogenmenschen erblickt. Der melancholischen Verachtung der Gegenwart korrespondiert nicht selten eine Verklärung der Vergangenheit; schon weil das Heute so schwarz ist, erstrahlt das Gestern in hellem Licht. [...]

Wie könnten Alternativen zu Enthusiasmus, Ironie und Melancholie aussehen? Eine pragmatische Gelassenheit vielleicht, die weder glorifiziert noch dämonisiert, der die hochgetunte Selbstmobilisierung des Enthusiasten so fern liegt wie die angestrengte Selbstdistanzierung des Ironikers oder die behagliche Selbstgewissheit des Dagegenseins, die der Melancholiker kultiviert. Eine leidenschaftliche Empörung, die den Sozialdarwinismus des Marktprinzips „Jeder könnte, aber nicht alle können" beim Namen nennt und sich weigert, denjenigen, der im alltäglichen *survival of he fittest* unterliegen, das auch noch als persönliches Versagen zuzurechnen. [...] All dem entspräche eine Form der Kritik, die keinen Augenblick vergisst, dass sie ein Teil dessen ist, was sie kritisiert." [...]

Ulrich Bröckling: Enthusiasten, Ironiker, Melancholiker. Aus: Mittelweg 36, 4/2008, S. 80–86 (gek.)

■ *Was ist ein ‚unternehmerisches Selbst'?*

■ *Welche Typen unterscheidet der Autor?*

Adoleszenz; Suizid[1]

Jugend – ein Lebensabschnitt voller Widersprüche

Das Jugendalter ist durch den Übergang aus eher fremdbestimmter Kindheit in den eigenverantwortlichen Bereich der Erwachsenen gekennzeichnet. Jugendliche befinden sich in einer Entwicklungsphase, die von Widersprüchen gekennzeichnet ist:

Integration	Individuation
• Übernahme der anerkannten und akzeptierten Normen und Werte der Gesellschaft	• Ablehnung und Zurückweisung der als „altmodisch" deklarierten Werte der Erwachsenen
• Knüpfen sozialer Beziehungen zu Gleichaltrigen. Gefahr der übergroßen Anpassung und des Gruppendrucks	• Abgrenzung und Betonung der Eigenständigkeit. Gefahr der Isolation

Die Faszination des Todes

Jugendliche wollen zwar einerseits leben, ihr Leben genießen und selbst gestalten, aber sie zeigen andererseits auch häufig ein philosophisch orientiertes Interesse an den Themen „Sinn des Lebens", „Leben nach dem Tod" und „Sterben". Tod und Sterben üben auf Jugendliche eine hohe Faszination aus. Sie sind häufig von Selbstzweifeln geplagt und unzufrieden mit ihrem augenblicklichen Leben. Vorbilder der medialen Szene, der Rock- und Popwelt zeigen ihnen, dass das Leben selbsttätig beendet werden kann. [...] Jugendliche neigen dazu, extrem und spontan zu reagieren. Es müssen nur noch auslösende Ereignisse hinzukommen, die sie dazu bringen, „das Handtuch zu werfen". Belastungen wie Liebeskummer, Freundschaftsabbrüche und Kränkungen lassen sie schnell psychisch zusammenbrechen, ohne dass sie sich um Hilfe und Unterstützung bemühen. Suizidverhalten ist extremes Risikoverhalten, der Ausgang hängt von der Ernsthaftigkeit des Entschlusses, von der Wahl der Methode, des Ortes und aller Begleitumstände ab. Es gibt Jugendliche, die den Ausgang der suizidalen Handlung bewusst offen lassen, deren Sterbewille und Überlebenswille sich die Balance halten. Sie „spielen" mit ihrem Leben und nehmen den Tod in Kauf.

Terminologie

Der wissenschaftliche Begriff „Suizid" enthält keine Wertung. Er leitet sich aus dem Lateinischen ab: sui cadere (sich töten) und sui cidium (Selbsttötung). In der deutschen Literatur wurde in den Achtziger- bis Neunzigerjahren in bewusster Absetzung zum Begriff Selbstmord von Selbstzerstörung, Selbstvernichtung, Selbsttötung, Selbstaggression, Selbstschädigung und von Freitod geschrieben.
Alle genannten Bezeichnungen für ein und dasselbe Geschehen bieten Interpretationsmöglichkeiten, die je nach Betrachtungsweise, Grundhaltung und Weltanschauung eine eher verurteilende (Selbstmord), neutrale (Suizid, Selbsttötung), eher verbietende (Selbstvernichtung, Selbstzerstörung, Selbstaggression) oder glorifizierende Haltung (Freitod) einnehmen. Stellt der Suizid einen souveränen Akt der Befreiung dar? [...]
Der Ausdruck Freitod ist problematisch, da er etwas Heroisierendes und Faszinierendes beinhaltet und die freie Entscheidung des Menschen suggeriert. Suizidexperten [...] haben jedoch darauf hingewiesen, dass es eben nicht um eine „freie Entscheidung" geht, sondern dass dem Entschluss, sein Leben zu beenden, fast immer eine depressive Erkrankung vorausgeht [...].

Suizidstatistik (Statistisches Bundesamt, 2007):

Zwischen 15 und 19 Jahren: je 100 000 EW etwa 6 männliche und 2 weibliche Personen;
Zwischen 20 und 24 Jahren: etwa 12 männliche und 3 weibliche Personen

---

[1] Alle Texte aus: Heidrun Bründel: Jugendsuizidalität und Salutogenese. Hilfe und Unterstützung für suizidgefährdete Jugendliche, W. Kohlhammer GmbH Stuttgart 2004, S. 26, 33f., 37f. (Auszüge)

Fake, Fantasie, Fiktion, Authentizität ...

Fake

„FAKE, amerik. Slang: Täuschung, Schwindel; so tun, als ob. Abgeleitet aus „factitious" (unecht, künstlich), in dem „factual" (tatsächlich, wirklich) und „fictitious" (eingebildet, erfunden) verbunden sind. Von lat.
5 „facere" (machen) bzw. „fingere" (erdichten); indogerm. * „fakli": was sich machen lässt."

Manfred Geier: Leben in künstlichen Welten. Reinbek 1999, S. 9

„Der oder das Fake ist der US-amerikanische Jargonbegriff für eine Fälschung, ein Imitat oder einen Betrug. Jemand, der etwas Falsches als richtig vortäuscht, wird auch Faker genannt. Das Wort ist ein typisches
5 Beispiel von Netzjargon, dem Wortschatz der Menschen, die sich der Internetkultur verbunden fühlen."

Wikipedia, 2010

Natürlich versus künstlich

„Von Anfang an lebte der vergesellschaftete Mensch in einer durch technische Mittel gestalteten und „künstlich" bearbeiteten Umwelt, die als solche nicht „gut" und von sich aus auf seine Bedürfnisse hin
5 disponiert ist, sondern seinen Eingriff fordert [...]. Und auch der Wunsch nach einem Leben ohne soziale Maskierung, ohne Entfremdung [...] ist eine utopische Illusion, weil es niemals eine ursprüngliche Natürlichkeit gegeben hat. Der Mensch war schon
10 immer „soziabel". Seine Gefühle und sein Denken, auch seine sexuellen Bedürfnisse und Verhaltensweisen, waren nie wirklich natürlich, sondern stets geprägt von den „gesellschaftlichen Meinungen", die das soziale Zusammenleben bestimmen. Der Wunsch
15 nach völliger Demaskierung würde bedeuten, sich in die unhaltbare Situation eines völlig isolierten Individuums zu versetzen, das sich selbst alles ist."

Manfred Geier, a.a.O. S. 67

Fantasie und Fiktion

„Das setzt jedoch voraus, dass die Fantasie, die Imagination, die Einbildungskraft in Spannung zu einer anderen Instanz stehen, zu einem Realitätsprinzip [...] Die fiktive Welt der Literatur ist angewiesen auf eine wirkliche Welt, auf Widerstand, auf Hunger, 5 Durst und Not, wenn sie wirksam werden soll. [...] Wenn aber die Wirklichkeit selbst zu einem Ensemble von Fiktionen mutiert, das keinen Widerstand mehr erlaubt, weil die Differenzen entfallen, was ist dann mit der Tradition der Literatur, eine andere Welt 10 für möglich zu halten?"

Dietmar Kamper (Hg.): Macht und Ohnmacht der Fantasie, Darmstadt/Neuwied 1986, S. 10

„Die Imagination ist eine Kompensation nicht erfüllter Wirklichkeit. Die Menschen brauchen die Bilder, um eine schechte Realität auszuhalten. Jetzt [...] scheint eher das Gegenteil zuzutreffen: die Menschen brauchen eine Wirklichkeit, um die Macht, die Über- 5 macht der Bilder auszuhalten."

Dietmar Kamper, a.a.O., S. 13

Authentizität

„**Authentizität**, dem Wortsinn nach Echtheit, Zuverlässigkeit oder Glaubwürdigkeit. Der Begriff der A. spielt zum einen in der Ästhetik eine Rolle: Die Einmaligkeit und Echtheit des Kunstwerks macht seinen ästhetischen („auratischen") Charakter aus (W. Ben- 5 jamin). Darüber hinaus bezeichnet A. [...] ein zu erstrebendes Ideal der Lebensführung. Eine Entscheidung gilt dann als authentisch, wenn sie aus dem jeweiligen selbstentworfenen und individuellen Selbstbild heraus begründet ist und zu der Individu- 10 alität des Subjekts passt."

Aus: Metzler Philosophie Lexikon. Stuttgart/Weimar 1996, S. 52

Heinrich Heine: Buch der Lieder

Nun ist es Zeit, dass ich mit Verstand
Mich aller Torheit entled'ge;
Ich hab so lang als ein Komödiant
Mit dir gespielt die Komödie.

5 Die prächtigen Kulissen, sie waren bemalt
Im hochromantischen Stile,
Mein Rittermantel hat goldig gestrahlt,
Ich fühlte die feinsten Gefühle.

Und nun ich mich gar säuberlich
10 Des tollen Tands entled'ge,
Noch immer elend fühl ich mich,
Als spielt ich noch immer Komödie.

Ach Gott! Im Scherz und unbewusst
Sprach ich, was ich gefühlet;
15 Ich hab mit dem Tod in der eignen Brust
Den sterbenden Fechter gespielet.

H. Heine: Buch der Lieder. Die Heimkehr XLIV München 1987

Grundlagen der Kommunikation

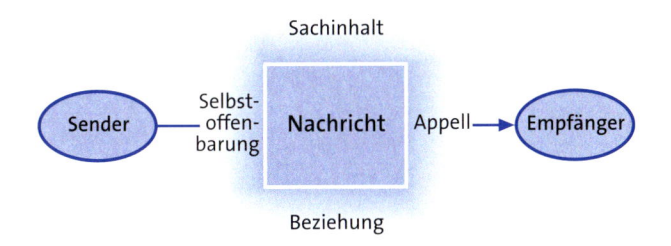

Die vier Seiten (Aspekte) einer Nachricht – ein psychologisches Modell der zwischenmenschlichen Kommunikation

I Die vier Seiten einer Nachricht

Dieses Modell ist angeregt durch Bühler (1934) und Watzlawick u. a. (1969). Bühler unterscheidet „drei Aspekte der Sprache": *Darstellung* (= Sachinhalt), *Ausdruck* (= Selbstoffenbarung) und *Appell*. Watzlawick unterscheidet zwischen dem *Inhalts*- und dem *Beziehungs*aspekt von Nachrichten. Der „Inhaltsaspekt" ist gleichbedeutend mit dem „Sachinhalt" des vorliegenden Modells. Der „Beziehungsaspekt" ist dagegen bei ihm weiter definiert und umfasst im Grunde alles drei: „Selbstoffenbarung", „Beziehung" (im engeren Sinne) und „Appell", und damit auch den „metakommunikatorischen" Anteil an der Nachricht, der Hinweis darauf gibt, wie sie aufzufassen ist. Den Vorteil des hier vorgestellten Modells sehe ich darin, dass es die Vielfalt möglicher Kommunikationsstörungen und -probleme besser einzuordnen gestattet und den Blick öffnet für verschiedene Trainingsziele zur Verbesserung der Kommunikationsfähigkeit. (S. 30)

Wir haben das Nachrichtenquadrat überwiegend aus der Sicht des Senders betrachtet: Er teilt Sachinformationen mit; stellt sich dabei gleichzeitig selbst dar, drückt aus, wie er zum Empfänger steht, sodass sich dieser in der einen oder anderen Weise behandelt fühlt; und versucht Einfluss auf das Denken, Fühlen und Handeln des anderen zu nehmen.
Da alle vier Seiten immer gleichzeitig im Spiele sind, muss der kommunikationsfähige Sender sie sozusagen alle beherrschen. Einseitige Beherrschung stiftet Kommunikationsstörungen. So nützt es z. B. wenig, sachlich recht zu haben, wenn man gleichzeitig auf der Beziehungsseite Unheil stiftet. Genausowenig nützt es, auf der Selbstoffenbarungsseite eine gute Figur zu machen, z. B. sich als geistreich und gelehrsam zu präsentieren, und dabei unverständlich in der Sachbotschaft zu bleiben. (S. 44)

II Mit vier Ohren empfangen

Betrachten wir das Quadrat aus der Sicht des Empfängers. Je nachdem auf welche Seite er besonders hört, ist seine Empfangstätigkeit eine andere: Den Sachinhalt sucht er zu verstehen. Sobald er die Nachricht auf die Selbstoffenbarungsseite hin „abklopft", ist er personaldiagnostisch tätig („Was ist das für eine(r)?" bzw. „Was ist im Augenblick los mit ihm/ihr?"). Durch die Beziehungsseite ist der Empfänger persönlich besonders betroffen („Wie steht der Sender zu mir, was hält er von mir, wen glaubt er vor sich zu haben, wie fühle ich mich behandelt?"). Die Auswertung der Apellseite schließlich geschieht unter der Fragestellung „Wo will er mich hinhaben?" bzw. in Hinblick auf die Informationsnutzung („Was sollte ich am besten tun, nachdem ich dies nun weiß?"). Der Empfänger ist mit seinen zwei Ohren biologisch schlecht ausgerüstet: Im Grunde braucht er „vier Ohren" – ein Ohr für jede Seite (s. Abb.)
Je nachdem, welches seiner vier Ohren der Empfänger gerade vorrangig auf Empfang geschaltet hat, nimmt das Gespräch einen sehr unterschiedlichen Verlauf. Oft ist dem Empfänger gar nicht bewusst, dass er einige seiner Ohren abgeschaltet hat und dadurch die Weichen für das zwischenmenschliche Geschehen stellt. (S. 44)

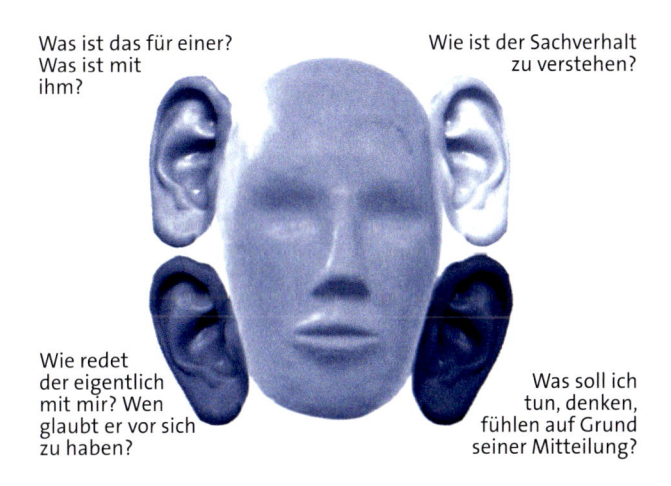

Friedemann Schulz von Thun, „Miteinander reden 1. Störungen und Klärungen. Allgemeine Psychologie der Kommunikation". Copyright © 1981 by Rowohlt Taschenbuch Verlag GmbH, Reinbek bei Hamburg

Literaturverzeichnis

Adorno, Theodor W.: Noten zur Literatur III, Frankfurt 1965
Annuß, Evelyn: Elfriede Jelinek. Theater des Nachlebens. München 2005
Annuß, Evelyn: Zwangsleben und Schweigen in Elfriede Jelineks Wolken.Heim. in: Sprache im technischen Zeitalter 153, April 2000
Aristoteles: Poetik. Übers. von M. Fuhrmann. Stuttgart 1994
Assmann, Aleida: Der lange Schatten der Vergangenheit. Erinnerungskultur und Geschichtspolitik. München 2006
Bähr, Christine: Atemlos. Arbeit und Zeit in Kathrin Rögglas *wir schlafen nicht.* In: Schößler/Bähr: Ökonomie im Theater der Gegenwart. Bielefeld 2008
Bänsch, Dieter: Henrik Ibsen: Nora oder ein Puppenheim. In: Grundlagen und Gedanken zum Verständnis des Dramas (Diesterweg); Frankfurt a.M. 1991
Bartsch, Kurt: Scheitern im Gespräch. In: K. Bartsch, U. Baur, D. Goltschnigg (Hg.): Horváth-Diskussion. Kronberg 1976
Bauersima, Igor: norway.today. 3 Theaterstücke Frankfurt a. Main 2008
Bellmann, Werner: Hauptmann: Vor Sonnenaufgang. In: Interpretationen. Dramen des Naturalismus. Stuttgart 1988
Bergmann, F.: Die Dialektik der Postmoderne in Theatertexten von René Pollesch. Zur Verschränkung von Neoliberalismus und Gender. In: F. Schößler/Chr. Bähr (Hg.): Ökonomie im Theater der Gegenwart. Bielefeld 2009
Blaschke, Bernd: McKinseys Killerkommandos. Subventioniertes Abgruseln. In: Franziska Schößler, Christine Bähr: Ökonomie im Theater der Gegenwart. Bielefeld 2009
Bloch, Natalie: Popästhetische Verfahren in Theatertexten von René Pollesch und Martin Heckmanns. In: Der Deutschunterricht 2/2004
Blom, Philipp: Der taumelnde Kontinent. Europa 1900 – 1914. München 2008
Brauneck, Manfred/Schneilin, Gérard (Hg.): Theaterlexikon 1. Reinbek 2007
Brecht, Bertolt: Der aufhaltsame Aufstieg des Arturo Ui. Frankfurt 1965
Bröckling, Ulrich: Das unternehmerische Selbst. Soziologie einer Subjektivierungsform. Frankfurt/M. 2007
Bröckling, Ulrich: Enthusiasten, Ironiker, Melancholiker. Aus: Mittelweg 36, 17. Jg. (2008) H. 4, S. 80–86; auch als PDF-Datei über: www.uni-halle.de/broeckling/publikationen.html
Bründel, Heidrun: Jugendsuizidalität und Salutogenese. Hilfe und Unterstützung für suizidgefährdete Jugendliche. Stuttgart 2004
Büchner, Georg: Werke und Briefe. München 1988
Buck, Theo: Ödön von Horváth: Geschichten aus dem Wiener Wald. In: Interpretationen. Dramen des 20. Jahrhunderts. Bd. 1, Stuttgart 1996
Cohn, Ruth C.: Von der Psychoanalyse zur themenzentrierten Interaktion. Stuttgart: 11. Aufl. 1999
Donna Haraway: „Ein Manifest für Cyborgs" (1985)
Dörre, Klaus: Ende der Planbarkeit? Lebensentwürfe in unsicheren Zeiten. Aus Politik und Zeitgeschichte 41/2009, (auch unter: www.bpb.de/apuz)
Dürrenmatt, Friedrich: Romulus der Große. Ungeschichtliche historische Komödie. Neufassung 1980. Zürich 1998
Dürrenmatt, Friedrich: Theater-Schriften und Reden. Zürich 1966
Eke Norbert Otto: Störsignale. René Pollesch im ‚Prater'. In: F. Schößler/Chr. Bähr (Hg.): Ökonomie im Theater der Gegenwart. Ästhetik, Produktion, Institution. Bielefeld 2009
Eke, Norbert Otto: Heiner Müller. Stuttgart 1999
Elm, Theo: Das soziale Drama. Von Lenz bis Kroetz. Stuttgart (Reclam), 2004
Eloesser, Arthur: Das Bürgerliche Drama. Berlin 1898. In: Erläuterungen und Dokumente: F. Hebbel: Maria Magdalena. Stuttgart 2003
Engelhart, Andreas: Im Labyrinth des unendlichen Textes. Botho Strauß' Theaterstücke 1972–1996. Tübingen 2000
Fischer-Lichte, Erika: Transformationen. In: E. Fischer-Lichte, D. Kolesch, Chr. Weiler (Hg.): Theater der neunziger Jahre. Berlin 1999
Frevert, Ute: „Mann und Weib und Weib und Mann". Geschlechter-Differenzen in der Moderne. München 1995
Frühwald, Wolfgang: Die Ehre der Geringen. In: Geschichte und Gesellschaft (9) 1983
Geier, Andrea: Geburtstagsgrüße mit Hölderlin. Arendt – Heidegger – Jelinek und die Wohnsitze des Denkens. in: literaturkritik.de „Nr. 10, Oktober 2006" Zum 60. Geburtstag Elfriede Jelineks

Geier, Manfred: Leben in künstlichen Welten. Reinbek 1999
Giesing, Michaela: ‚Ibsens Nora und die wahre Emanzipation der Frau'. Zum Frauenbild im wilhelminischen Theater. Frankfurt am Main 1984
Guthke, Karl S.: Das deutsche bürgerliche Trauerspiel. 2. Aufl., Stuttgart 1976
Haas, Birgit: Das Theater von Dea Loher. Bielefeld 2006
Haas, Birgit: Plädoyer für ein dramatisches Theater. Wien 2007
Haas, Birgit (Hg.): Dramenpoetik 2007. Hildesheim u. a. 2009
Hage, Volker: Alles erfunden. Porträts deutscher und amerikanischer Autoren. München 1995
Handke, Peter: Ich bin ein Bewohner des Elfenbeinturms. Frankfurt 1972
Hauptmann, Gerhart: Vor Sonnenaufgang. Soziales Drama. (1889) Frankfurt a.M. 1978 (Ullstein Theater Texte)
Hebbel, Friedrich: Maria Magdalena. Ein bürgerliches Trauerspiel in drei Akten. Stuttgart 2002
Hegel, Georg Wilhelm Friedrich: Vorlesungen zur Philosophie der Geschichte (Einleitung) bei: Projekt Gutenberg–DE – Kultur – SPIEGEL ONLINE
Hein, Edgar: Friedrich Hebbel: Maria Magdalena: Interpretation. München 1989
Heine, Heinrich: Buch der Lieder. München 1987
Hemmer, Bjørn: Ibsen: Handbuch. München, Paderborn 2009
Henrichs, Benjamin: Friedrich Romulus der Große. Abgedruckt in: F. Dürrenmatt: Romulus der Große. Erläuterungen und Dokumente. Stuttgart 2005
Hermand, Jost: Braut, Mutter oder Hure? Heiner Müllers „Germania" und ihre Vorgeschichte. In: Jost Hermand/Helen Fehervary: Mit den Toten reden. Fragen an Heiner Müller. Köln/Weimar/Wien 1999
Hilscher, Eberhard: Gerhart Hauptmann. Leben und Werk. Berlin 1996
Hinck, Walter: Geschichtsdichtung. Göttingen 1995
Hofmann, Jürgen: Schreiben lernen. In: Stefan Tigges (Hg.): Dramatische Transformationen. Bielefeld 2008
Hölderlin, Friedrich: Sämtliche Werke Herausgegeben von Friedrich Beißner im Insel-Verlag. Frankfurt a.M. 1961
Horváth, Ödön von: Geschichten aus dem Wiener Wald. Volksstück in drei Teilen. Paderborn: Schöningh Verlag 2009
Hübner, Lutz: „Ich schreibe lieber für den Betrieb", in: Birgit Haas (Hrsg.): Dramenpoetik 2007. Einblicke in die Herstellung des Theatertexts. Hildesheim/Zürich/New York 2009
Hübner, Lutz: Vier Theaterstücke. Reihe Dialog 6 © Theater der Zeit, Berlin 2005
Ibsen, Henrik: Nora oder ein Puppenheim. Hrsg. Von Richard Lindner. Stuttgart 1959
Jaeger, Dagmar: Theater im Medienzeitalter. Das postdramatische Theater von Elfriede Jelinek und Heiner Müller. Bielefeld 2007
Jelinek, Elfriede: Wolken.Heim. Stuttgart 2000
Jenny, Urs: Böse Menschen singen keine Lieder. In: T. Krischke (Hg.): Materialien zu Ö.v.Horváths „Geschichten aus dem Wiener Wald". Frankfurt 1972
Kaiser, Gerhard: Krise der Familie. Eine Perspektive auf Lessings „Emilia Galotti" und Schillers „Kabale und Liebe": In: Recherches germaniques 14, 1984
Kaiser, Herbert: Friedrich Hebbel. München 1983
Kammler, Clemens: Das Theater der Gegenwart in didaktischer Perspektive. In: Mitteilungen des Deutschen Germanistenverbandes 3/2001
Kammler, Clemens: Zeitgenössische Theaterstücke. In: Praxis Deutsch 181/2003
Kamper, Dietmar (Hg.): Macht und Ohnmacht der Phantasie. Darmstadt/Neuwied 1986
Kaplan, Stefanie: Jelineks schöpferischer Verrat an Hölderlin in *Wolken.Heim*. in: Sprache im technischen Zeitalter 184, 2007
Karlauf, Thomas: Stefan George. Die Entdeckung des Charismas. München 2007
Kasaty, Olga Olivia (Hg.): Entgrenzungen. Vierzehn Autorengespräche über Liebe, Leben und Literatur. München 2007
Klussmann, Paul Gerhard: Heiner Müller. Germania Tod in Berlin. In: W. Hinck: Geschichte als Schauspiel. Frankfurt 1981
Knapp, Gerhard P.: F. Dürrenmatt: Romulus der Große. Frankfurt/M. 1985
Knopf, Jan (Hg.): Brecht-Handbuch in fünf Bänden. Stuttgart/Weimar 2001–2003, Bd. 1
Knopf, Jan: Theatrum mundi. In: Friedrich Dürrenmatt I, Text und Kritik 50/51, München 1976
Koschorke, Albrecht: Die Heilige Familie und ihre Folgen. Frankfurt 2000
Lehmann, Hans-Thies/Primavesi Patrick (Hg.): Heiner Müller Handbuch. Stuttgart/Weimar 2003
Lehmann, Hans-Thies: Postdramatisches Theater. Frankfurt ²2001
Lessing, Gotthold Ephraim: Hamburgische Dramaturgie. Stuttgart 1958
Lindner, Burkhardt: B. Brecht: Der aufhaltsame Aufstieg des Arturo Ui. München 1982

Loher, Dea: Klaras Verhältnisse. Frankfurt/Main 1999
Loher, Dea: Rede zur Verleihung des Bertolt-Brecht-Preises 2006, abgedruckt in: Birgit Haas (Hg.): Dramenpoetik 2007. Hildesheim, Zürich, New York 2009
Mayer, Verena/Koberg, Roland: Elfriede Jelinek. Ein Portrait. Reinbek bei Hamburg 2006
Metzler Lexikon Literatur. Stuttgart/Weimar ³2007
Metzler Literatur-Lexikon, Stuttgart 1984
Metzler Philosophie Lexikon. Stuttgart/Weimar 1996
Michalzik, Peter: Dramen für ein Theater ohne Drama. In: St. Tigges (Hg.): Dramatische Transformationen. Bielefeld 2008
Mitscherlich, Alexander und Margarete: Die Unfähigkeit zu trauern. München 1967
Müller, Barbara/Schafhausen, Helmut: Spiel- und Arbeitsbuch Theater. (Unterrichtsprojekt Einfach Deutsch) Paderborn 2000
Müller, Heiner: Germania Tod in Berlin. Berlin 1977
Müller, Heiner: Gesammelte Irrtümer. Interviews und Gespräche. Frankfurt/M. 1986
Münkler, Herfried: Geschichtsmythen und Nationenbildung. In: Aus Politik und Zeitgeschichte. http://www.bpb.de/themen/IPFPLD.html)
Osterhammel, Jürgen: Die Verwandlung der Welt. Eine Geschichte des 19. Jahrhunderts. München 2009
Pollesch, René: world wide web – slums. Reinbek 2009
Polt-Heinzl, Evelyne: Nachwort zu: Elfriede Jelinek: „Wolken.Heim". Stuttgart 2000
Poppelreuter, Stefan: Arbeitssucht – Massenphänomen oder Psychoexotik? In: Aus Politik und Zeitgeschichte (APuZ) B 1-2/2004 (auch im Internet unter www.bpb.de)
Poschmann, Gerda: Der nicht mehr dramatische Theatertext. Aktuelle Bühnenstücke und ihre dramaturgische Analyse. Tübingen 1997
Primavesi, Patrick: Orte und Strategien postdramatischer Theaterformen. In: Text und Kritik XI/2004 Sonderband „Theater für das 21. Jahrhundert." München 2004
Profitlich, Ulrich: Geschichte als Komödie – Dürrenmatts *Romulus der Große*. In: W. Hinck (Hg.): Geschichte als Schauspiel. Frankfurt/M. 1981
Radkau, Joachim: Das Zeitalter der Nervosität. Deutschland zwischen Bismarck und Hitler. München (Propyläen Taschenbuch) 2000
Reza, Yasmina: „Der Gott des Gemetzels". Lengwil 2006
Reza, Yasmina: Das Lachen als Maske des Abgründigen. Gespräche mit Ulrike Schrimpf. Lengwil am Bodensee (Libelle-Verlag) 2004
Röggla, Kathrin: wir schlafen nicht. In: Theater heute 03. 04 © S. Fischer Theater-Verlag Frankfurt/Main 2004
Rühle, Günther: „Und die Wahrheit?" – „Und die Ideale?" Was bedeutet Naturalismus am Ende des 19. Jahrhunderts? In: Theater heute, Heft 3, 2000, S. 29–35
Scheller, Ingo: Szenische Interpretation. Seelze ²2008
Schiller, F.: Kabale und Liebe. Mit einem Kommentar von Wilhelm Große. Frankfurt 1999
Schiller, Friedrich: Kabale und Liebe. Ein bürgerliches Trauerspiel. Paderborn 1999
Schößler, Franziska: Augen-Blicke. Erinnerung, Zeit und Geschichte im Drama der Neunzigerjahre. Tübingen 2004
Schößler, Franziska: Einführung in das bürgerliche Trauerspiel und das soziale Drama. Darmstadt 2003
Schröder, Jürgen: Geschichtsdramen. Tübingen 1994
Schulz von Thun, Friedemann: Miteinander reden. Band 1 und 2. Reinbek 1989
Sennett, Richard: Die Kultur des neuen Kapitalismus. Berlin Verlag GmbH 2005
Sigrid Löffler, Elfriede Jelinek, in: Text und Kritik XI 07
Spectaculum 72, Frankfurt a.M. 2001
Sprengel, Peter: Gerhart Hauptmann. Epoche – Werk – Wirkung, München 1984
Stanitzek, Georg: Kuckuck. In: Dirk Baecker, Rembert Hüser, Georg Stanitzek: Gelegenheit.Diebe. 3xDeutsche Motive. Bielefeld 1991
Steinbach, Dietrich: Geschichte als Drama. G. Büchner: Dantons Tod; H. Müller: Germania Tod in Berlin; F. Schiller: Wallenstein. Stuttgart 1988
Steinbach, Peter: Politik mit Geschichte – Geschichtspolitik. ApuZ 2008
Sting, Wolfgang: Performance als Perspektive. Schultheater und Theaterpädagogik. In: Wolfgang Schneider (Hg.): Theater und Schule. Ein Handbuch zur kulturellen Bildung. Bielefeld 2009
Strauß, Botho: Der Aufstand gegen die sekundäre Welt. München 1999
Strauß, Botho: Schlußchor. München 1996
Sucher, C. Bernd (Hg.): Theaterlexikon. München 1996
Szondi, Peter: Theorie des modernen Dramas. Frankfurt 1963

Texte zur Theorie des Theaters. Herausgegeben und kommentiert von Klaus Lazarowicz und Christopher Balme. Stuttgart 1991
Thiele, Dieter: B. Brecht: Der aufhaltsame Aufstieg des Arturo Ui. Frankfurt 1990
Waldmann, Günter: Produktiver Umgang mit dem Drama. Hohengehren ³2001
Wapnewski, Peter: Ö. v. Horváth und seine ‚Geschichten aus dem Wiener Wald'. In: Traugott Krischke (Hg.): Materialien zu Ö. v. Horváths „Geschichten aus dem Wiener Wald". Frankfurt 1972
Weber, Max: Wirtschaft und Gesellschaft. In: M.W.: Schriften zur Soziologie. Stuttgart 1995
Wehler, Hans Ulrich: Deutsche Gesellschaftsgeschichte 1700–1815. München 2008
Wehler, Hans-Ulrich: Deutsche Gesellschaftsgeschichte 1849–1914, München 1995
Wehler, Hans-Ulrich: Deutsche Gesellschaftsgeschichte 1914–1949. München 2003
Wehren-Zessin, Heike: If you are thinking about suicide. In: Praxis Deutsch 181/2003
Werner, Birte: Das Drama ist die Wirklichkeit. In: Der Deutschunterricht 4/2006
Wiese, Benno von: Ödön von Horváth. In: Traugott Krischke (Hg.): Ödön von Horváth. Frankfurt 1981
Willer, Stefan: Botho Strauß zur Einführung. Hamburg 2000

EinFach Deutsch
Unterrichtsmodelle

Herausgegeben von Johannes Diekhans

Ausgewählte Titel der Reihe:

Unterrichtsmodelle – Klassen 5–7

Germanische und deutsche Sagen
91 S., DIN A4, kart.   Best.-Nr. 022337

Otfried Preußler: Krabat
131 S., DIN A4, kart.   Best.-Nr. 022331

Unterrichtsmodelle – Klassen 8–10

Gottfried Keller: Kleider machen Leute
64 S., DIN A4, geh.   Best.-Nr. 022326

Das Tagebuch der Anne Frank
112 S., DIN A4, kart.   Best.-Nr. 022272

Friedrich Schiller: Wilhelm Tell
90 S., DIN A4, geh.   Best.-Nr. 022301

Unterrichtsmodelle – Gymnasiale Oberstufe

Das Nibelungenlied
178 S., DIN A4, kart.   Best.-Nr. 022437

Mittelalter
122 S., DIN A4, kart.   Best.-Nr. 022377

Barock
152 S., DIN A4, kart.   Best.-Nr. 022418

Zeitalter der Aufklärung
198 S., DIN A4, kart.   Best.-Nr. 022330

Romantik
155 S., DIN A4, kart.   Best.-Nr. 022382

Literatur vom Vormärz bis zur Jahrhundertwende
202 S., DIN A4, kart.   Best.-Nr. 022435

Expressionismus
141 S., DIN A4, kart.   Best.-Nr. 022384

Liebeslyrik
244 S., DIN A4, kart.   Best.-Nr. 022381

Lyrik nach 1945
191 S., DIN A4, kart.   Best.-Nr. 022379

Literatur seit 1945
197 S., DIN A4, kart.   Best.-Nr. 022386

Klassische Kurzgeschichten
170 S., DIN A4, kart.   Best.-Nr. 022402

Die Kurzgeschichte auf dem Weg ins 21. Jahrhundert
132 S., DIN A4, kart.   Best.-Nr. 022396

Die Stadt
190 S., DIN A4, kart.   Best.-Nr. 022390

Kommunikation
109 S., DIN A4, kart.   Best.-Nr. 022371

Rhetorik
131 S., DIN A4, kart.   Best.-Nr. 022411

Sprache – Denken – (Medien-)Wirklichkeit
262 S., DIN A4, kart.   Best.-Nr. 022412

Sprachursprung – Sprachskepsis – Sprachwandel
274 S., DIN A4, kart.   Best.-Nr. 022455

Dramentheorie
186 S., DIN A4, kart.   Best.-Nr. 022433

Georg Büchner: Woyzeck
115 S., DIN A4, kart.   Best.-Nr. 022313

Theodor Fontane: Effi Briest
140 S., DIN A4, kart.   Best.-Nr. 022409

Johann Wolfgang von Goethe: Faust I
145 S., DIN A4, kart.   Best.-Nr. 022277

Johann Wolfgang von Goethe: Iphigenie auf Tauris
104 S., DIN A4, kart.   Best.-Nr. 022307

Schöningh Verlag
Postfach 2540
33055 Paderborn

Schöningh

Fordern Sie unseren Prospekt zur kompletten Reihe an:
Informationen 0800 / 18 18 787 (freecall)
info@schoeningh.de / www.schoeningh-schulbuch.de